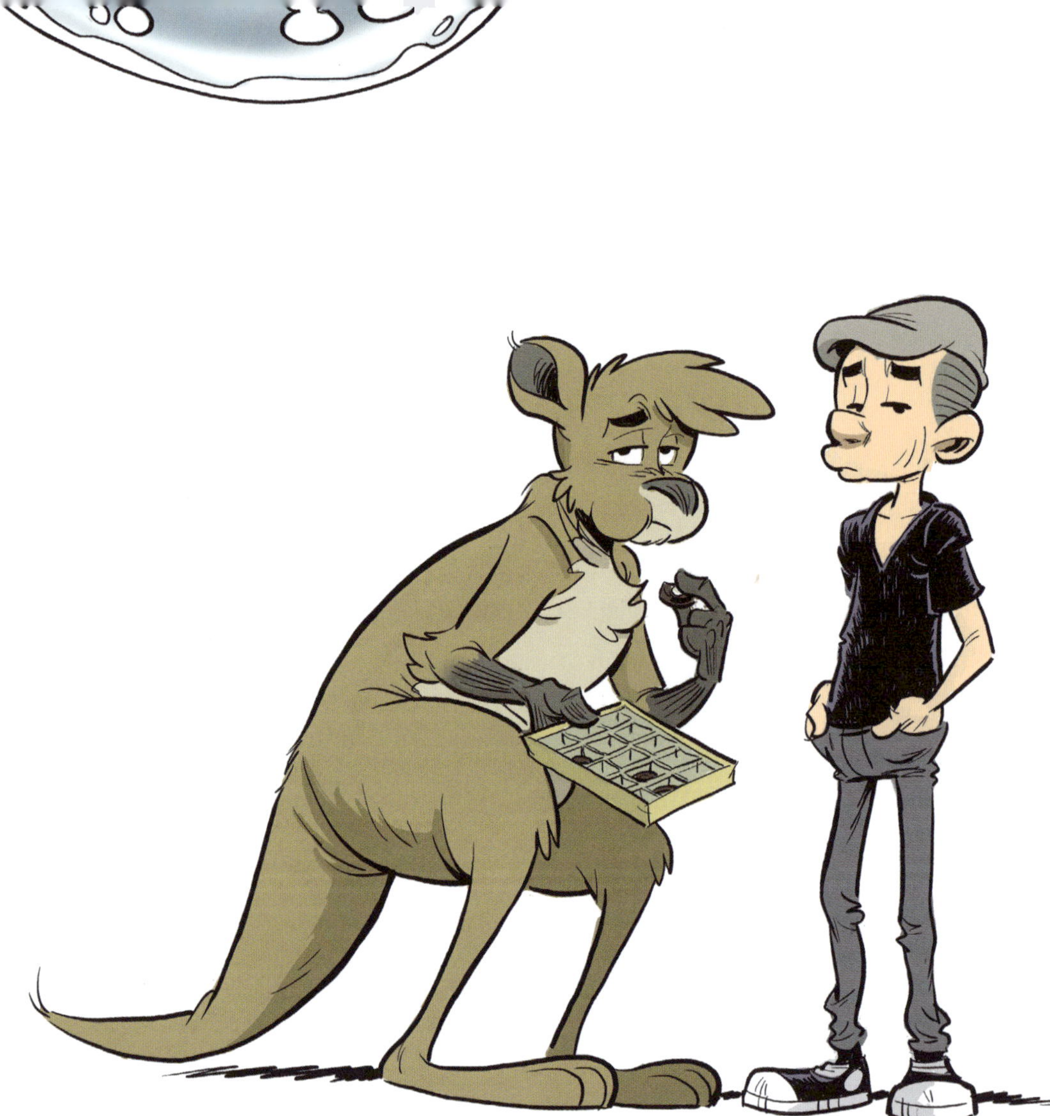

MARC-UWE KLING

BERND KISSEL

DIE KÄNGURU-COMICS

DU WÜRDEST ES EH NICHT GLAUBEN

Ullstein

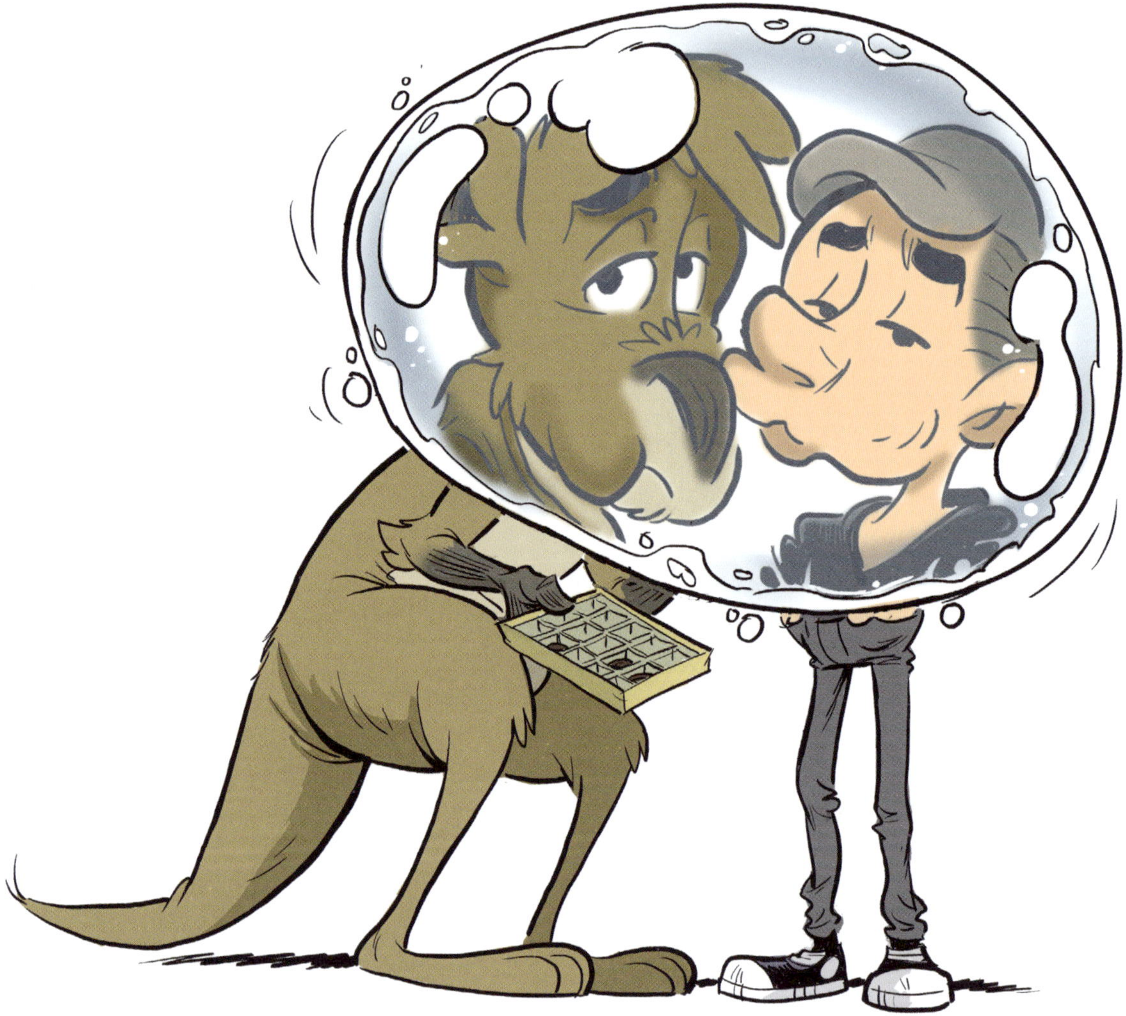

Für Dich!

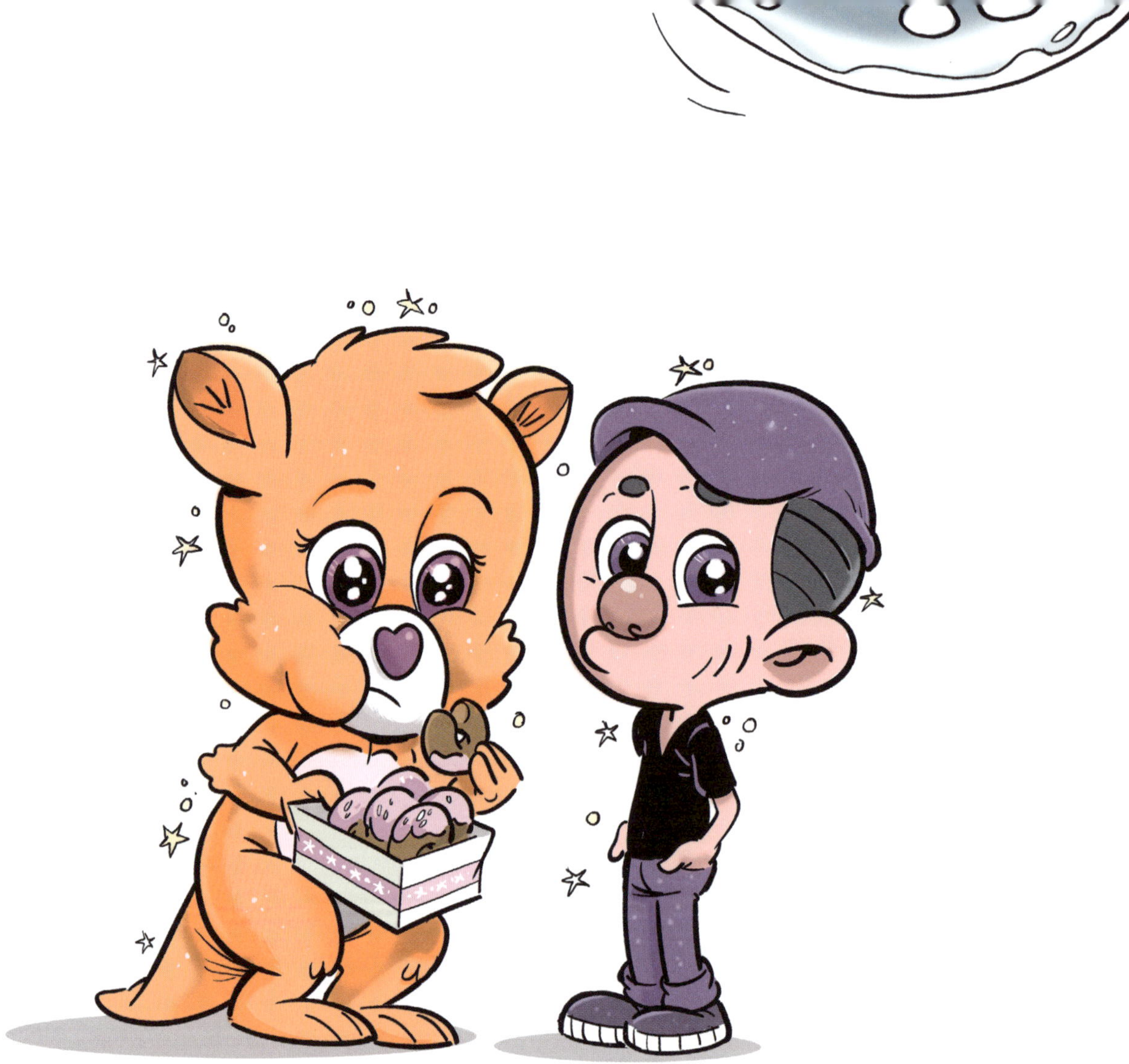

WAS BISHER GESCHAH …

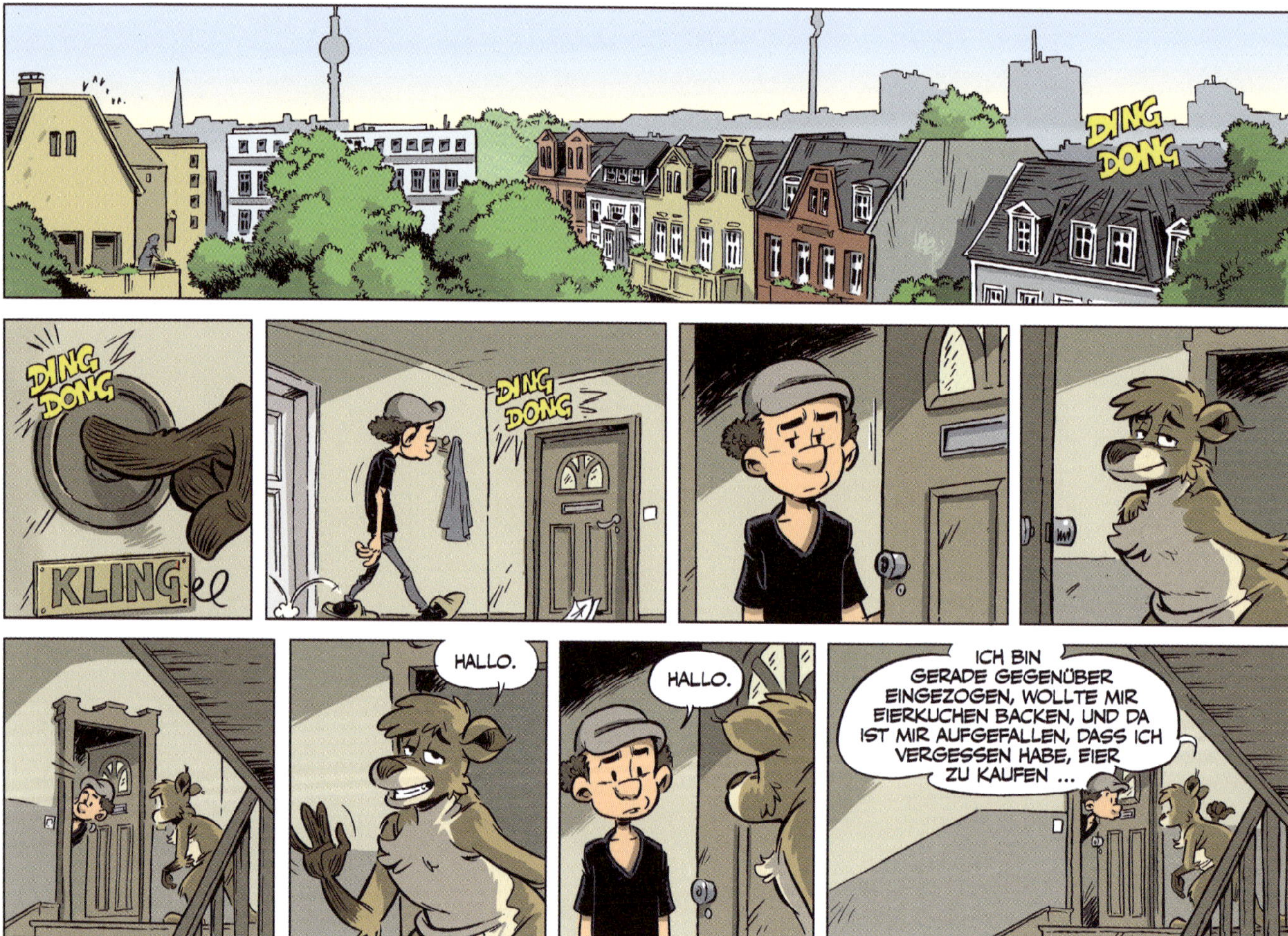
DING DONG
DING DONG
KLING
DING DONG
HALLO.
HALLO.
ICH BIN GERADE GEGENÜBER EINGEZOGEN, WOLLTE MIR EIERKUCHEN BACKEN, UND DA IST MIR AUFGEFALLEN, DASS ICH VERGESSEN HABE, EIER ZU KAUFEN ...

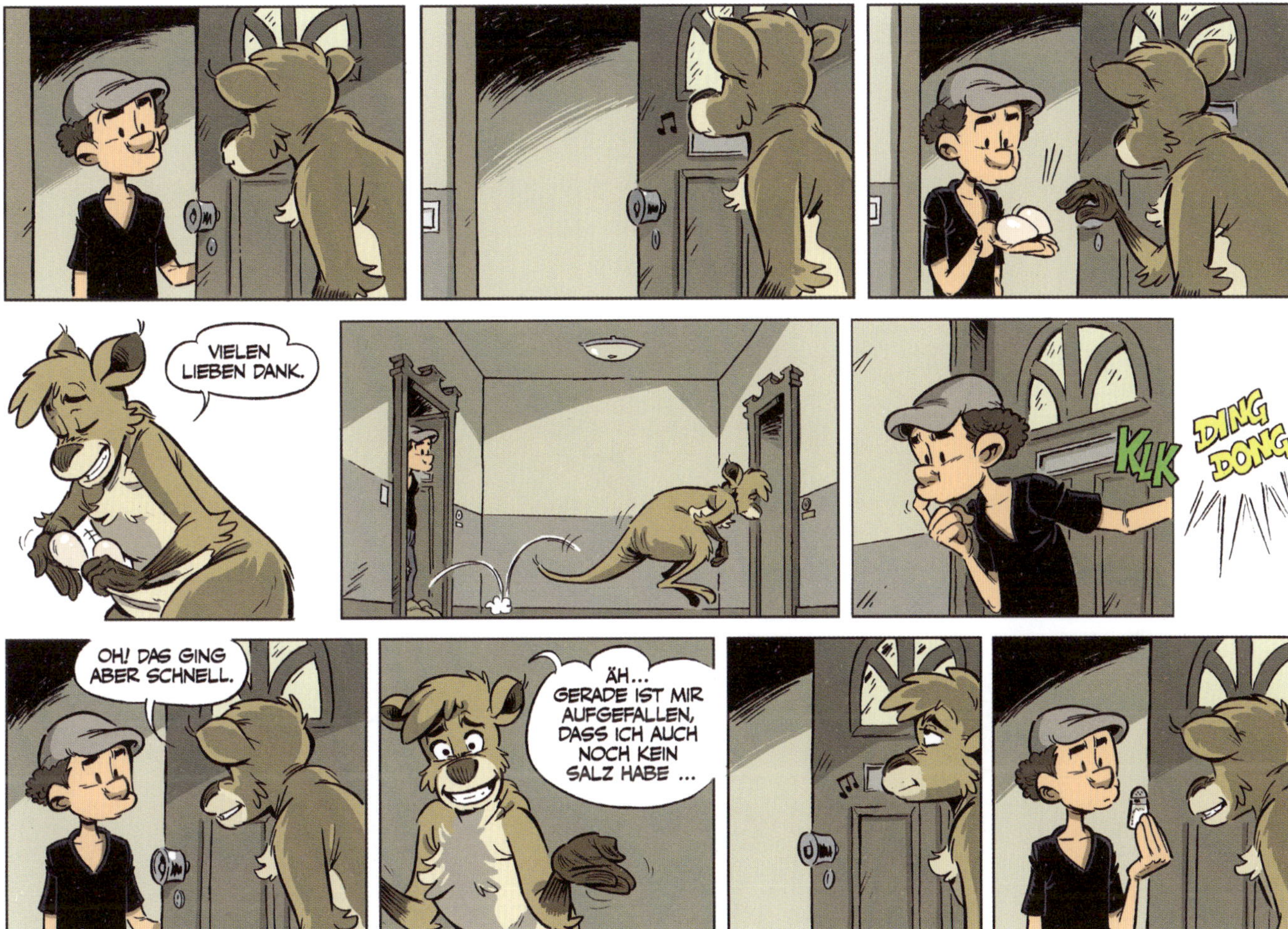
VIELEN LIEBEN DANK.
KLK
DING DONG
OH! DAS GING ABER SCHNELL.
ÄH... GERADE IST MIR AUFGEFALLEN, DASS ICH AUCH NOCH KEIN SALZ HABE ...

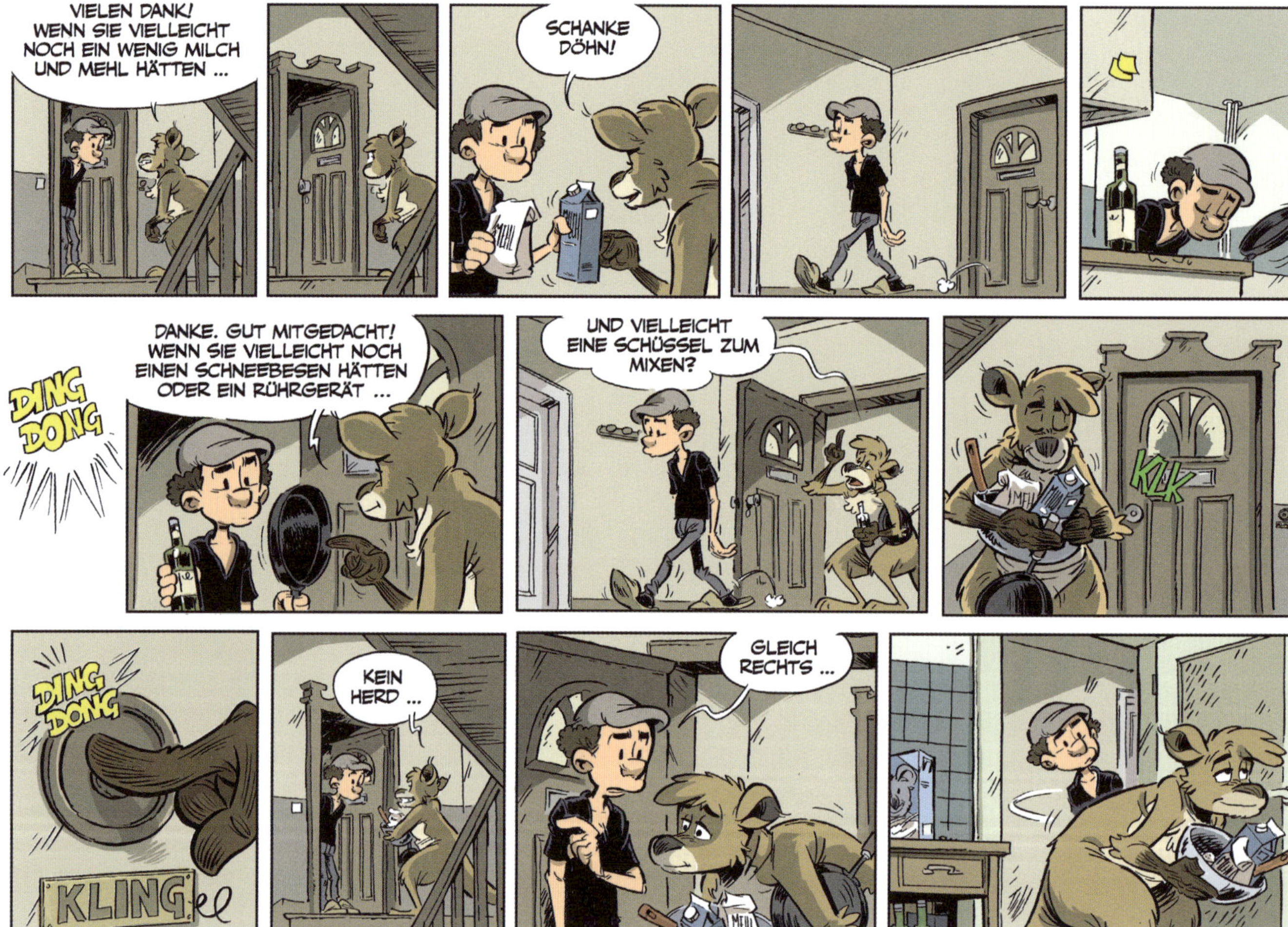
VIELEN DANK! WENN SIE VIELLEICHT NOCH EIN WENIG MILCH UND MEHL HÄTTEN ...
SCHANKE DÖHN!
DING DONG
DANKE. GUT MITGEDACHT! WENN SIE VIELLEICHT NOCH EINEN SCHNEEBESEN HÄTTEN ODER EIN RÜHRGERÄT ...
UND VIELLEICHT EINE SCHÜSSEL ZUM MIXEN?
KLK
DING DONG
KLING
KEIN HERD ...
GLEICH RECHTS ...

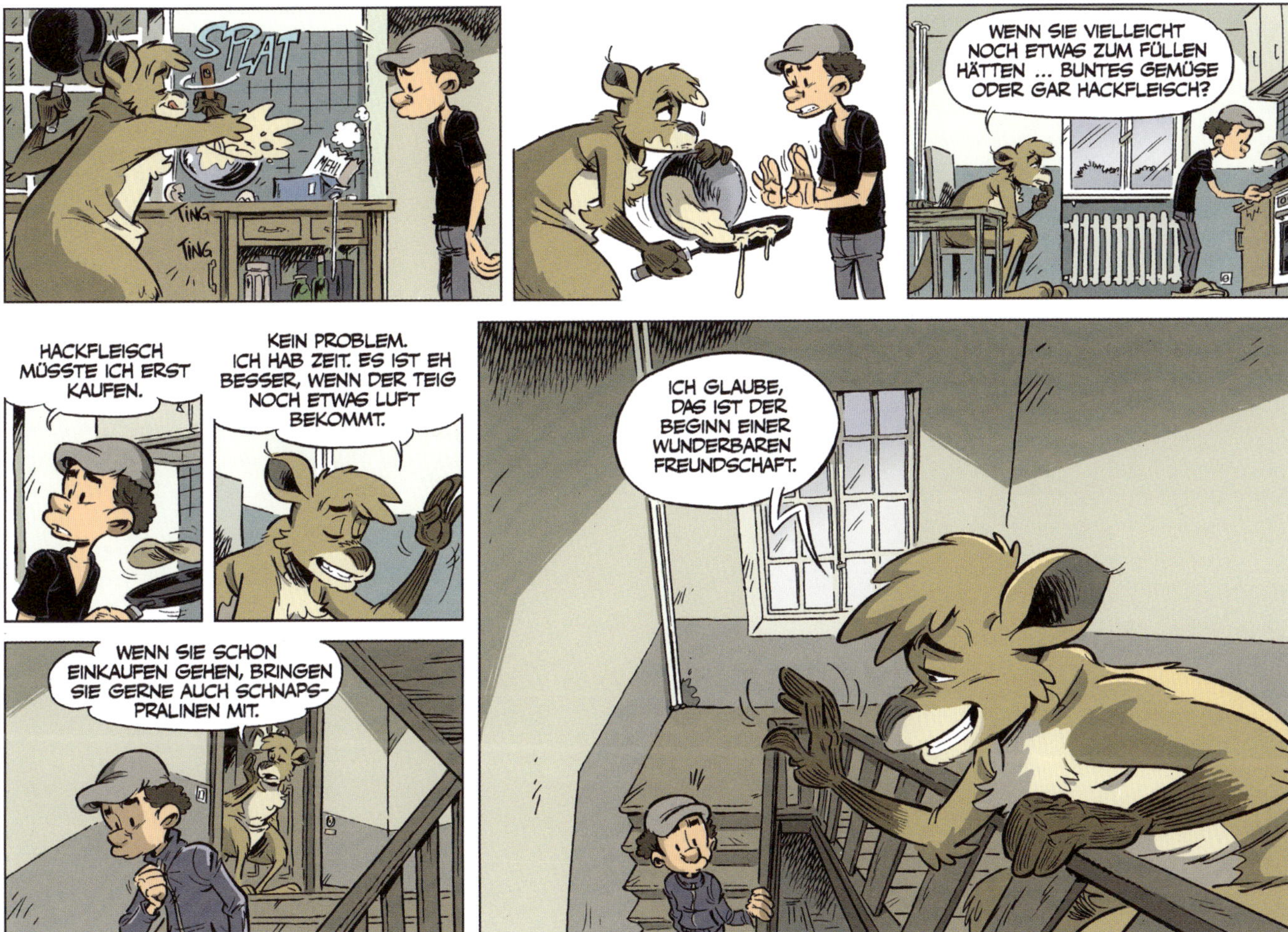
SPLAT
MEH!
TING
TING
WENN SIE VIELLEICHT NOCH ETWAS ZUM FÜLLEN HÄTTEN ... BUNTES GEMÜSE ODER GAR HACKFLEISCH?
HACKFLEISCH MÜSSTE ICH ERST KAUFEN.
KEIN PROBLEM. ICH HAB ZEIT. ES IST EH BESSER, WENN DER TEIG NOCH ETWAS LUFT BEKOMMT.
WENN SIE SCHON EINKAUFEN GEHEN, BRINGEN SIE GERNE AUCH SCHNAPS-PRALINEN MIT.
ICH GLAUBE, DAS IST DER BEGINN EINER WUNDERBAREN FREUNDSCHAFT.

18 JAHRE SPÄTER …

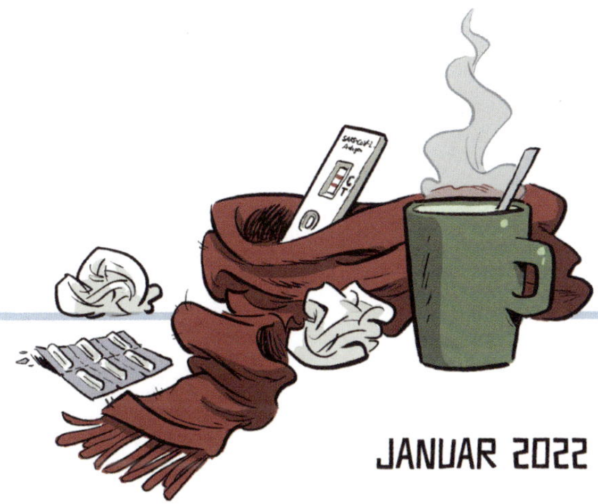

JANUAR 2022

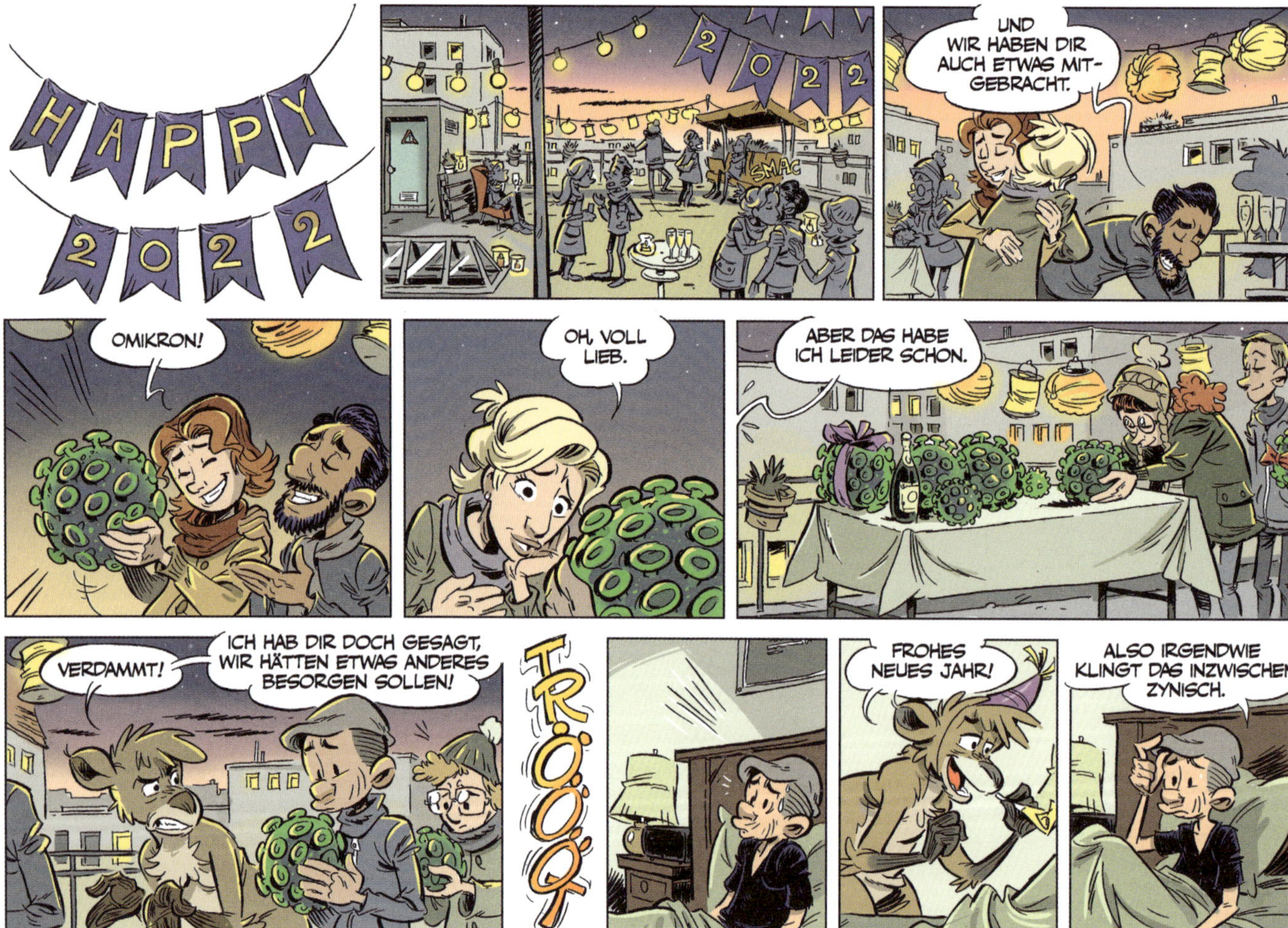
HAPPY
2022
2022
SMAC
UND WIR HABEN DIR AUCH ETWAS MIT-GEBRACHT.
OMIKRON!
OH, VOLL LIEB.
ABER DAS HABE ICH LEIDER SCHON.
VERDAMMT!
ICH HAB DIR DOCH GESAGT, WIR HÄTTEN ETWAS ANDERES BESORGEN SOLLEN!
TRÖÖÖT
FROHES NEUES JAHR!
ALSO IRGENDWIE KLINGT DAS INZWISCHEN ZYNISCH.

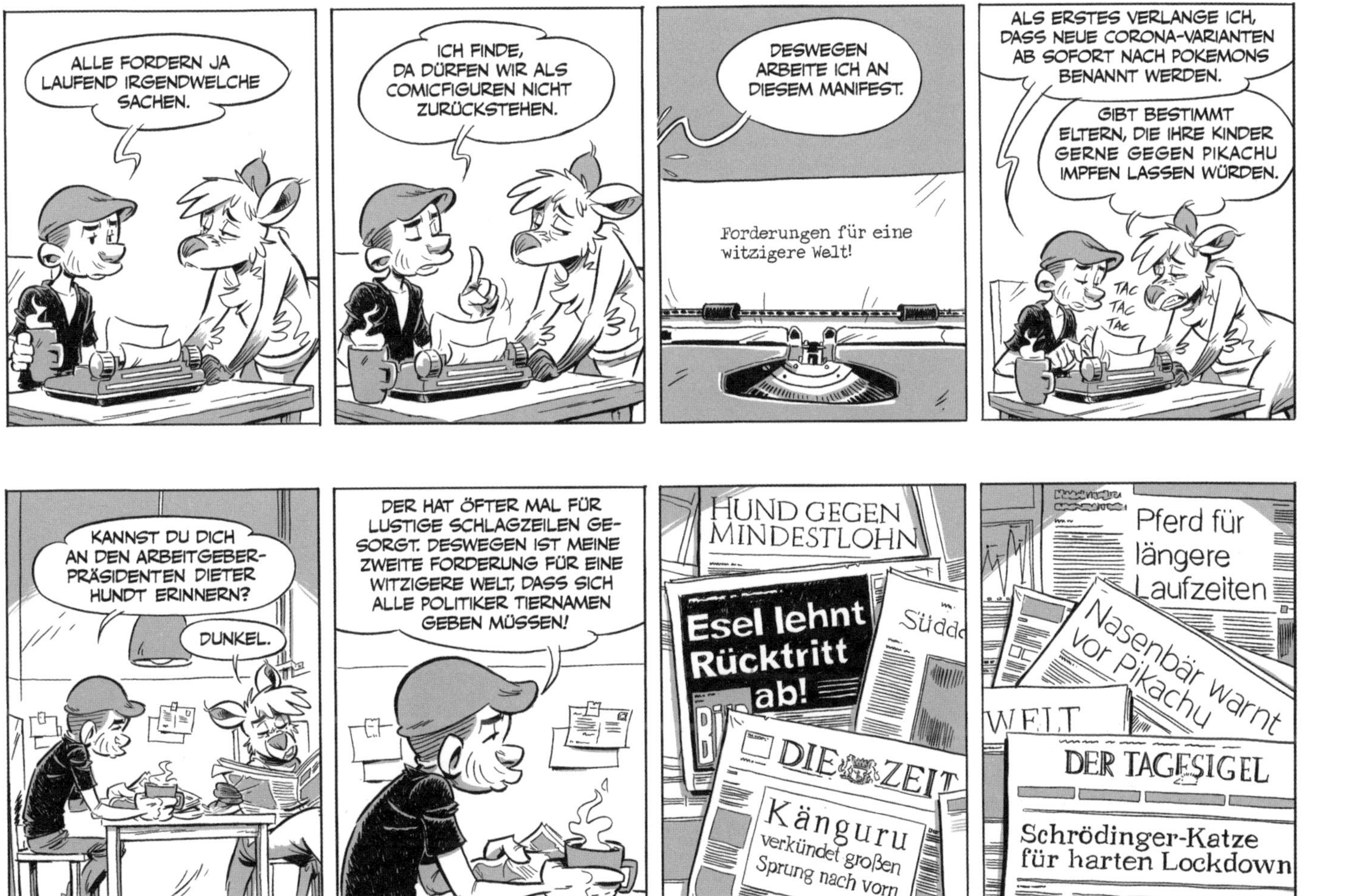
ALLE FORDERN JA LAUFEND IRGENDWELCHE SACHEN.
ICH FINDE, DA DÜRFEN WIR ALS COMICFIGUREN NICHT ZURÜCKSTEHEN.
DESWEGEN ARBEITE ICH AN DIESEM MANIFEST.
Forderungen für eine witzigere Welt!
ALS ERSTES VERLANGE ICH, DASS NEUE CORONA-VARIANTEN AB SOFORT NACH POKEMONS BENANNT WERDEN.
GIBT BESTIMMT ELTERN, DIE IHRE KINDER GERNE GEGEN PIKACHU IMPFEN LASSEN WÜRDEN.
TAC TAC TAC
KANNST DU DICH AN DEN ARBEITGEBER-PRÄSIDENTEN DIETER HUNDT ERINNERN?
DUNKEL.
DER HAT ÖFTER MAL FÜR LUSTIGE SCHLAGZEILEN GE-SORGT. DESWEGEN IST MEINE ZWEITE FORDERUNG FÜR EINE WITZIGERE WELT, DASS SICH ALLE POLITIKER TIERNAMEN GEBEN MÜSSEN!
HUND GEGEN MINDESTLOHN
Esel lehnt Rücktritt ab!
DIE ZEIT
Känguru verkündet großen Sprung nach vorn
Pferd für längere Laufzeiten
Nasenbär warnt vor Pikachu
DER TAGESIGEL
Schrödinger-Katze für harten Lockdown

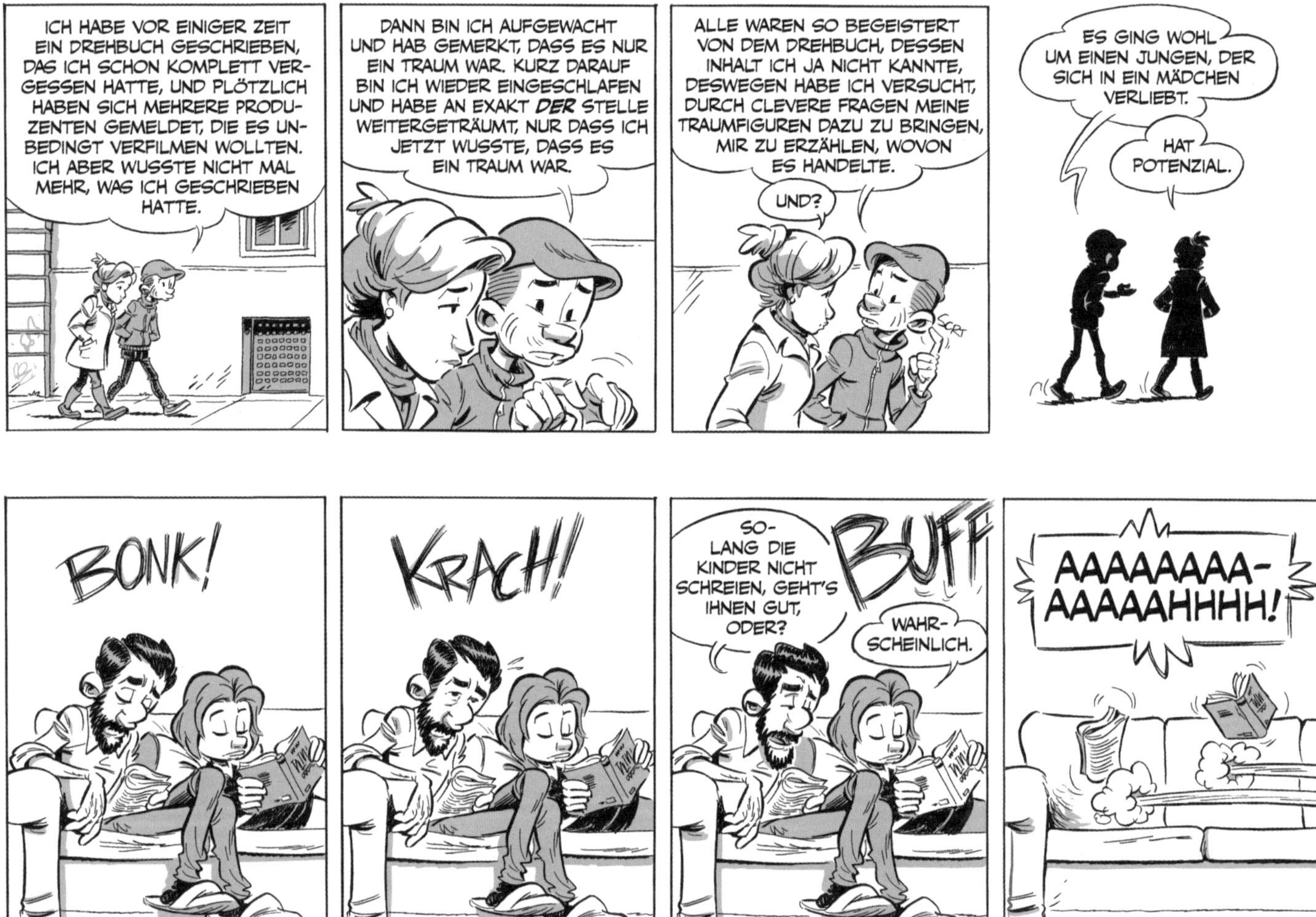
ICH HABE VOR EINIGER ZEIT EIN DREHBUCH GESCHRIEBEN, DAS ICH SCHON KOMPLETT VERGESSEN HATTE, UND PLÖTZLICH HABEN SICH MEHRERE PRODUZENTEN GEMELDET, DIE ES UNBEDINGT VERFILMEN WOLLTEN. ICH ABER WUSSTE NICHT MAL MEHR, WAS ICH GESCHRIEBEN HATTE.
DANN BIN ICH AUFGEWACHT UND HAB GEMERKT, DASS ES NUR EIN TRAUM WAR. KURZ DARAUF BIN ICH WIEDER EINGESCHLAFEN UND HABE AN EXAKT ***DER*** STELLE WEITERGETRÄUMT, NUR DASS ICH JETZT WUSSTE, DASS ES EIN TRAUM WAR.
ALLE WAREN SO BEGEISTERT VON DEM DREHBUCH, DESSEN INHALT ICH JA NICHT KANNTE, DESWEGEN HABE ICH VERSUCHT, DURCH CLEVERE FRAGEN MEINE TRAUMFIGUREN DAZU ZU BRINGEN, MIR ZU ERZÄHLEN, WOVON ES HANDELTE.
UND?
SCRT
ES GING WOHL UM EINEN JUNGEN, DER SICH IN EIN MÄDCHEN VERLIEBT.
HAT POTENZIAL.
BONK!
KRACH!
SO-LANG DIE KINDER NICHT SCHREIEN, GEHT'S IHNEN GUT, ODER?
BUFF
WAHRSCHEINLICH.
AAAAAAAA-AAAAAHHHH!

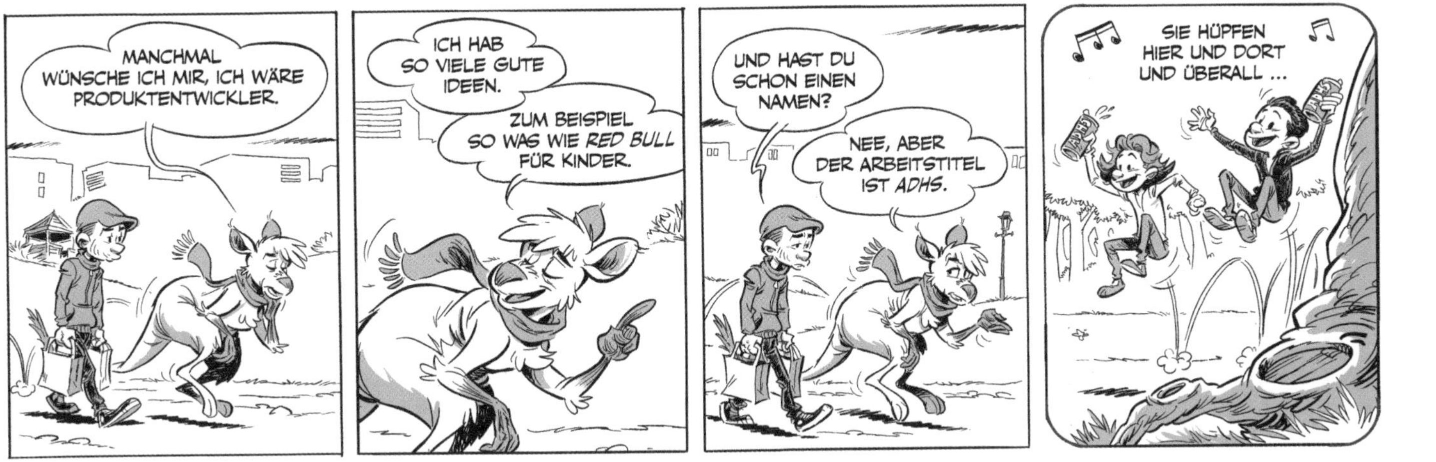
MANCHMAL WÜNSCHE ICH MIR, ICH WÄRE PRODUKTENTWICKLER.
ICH HAB SO VIELE GUTE IDEEN.
ZUM BEISPIEL SO WAS WIE *RED BULL* FÜR KINDER.
UND HAST DU SCHON EINEN NAMEN?
NEE, ABER DER ARBEITSTITEL IST *ADHS*.
SIE HÜPFEN HIER UND DORT UND ÜBERALL …

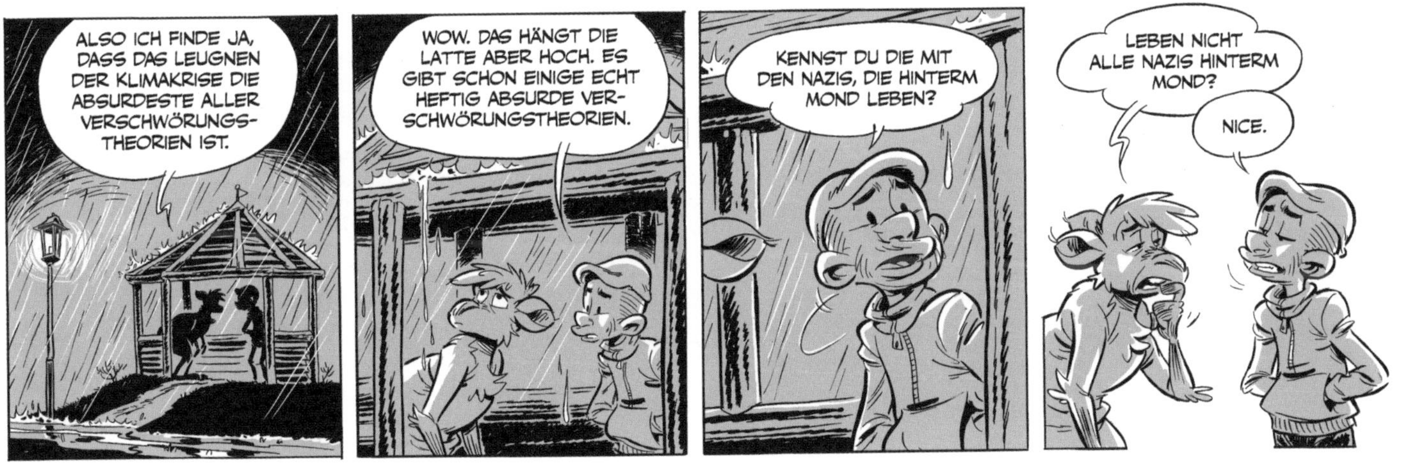
ALSO ICH FINDE JA, DASS DAS LEUGNEN DER KLIMAKRISE DIE ABSURDESTE ALLER VERSCHWÖRUNGS-THEORIEN IST.
WOW. DAS HÄNGT DIE LATTE ABER HOCH. ES GIBT SCHON EINIGE ECHT HEFTIG ABSURDE VER-SCHWÖRUNGSTHEORIEN.
KENNST DU DIE MIT DEN NAZIS, DIE HINTERM MOND LEBEN?
LEBEN NICHT ALLE NAZIS HINTERM MOND?
NICE.

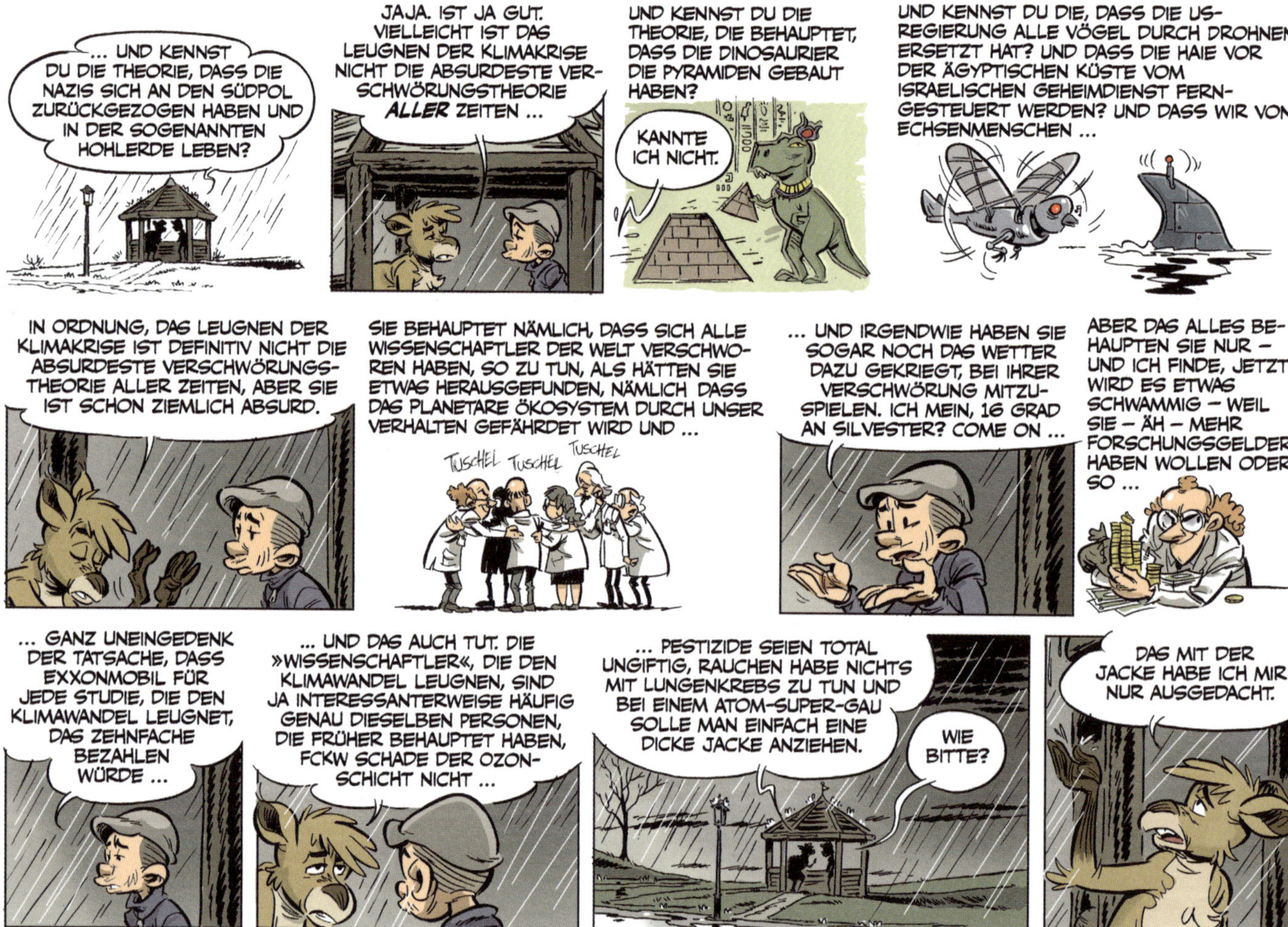
… UND KENNST DU DIE THEORIE, DASS DIE NAZIS SICH AN DEN SÜDPOL ZURÜCKGEZOGEN HABEN UND IN DER SOGENANNTEN HOHLERDE LEBEN?
JAJA. IST JA GUT. VIELLEICHT IST DAS LEUGNEN DER KLIMAKRISE NICHT DIE ABSURDESTE VERSCHWÖRUNGSTHEORIE ALLER ZEITEN …
UND KENNST DU DIE THEORIE, DIE BEHAUPTET, DASS DIE DINOSAURIER DIE PYRAMIDEN GEBAUT HABEN?
KANNTE ICH NICHT.
UND KENNST DU DIE, DASS DIE US-REGIERUNG ALLE VÖGEL DURCH DROHNEN ERSETZT HAT? UND DASS DIE HAIE VOR DER ÄGYPTISCHEN KÜSTE VOM ISRAELISCHEN GEHEIMDIENST FERNGESTEUERT WERDEN? UND DASS WIR VON ECHSENMENSCHEN …
IN ORDNUNG, DAS LEUGNEN DER KLIMAKRISE IST DEFINITIV NICHT DIE ABSURDESTE VERSCHWÖRUNGSTHEORIE ALLER ZEITEN, ABER SIE IST SCHON ZIEMLICH ABSURD.
SIE BEHAUPTET NÄMLICH, DASS SICH ALLE WISSENSCHAFTLER DER WELT VERSCHWOREN HABEN, SO ZU TUN, ALS HÄTTEN SIE ETWAS HERAUSGEFUNDEN, NÄMLICH DASS DAS PLANETARE ÖKOSYSTEM DURCH UNSER VERHALTEN GEFÄHRDET WIRD UND …
TUSCHEL TUSCHEL TUSCHEL
… UND IRGENDWIE HABEN SIE SOGAR NOCH DAS WETTER DAZU GEKRIEGT, BEI IHRER VERSCHWÖRUNG MITZUSPIELEN. ICH MEIN, 16 GRAD AN SILVESTER? COME ON …
ABER DAS ALLES BEHAUPTEN SIE NUR – UND ICH FINDE, JETZT WIRD ES ETWAS SCHWAMMIG – WEIL SIE – ÄH – MEHR FORSCHUNGSGELDER HABEN WOLLEN ODER SO …
… GANZ UNEINGEDENK DER TATSACHE, DASS EXXONMOBIL FÜR JEDE STUDIE, DIE DEN KLIMAWANDEL LEUGNET, DAS ZEHNFACHE BEZAHLEN WÜRDE …
… UND DAS AUCH TUT. DIE »WISSENSCHAFTLER«, DIE DEN KLIMAWANDEL LEUGNEN, SIND JA INTERESSANTERWEISE HÄUFIG GENAU DIESELBEN PERSONEN, DIE FRÜHER BEHAUPTET HABEN, FCKW SCHADE DER OZONSCHICHT NICHT …
… PESTIZIDE SEIEN TOTAL UNGIFTIG, RAUCHEN HABE NICHTS MIT LUNGENKREBS ZU TUN UND BEI EINEM ATOM-SUPER-GAU SOLLE MAN EINFACH EINE DICKE JACKE ANZIEHEN.
WIE BITTE?
DAS MIT DER JACKE HABE ICH MIR NUR AUSGEDACHT.

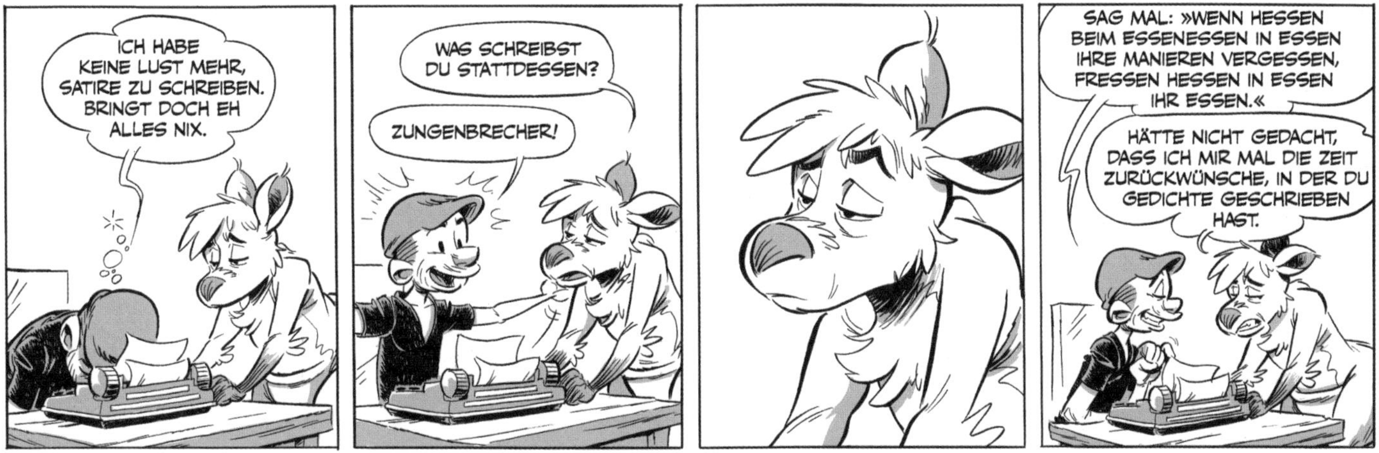
ICH HABE KEINE LUST MEHR, SATIRE ZU SCHREIBEN. BRINGT DOCH EH ALLES NIX.
WAS SCHREIBST DU STATTDESSEN?
ZUNGENBRECHER!
SAG MAL: »WENN HESSEN BEIM ESSENESSEN IN ESSEN IHRE MANIEREN VERGESSEN, FRESSEN HESSEN IN ESSEN IHR ESSEN.«
HÄTTE NICHT GEDACHT, DASS ICH MIR MAL DIE ZEIT ZURÜCKWÜNSCHE, IN DER DU GEDICHTE GESCHRIEBEN HAST.

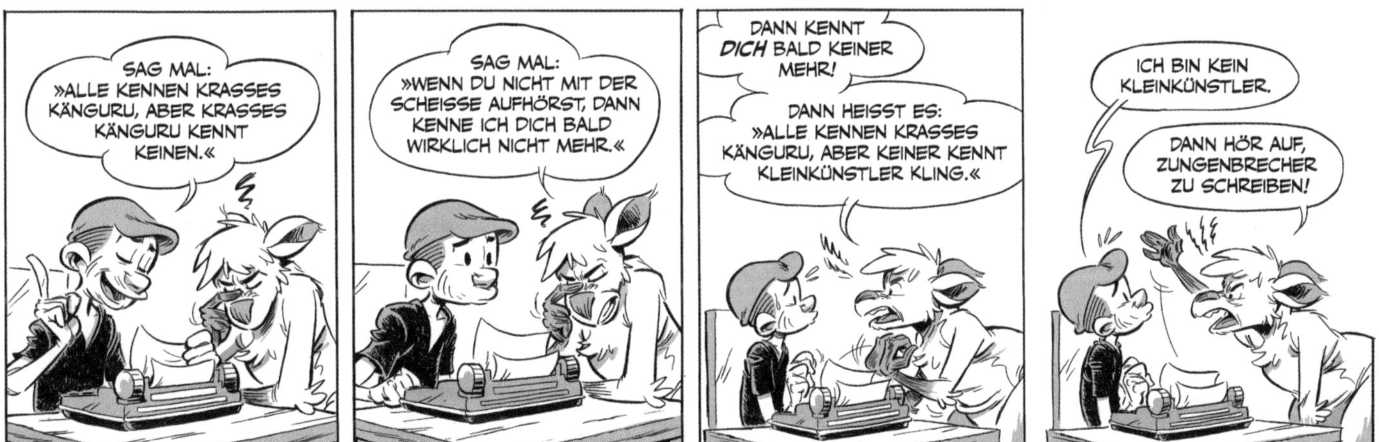
SAG MAL: »ALLE KENNEN KRASSES KÄNGURU, ABER KRASSES KÄNGURU KENNT KEINEN.«
SAG MAL: »WENN DU NICHT MIT DER SCHEISSE AUFHÖRST, DANN KENNE ICH DICH BALD WIRKLICH NICHT MEHR.«
DANN KENNT **DICH** BALD KEINER MEHR!
DANN HEISST ES: »ALLE KENNEN KRASSES KÄNGURU, ABER KEINER KENNT KLEINKÜNSTLER KLING.«
ICH BIN KEIN KLEINKÜNSTLER.
DANN HÖR AUF, ZUNGENBRECHER ZU SCHREIBEN!

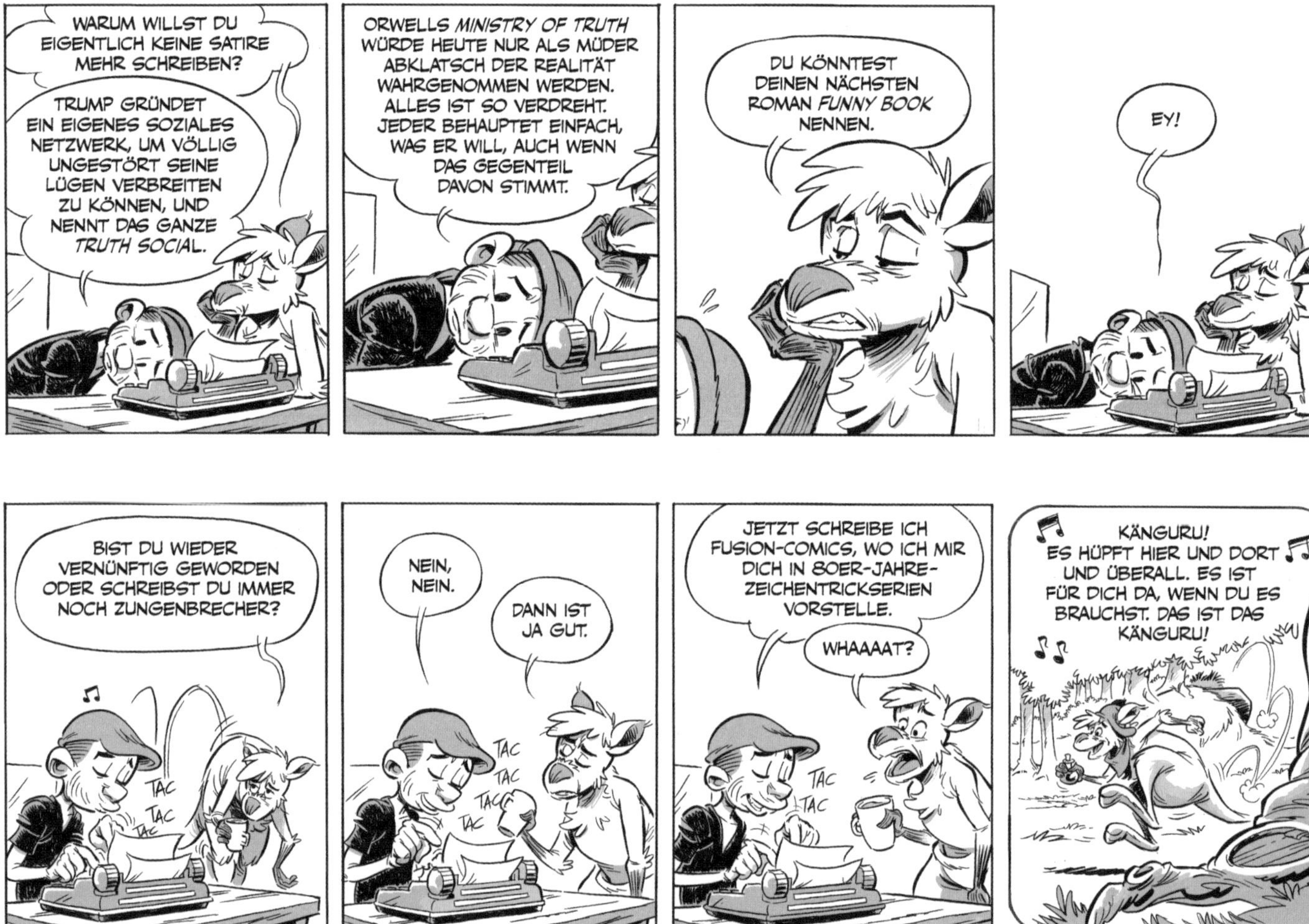
WARUM WILLST DU EIGENTLICH KEINE SATIRE MEHR SCHREIBEN?
TRUMP GRÜNDET EIN EIGENES SOZIALES NETZWERK, UM VÖLLIG UNGESTÖRT SEINE LÜGEN VERBREITEN ZU KÖNNEN, UND NENNT DAS GANZE *TRUTH SOCIAL*.
ORWELLS *MINISTRY OF TRUTH* WÜRDE HEUTE NUR ALS MÜDER ABKLATSCH DER REALITÄT WAHRGENOMMEN WERDEN. ALLES IST SO VERDREHT. JEDER BEHAUPTET EINFACH, WAS ER WILL, AUCH WENN DAS GEGENTEIL DAVON STIMMT.
DU KÖNNTEST DEINEN NÄCHSTEN ROMAN *FUNNY BOOK* NENNEN.
EY!
BIST DU WIEDER VERNÜNFTIG GEWORDEN ODER SCHREIBST DU IMMER NOCH ZUNGENBRECHER?
TAC TAC TAC
NEIN, NEIN.
DANN IST JA GUT.
TAC TAC TAC TAC
JETZT SCHREIBE ICH FUSION-COMICS, WO ICH MIR DICH IN 80ER-JAHRE-ZEICHENTRICKSERIEN VORSTELLE.
WHAAAAT?
TAC TAC
KÄNGURU! ES HÜPFT HIER UND DORT UND ÜBERALL. ES IST FÜR DICH DA, WENN DU ES BRAUCHST. DAS IST DAS KÄNGURU!

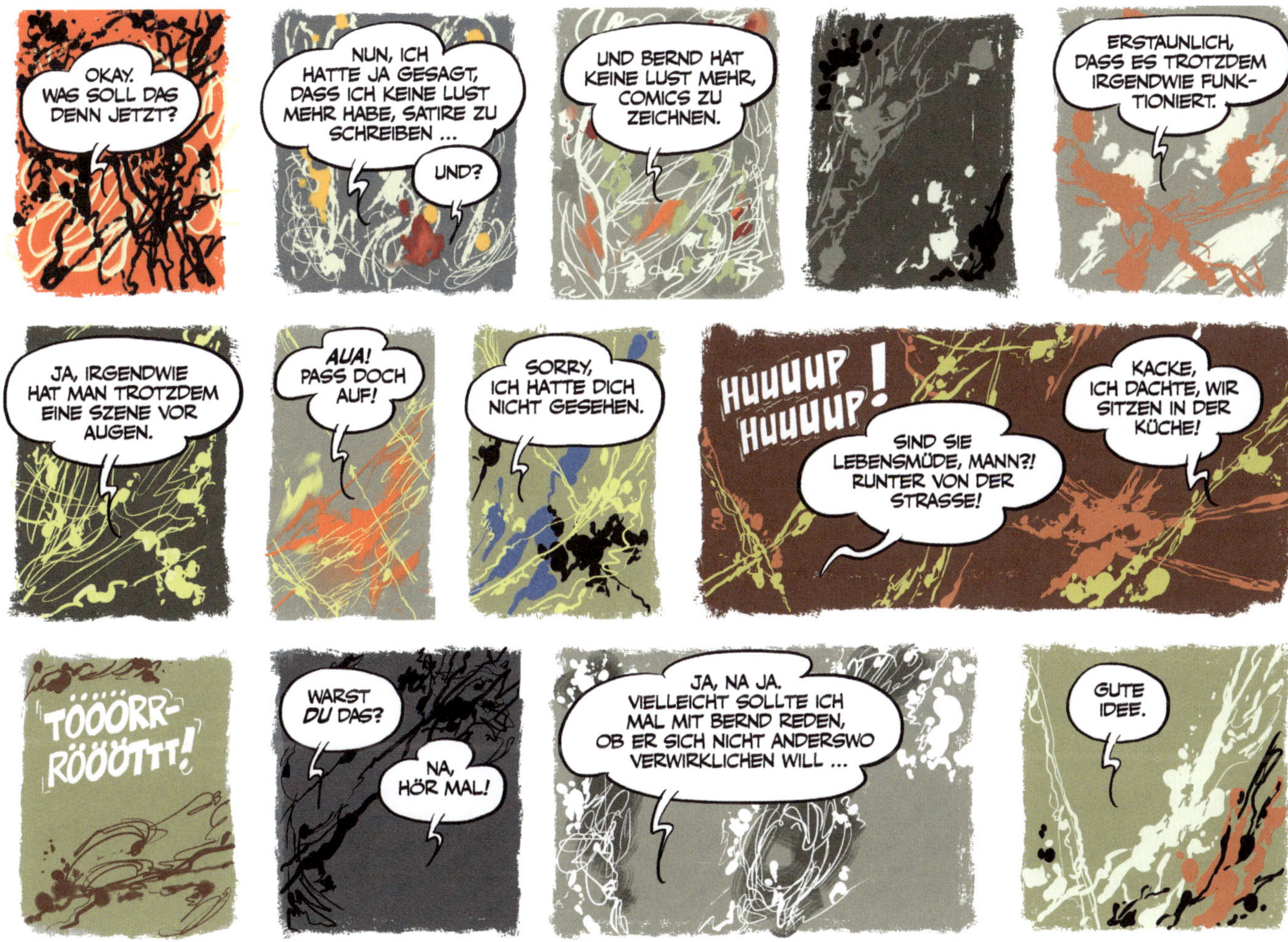

OKAY. WAS SOLL DAS DENN JETZT?
NUN, ICH HATTE JA GESAGT, DASS ICH KEINE LUST MEHR HABE, SATIRE ZU SCHREIBEN …
UND?
UND BERND HAT KEINE LUST MEHR, COMICS ZU ZEICHNEN.
ERSTAUNLICH, DASS ES TROTZDEM IRGENDWIE FUNKTIONIERT.
JA, IRGENDWIE HAT MAN TROTZDEM EINE SZENE VOR AUGEN.
AUA! PASS DOCH AUF!
SORRY, ICH HATTE DICH NICHT GESEHEN.
HUUUUP HUUUUP!
SIND SIE LEBENSMÜDE, MANN?! RUNTER VON DER STRASSE!
KACKE, ICH DACHTE, WIR SITZEN IN DER KÜCHE!
TÖÖÖRR-RÖÖÖTTTT!
WARST DU DAS?
NA, HÖR MAL!
JA, NA JA. VIELLEICHT SOLLTE ICH MAL MIT BERND REDEN, OB ER SICH NICHT ANDERSWO VERWIRKLICHEN WILL …
GUTE IDEE.

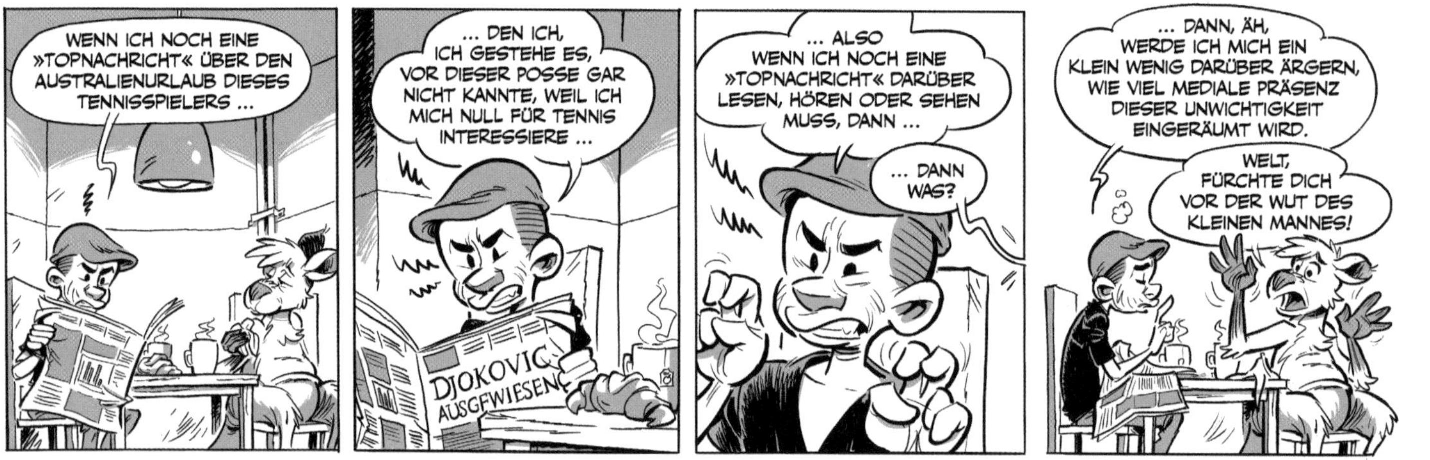
WENN ICH NOCH EINE »TOPNACHRICHT« ÜBER DEN AUSTRALIENURLAUB DIESES TENNISSPIELERS …
… DEN ICH, ICH GESTEHE ES, VOR DIESER POSSE GAR NICHT KANNTE, WEIL ICH MICH NULL FÜR TENNIS INTERESSIERE …
DJOKOVIC AUSGEWIESEN
… ALSO WENN ICH NOCH EINE »TOPNACHRICHT« DARÜBER LESEN, HÖREN ODER SEHEN MUSS, DANN …
… DANN WAS?
… DANN, ÄH, WERDE ICH MICH EIN KLEIN WENIG DARÜBER ÄRGERN, WIE VIEL MEDIALE PRÄSENZ DIESER UNWICHTIGKEIT EINGERÄUMT WIRD.
WELT, FÜRCHTE DICH VOR DER WUT DES KLEINEN MANNES!

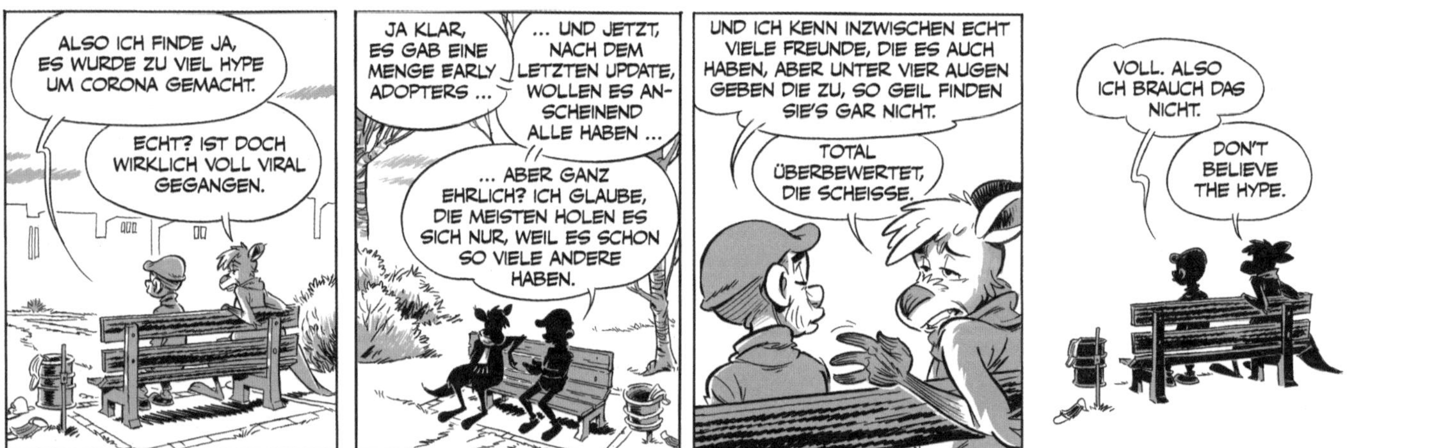
ALSO ICH FINDE JA, ES WURDE ZU VIEL HYPE UM CORONA GEMACHT.
ECHT? IST DOCH WIRKLICH VOLL VIRAL GEGANGEN.
JA KLAR, ES GAB EINE MENGE EARLY ADOPTERS …
… UND JETZT, NACH DEM LETZTEN UPDATE, WOLLEN ES AN-SCHEINEND ALLE HABEN …
… ABER GANZ EHRLICH? ICH GLAUBE, DIE MEISTEN HOLEN ES SICH NUR, WEIL ES SCHON SO VIELE ANDERE HABEN.
UND ICH KENN INZWISCHEN ECHT VIELE FREUNDE, DIE ES AUCH HABEN, ABER UNTER VIER AUGEN GEBEN DIE ZU, SO GEIL FINDEN SIE'S GAR NICHT.
TOTAL ÜBERBEWERTET, DIE SCHEISSE.
VOLL. ALSO ICH BRAUCH DAS NICHT.
DON'T BELIEVE THE HYPE.

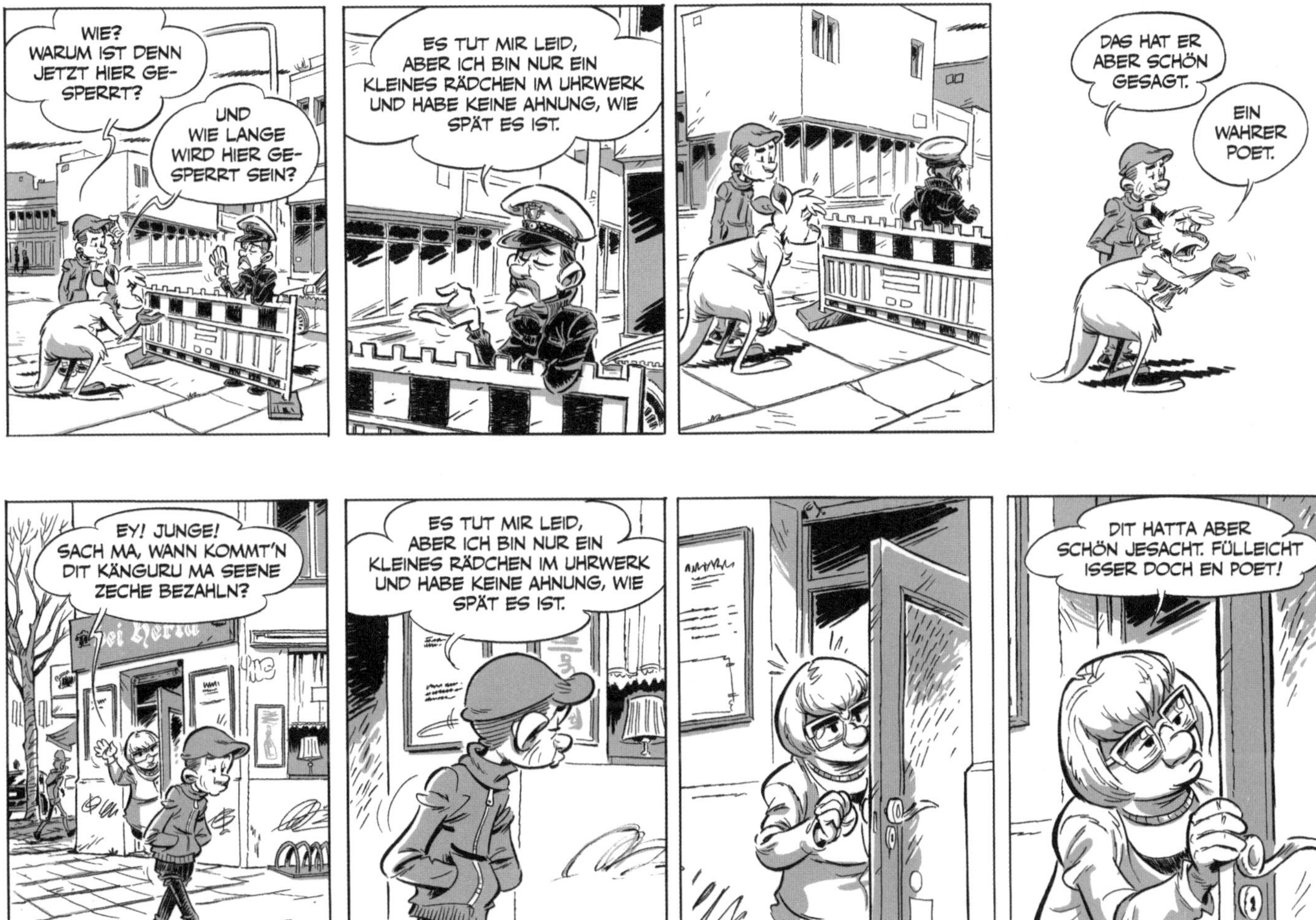
WIE? WARUM IST DENN JETZT HIER GESPERRT?
UND WIE LANGE WIRD HIER GESPERRT SEIN?
ES TUT MIR LEID, ABER ICH BIN NUR EIN KLEINES RÄDCHEN IM UHRWERK UND HABE KEINE AHNUNG, WIE SPÄT ES IST.
DAS HAT ER ABER SCHÖN GESAGT.
EIN WAHRER POET.
EY! JUNGE! SACH MA, WANN KOMMT'N DIT KÄNGURU MA SEENE ZECHE BEZAHLN?
ES TUT MIR LEID, ABER ICH BIN NUR EIN KLEINES RÄDCHEN IM UHRWERK UND HABE KEINE AHNUNG, WIE SPÄT ES IST.
DIT HATTA ABER SCHÖN JESACHT. FÜLLEICHT ISSER DOCH EN POET!

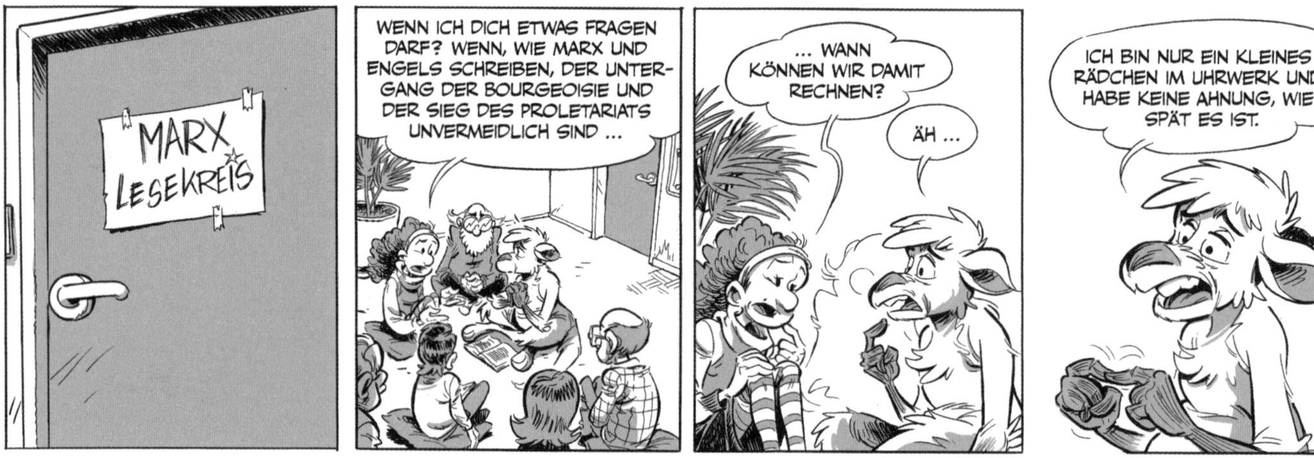
MARX LESEKREIS
WENN ICH DICH ETWAS FRAGEN DARF? WENN, WIE MARX UND ENGELS SCHREIBEN, DER UNTERGANG DER BOURGEOISIE UND DER SIEG DES PROLETARIATS UNVERMEIDLICH SIND …
… WANN KÖNNEN WIR DAMIT RECHNEN?
ÄH …
ICH BIN NUR EIN KLEINES RÄDCHEN IM UHRWERK UND HABE KEINE AHNUNG, WIE SPÄT ES IST.

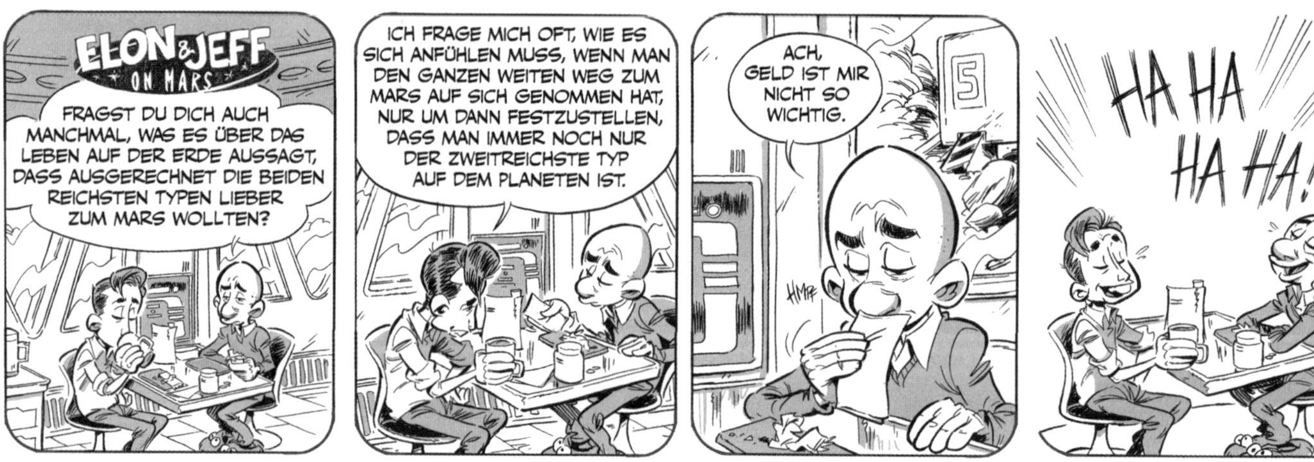
ELON & JEFF ON MARS
FRAGST DU DICH AUCH MANCHMAL, WAS ES ÜBER DAS LEBEN AUF DER ERDE AUSSAGT, DASS AUSGERECHNET DIE BEIDEN REICHSTEN TYPEN LIEBER ZUM MARS WOLLTEN?
ICH FRAGE MICH OFT, WIE ES SICH ANFÜHLEN MUSS, WENN MAN DEN GANZEN WEITEN WEG ZUM MARS AUF SICH GENOMMEN HAT, NUR UM DANN FESTZUSTELLEN, DASS MAN IMMER NOCH NUR DER ZWEITREICHSTE TYP AUF DEM PLANETEN IST.
ACH, GELD IST MIR NICHT SO WICHTIG.
HMPF
HA HA HA HA!

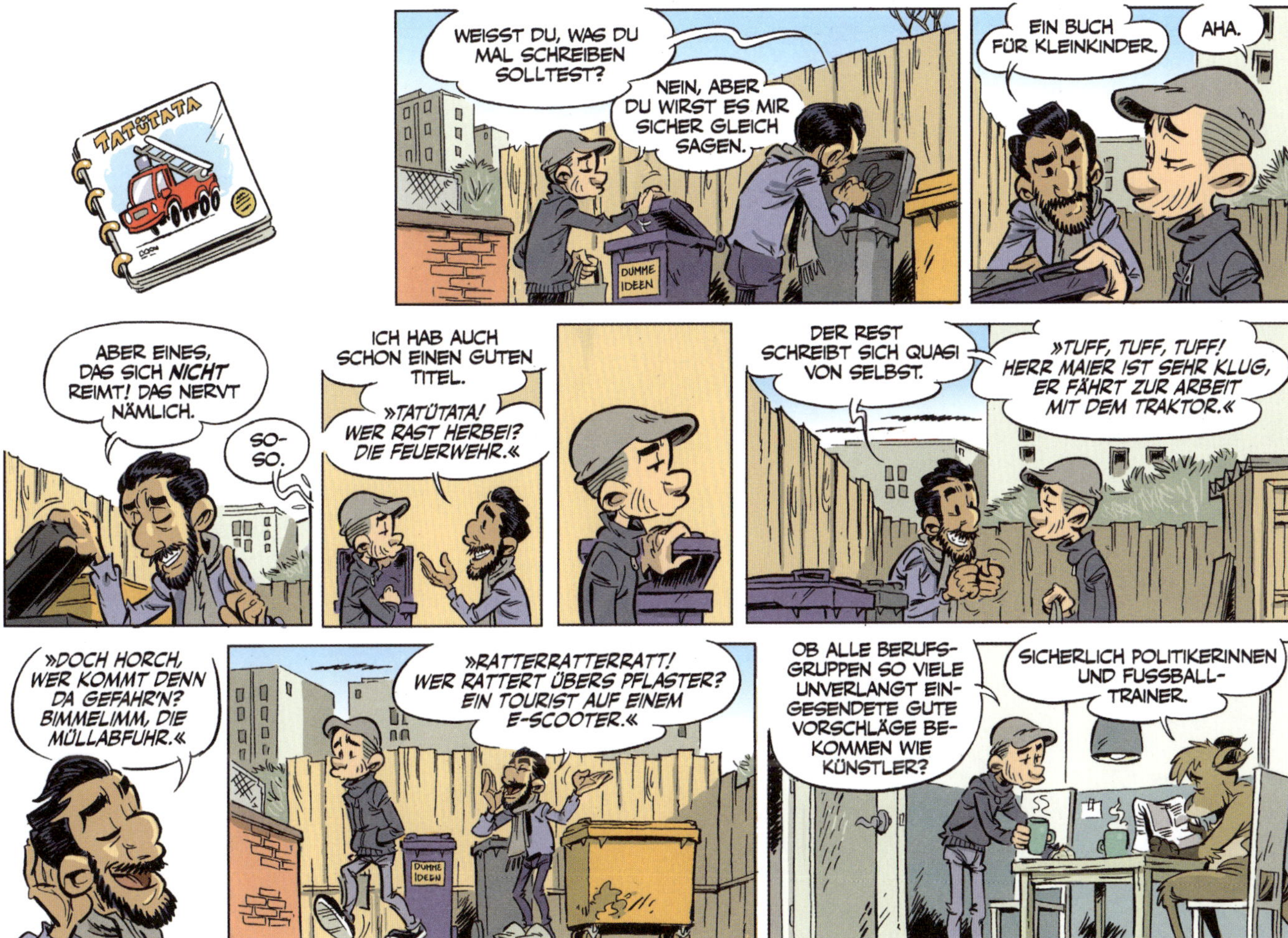
TATÜTATA
WEISST DU, WAS DU MAL SCHREIBEN SOLLTEST?
NEIN, ABER DU WIRST ES MIR SICHER GLEICH SAGEN.
DUMME IDEEN
EIN BUCH FÜR KLEINKINDER.
AHA.
ABER EINES, DAS SICH *NICHT* REIMT! DAS NERVT NÄMLICH.
SO-SO.
ICH HAB AUCH SCHON EINEN GUTEN TITEL.
»TATÜTATA! WER RAST HERBEI? DIE FEUERWEHR.«
DER REST SCHREIBT SICH QUASI VON SELBST.
»TUFF, TUFF, TUFF! HERR MAIER IST SEHR KLUG, ER FÄHRT ZUR ARBEIT MIT DEM TRAKTOR.«
»DOCH HORCH, WER KOMMT DENN DA GEFAHR'N? BIMMELIMM, DIE MÜLLABFUHR.«
»RATTERRATTERRATT! WER RATTERT ÜBERS PFLASTER? EIN TOURIST AUF EINEM E-SCOOTER.«
DUMME IDEEN
OB ALLE BERUFS-GRUPPEN SO VIELE UNVERLANGT EIN-GESENDETE GUTE VORSCHLÄGE BE-KOMMEN WIE KÜNSTLER?
SICHERLICH POLITIKERINNEN UND FUSSBALL-TRAINER.

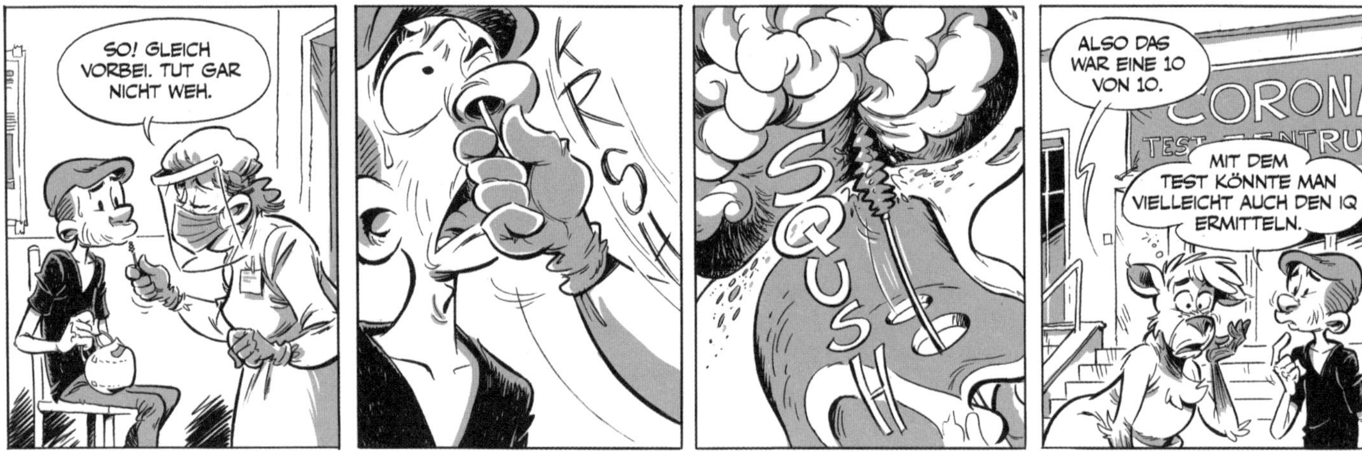
SO! GLEICH VORBEI. TUT GAR NICHT WEH.
ALSO DAS WAR EINE 10 VON 10.
CORONA
MIT DEM TEST KÖNNTE MAN VIELLEICHT AUCH DEN IQ ERMITTELN.

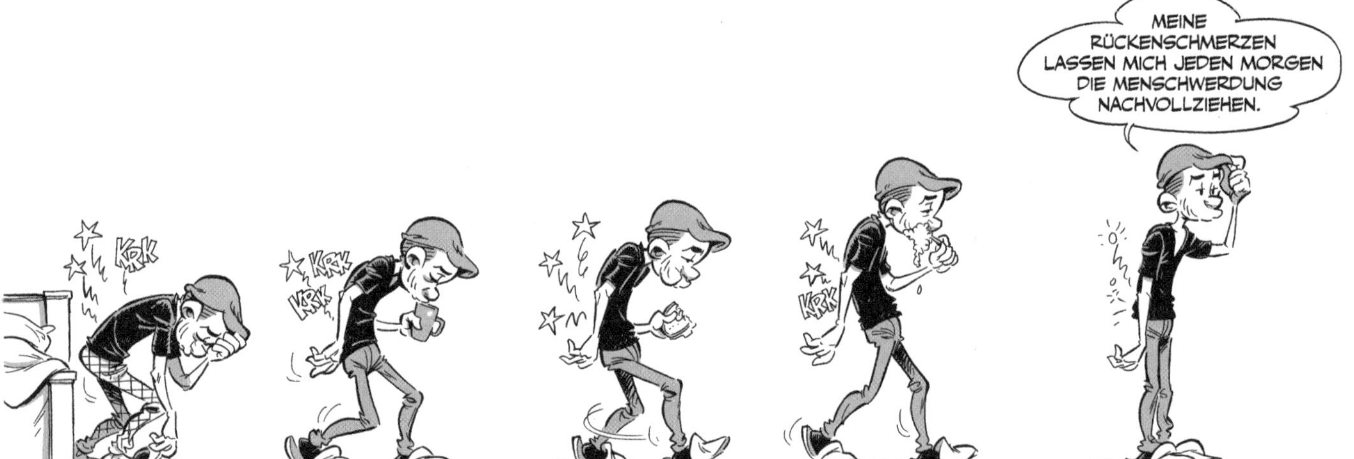
KRK
KRK
KRK
KRK
MEINE RÜCKENSCHMERZEN LASSEN MICH JEDEN MORGEN DIE MENSCHWERDUNG NACHVOLLZIEHEN.

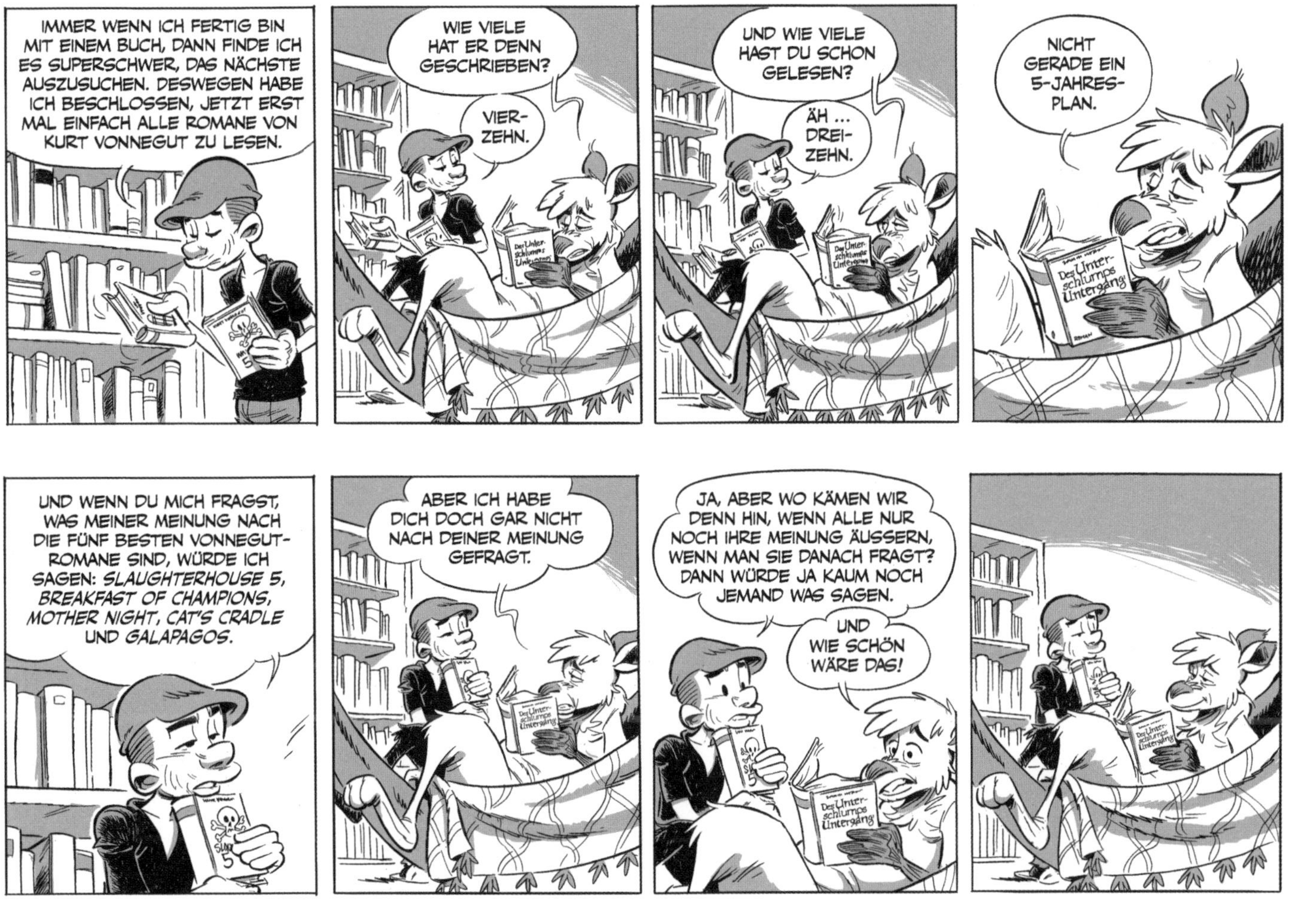
IMMER WENN ICH FERTIG BIN MIT EINEM BUCH, DANN FINDE ICH ES SUPERSCHWER, DAS NÄCHSTE AUSZUSUCHEN. DESWEGEN HABE ICH BESCHLOSSEN, JETZT ERST MAL EINFACH ALLE ROMANE VON KURT VONNEGUT ZU LESEN.
WIE VIELE HAT ER DENN GESCHRIEBEN?
VIERZEHN.
UND WIE VIELE HAST DU SCHON GELESEN?
ÄH ... DREIZEHN.
NICHT GERADE EIN 5-JAHRES-PLAN.
Des Unterschlumps Untergang
UND WENN DU MICH FRAGST, WAS MEINER MEINUNG NACH DIE FÜNF BESTEN VONNEGUT-ROMANE SIND, WÜRDE ICH SAGEN: *SLAUGHTERHOUSE 5*, *BREAKFAST OF CHAMPIONS*, *MOTHER NIGHT*, *CAT'S CRADLE* UND *GALAPAGOS*.
ABER ICH HABE DICH DOCH GAR NICHT NACH DEINER MEINUNG GEFRAGT.
JA, ABER WO KÄMEN WIR DENN HIN, WENN ALLE NUR NOCH IHRE MEINUNG ÄUSSERN, WENN MAN SIE DANACH FRAGT? DANN WÜRDE JA KAUM NOCH JEMAND WAS SAGEN.
UND WIE SCHÖN WÄRE DAS!

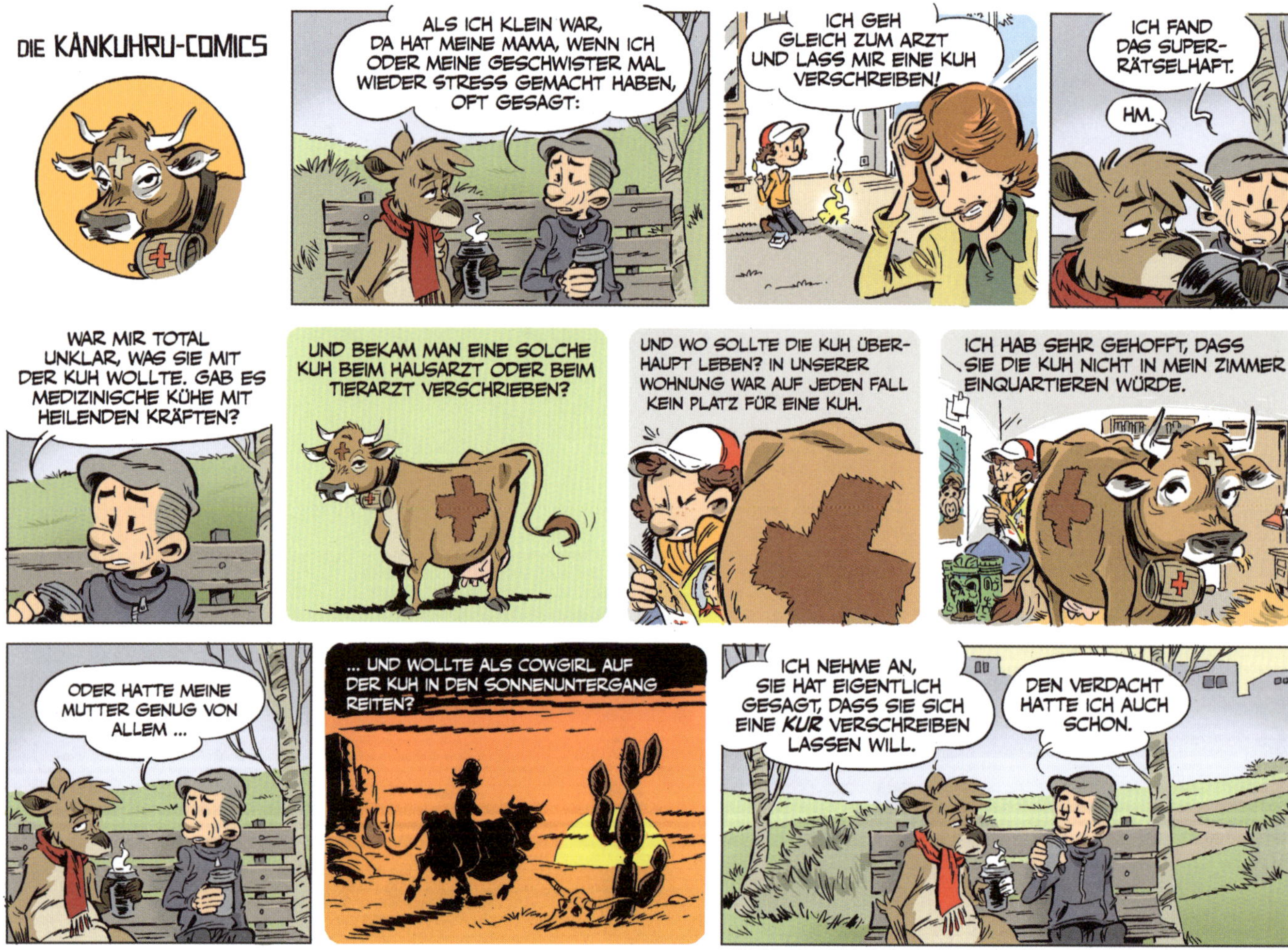

DIE KÄNKUHRU-COMICS
ALS ICH KLEIN WAR, DA HAT MEINE MAMA, WENN ICH ODER MEINE GESCHWISTER MAL WIEDER STRESS GEMACHT HABEN, OFT GESAGT:
ICH GEH GLEICH ZUM ARZT UND LASS MIR EINE KUH VERSCHREIBEN!
ICH FAND DAS SUPER-RÄTSELHAFT.
HM.
WAR MIR TOTAL UNKLAR, WAS SIE MIT DER KUH WOLLTE. GAB ES MEDIZINISCHE KÜHE MIT HEILENDEN KRÄFTEN?
UND BEKAM MAN EINE SOLCHE KUH BEIM HAUSARZT ODER BEIM TIERARZT VERSCHRIEBEN?
UND WO SOLLTE DIE KUH ÜBERHAUPT LEBEN? IN UNSERER WOHNUNG WAR AUF JEDEN FALL KEIN PLATZ FÜR EINE KUH.
ICH HAB SEHR GEHOFFT, DASS SIE DIE KUH NICHT IN MEIN ZIMMER EINQUARTIEREN WÜRDE.
ODER HATTE MEINE MUTTER GENUG VON ALLEM ...
... UND WOLLTE ALS COWGIRL AUF DER KUH IN DEN SONNENUNTERGANG REITEN?
ICH NEHME AN, SIE HAT EIGENTLICH GESAGT, DASS SIE SICH EINE *KUR* VERSCHREIBEN LASSEN WILL.
DEN VERDACHT HATTE ICH AUCH SCHON.

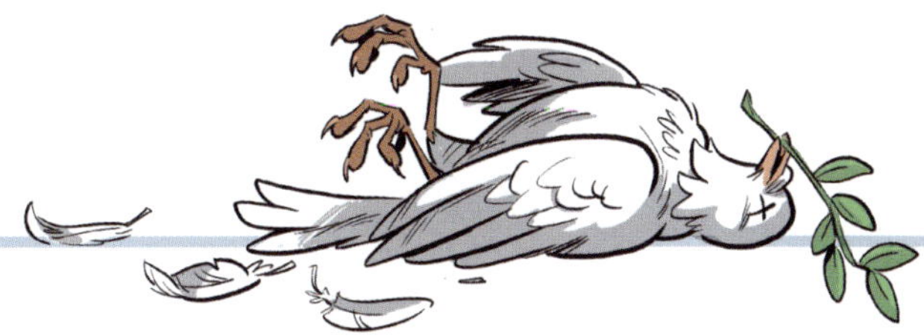

FEBRUAR 2022

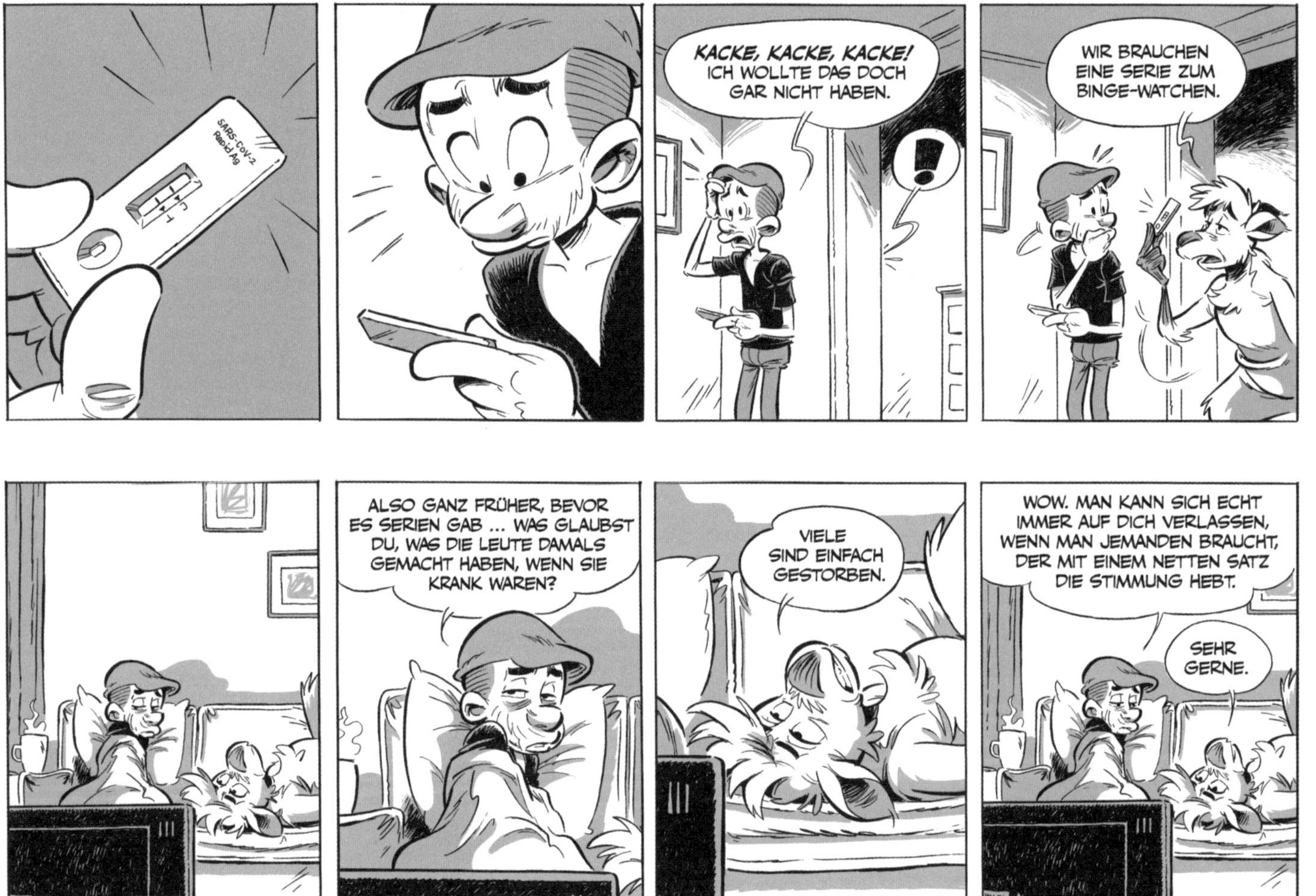
SARS-CoV-2
Rapid Ag
KACKE, KACKE, KACKE! ICH WOLLTE DAS DOCH GAR NICHT HABEN.
!
WIR BRAUCHEN EINE SERIE ZUM BINGE-WATCHEN.
ALSO GANZ FRÜHER, BEVOR ES SERIEN GAB … WAS GLAUBST DU, WAS DIE LEUTE DAMALS GEMACHT HABEN, WENN SIE KRANK WAREN?
VIELE SIND EINFACH GESTORBEN.
WOW. MAN KANN SICH ECHT IMMER AUF DICH VERLASSEN, WENN MAN JEMANDEN BRAUCHT, DER MIT EINEM NETTEN SATZ DIE STIMMUNG HEBT.
SEHR GERNE.

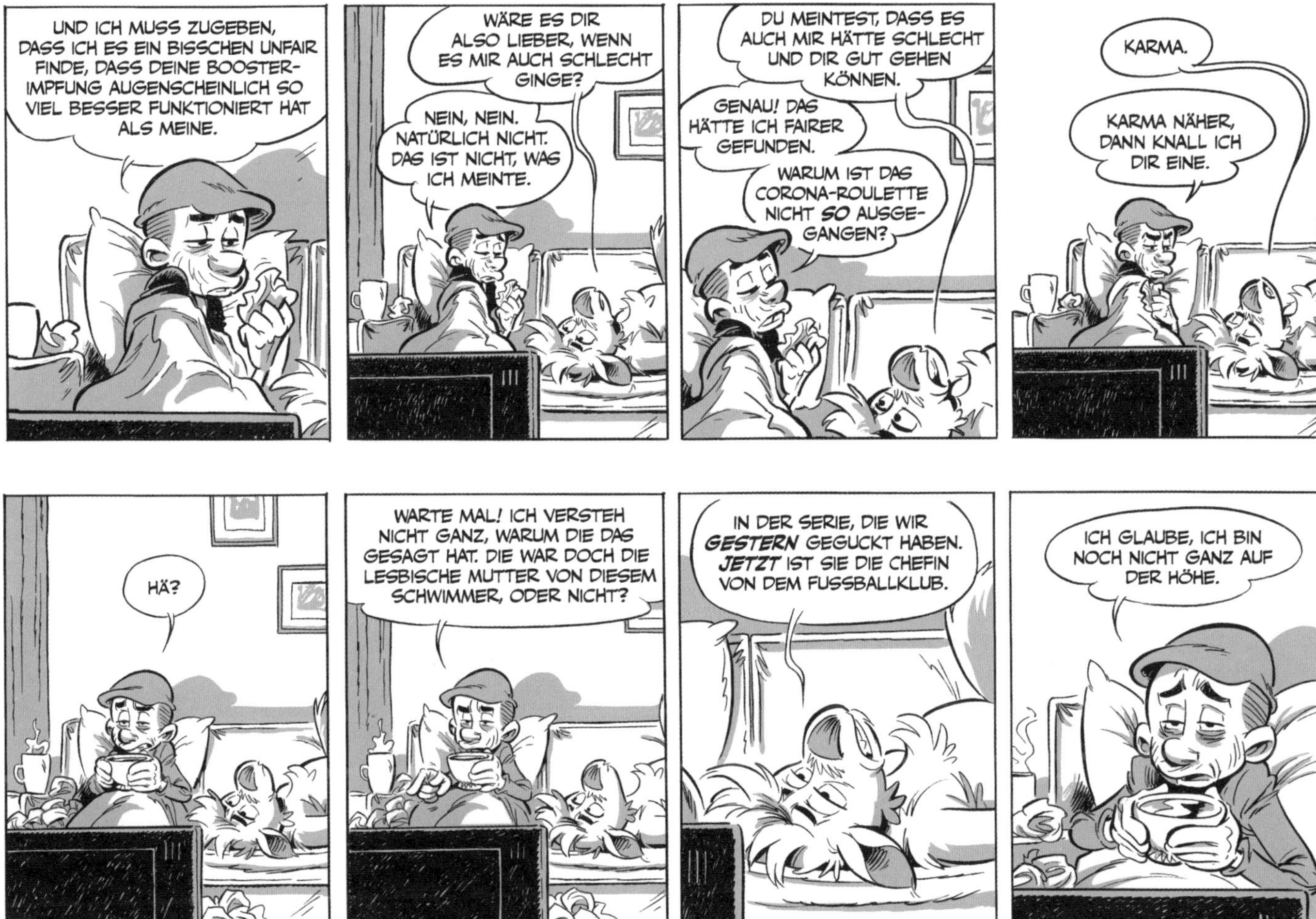
UND ICH MUSS ZUGEBEN, DASS ICH ES EIN BISSCHEN UNFAIR FINDE, DASS DEINE BOOSTER-IMPFUNG AUGENSCHEINLICH SO VIEL BESSER FUNKTIONIERT HAT ALS MEINE.
WÄRE ES DIR ALSO LIEBER, WENN ES MIR AUCH SCHLECHT GINGE?
NEIN, NEIN. NATÜRLICH NICHT. DAS IST NICHT, WAS ICH MEINTE.
DU MEINTEST, DASS ES AUCH MIR HÄTTE SCHLECHT UND DIR GUT GEHEN KÖNNEN.
GENAU! DAS HÄTTE ICH FAIRER GEFUNDEN.
WARUM IST DAS CORONA-ROULETTE NICHT *SO* AUSGEGANGEN?
KARMA.
KARMA NÄHER, DANN KNALL ICH DIR EINE.
HÄ?
WARTE MAL! ICH VERSTEH NICHT GANZ, WARUM DIE DAS GESAGT HAT. DIE WAR DOCH DIE LESBISCHE MUTTER VON DIESEM SCHWIMMER, ODER NICHT?
IN DER SERIE, DIE WIR *GESTERN* GEGUCKT HABEN. *JETZT* IST SIE DIE CHEFIN VON DEM FUSSBALLKLUB.
ICH GLAUBE, ICH BIN NOCH NICHT GANZ AUF DER HÖHE.

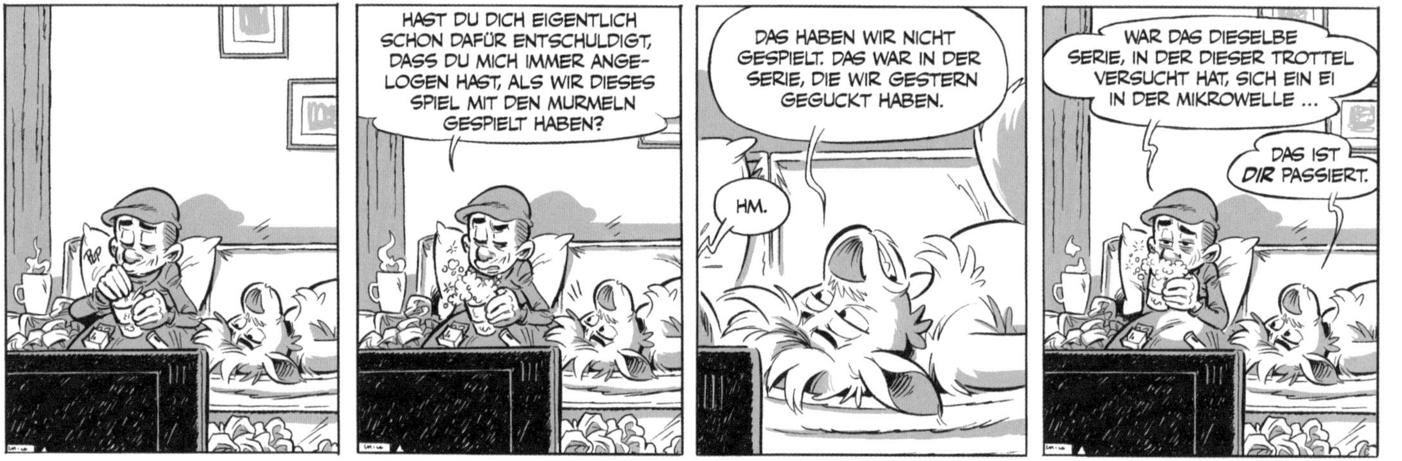
HAST DU DICH EIGENTLICH SCHON DAFÜR ENTSCHULDIGT, DASS DU MICH IMMER ANGELOGEN HAST, ALS WIR DIESES SPIEL MIT DEN MURMELN GESPIELT HABEN?
DAS HABEN WIR NICHT GESPIELT. DAS WAR IN DER SERIE, DIE WIR GESTERN GEGUCKT HABEN.
HM.
WAR DAS DIESELBE SERIE, IN DER DIESER TROTTEL VERSUCHT HAT, SICH EIN EI IN DER MIKROWELLE …
DAS IST *DIR* PASSIERT.

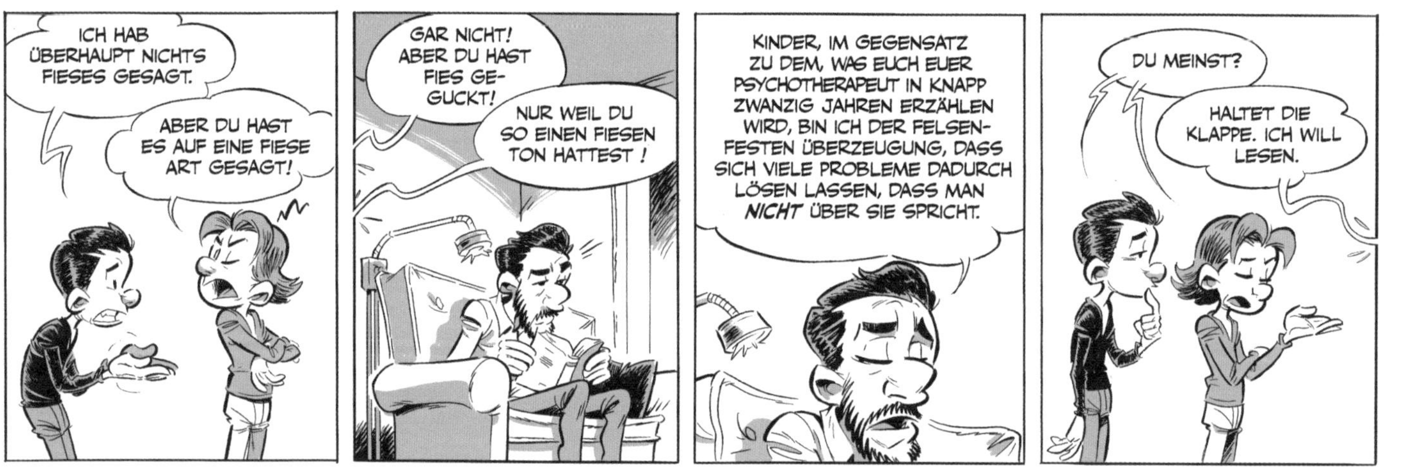
ICH HAB ÜBERHAUPT NICHTS FIESES GESAGT.
ABER DU HAST ES AUF EINE FIESE ART GESAGT!
GAR NICHT! ABER DU HAST FIES GEGUCKT!
NUR WEIL DU SO EINEN FIESEN TON HATTEST!
KINDER, IM GEGENSATZ ZU DEM, WAS EUCH EUER PSYCHOTHERAPEUT IN KNAPP ZWANZIG JAHREN ERZÄHLEN WIRD, BIN ICH DER FELSENFESTEN ÜBERZEUGUNG, DASS SICH VIELE PROBLEME DADURCH LÖSEN LASSEN, DASS MAN *NICHT* ÜBER SIE SPRICHT.
DU MEINST?
HALTET DIE KLAPPE. ICH WILL LESEN.

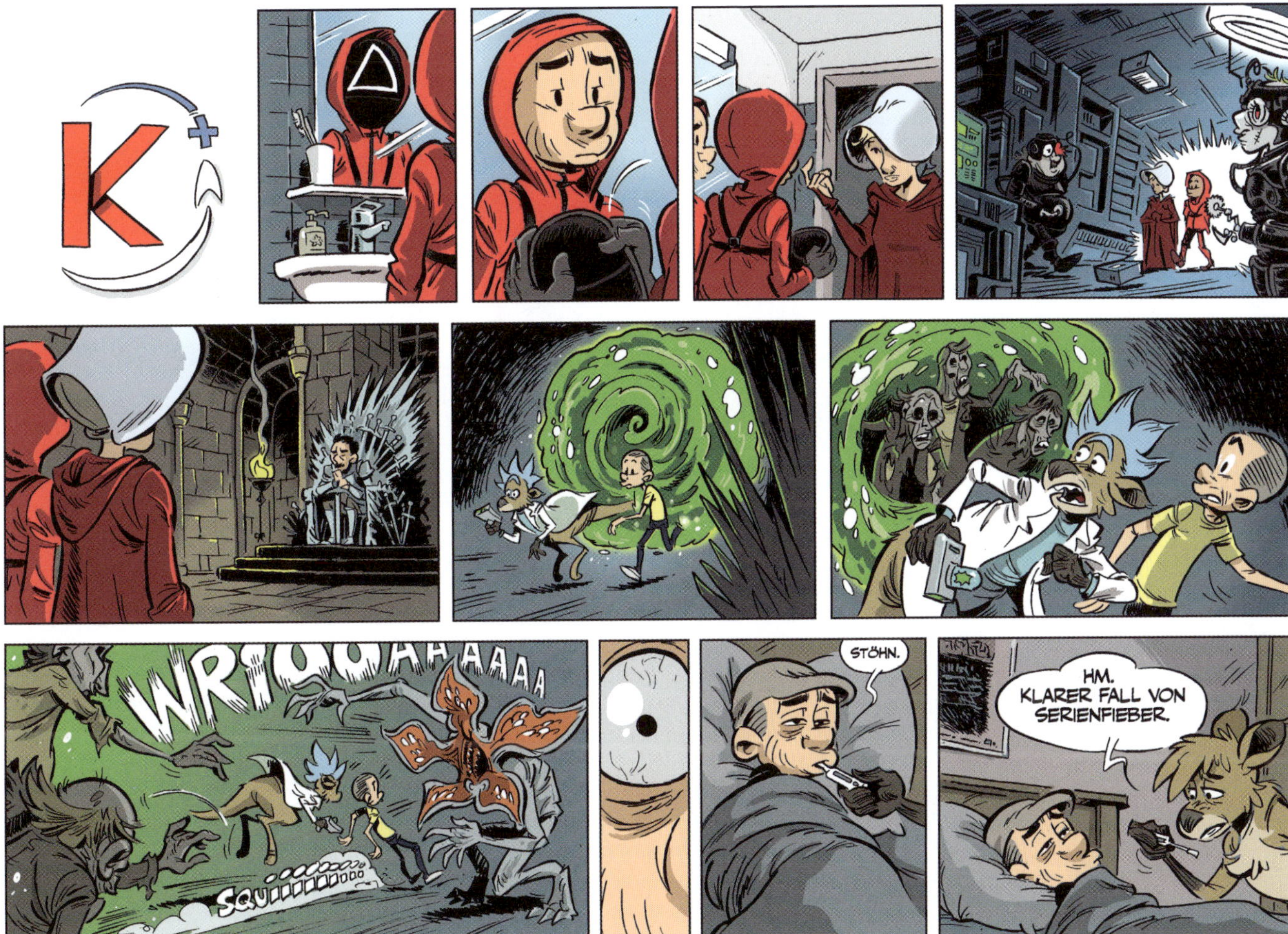
WRIOOAAAAAAA
SQUIIIIIIIIII
STÖHN.
HM.
KLARER FALL VON
SERIENFIEBER.

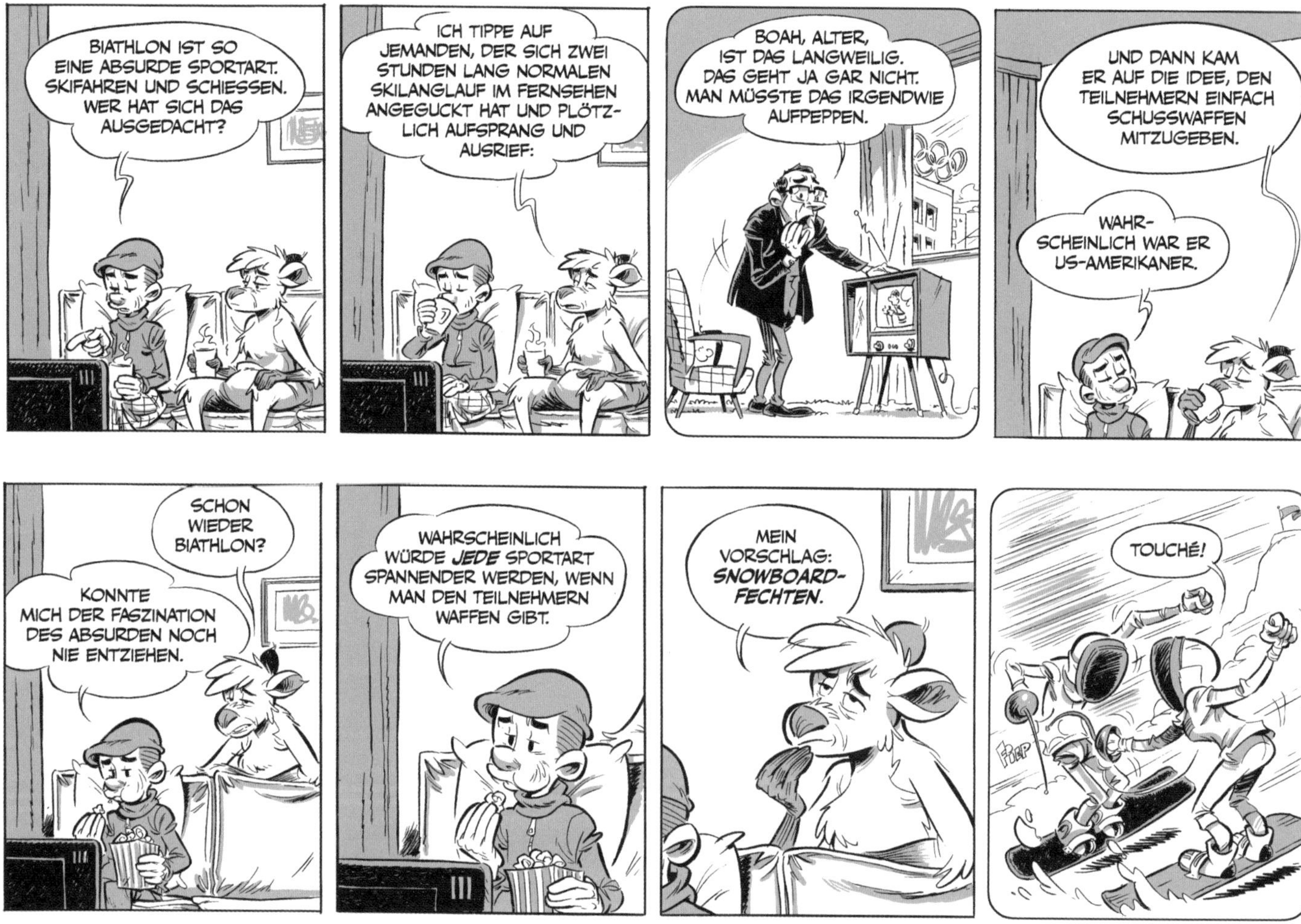
BIATHLON IST SO EINE ABSURDE SPORTART. SKIFAHREN UND SCHIESSEN. WER HAT SICH DAS AUSGEDACHT?
ICH TIPPE AUF JEMANDEN, DER SICH ZWEI STUNDEN LANG NORMALEN SKILANGLAUF IM FERNSEHEN ANGEGUCKT HAT UND PLÖTZLICH AUFSPRANG UND AUSRIEF:
BOAH, ALTER, IST DAS LANGWEILIG. DAS GEHT JA GAR NICHT. MAN MÜSSTE DAS IRGENDWIE AUFPEPPEN.
UND DANN KAM ER AUF DIE IDEE, DEN TEILNEHMERN EINFACH SCHUSSWAFFEN MITZUGEBEN.
WAHRSCHEINLICH WAR ER US-AMERIKANER.
SCHON WIEDER BIATHLON?
KONNTE MICH DER FASZINATION DES ABSURDEN NOCH NIE ENTZIEHEN.
WAHRSCHEINLICH WÜRDE *JEDE* SPORTART SPANNENDER WERDEN, WENN MAN DEN TEILNEHMERN WAFFEN GIBT.
MEIN VORSCHLAG: ***SNOWBOARD-FECHTEN.***
TOUCHÉ!
FLOP

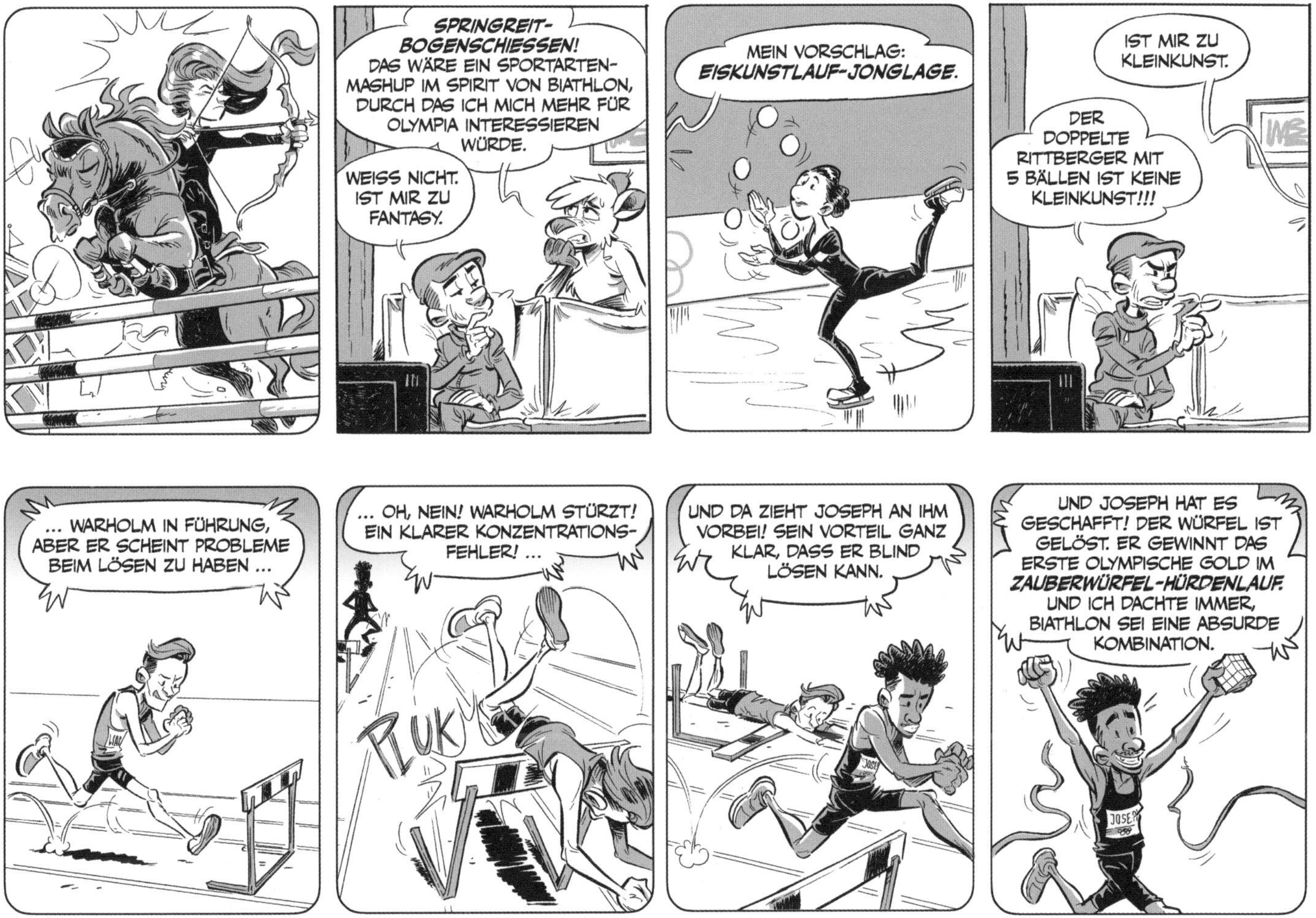
SPRINGREIT-BOGENSCHIESSEN! DAS WÄRE EIN SPORTARTEN-MASHUP IM SPIRIT VON BIATHLON, DURCH DAS ICH MICH MEHR FÜR OLYMPIA INTERESSIEREN WÜRDE.
WEISS NICHT. IST MIR ZU FANTASY.
MEIN VORSCHLAG: EISKUNSTLAUF-JONGLAGE.
IST MIR ZU KLEINKUNST.
DER DOPPELTE RITTBERGER MIT 5 BÄLLEN IST KEINE KLEINKUNST!!!
... WARHOLM IN FÜHRUNG, ABER ER SCHEINT PROBLEME BEIM LÖSEN ZU HABEN ...
... OH, NEIN! WARHOLM STÜRZT! EIN KLARER KONZENTRATIONS-FEHLER! ...
PLUK
UND DA ZIEHT JOSEPH AN IHM VORBEI! SEIN VORTEIL GANZ KLAR, DASS ER BLIND LÖSEN KANN.
UND JOSEPH HAT ES GESCHAFFT! DER WÜRFEL IST GELÖST. ER GEWINNT DAS ERSTE OLYMPISCHE GOLD IM ZAUBERWÜRFEL-HÜRDENLAUF. UND ICH DACHTE IMMER, BIATHLON SEI EINE ABSURDE KOMBINATION.

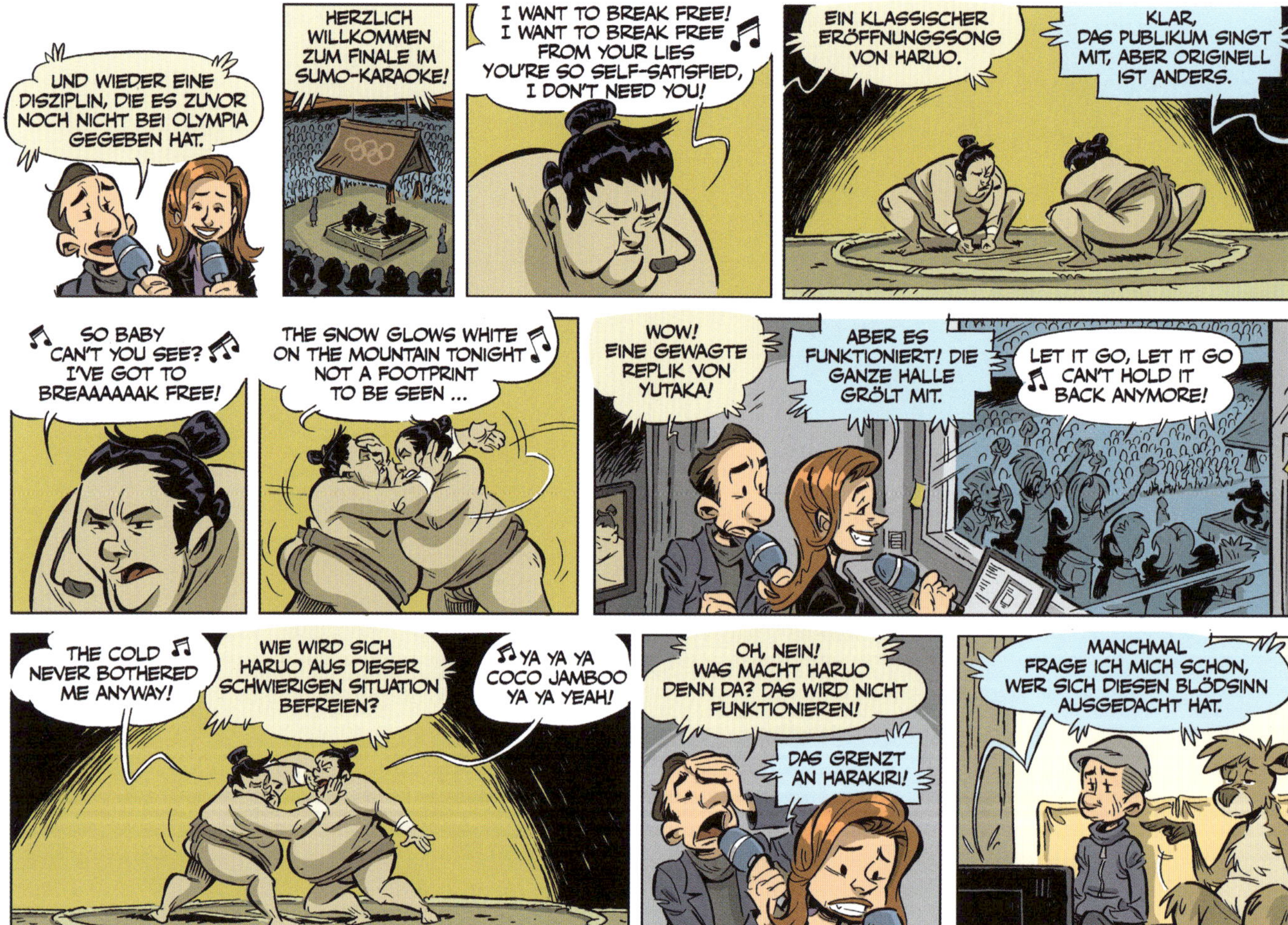
UND WIEDER EINE DISZIPLIN, DIE ES ZUVOR NOCH NICHT BEI OLYMPIA GEGEBEN HAT.
HERZLICH WILLKOMMEN ZUM FINALE IM SUMO-KARAOKE!
I WANT TO BREAK FREE! I WANT TO BREAK FREE FROM YOUR LIES YOU'RE SO SELF-SATISFIED, I DON'T NEED YOU!
EIN KLASSISCHER ERÖFFNUNGSSONG VON HARUO.
KLAR, DAS PUBLIKUM SINGT MIT, ABER ORIGINELL IST ANDERS.
SO BABY CAN'T YOU SEE? I'VE GOT TO BREAAAAAAK FREE!
THE SNOW GLOWS WHITE ON THE MOUNTAIN TONIGHT NOT A FOOTPRINT TO BE SEEN ...
WOW! EINE GEWAGTE REPLIK VON YUTAKA!
ABER ES FUNKTIONIERT! DIE GANZE HALLE GRÖLT MIT.
LET IT GO, LET IT GO CAN'T HOLD IT BACK ANYMORE!
THE COLD NEVER BOTHERED ME ANYWAY!
WIE WIRD SICH HARUO AUS DIESER SCHWIERIGEN SITUATION BEFREIEN?
YA YA YA COCO JAMBOO YA YA YEAH!
OH, NEIN! WAS MACHT HARUO DENN DA? DAS WIRD NICHT FUNKTIONIEREN!
DAS GRENZT AN HARAKIRI!
MANCHMAL FRAGE ICH MICH SCHON, WER SICH DIESEN BLÖDSINN AUSGEDACHT HAT.

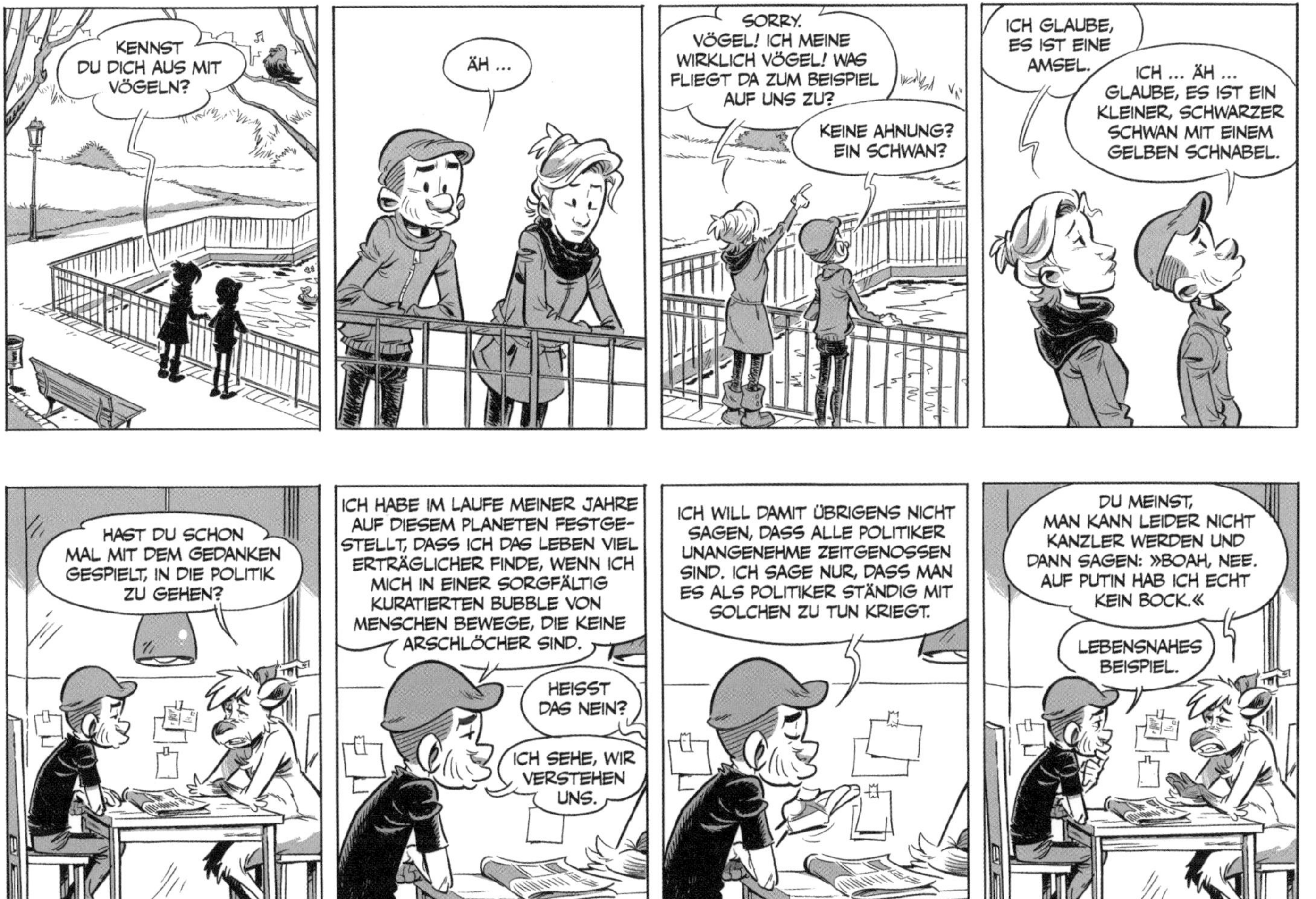
KENNST DU DICH AUS MIT VÖGELN?
ÄH ...
SORRY. VÖGEL! ICH MEINE WIRKLICH VÖGEL! WAS FLIEGT DA ZUM BEISPIEL AUF UNS ZU?
KEINE AHNUNG? EIN SCHWAN?
ICH GLAUBE, ES IST EINE AMSEL.
ICH ... ÄH ... GLAUBE, ES IST EIN KLEINER, SCHWARZER SCHWAN MIT EINEM GELBEN SCHNABEL.
HAST DU SCHON MAL MIT DEM GEDANKEN GESPIELT, IN DIE POLITIK ZU GEHEN?
ICH HABE IM LAUFE MEINER JAHRE AUF DIESEM PLANETEN FESTGESTELLT, DASS ICH DAS LEBEN VIEL ERTRÄGLICHER FINDE, WENN ICH MICH IN EINER SORGFÄLTIG KURATIERTEN BUBBLE VON MENSCHEN BEWEGE, DIE KEINE ARSCHLÖCHER SIND.
HEISST DAS NEIN?
ICH SEHE, WIR VERSTEHEN UNS.
ICH WILL DAMIT ÜBRIGENS NICHT SAGEN, DASS ALLE POLITIKER UNANGENEHME ZEITGENOSSEN SIND. ICH SAGE NUR, DASS MAN ES ALS POLITIKER STÄNDIG MIT SOLCHEN ZU TUN KRIEGT.
DU MEINST, MAN KANN LEIDER NICHT KANZLER WERDEN UND DANN SAGEN: »BOAH, NEE. AUF PUTIN HAB ICH ECHT KEIN BOCK.«
LEBENSNAHES BEISPIEL.

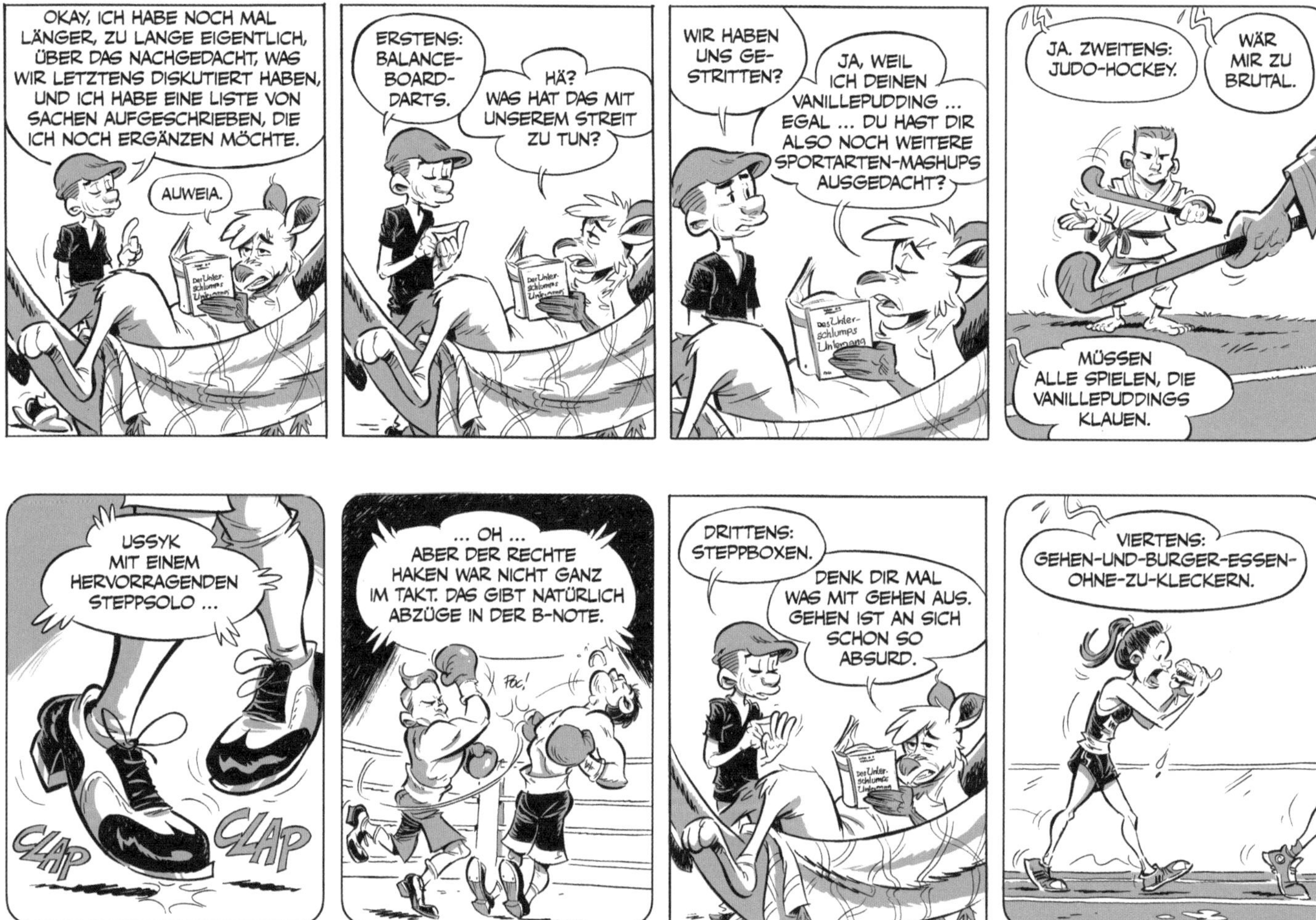
OKAY, ICH HABE NOCH MAL LÄNGER, ZU LANGE EIGENTLICH, ÜBER DAS NACHGEDACHT, WAS WIR LETZTENS DISKUTIERT HABEN, UND ICH HABE EINE LISTE VON SACHEN AUFGESCHRIEBEN, DIE ICH NOCH ERGÄNZEN MÖCHTE.
AUWEIA.
ERSTENS: BALANCE-BOARD-DARTS.
HÄ? WAS HAT DAS MIT UNSEREM STREIT ZU TUN?
WIR HABEN UNS GE-STRITTEN?
JA, WEIL ICH DEINEN VANILLEPUDDING … EGAL … DU HAST DIR ALSO NOCH WEITERE SPORTARTEN-MASHUPS AUSGEDACHT?
JA. ZWEITENS: JUDO-HOCKEY.
WÄR MIR ZU BRUTAL.
MÜSSEN ALLE SPIELEN, DIE VANILLEPUDDINGS KLAUEN.
USSYK MIT EINEM HERVORRAGENDEN STEPPSOLO …
CLAP
CLAP
… OH … ABER DER RECHTE HAKEN WAR NICHT GANZ IM TAKT. DAS GIBT NATÜRLICH ABZÜGE IN DER B-NOTE.
DRITTENS: STEPPBOXEN.
DENK DIR MAL WAS MIT GEHEN AUS. GEHEN IST AN SICH SCHON SO ABSURD.
VIERTENS: GEHEN-UND-BURGER-ESSEN-OHNE-ZU-KLECKERN.

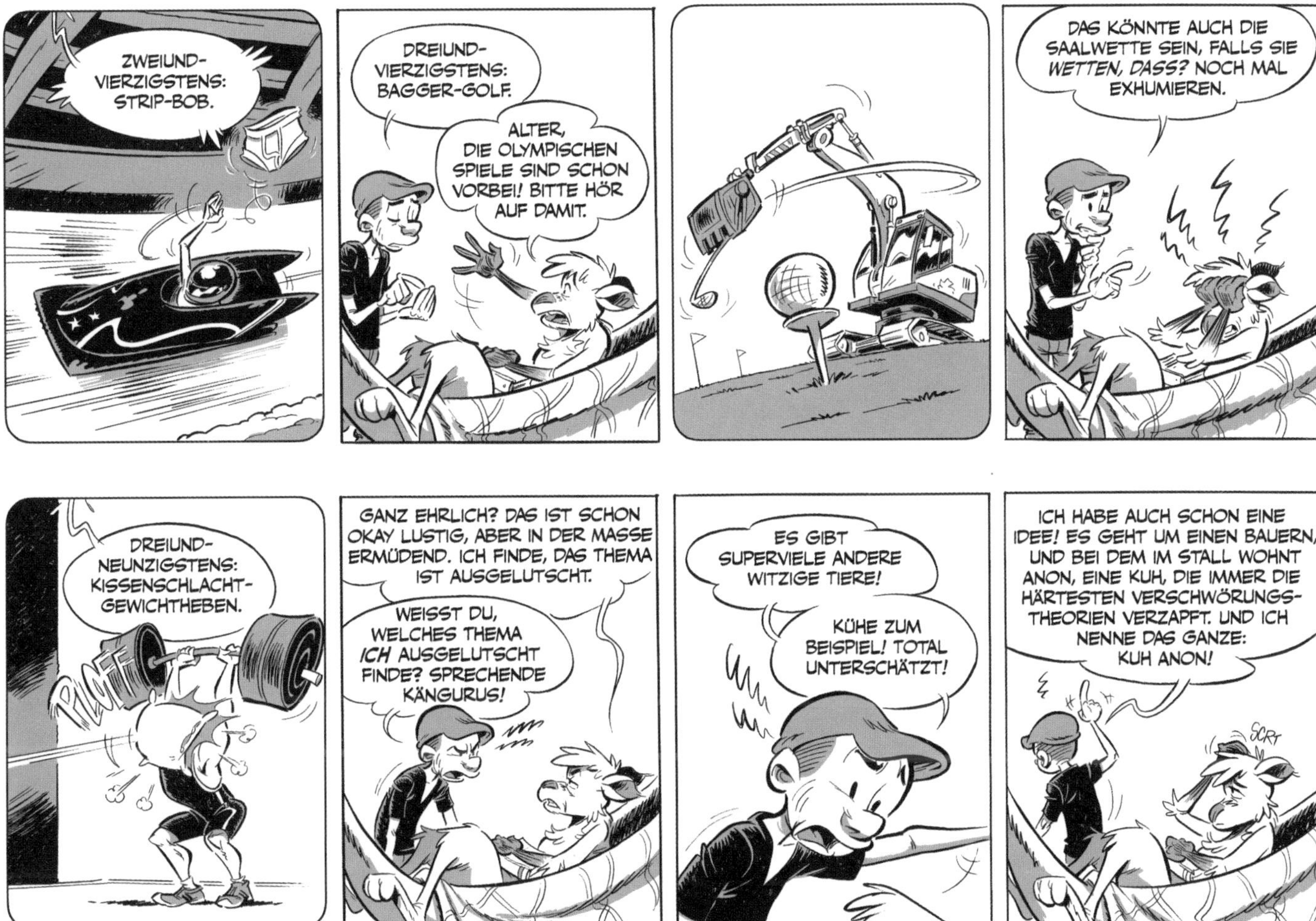
ZWEIUND-VIERZIGSTENS: STRIP-BOB.
DREIUND-VIERZIGSTENS: BAGGER-GOLF.
ALTER, DIE OLYMPISCHEN SPIELE SIND SCHON VORBEI! BITTE HÖR AUF DAMIT.
DAS KÖNNTE AUCH DIE SAALWETTE SEIN, FALLS SIE *WETTEN, DASS?* NOCH MAL EXHUMIEREN.
DREIUND-NEUNZIGSTENS: KISSENSCHLACHT-GEWICHTHEBEN.
PLOFF
GANZ EHRLICH? DAS IST SCHON OKAY LUSTIG, ABER IN DER MASSE ERMÜDEND. ICH FINDE, DAS THEMA IST AUSGELUTSCHT.
WEISST DU, WELCHES THEMA *ICH* AUSGELUTSCHT FINDE? SPRECHENDE KÄNGURUS!
ES GIBT SUPERVIELE ANDERE WITZIGE TIERE!
KÜHE ZUM BEISPIEL! TOTAL UNTERSCHÄTZT!
ICH HABE AUCH SCHON EINE IDEE! ES GEHT UM EINEN BAUERN, UND BEI DEM IM STALL WOHNT ANON, EINE KUH, DIE IMMER DIE HÄRTESTEN VERSCHWÖRUNGS-THEORIEN VERZAPFT. UND ICH NENNE DAS GANZE: KUH ANON!
SCRT

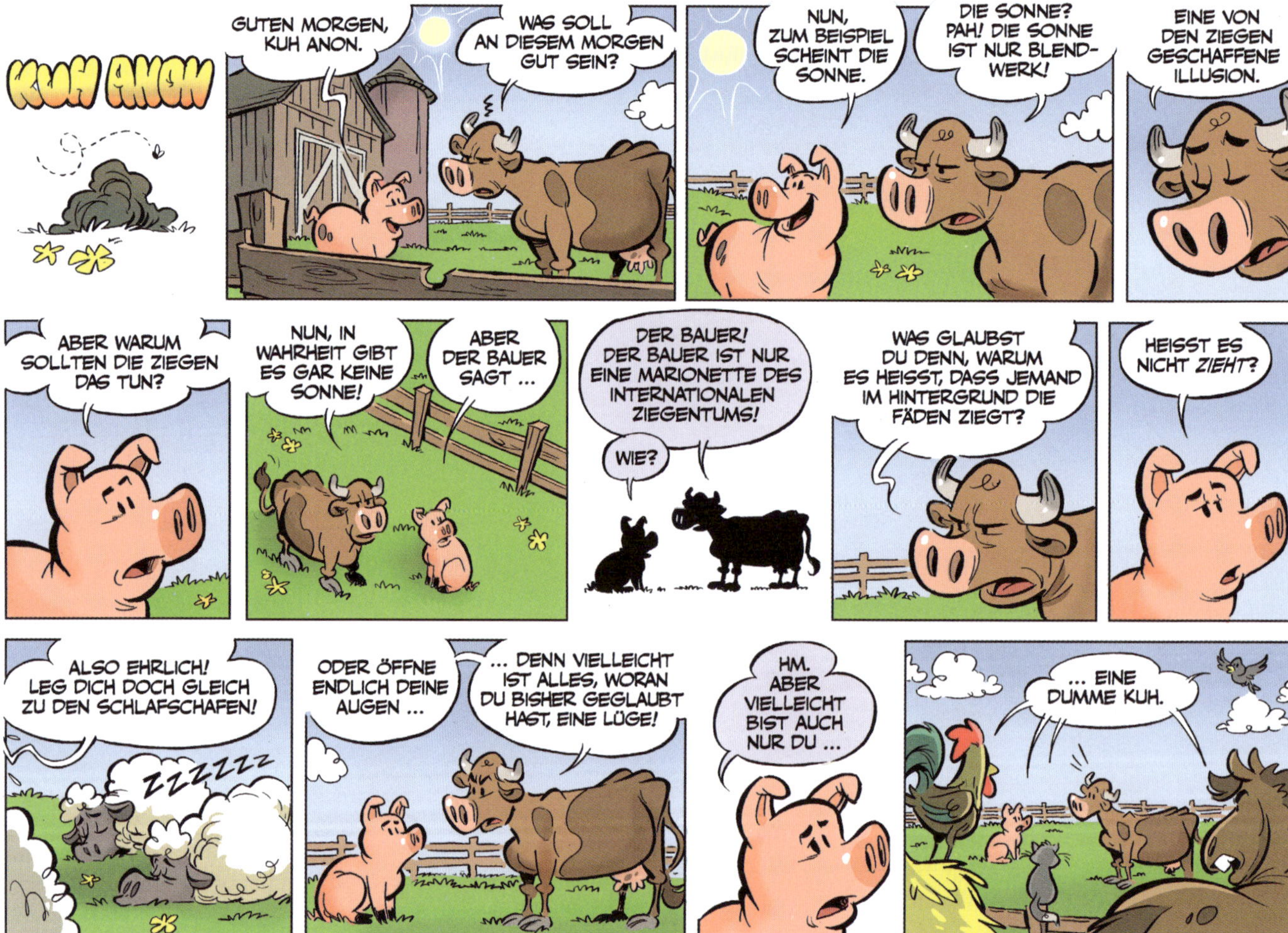
KUH ANON
GUTEN MORGEN, KUH ANON.
WAS SOLL AN DIESEM MORGEN GUT SEIN?
NUN, ZUM BEISPIEL SCHEINT DIE SONNE.
DIE SONNE? PAH! DIE SONNE IST NUR BLENDWERK!
EINE VON DEN ZIEGEN GESCHAFFENE ILLUSION.
ABER WARUM SOLLTEN DIE ZIEGEN DAS TUN?
NUN, IN WAHRHEIT GIBT ES GAR KEINE SONNE!
ABER DER BAUER SAGT …
DER BAUER! DER BAUER IST NUR EINE MARIONETTE DES INTERNATIONALEN ZIEGENTUMS!
WIE?
WAS GLAUBST DU DENN, WARUM ES HEISST, DASS JEMAND IM HINTERGRUND DIE FÄDEN ZIEGT?
HEISST ES NICHT *ZIEHT*?
ALSO EHRLICH! LEG DICH DOCH GLEICH ZU DEN SCHLAFSCHAFEN!
ZZZZZZ
ODER ÖFFNE ENDLICH DEINE AUGEN …
… DENN VIELLEICHT IST ALLES, WORAN DU BISHER GEGLAUBT HAST, EINE LÜGE!
HM. ABER VIELLEICHT BIST AUCH NUR DU …
… EINE DUMME KUH.

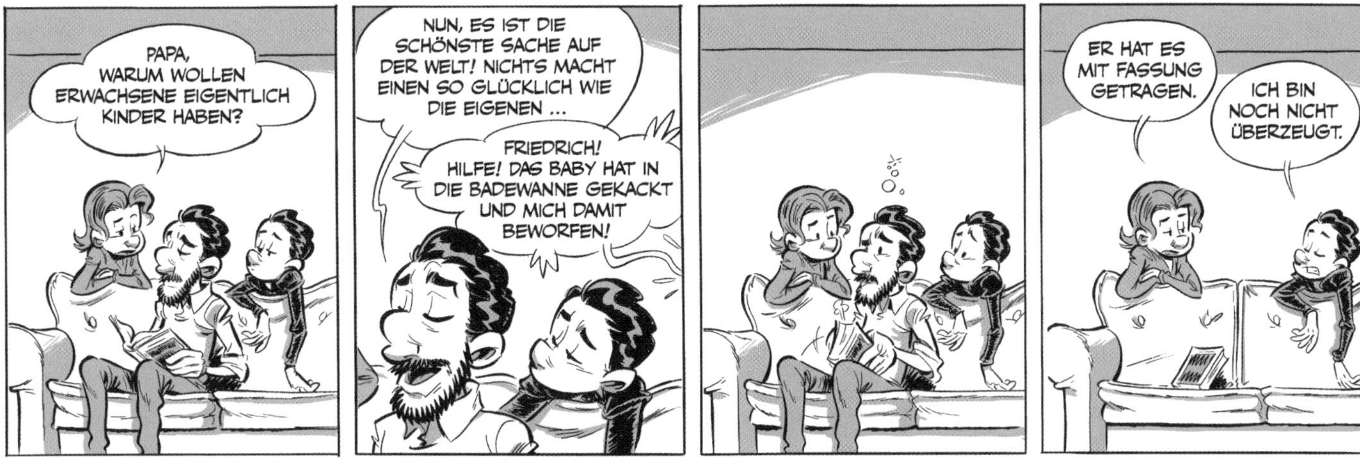
PAPA, WARUM WOLLEN ERWACHSENE EIGENTLICH KINDER HABEN?
NUN, ES IST DIE SCHÖNSTE SACHE AUF DER WELT! NICHTS MACHT EINEN SO GLÜCKLICH WIE DIE EIGENEN …
FRIEDRICH! HILFE! DAS BABY HAT IN DIE BADEWANNE GEKACKT UND MICH DAMIT BEWORFEN!
ER HAT ES MIT FASSUNG GETRAGEN.
ICH BIN NOCH NICHT ÜBERZEUGT.

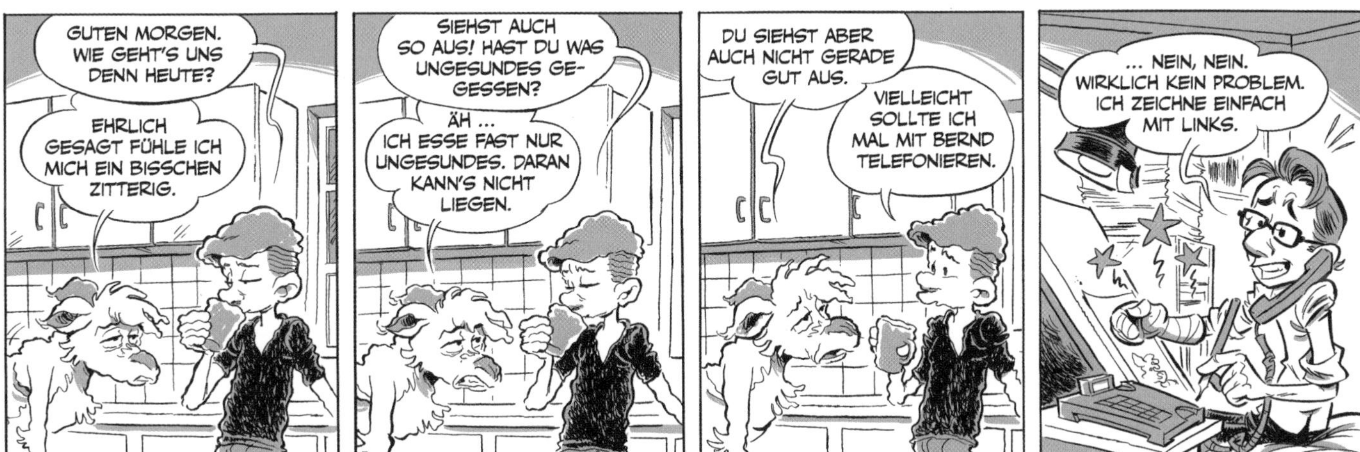
GUTEN MORGEN. WIE GEHT'S UNS DENN HEUTE?
EHRLICH GESAGT FÜHLE ICH MICH EIN BISSCHEN ZITTERIG.
SIEHST AUCH SO AUS! HAST DU WAS UNGESUNDES GE-GESSEN?
ÄH … ICH ESSE FAST NUR UNGESUNDES. DARAN KANN'S NICHT LIEGEN.
DU SIEHST ABER AUCH NICHT GERADE GUT AUS.
VIELLEICHT SOLLTE ICH MAL MIT BERND TELEFONIEREN.
… NEIN, NEIN. WIRKLICH KEIN PROBLEM. ICH ZEICHNE EINFACH MIT LINKS.

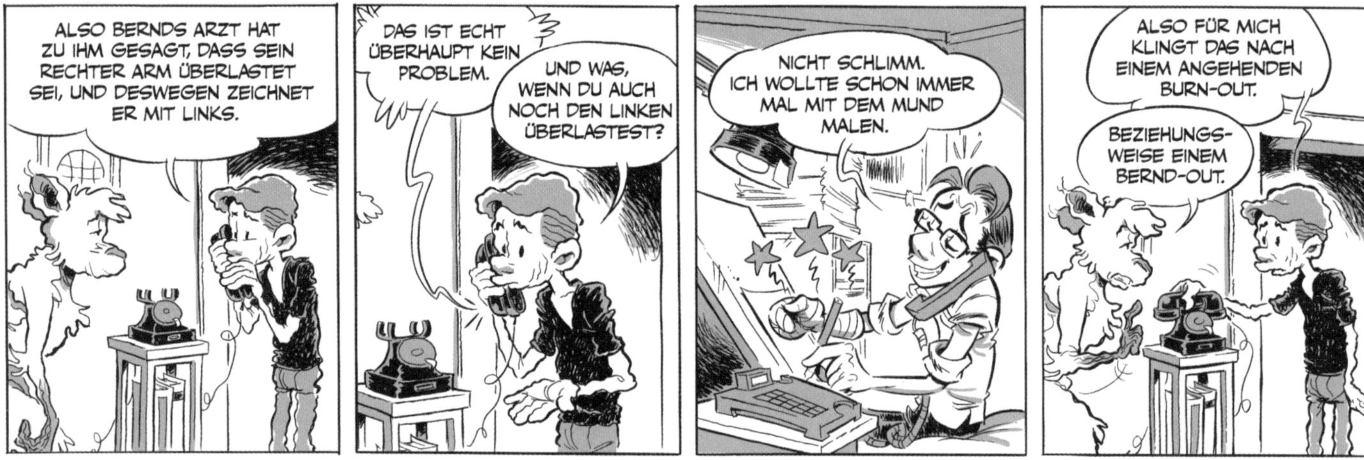
ALSO BERNDS ARZT HAT ZU IHM GESAGT, DASS SEIN RECHTER ARM ÜBERLASTET SEI, UND DESWEGEN ZEICHNET ER MIT LINKS.
DAS IST ECHT ÜBERHAUPT KEIN PROBLEM.
UND WAS, WENN DU AUCH NOCH DEN LINKEN ÜBERLASTEST?
NICHT SCHLIMM. ICH WOLLTE SCHON IMMER MAL MIT DEM MUND MALEN.
ALSO FÜR MICH KLINGT DAS NACH EINEM ANGEHENDEN BURN-OUT.
BEZIEHUNGSWEISE EINEM BERND-OUT.

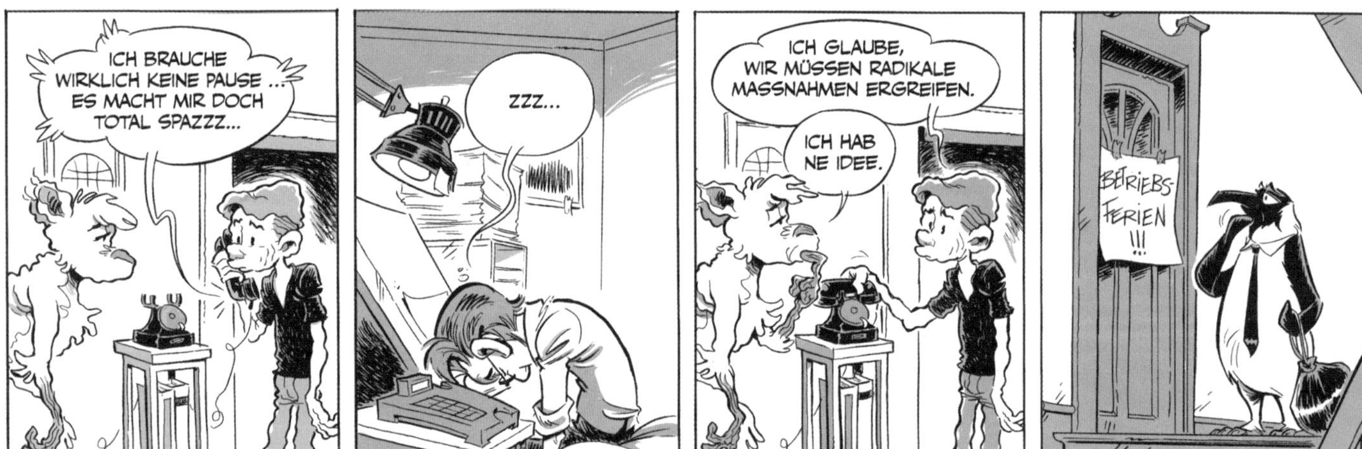
ICH BRAUCHE WIRKLICH KEINE PAUSE ... ES MACHT MIR DOCH TOTAL SPAZZZ...
ZZZ...
ICH GLAUBE, WIR MÜSSEN RADIKALE MASSNAHMEN ERGREIFEN.
ICH HAB NE IDEE.
BETRIEBS-FERIEN !!!

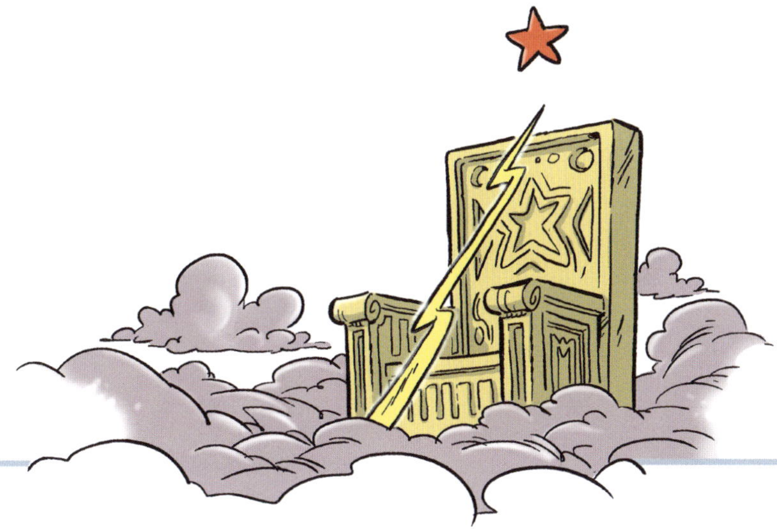

MÄRZ 2022

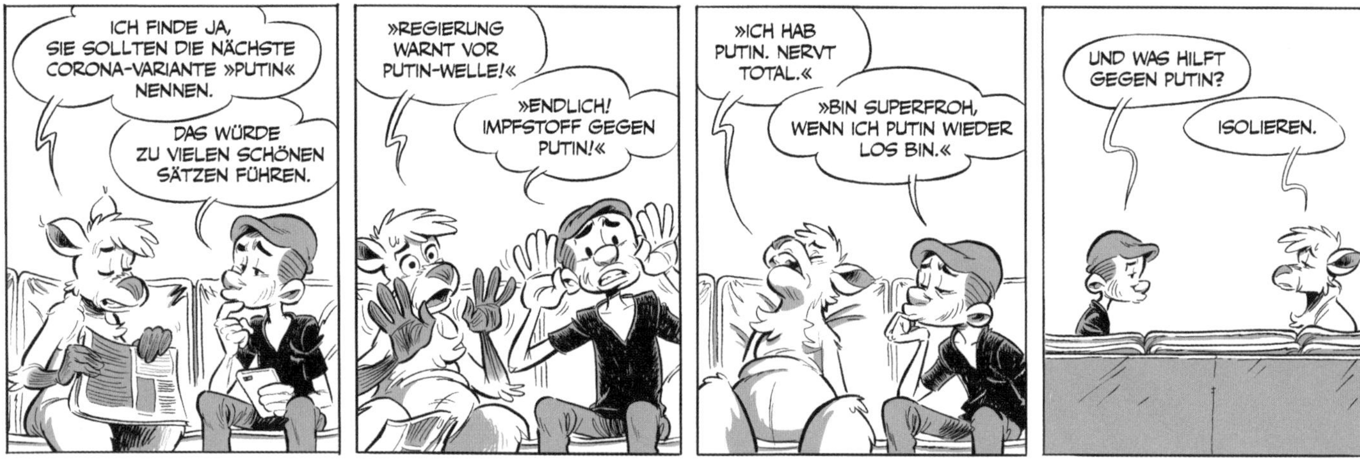
ICH FINDE JA, SIE SOLLTEN DIE NÄCHSTE CORONA-VARIANTE »PUTIN« NENNEN.
DAS WÜRDE ZU VIELEN SCHÖNEN SÄTZEN FÜHREN.
»REGIERUNG WARNT VOR PUTIN-WELLE!«
»ENDLICH! IMPFSTOFF GEGEN PUTIN!«
»ICH HAB PUTIN. NERVT TOTAL.«
»BIN SUPERFROH, WENN ICH PUTIN WIEDER LOS BIN.«
UND WAS HILFT GEGEN PUTIN?
ISOLIEREN.

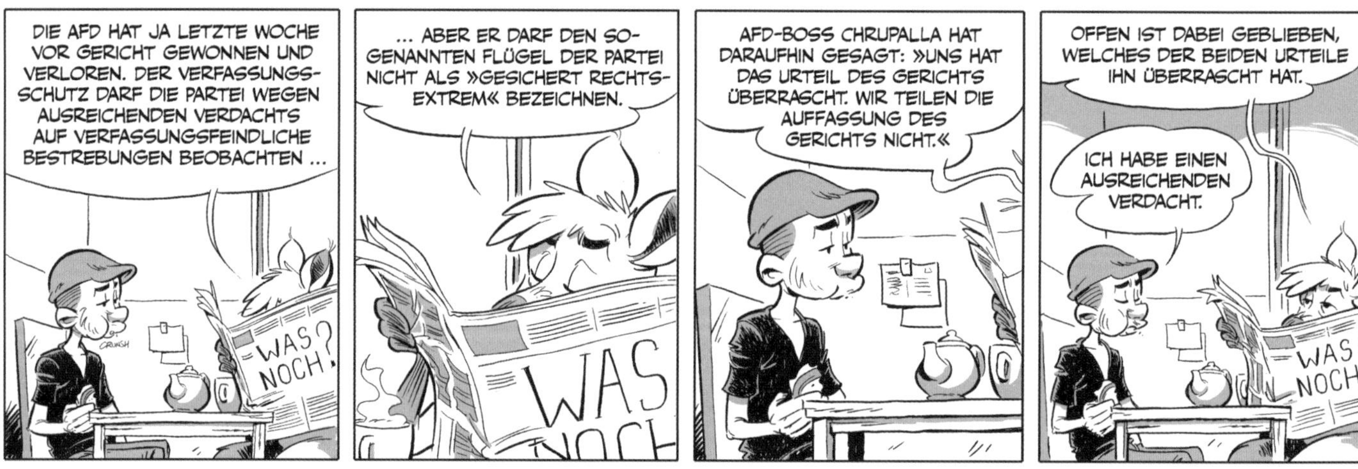
DIE AFD HAT JA LETZTE WOCHE VOR GERICHT GEWONNEN UND VERLOREN. DER VERFASSUNGS-SCHUTZ DARF DIE PARTEI WEGEN AUSREICHENDEN VERDACHTS AUF VERFASSUNGSFEINDLICHE BESTREBUNGEN BEOBACHTEN …
WAS NOCH?
… ABER ER DARF DEN SO-GENANNTEN FLÜGEL DER PARTEI NICHT ALS »GESICHERT RECHTS-EXTREM« BEZEICHNEN.
AFD-BOSS CHRUPALLA HAT DARAUFHIN GESAGT: »UNS HAT DAS URTEIL DES GERICHTS ÜBERRASCHT. WIR TEILEN DIE AUFFASSUNG DES GERICHTS NICHT.«
OFFEN IST DABEI GEBLIEBEN, WELCHES DER BEIDEN URTEILE IHN ÜBERRASCHT HAT.
ICH HABE EINEN AUSREICHENDEN VERDACHT.
WAS NOCH?

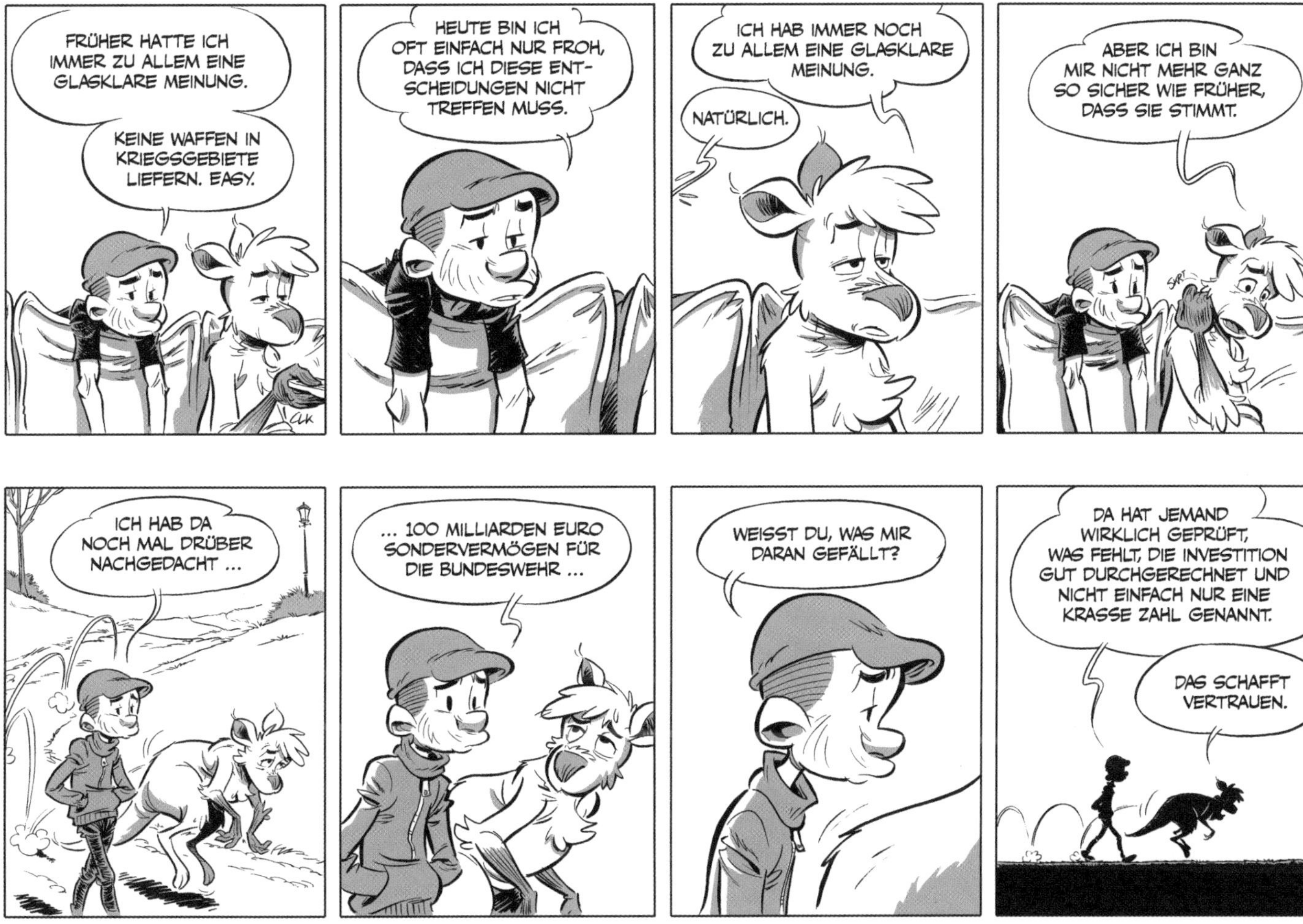
FRÜHER HATTE ICH IMMER ZU ALLEM EINE GLASKLARE MEINUNG.
KEINE WAFFEN IN KRIEGSGEBIETE LIEFERN. EASY.
HEUTE BIN ICH OFT EINFACH NUR FROH, DASS ICH DIESE ENT-SCHEIDUNGEN NICHT TREFFEN MUSS.
ICH HAB IMMER NOCH ZU ALLEM EINE GLASKLARE MEINUNG.
NATÜRLICH.
ABER ICH BIN MIR NICHT MEHR GANZ SO SICHER WIE FRÜHER, DASS SIE STIMMT.
ICH HAB DA NOCH MAL DRÜBER NACHGEDACHT …
… 100 MILLIARDEN EURO SONDERVERMÖGEN FÜR DIE BUNDESWEHR …
WEISST DU, WAS MIR DARAN GEFÄLLT?
DA HAT JEMAND WIRKLICH GEPRÜFT, WAS FEHLT, DIE INVESTITION GUT DURCHGERECHNET UND NICHT EINFACH NUR EINE KRASSE ZAHL GENANNT.
DAS SCHAFFT VERTRAUEN.

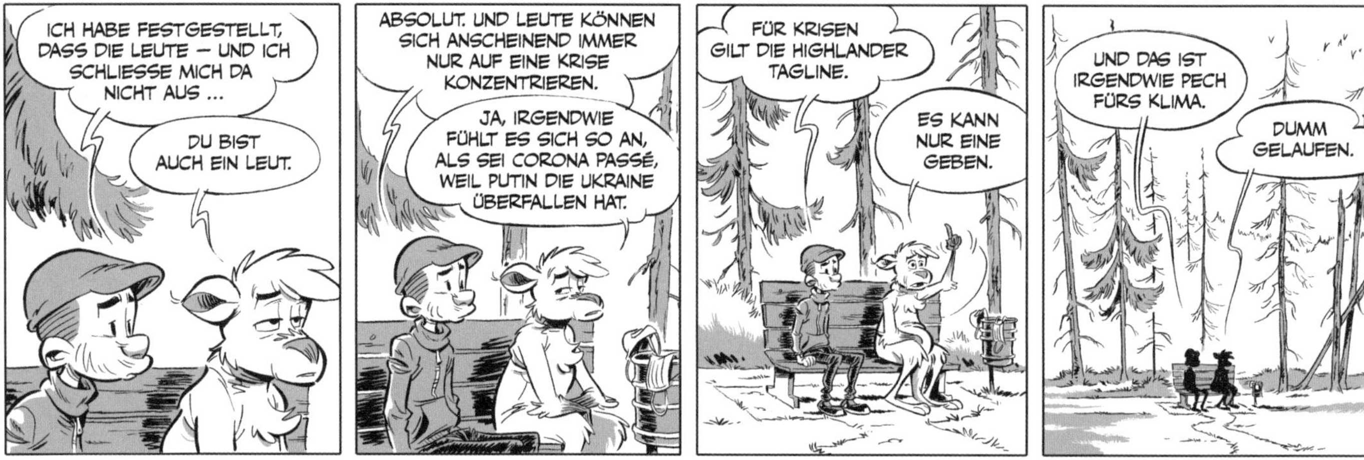
ICH HABE FESTGESTELLT, DASS DIE LEUTE – UND ICH SCHLIESSE MICH DA NICHT AUS ...
DU BIST AUCH EIN LEUT.
ABSOLUT. UND LEUTE KÖNNEN SICH ANSCHEINEND IMMER NUR AUF EINE KRISE KONZENTRIEREN.
JA, IRGENDWIE FÜHLT ES SICH SO AN, ALS SEI CORONA PASSÉ, WEIL PUTIN DIE UKRAINE ÜBERFALLEN HAT.
FÜR KRISEN GILT DIE HIGHLANDER TAGLINE.
ES KANN NUR EINE GEBEN.
UND DAS IST IRGENDWIE PECH FÜRS KLIMA.
DUMM GELAUFEN.

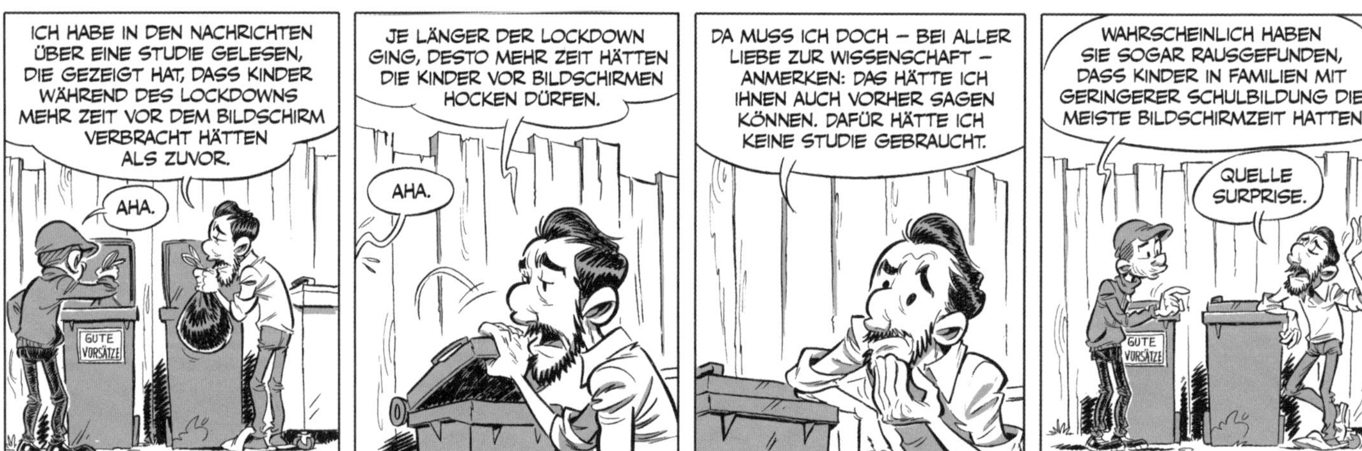
ICH HABE IN DEN NACHRICHTEN ÜBER EINE STUDIE GELESEN, DIE GEZEIGT HAT, DASS KINDER WÄHREND DES LOCKDOWNS MEHR ZEIT VOR DEM BILDSCHIRM VERBRACHT HÄTTEN ALS ZUVOR.
AHA.
GUTE VORSÄTZE
JE LÄNGER DER LOCKDOWN GING, DESTO MEHR ZEIT HÄTTEN DIE KINDER VOR BILDSCHIRMEN HOCKEN DÜRFEN.
AHA.
DA MUSS ICH DOCH – BEI ALLER LIEBE ZUR WISSENSCHAFT – ANMERKEN: DAS HÄTTE ICH IHNEN AUCH VORHER SAGEN KÖNNEN. DAFÜR HÄTTE ICH KEINE STUDIE GEBRAUCHT.
WAHRSCHEINLICH HABEN SIE SOGAR RAUSGEFUNDEN, DASS KINDER IN FAMILIEN MIT GERINGERER SCHULBILDUNG DIE MEISTE BILDSCHIRMZEIT HATTEN.
QUELLE SURPRISE.
GUTE VORSÄTZE

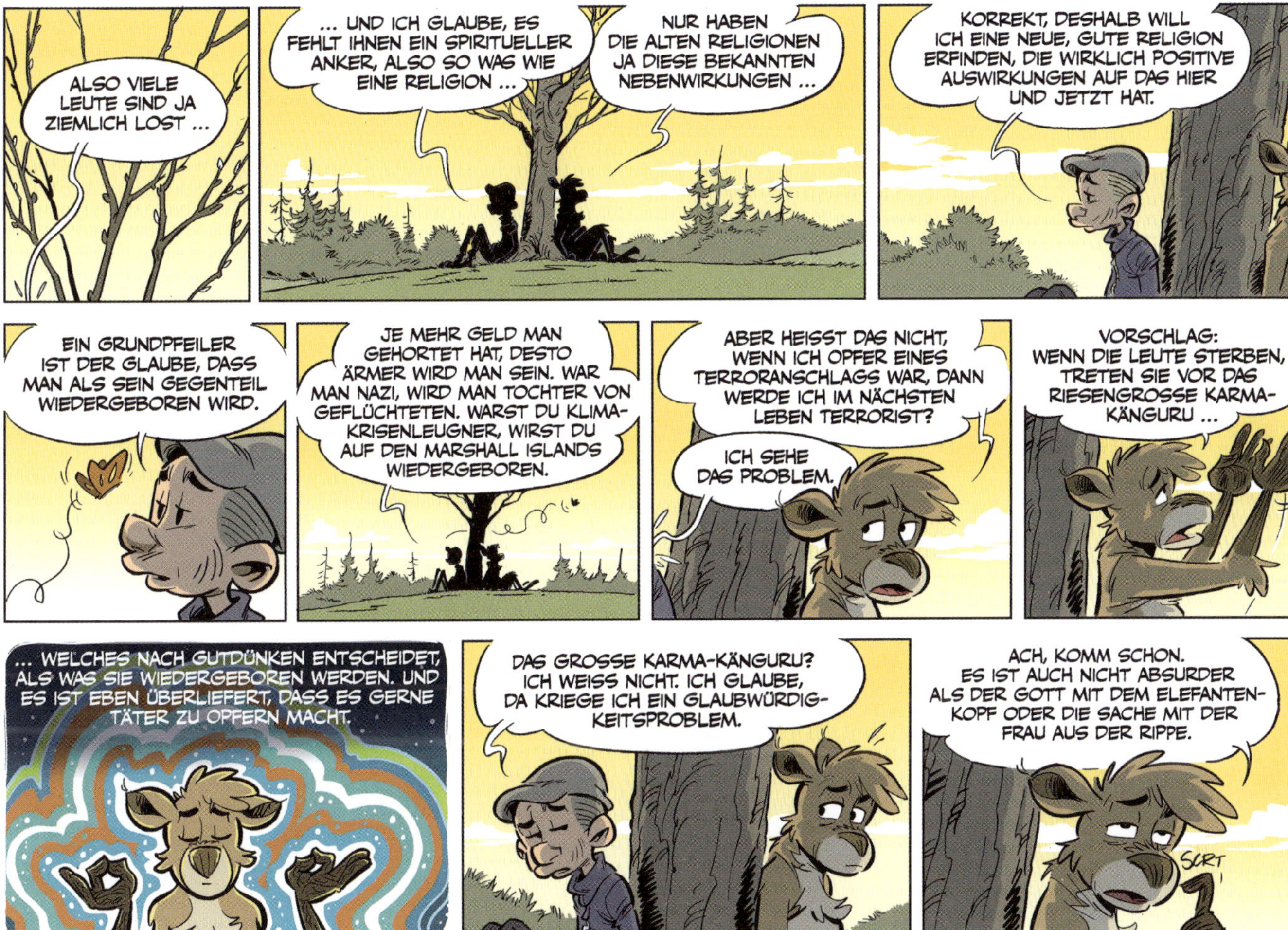
ALSO VIELE LEUTE SIND JA ZIEMLICH LOST …
… UND ICH GLAUBE, ES FEHLT IHNEN EIN SPIRITUELLER ANKER, ALSO SO WAS WIE EINE RELIGION …
NUR HABEN DIE ALTEN RELIGIONEN JA DIESE BEKANNTEN NEBENWIRKUNGEN …
KORREKT, DESHALB WILL ICH EINE NEUE, GUTE RELIGION ERFINDEN, DIE WIRKLICH POSITIVE AUSWIRKUNGEN AUF DAS HIER UND JETZT HAT.
EIN GRUNDPFEILER IST DER GLAUBE, DASS MAN ALS SEIN GEGENTEIL WIEDERGEBOREN WIRD.
JE MEHR GELD MAN GEHORTET HAT, DESTO ÄRMER WIRD MAN SEIN. WAR MAN NAZI, WIRD MAN TOCHTER VON GEFLÜCHTETEN. WARST DU KLIMAKRISENLEUGNER, WIRST DU AUF DEN MARSHALL ISLANDS WIEDERGEBOREN.
ABER HEISST DAS NICHT, WENN ICH OPFER EINES TERRORANSCHLAGS WAR, DANN WERDE ICH IM NÄCHSTEN LEBEN TERRORIST?
ICH SEHE DAS PROBLEM.
VORSCHLAG: WENN DIE LEUTE STERBEN, TRETEN SIE VOR DAS RIESENGROSSE KARMA-KÄNGURU …
… WELCHES NACH GUTDÜNKEN ENTSCHEIDET, ALS WAS SIE WIEDERGEBOREN WERDEN. UND ES IST EBEN ÜBERLIEFERT, DASS ES GERNE TÄTER ZU OPFERN MACHT.
DAS GROSSE KARMA-KÄNGURU? ICH WEISS NICHT. ICH GLAUBE, DA KRIEGE ICH EIN GLAUBWÜRDIGKEITSPROBLEM.
ACH, KOMM SCHON. ES IST AUCH NICHT ABSURDER ALS DER GOTT MIT DEM ELEFANTENKOPF ODER DIE SACHE MIT DER FRAU AUS DER RIPPE.
SCRT

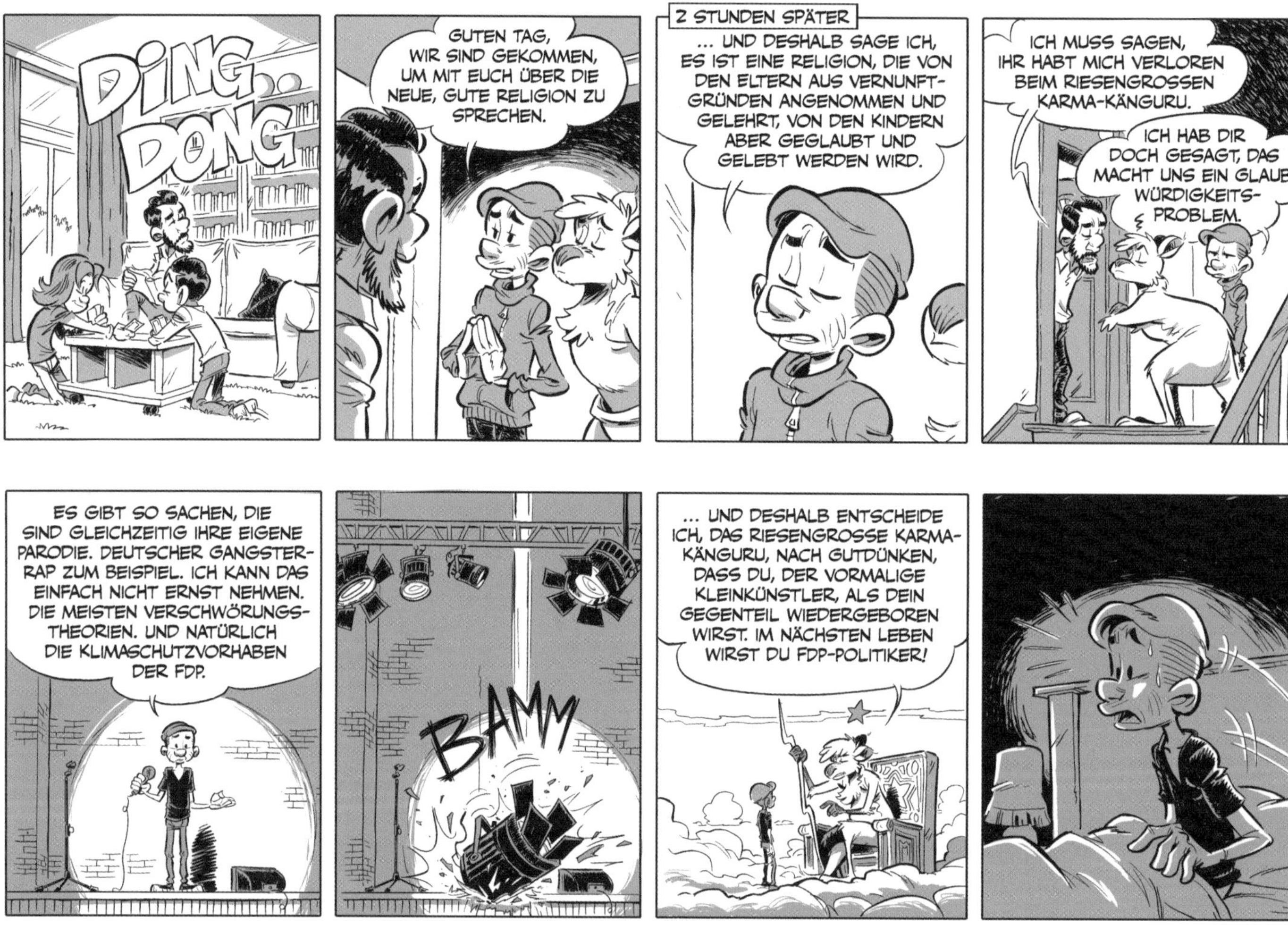
DING DONG
GUTEN TAG, WIR SIND GEKOMMEN, UM MIT EUCH ÜBER DIE NEUE, GUTE RELIGION ZU SPRECHEN.
2 STUNDEN SPÄTER
... UND DESHALB SAGE ICH, ES IST EINE RELIGION, DIE VON DEN ELTERN AUS VERNUNFTGRÜNDEN ANGENOMMEN UND GELEHRT, VON DEN KINDERN ABER GEGLAUBT UND GELEBT WERDEN WIRD.
ICH MUSS SAGEN, IHR HABT MICH VERLOREN BEIM RIESENGROSSEN KARMA-KÄNGURU.
ICH HAB DIR DOCH GESAGT, DAS MACHT UNS EIN GLAUBWÜRDIGKEITSPROBLEM.
ES GIBT SO SACHEN, DIE SIND GLEICHZEITIG IHRE EIGENE PARODIE. DEUTSCHER GANGSTERRAP ZUM BEISPIEL. ICH KANN DAS EINFACH NICHT ERNST NEHMEN. DIE MEISTEN VERSCHWÖRUNGSTHEORIEN. UND NATÜRLICH DIE KLIMASCHUTZVORHABEN DER FDP.
BAMM
... UND DESHALB ENTSCHEIDE ICH, DAS RIESENGROSSE KARMA-KÄNGURU, NACH GUTDÜNKEN, DASS DU, DER VORMALIGE KLEINKÜNSTLER, ALS DEIN GEGENTEIL WIEDERGEBOREN WIRST. IM NÄCHSTEN LEBEN WIRST DU FDP-POLITIKER!

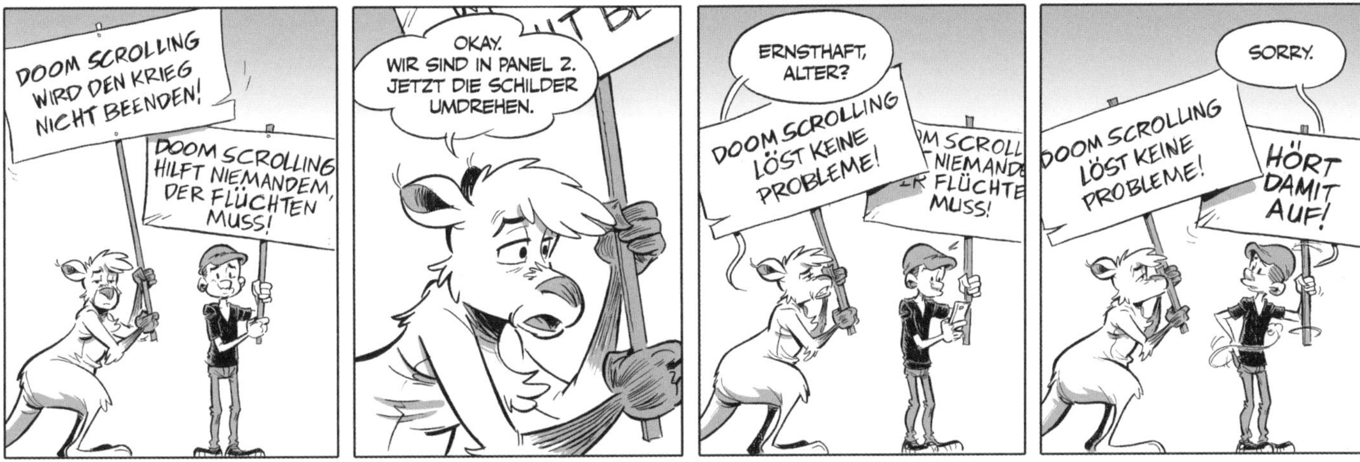
DOOM SCROLLING WIRD DEN KRIEG NICHT BEENDEN!
DOOM SCROLLING HILFT NIEMANDEM, DER FLÜCHTEN MUSS!
OKAY. WIR SIND IN PANEL 2. JETZT DIE SCHILDER UMDREHEN.
ERNSTHAFT, ALTER?
DOOM SCROLLING LÖST KEINE PROBLEME!
SORRY.
DOOM SCROLLING LÖST KEINE PROBLEME!
HÖRT DAMIT AUF!

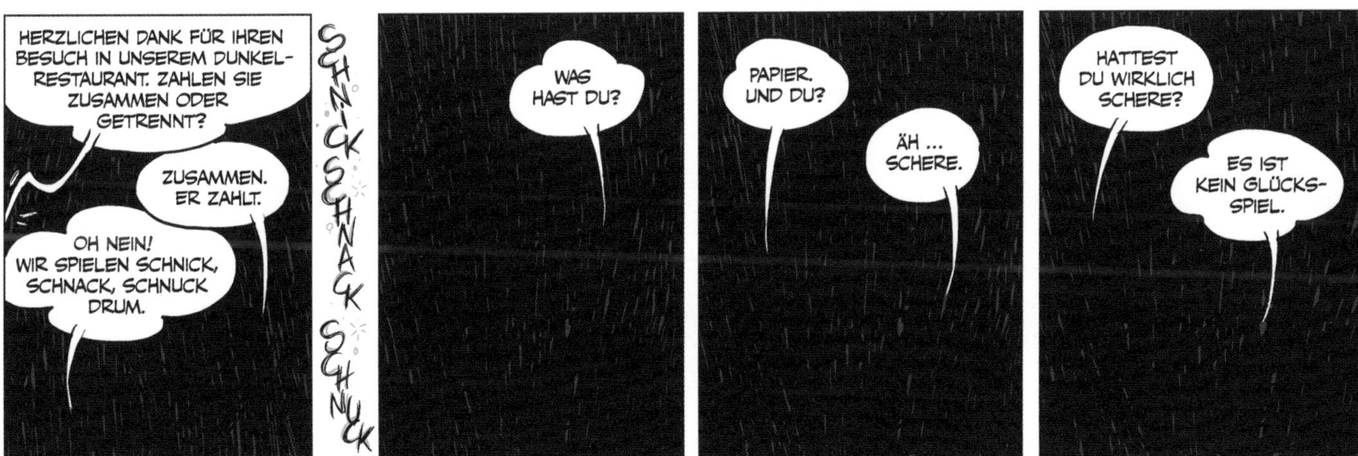
HERZLICHEN DANK FÜR IHREN BESUCH IN UNSEREM DUNKEL-RESTAURANT. ZAHLEN SIE ZUSAMMEN ODER GETRENNT?
ZUSAMMEN. ER ZAHLT.
OH NEIN! WIR SPIELEN SCHNICK, SCHNACK, SCHNUCK DRUM.
SCHNICK SCHNACK SCHNUCK
WAS HAST DU?
PAPIER. UND DU?
ÄH … SCHERE.
HATTEST DU WIRKLICH SCHERE?
ES IST KEIN GLÜCKS-SPIEL.

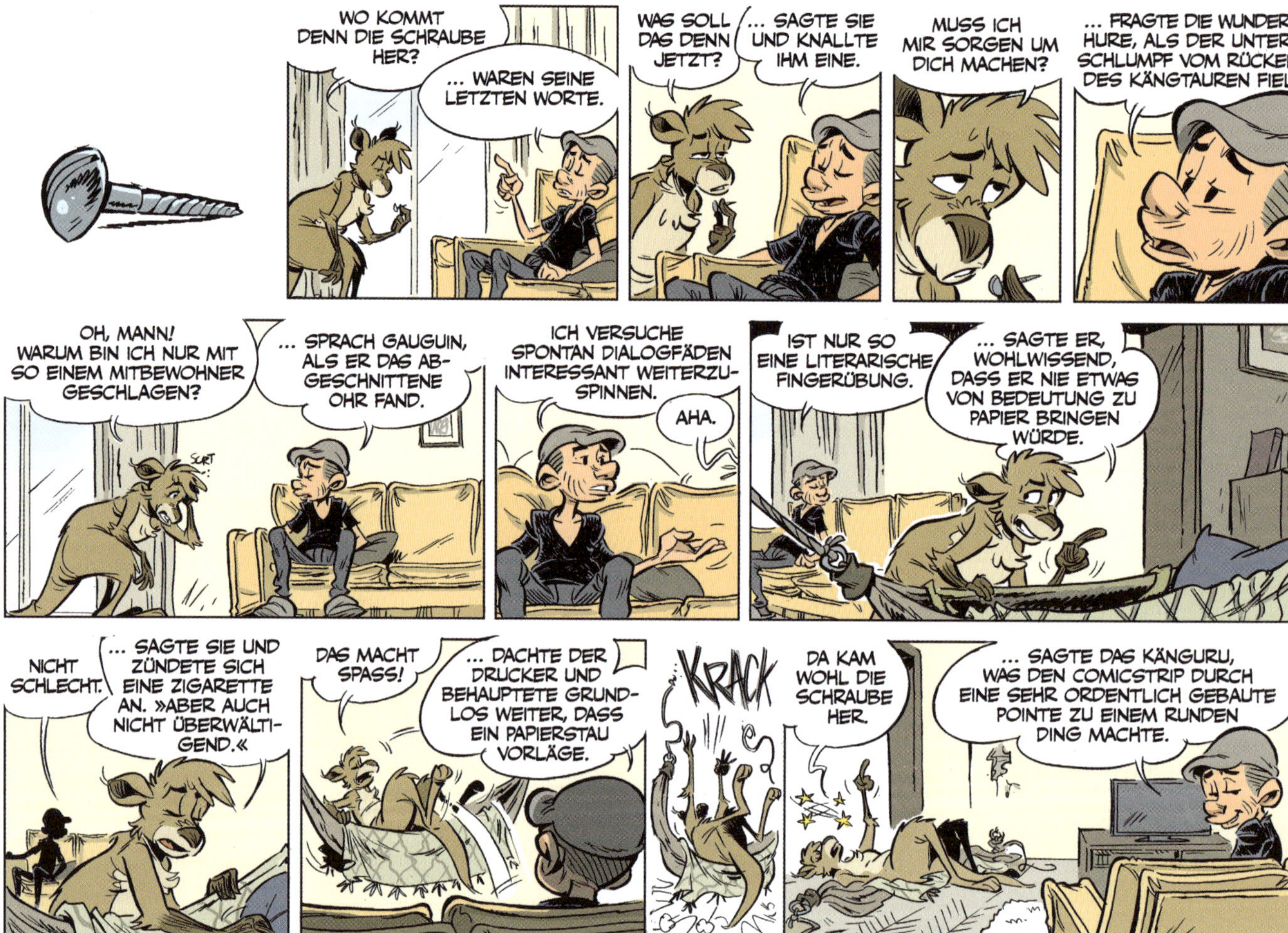
WO KOMMT DENN DIE SCHRAUBE HER?
... WAREN SEINE LETZTEN WORTE.
WAS SOLL DAS DENN JETZT?
... SAGTE SIE UND KNALLTE IHM EINE.
MUSS ICH MIR SORGEN UM DICH MACHEN?
... FRAGTE DIE WUNDERHURE, ALS DER UNTERSCHLUMPF VOM RÜCKEN DES KÄNGTAUREN FIEL.
OH, MANN! WARUM BIN ICH NUR MIT SO EINEM MITBEWOHNER GESCHLAGEN?
... SPRACH GAUGUIN, ALS ER DAS ABGESCHNITTENE OHR FAND.
ICH VERSUCHE SPONTAN DIALOGFÄDEN INTERESSANT WEITERZUSPINNEN.
AHA.
IST NUR SO EINE LITERARISCHE FINGERÜBUNG.
... SAGTE ER, WOHLWISSEND, DASS ER NIE ETWAS VON BEDEUTUNG ZU PAPIER BRINGEN WÜRDE.
NICHT SCHLECHT.
... SAGTE SIE UND ZÜNDETE SICH EINE ZIGARETTE AN. »ABER AUCH NICHT ÜBERWÄLTIGEND.«
DAS MACHT SPASS!
... DACHTE DER DRUCKER UND BEHAUPTETE GRUNDLOS WEITER, DASS EIN PAPIERSTAU VORLÄGE.
KRACK
DA KAM WOHL DIE SCHRAUBE HER.
... SAGTE DAS KÄNGURU, WAS DEN COMICSTRIP DURCH EINE SEHR ORDENTLICH GEBAUTE POINTE ZU EINEM RUNDEN DING MACHTE.

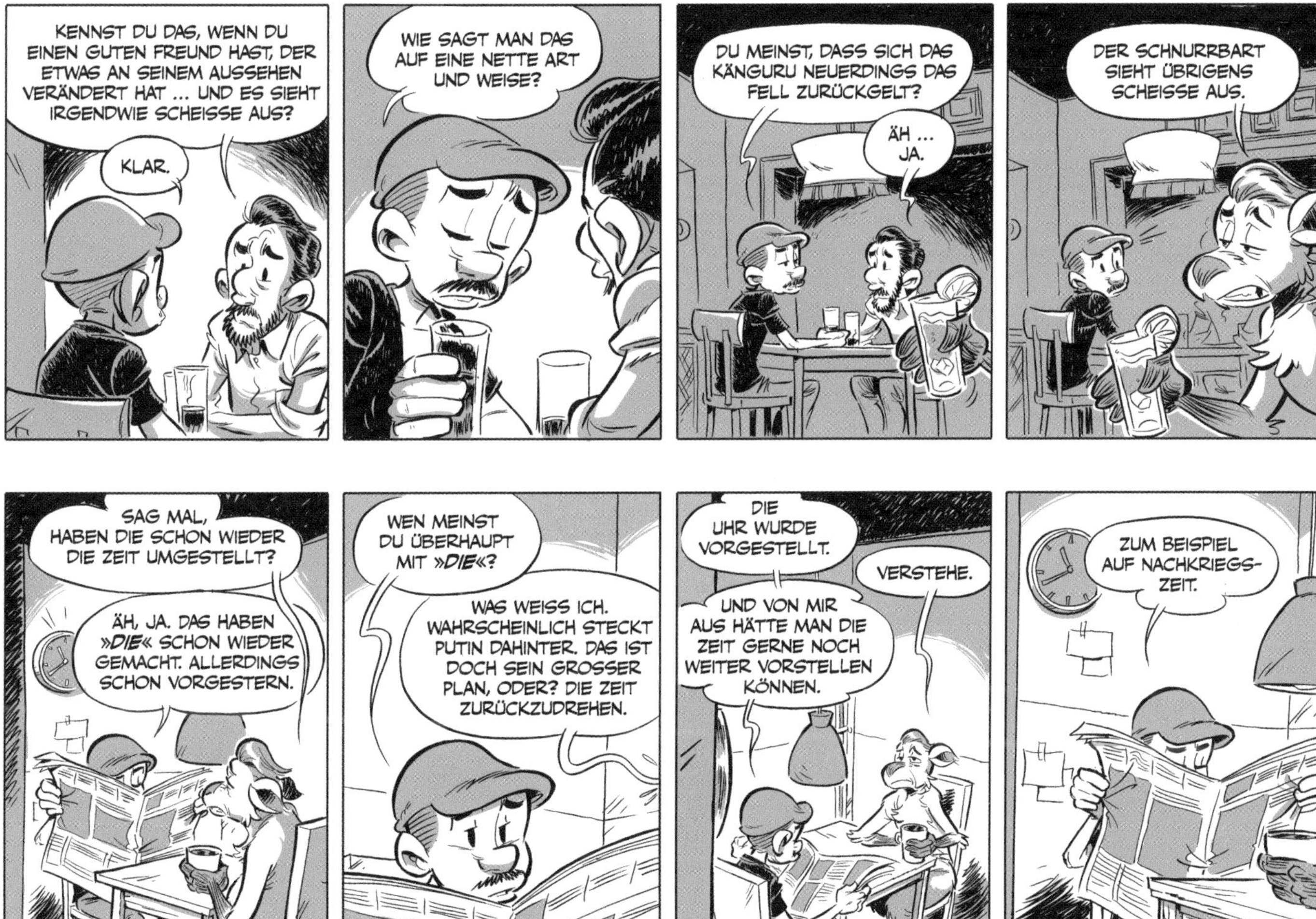
KENNST DU DAS, WENN DU EINEN GUTEN FREUND HAST, DER ETWAS AN SEINEM AUSSEHEN VERÄNDERT HAT … UND ES SIEHT IRGENDWIE SCHEISSE AUS?
KLAR.
WIE SAGT MAN DAS AUF EINE NETTE ART UND WEISE?
DU MEINST, DASS SICH DAS KÄNGURU NEUERDINGS DAS FELL ZURÜCKGELT?
ÄH … JA.
DER SCHNURRBART SIEHT ÜBRIGENS SCHEISSE AUS.
SAG MAL, HABEN DIE SCHON WIEDER DIE ZEIT UMGESTELLT?
ÄH, JA. DAS HABEN »DIE« SCHON WIEDER GEMACHT. ALLERDINGS SCHON VORGESTERN.
WEN MEINST DU ÜBERHAUPT MIT »DIE«?
WAS WEISS ICH. WAHRSCHEINLICH STECKT PUTIN DAHINTER. DAS IST DOCH SEIN GROSSER PLAN, ODER? DIE ZEIT ZURÜCKZUDREHEN.
DIE UHR WURDE VORGESTELLT.
VERSTEHE.
UND VON MIR AUS HÄTTE MAN DIE ZEIT GERNE NOCH WEITER VORSTELLEN KÖNNEN.
ZUM BEISPIEL AUF NACHKRIEGS-ZEIT.

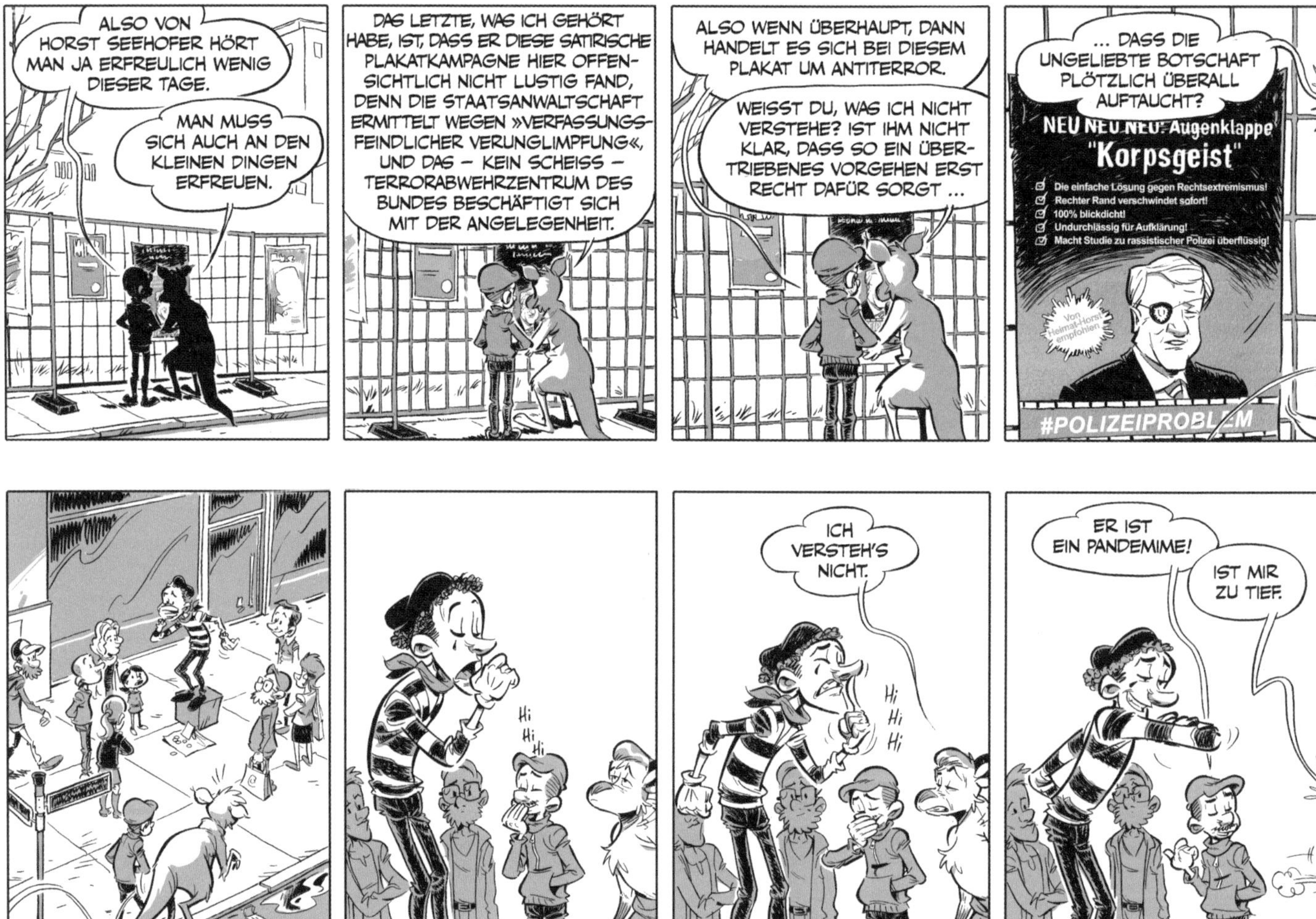
ALSO VON HORST SEEHOFER HÖRT MAN JA ERFREULICH WENIG DIESER TAGE.
MAN MUSS SICH AUCH AN DEN KLEINEN DINGEN ERFREUEN.
DAS LETZTE, WAS ICH GEHÖRT HABE, IST, DASS ER DIESE SATIRISCHE PLAKATKAMPAGNE HIER OFFENSICHTLICH NICHT LUSTIG FAND, DENN DIE STAATSANWALTSCHAFT ERMITTELT WEGEN »VERFASSUNGSFEINDLICHER VERUNGLIMPFUNG«, UND DAS – KEIN SCHEISS – TERRORABWEHRZENTRUM DES BUNDES BESCHÄFTIGT SICH MIT DER ANGELEGENHEIT.
ALSO WENN ÜBERHAUPT, DANN HANDELT ES SICH BEI DIESEM PLAKAT UM ANTITERROR.
WEISST DU, WAS ICH NICHT VERSTEHE? IST IHM NICHT KLAR, DASS SO EIN ÜBERTRIEBENES VORGEHEN ERST RECHT DAFÜR SORGT …
… DASS DIE UNGELIEBTE BOTSCHAFT PLÖTZLICH ÜBERALL AUFTAUCHT?
NEU NEU NEU: Augenklappe
"Korpsgeist"
Die einfache Lösung gegen Rechtsextremismus!
Rechter Rand verschwindet sofort!
100% blickdicht!
Undurchlässig für Aufklärung!
Macht Studie zu rassistischer Polizei überflüssig!
Von Heimat-Horst empfohlen
#POLIZEIPROBLEM
Hi Hi Hi
ICH VERSTEH'S NICHT.
Hi Hi Hi
ER IST EIN PANDEMIME!
IST MIR ZU TIEF.

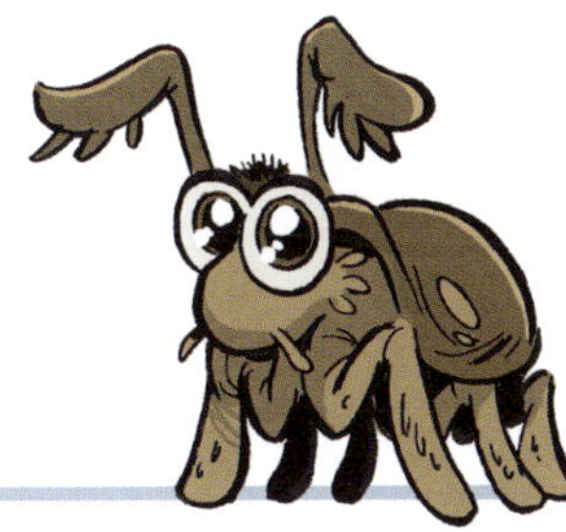

APRIL 2022

KUH ANON

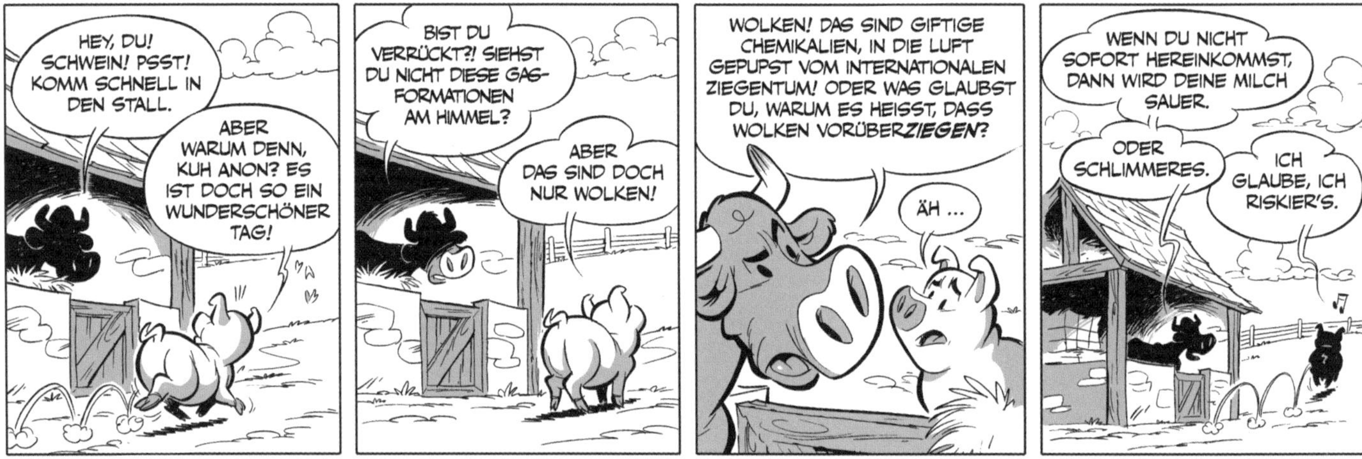
HEY, DU! SCHWEIN! PSST! KOMM SCHNELL IN DEN STALL.
ABER WARUM DENN, KUH ANON? ES IST DOCH SO EIN WUNDERSCHÖNER TAG!
BIST DU VERRÜCKT?! SIEHST DU NICHT DIESE GAS-FORMATIONEN AM HIMMEL?
ABER DAS SIND DOCH NUR WOLKEN!
WOLKEN! DAS SIND GIFTIGE CHEMIKALIEN, IN DIE LUFT GEPUPST VOM INTERNATIONALEN ZIEGENTUM! ODER WAS GLAUBST DU, WARUM ES HEISST, DASS WOLKEN VORÜBER*ZIEGEN*?
ÄH …
WENN DU NICHT SOFORT HEREINKOMMST, DANN WIRD DEINE MILCH SAUER.
ODER SCHLIMMERES.
ICH GLAUBE, ICH RISKIER'S.

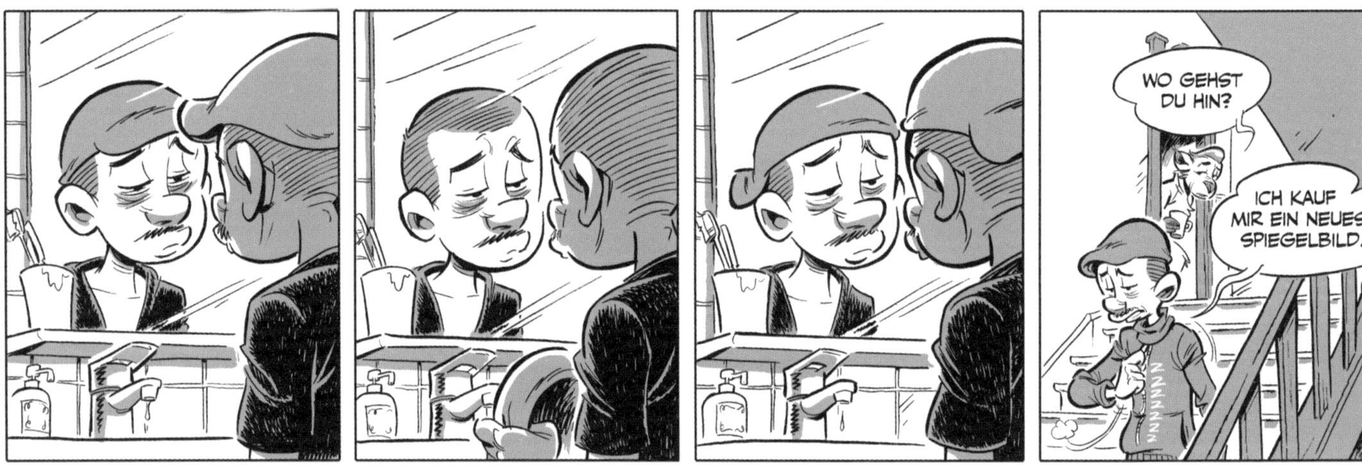
WO GEHST DU HIN?
ICH KAUF MIR EIN NEUES SPIEGELBILD.

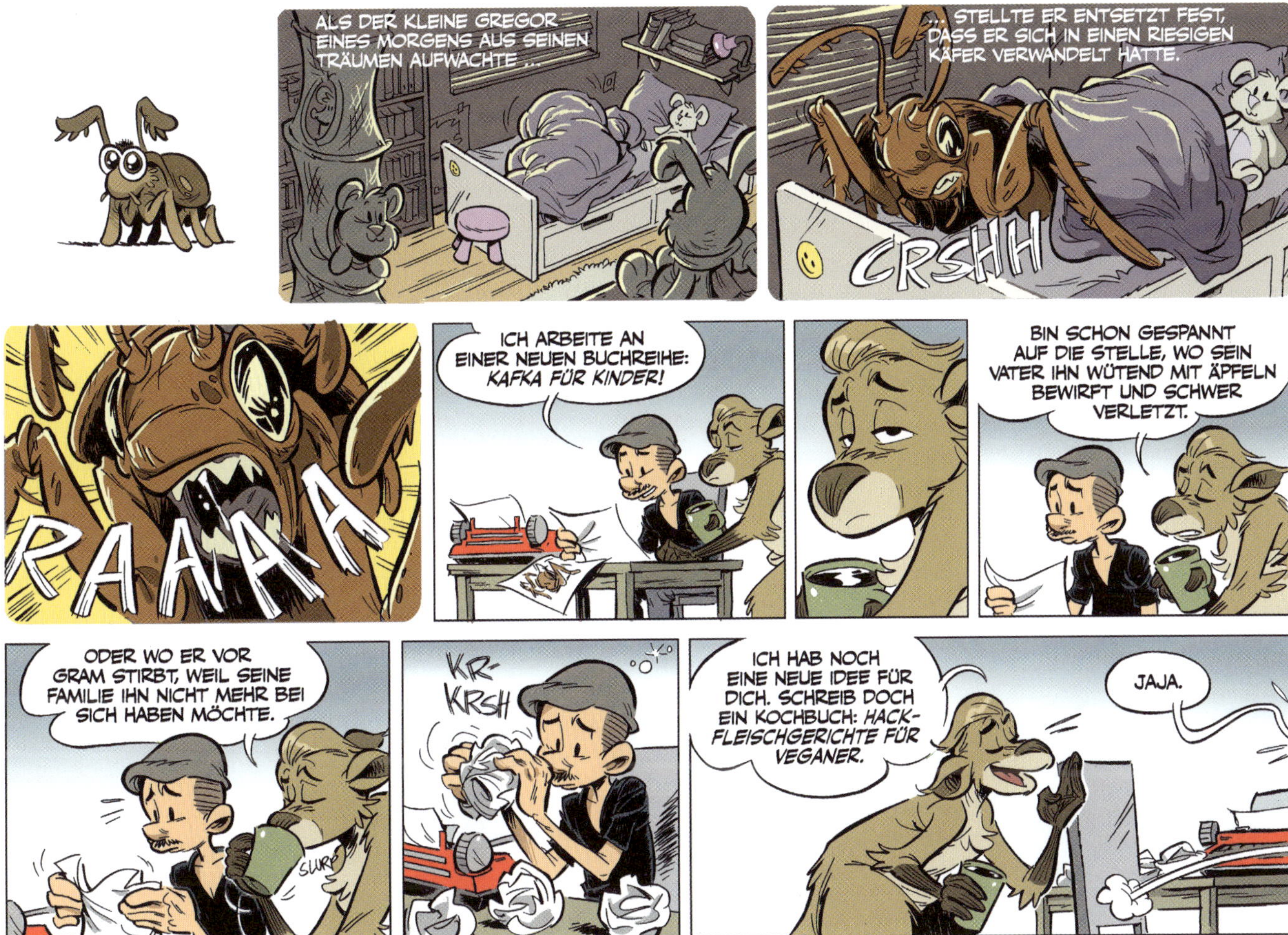

ALS DER KLEINE GREGOR EINES MORGENS AUS SEINEN TRÄUMEN AUFWACHTE ...
... STELLTE ER ENTSETZT FEST, DASS ER SICH IN EINEN RIESIGEN KÄFER VERWANDELT HATTE.
CRSHH
RAAAA
ICH ARBEITE AN EINER NEUEN BUCHREIHE: *KAFKA FÜR KINDER!*
BIN SCHON GESPANNT AUF DIE STELLE, WO SEIN VATER IHN WÜTEND MIT ÄPFELN BEWIRFT UND SCHWER VERLETZT.
ODER WO ER VOR GRAM STIRBT, WEIL SEINE FAMILIE IHN NICHT MEHR BEI SICH HABEN MÖCHTE.
KR-KRSH
ICH HAB NOCH EINE NEUE IDEE FÜR DICH. SCHREIB DOCH EIN KOCHBUCH: *HACKFLEISCHGERICHTE FÜR VEGANER.*
JAJA.

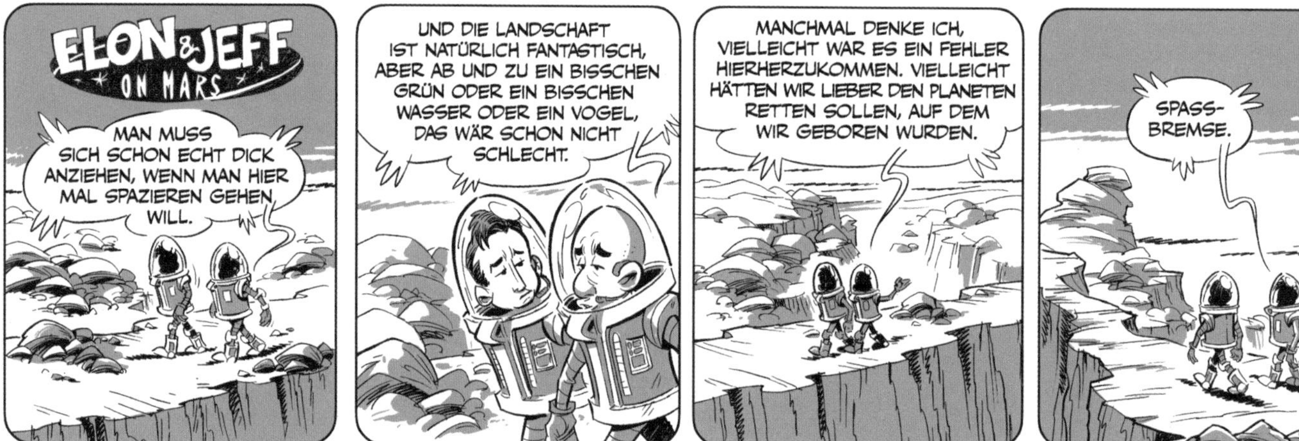
ELON & JEFF ON MARS
MAN MUSS SICH SCHON ECHT DICK ANZIEHEN, WENN MAN HIER MAL SPAZIEREN GEHEN WILL.
UND DIE LANDSCHAFT IST NATÜRLICH FANTASTISCH, ABER AB UND ZU EIN BISSCHEN GRÜN ODER EIN BISSCHEN WASSER ODER EIN VOGEL, DAS WÄR SCHON NICHT SCHLECHT.
MANCHMAL DENKE ICH, VIELLEICHT WAR ES EIN FEHLER HIERHERZUKOMMEN. VIELLEICHT HÄTTEN WIR LIEBER DEN PLANETEN RETTEN SOLLEN, AUF DEM WIR GEBOREN WURDEN.
SPASS-BREMSE.

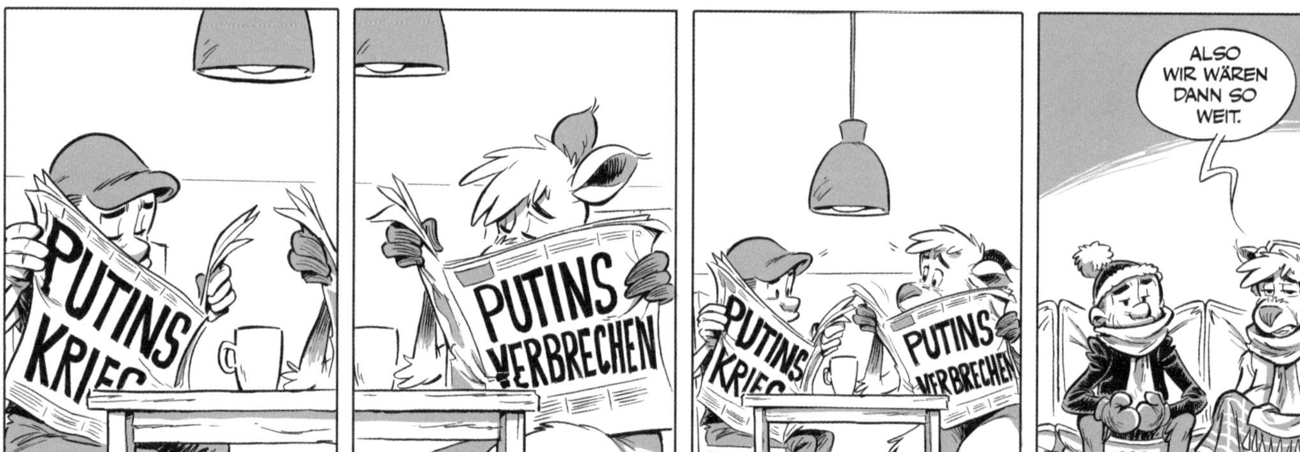
PUTINS KRIEG
PUTINS VERBRECHEN
PUTINS KRIEG
PUTINS VERBRECHEN
ALSO WIR WÄREN DANN SO WEIT.

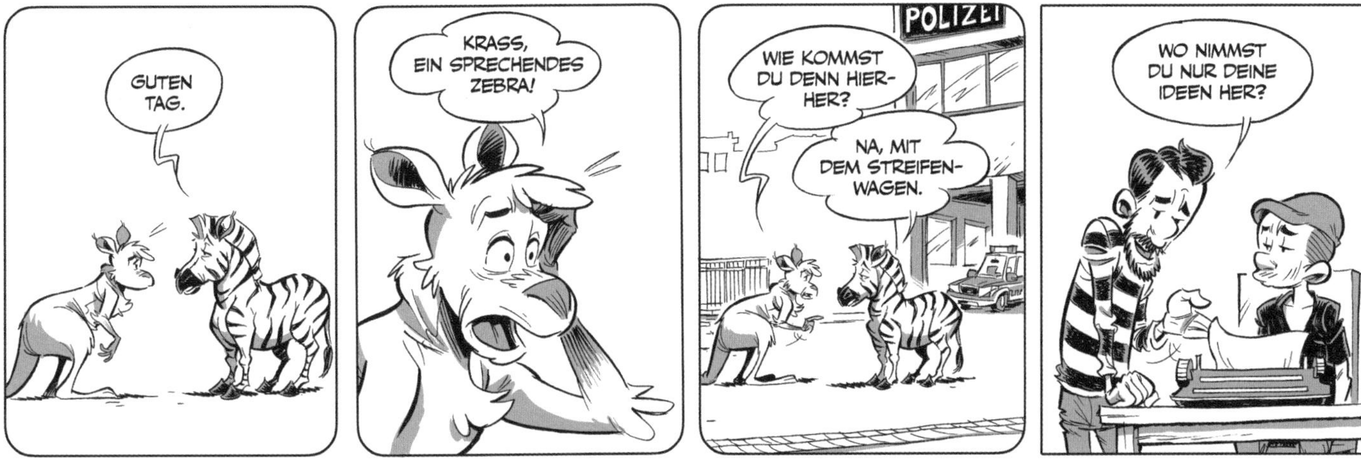
GUTEN TAG.
KRASS, EIN SPRECHENDES ZEBRA!
WIE KOMMST DU DENN HIER-HER?
NA, MIT DEM STREIFEN-WAGEN.
WO NIMMST DU NUR DEINE IDEEN HER?

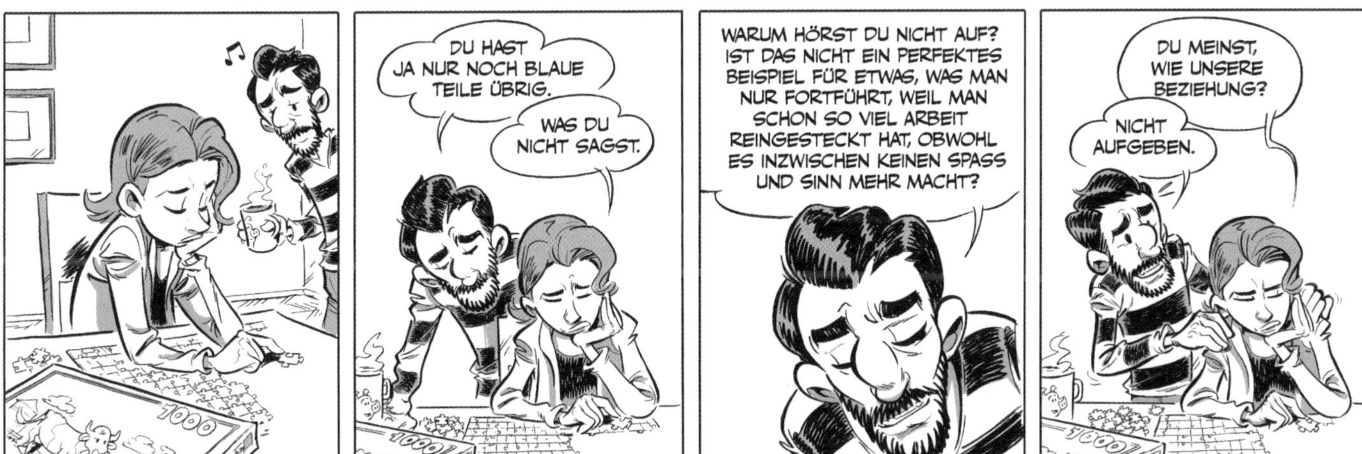
DU HAST JA NUR NOCH BLAUE TEILE ÜBRIG.
WAS DU NICHT SAGST.
WARUM HÖRST DU NICHT AUF? IST DAS NICHT EIN PERFEKTES BEISPIEL FÜR ETWAS, WAS MAN NUR FORTFÜHRT, WEIL MAN SCHON SO VIEL ARBEIT REINGESTECKT HAT, OBWOHL ES INZWISCHEN KEINEN SPASS UND SINN MEHR MACHT?
DU MEINST, WIE UNSERE BEZIEHUNG?
NICHT AUFGEBEN.

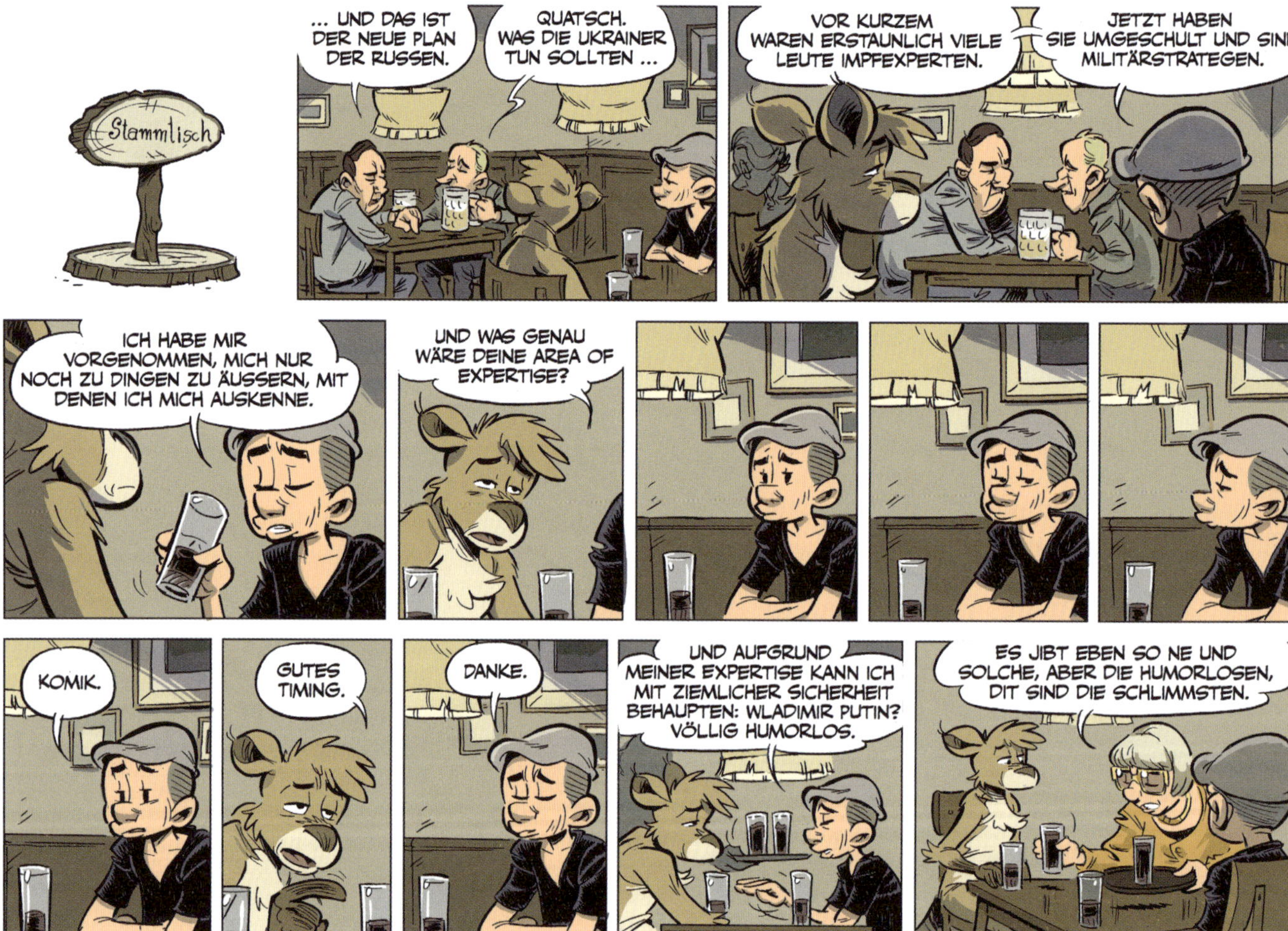
Stammtisch
... UND DAS IST DER NEUE PLAN DER RUSSEN.
QUATSCH. WAS DIE UKRAINER TUN SOLLTEN ...
VOR KURZEM WAREN ERSTAUNLICH VIELE LEUTE IMPFEXPERTEN.
JETZT HABEN SIE UMGESCHULT UND SIND MILITÄRSTRATEGEN.
ICH HABE MIR VORGENOMMEN, MICH NUR NOCH ZU DINGEN ZU ÄUSSERN, MIT DENEN ICH MICH AUSKENNE.
UND WAS GENAU WÄRE DEINE AREA OF EXPERTISE?
KOMIK.
GUTES TIMING.
DANKE.
UND AUFGRUND MEINER EXPERTISE KANN ICH MIT ZIEMLICHER SICHERHEIT BEHAUPTEN: WLADIMIR PUTIN? VÖLLIG HUMORLOS.
ES JIBT EBEN SO NE UND SOLCHE, ABER DIE HUMORLOSEN, DIT SIND DIE SCHLIMMSTEN.

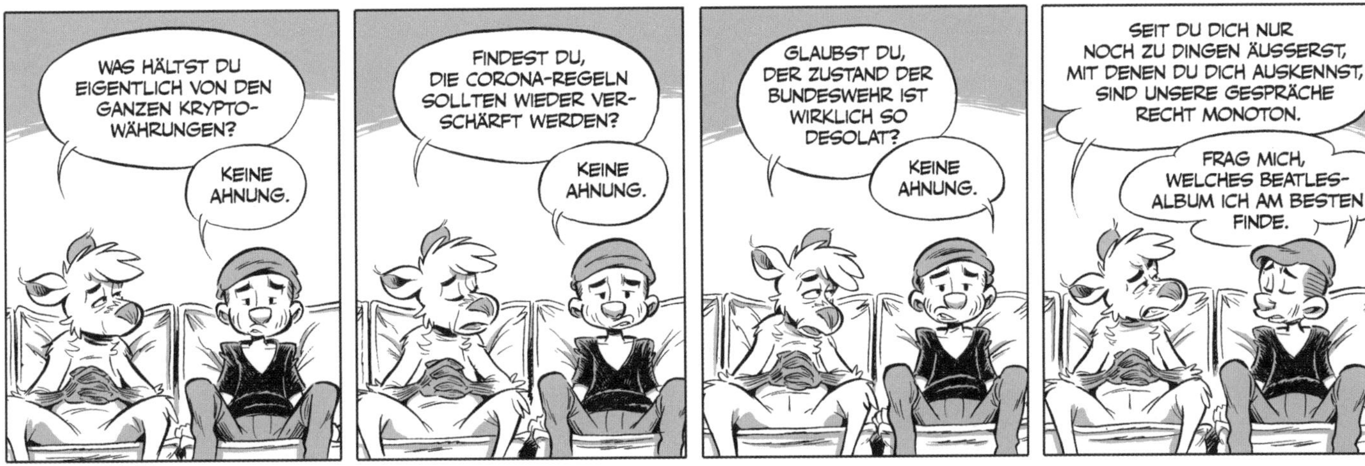
WAS HÄLTST DU EIGENTLICH VON DEN GANZEN KRYPTO-WÄHRUNGEN?
KEINE AHNUNG.
FINDEST DU, DIE CORONA-REGELN SOLLTEN WIEDER VERSCHÄRFT WERDEN?
KEINE AHNUNG.
GLAUBST DU, DER ZUSTAND DER BUNDESWEHR IST WIRKLICH SO DESOLAT?
KEINE AHNUNG.
SEIT DU DICH NUR NOCH ZU DINGEN ÄUSSERST, MIT DENEN DU DICH AUSKENNST, SIND UNSERE GESPRÄCHE RECHT MONOTON.
FRAG MICH, WELCHES BEATLES-ALBUM ICH AM BESTEN FINDE.

KUH ANON

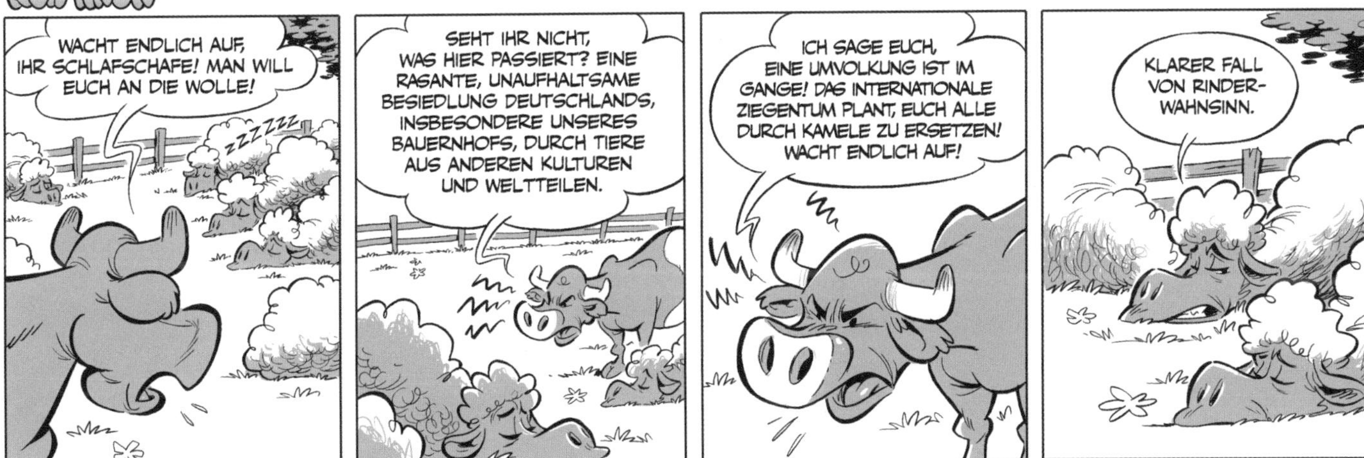
WACHT ENDLICH AUF, IHR SCHLAFSCHAFE! MAN WILL EUCH AN DIE WOLLE!
ZZZZZZ
SEHT IHR NICHT, WAS HIER PASSIERT? EINE RASANTE, UNAUFHALTSAME BESIEDLUNG DEUTSCHLANDS, INSBESONDERE UNSERES BAUERNHOFS, DURCH TIERE AUS ANDEREN KULTUREN UND WELTTEILEN.
ICH SAGE EUCH, EINE UMVOLKUNG IST IM GANGE! DAS INTERNATIONALE ZIEGENTUM PLANT, EUCH ALLE DURCH KAMELE ZU ERSETZEN! WACHT ENDLICH AUF!
KLARER FALL VON RINDER-WAHNSINN.

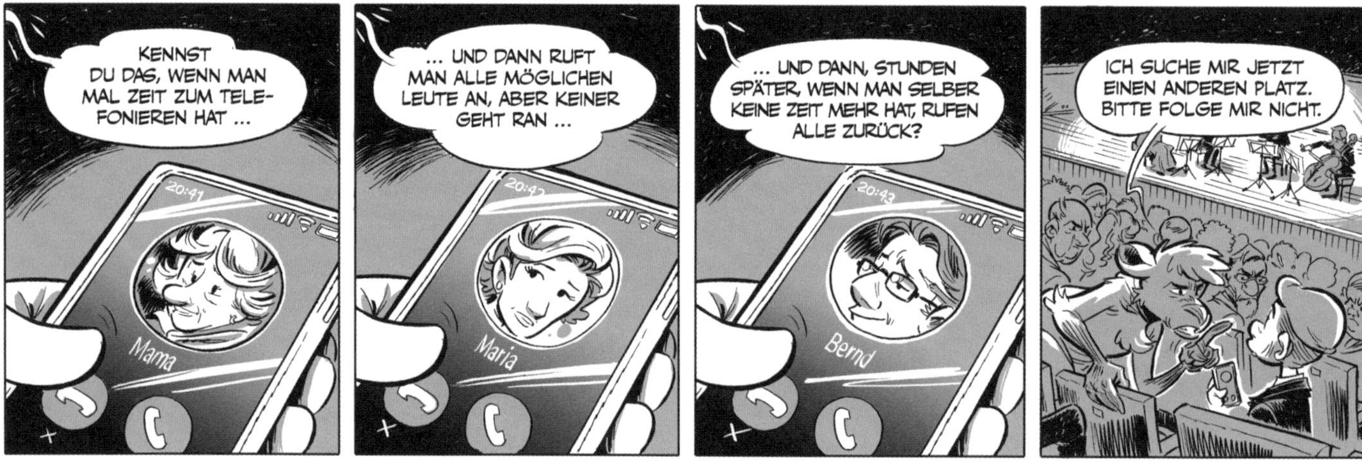
KENNST DU DAS, WENN MAN MAL ZEIT ZUM TELE-FONIEREN HAT …
20:41
Mama
… UND DANN RUFT MAN ALLE MÖGLICHEN LEUTE AN, ABER KEINER GEHT RAN …
20:42
Maria
… UND DANN, STUNDEN SPÄTER, WENN MAN SELBER KEINE ZEIT MEHR HAT, RUFEN ALLE ZURÜCK?
20:43
Bernd
ICH SUCHE MIR JETZT EINEN ANDEREN PLATZ. BITTE FOLGE MIR NICHT.

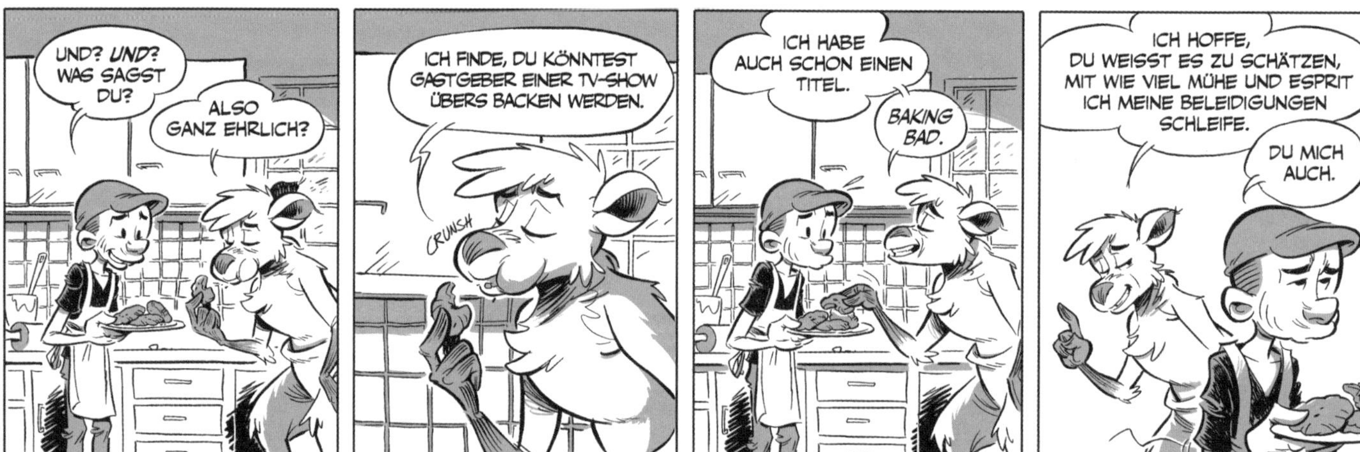
UND? *UND*? WAS SAGST DU?
ALSO GANZ EHRLICH?
ICH FINDE, DU KÖNNTEST GASTGEBER EINER TV-SHOW ÜBERS BACKEN WERDEN.
CRUNSH
ICH HABE AUCH SCHON EINEN TITEL.
BAKING BAD.
ICH HOFFE, DU WEISST ES ZU SCHÄTZEN, MIT WIE VIEL MÜHE UND ESPRIT ICH MEINE BELEIDIGUNGEN SCHLEIFE.
DU MICH AUCH.

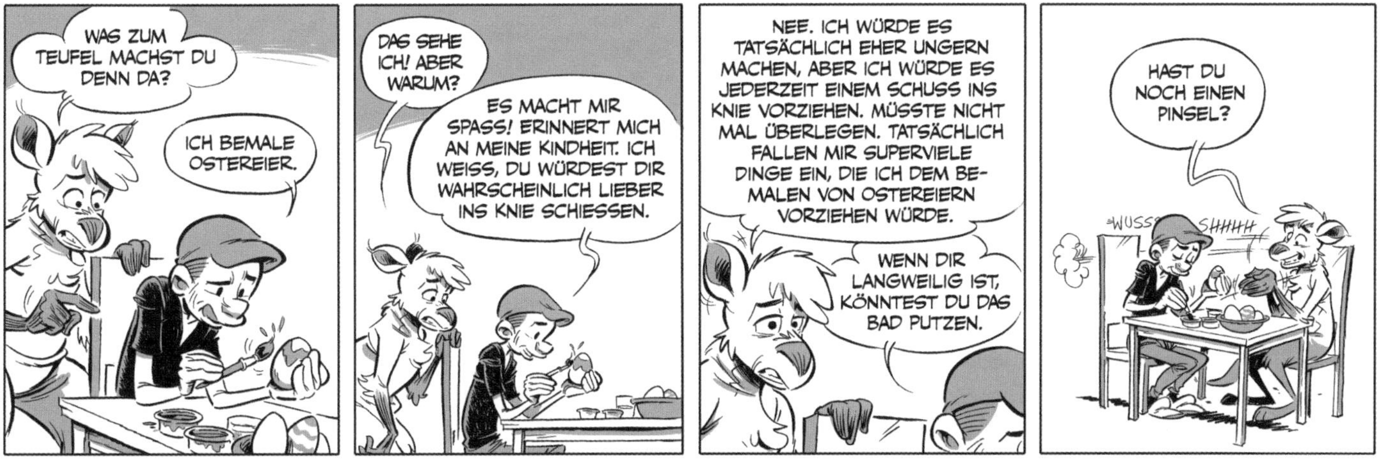
WAS ZUM TEUFEL MACHST DU DENN DA?
ICH BEMALE OSTEREIER.
DAS SEHE ICH! ABER WARUM?
ES MACHT MIR SPASS! ERINNERT MICH AN MEINE KINDHEIT. ICH WEISS, DU WÜRDEST DIR WAHRSCHEINLICH LIEBER INS KNIE SCHIESSEN.
NEE. ICH WÜRDE ES TATSÄCHLICH EHER UNGERN MACHEN, ABER ICH WÜRDE ES JEDERZEIT EINEM SCHUSS INS KNIE VORZIEHEN. MÜSSTE NICHT MAL ÜBERLEGEN. TATSÄCHLICH FALLEN MIR SUPERVIELE DINGE EIN, DIE ICH DEM BEMALEN VON OSTEREIERN VORZIEHEN WÜRDE.
WENN DIR LANGWEILIG IST, KÖNNTEST DU DAS BAD PUTZEN.
HAST DU NOCH EINEN PINSEL?
WUSS
SHHHH

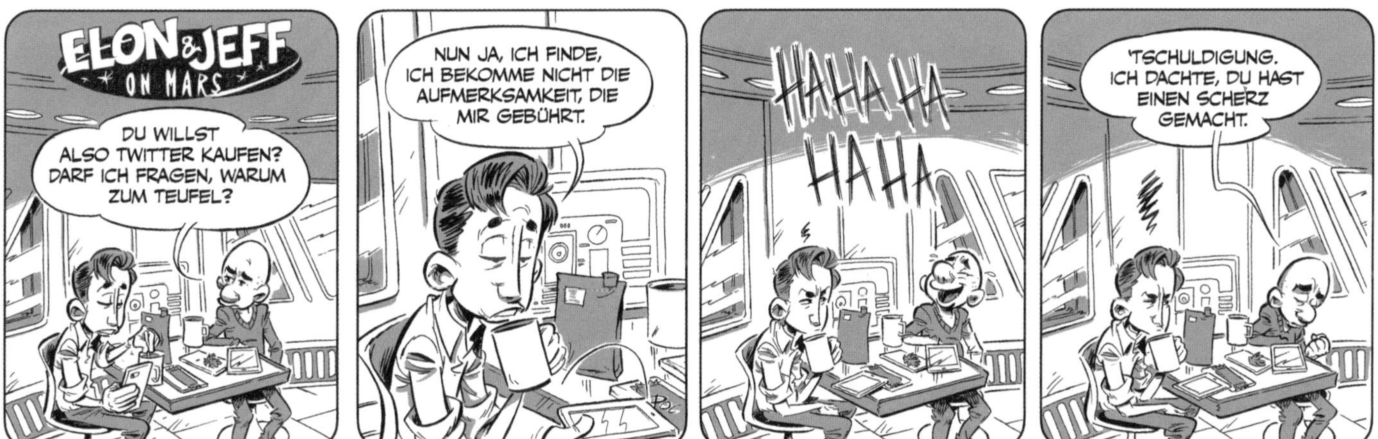
ELON & JEFF ON MARS
DU WILLST ALSO TWITTER KAUFEN? DARF ICH FRAGEN, WARUM ZUM TEUFEL?
NUN JA, ICH FINDE, ICH BEKOMME NICHT DIE AUFMERKSAMKEIT, DIE MIR GEBÜHRT.
HAHA HA HA
HAHA
'TSCHULDIGUNG. ICH DACHTE, DU HAST EINEN SCHERZ GEMACHT.

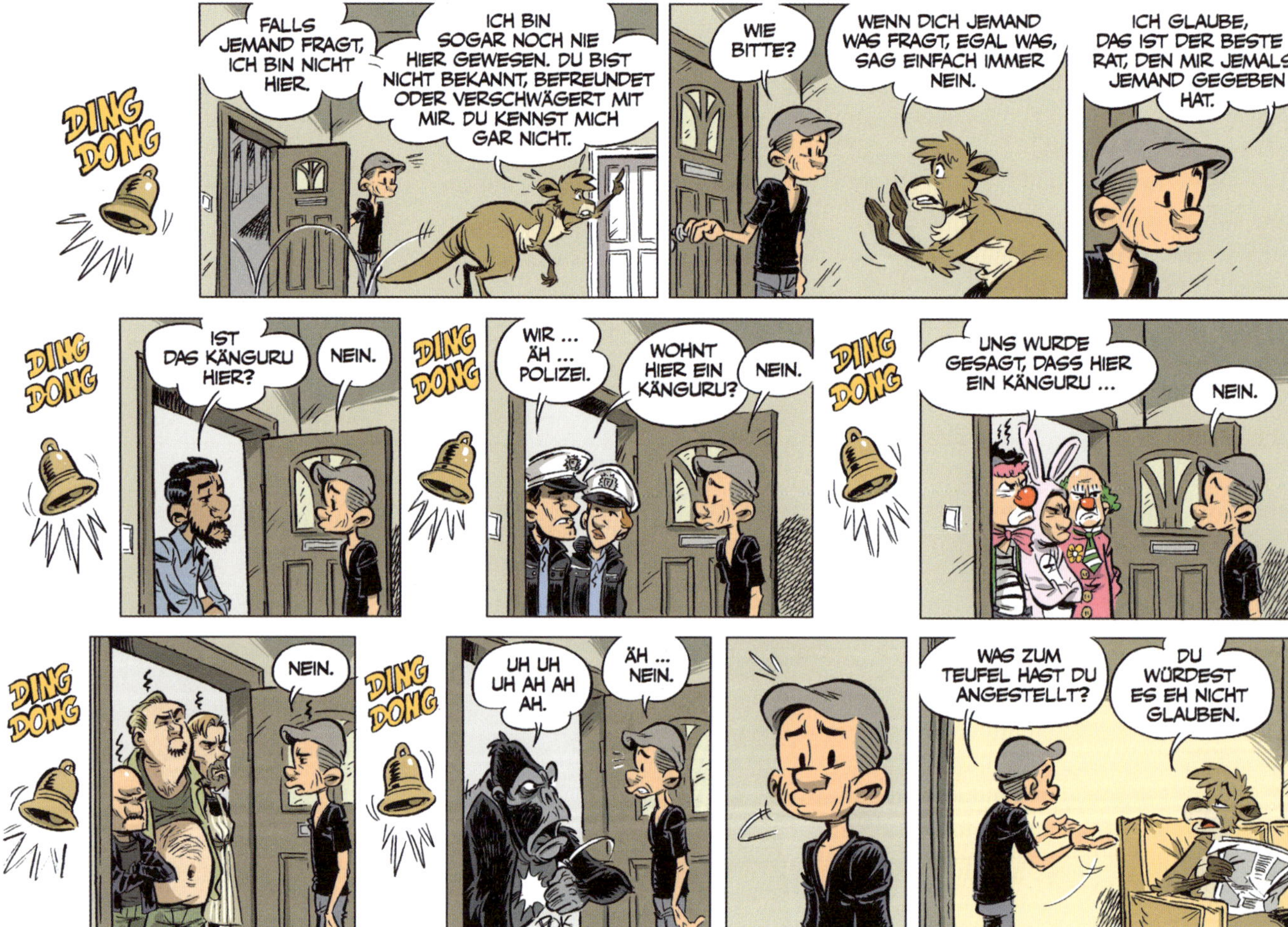
DING DONG
FALLS JEMAND FRAGT, ICH BIN NICHT HIER.
ICH BIN SOGAR NOCH NIE HIER GEWESEN. DU BIST NICHT BEKANNT, BEFREUNDET ODER VERSCHWÄGERT MIT MIR. DU KENNST MICH GAR NICHT.
WIE BITTE?
WENN DICH JEMAND WAS FRAGT, EGAL WAS, SAG EINFACH IMMER NEIN.
ICH GLAUBE, DAS IST DER BESTE RAT, DEN MIR JEMALS JEMAND GEGEBEN HAT.
DING DONG
IST DAS KÄNGURU HIER?
NEIN.
DING DONG
WIR … ÄH … POLIZEI.
WOHNT HIER EIN KÄNGURU?
NEIN.
DING DONG
UNS WURDE GESAGT, DASS HIER EIN KÄNGURU …
NEIN.
DING DONG
NEIN.
DING DONG
UH UH UH AH AH AH.
ÄH … NEIN.
POK
WAS ZUM TEUFEL HAST DU ANGESTELLT?
DU WÜRDEST ES EH NICHT GLAUBEN.

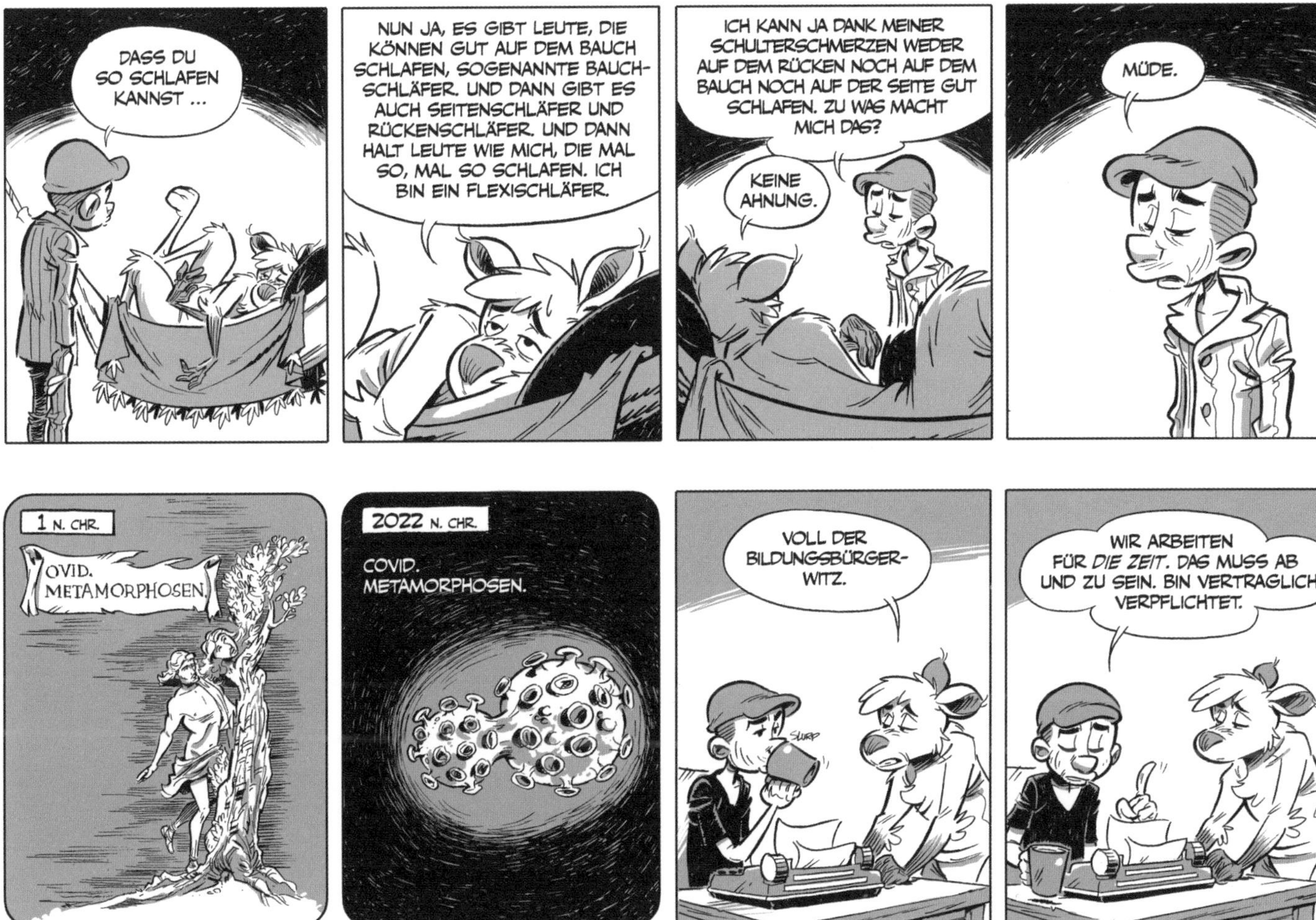
DASS DU SO SCHLAFEN KANNST …
NUN JA, ES GIBT LEUTE, DIE KÖNNEN GUT AUF DEM BAUCH SCHLAFEN, SOGENANNTE BAUCH-SCHLÄFER. UND DANN GIBT ES AUCH SEITENSCHLÄFER UND RÜCKENSCHLÄFER. UND DANN HALT LEUTE WIE MICH, DIE MAL SO, MAL SO SCHLAFEN. ICH BIN EIN FLEXISCHLÄFER.
ICH KANN JA DANK MEINER SCHULTERSCHMERZEN WEDER AUF DEM RÜCKEN NOCH AUF DEM BAUCH NOCH AUF DER SEITE GUT SCHLAFEN. ZU WAS MACHT MICH DAS?
KEINE AHNUNG.
MÜDE.
1 N. CHR.
OVID. METAMORPHOSEN.
2022 N. CHR.
COVID. METAMORPHOSEN.
VOLL DER BILDUNGSBÜRGER-WITZ.
SLURP
WIR ARBEITEN FÜR *DIE ZEIT*. DAS MUSS AB UND ZU SEIN. BIN VERTRAGLICH VERPFLICHTET.

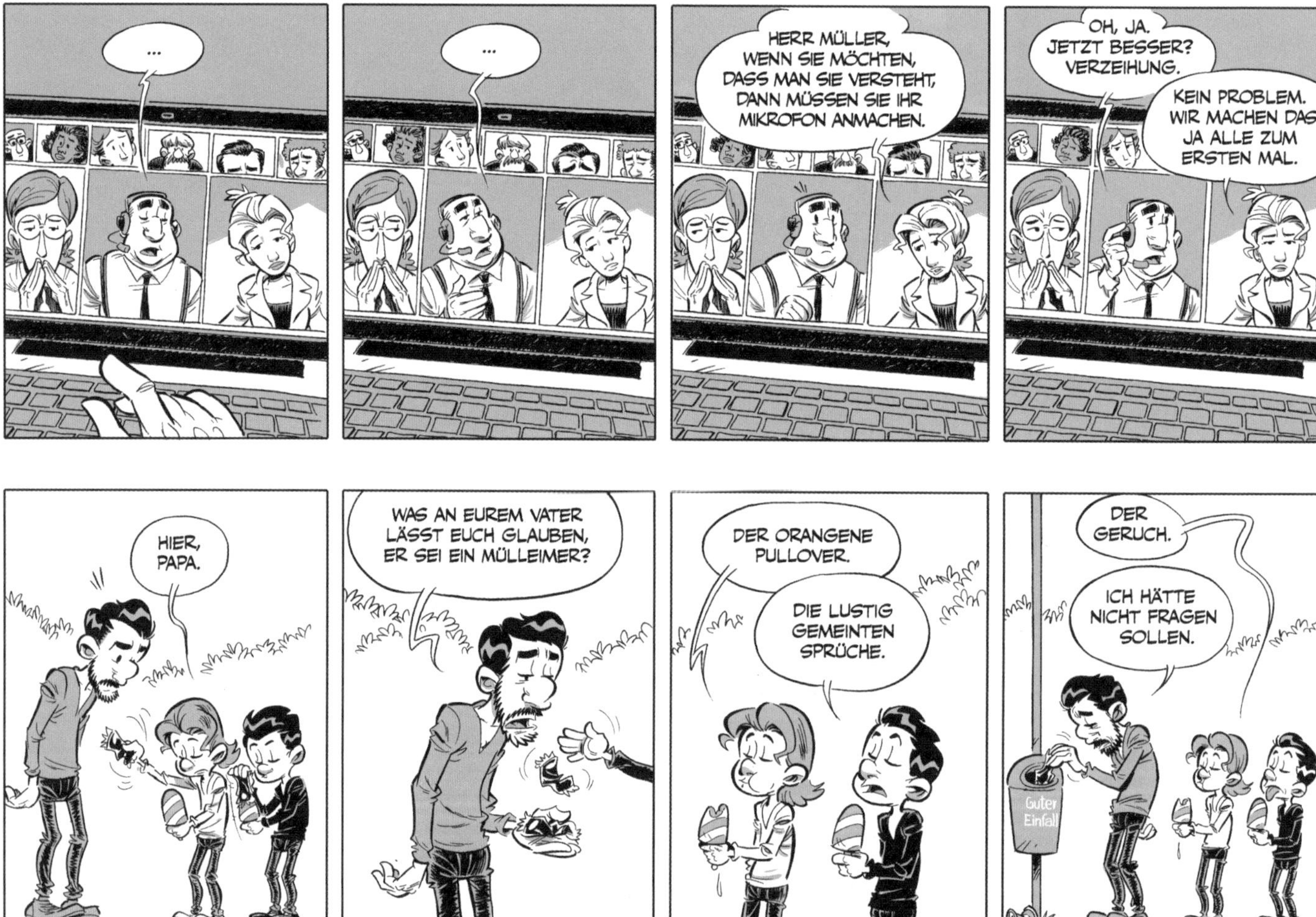
…
…
HERR MÜLLER, WENN SIE MÖCHTEN, DASS MAN SIE VERSTEHT, DANN MÜSSEN SIE IHR MIKROFON ANMACHEN.
OH, JA. JETZT BESSER? VERZEIHUNG.
KEIN PROBLEM. WIR MACHEN DAS JA ALLE ZUM ERSTEN MAL.
HIER, PAPA.
WAS AN EUREM VATER LÄSST EUCH GLAUBEN, ER SEI EIN MÜLLEIMER?
DER ORANGENE PULLOVER.
DIE LUSTIG GEMEINTEN SPRÜCHE.
DER GERUCH.
ICH HÄTTE NICHT FRAGEN SOLLEN.
Guter Einfall

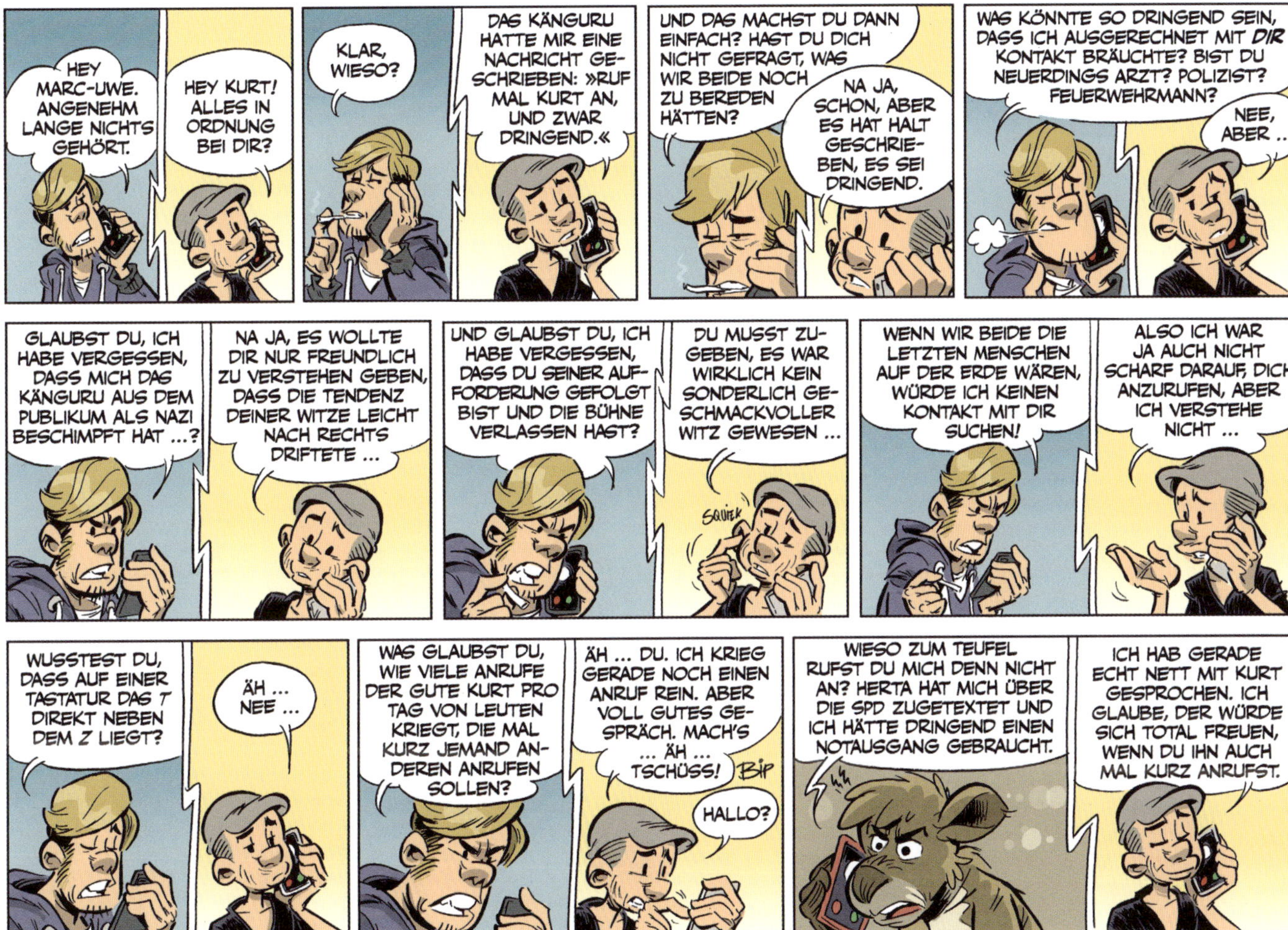
HEY MARC-UWE. ANGENEHM LANGE NICHTS GEHÖRT.
HEY KURT! ALLES IN ORDNUNG BEI DIR?
KLAR, WIESO?
DAS KÄNGURU HATTE MIR EINE NACHRICHT GESCHRIEBEN: »RUF MAL KURT AN, UND ZWAR DRINGEND.«
UND DAS MACHST DU DANN EINFACH? HAST DU DICH NICHT GEFRAGT, WAS WIR BEIDE NOCH ZU BEREDEN HÄTTEN?
NA JA, SCHON, ABER ES HAT HALT GESCHRIEBEN, ES SEI DRINGEND.
WAS KÖNNTE SO DRINGEND SEIN, DASS ICH AUSGERECHNET MIT *DIR* KONTAKT BRÄUCHTE? BIST DU NEUERDINGS ARZT? POLIZIST? FEUERWEHRMANN?
NEE, ABER …
GLAUBST DU, ICH HABE VERGESSEN, DASS MICH DAS KÄNGURU AUS DEM PUBLIKUM ALS NAZI BESCHIMPFT HAT …?
NA JA, ES WOLLTE DIR NUR FREUNDLICH ZU VERSTEHEN GEBEN, DASS DIE TENDENZ DEINER WITZE LEICHT NACH RECHTS DRIFTETE …
UND GLAUBST DU, ICH HABE VERGESSEN, DASS DU SEINER AUFFORDERUNG GEFOLGT BIST UND DIE BÜHNE VERLASSEN HAST?
DU MUSST ZUGEBEN, ES WAR WIRKLICH KEIN SONDERLICH GESCHMACKVOLLER WITZ GEWESEN …
SQUIEK
WENN WIR BEIDE DIE LETZTEN MENSCHEN AUF DER ERDE WÄREN, WÜRDE ICH KEINEN KONTAKT MIT DIR SUCHEN!
ALSO ICH WAR JA AUCH NICHT SCHARF DARAUF, DICH ANZURUFEN, ABER ICH VERSTEHE NICHT …
WUSSTEST DU, DASS AUF EINER TASTATUR DAS *T* DIREKT NEBEN DEM *Z* LIEGT?
ÄH … NEE …
WAS GLAUBST DU, WIE VIELE ANRUFE DER GUTE KURT PRO TAG VON LEUTEN KRIEGT, DIE MAL KURZ JEMAND ANDEREN ANRUFEN SOLLEN?
ÄH … DU. ICH KRIEG GERADE NOCH EINEN ANRUF REIN. ABER VOLL GUTES GESPRÄCH. MACH'S … ÄH … TSCHÜSS!
BIP
HALLO?
WIESO ZUM TEUFEL RUFST DU MICH DENN NICHT AN? HERTA HAT MICH ÜBER DIE SPD ZUGETEXTET UND ICH HÄTTE DRINGEND EINEN NOTAUSGANG GEBRAUCHT.
ICH HAB GERADE ECHT NETT MIT KURT GESPROCHEN. ICH GLAUBE, DER WÜRDE SICH TOTAL FREUEN, WENN DU IHN AUCH MAL KURZ ANRUFST.

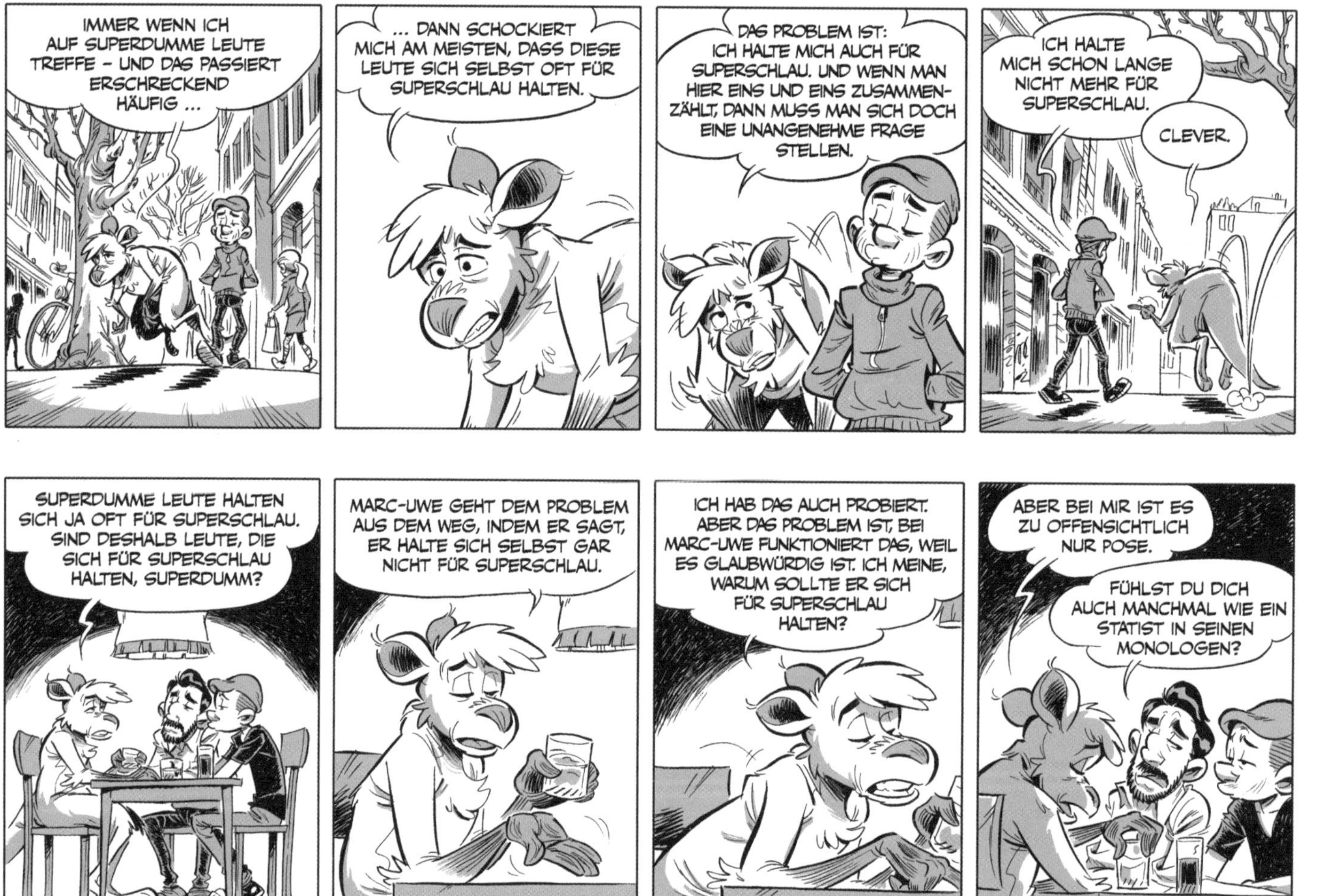
IMMER WENN ICH AUF SUPERDUMME LEUTE TREFFE – UND DAS PASSIERT ERSCHRECKEND HÄUFIG …
… DANN SCHOCKIERT MICH AM MEISTEN, DASS DIESE LEUTE SICH SELBST OFT FÜR SUPERSCHLAU HALTEN.
DAS PROBLEM IST: ICH HALTE MICH AUCH FÜR SUPERSCHLAU. UND WENN MAN HIER EINS UND EINS ZUSAMMENZÄHLT, DANN MUSS MAN SICH DOCH EINE UNANGENEHME FRAGE STELLEN.
ICH HALTE MICH SCHON LANGE NICHT MEHR FÜR SUPERSCHLAU.
CLEVER.
SUPERDUMME LEUTE HALTEN SICH JA OFT FÜR SUPERSCHLAU. SIND DESHALB LEUTE, DIE SICH FÜR SUPERSCHLAU HALTEN, SUPERDUMM?
MARC-UWE GEHT DEM PROBLEM AUS DEM WEG, INDEM ER SAGT, ER HALTE SICH SELBST GAR NICHT FÜR SUPERSCHLAU.
ICH HAB DAS AUCH PROBIERT. ABER DAS PROBLEM IST, BEI MARC-UWE FUNKTIONIERT DAS, WEIL ES GLAUBWÜRDIG IST. ICH MEINE, WARUM SOLLTE ER SICH FÜR SUPERSCHLAU HALTEN?
ABER BEI MIR IST ES ZU OFFENSICHTLICH NUR POSE.
FÜHLST DU DICH AUCH MANCHMAL WIE EIN STATIST IN SEINEN MONOLOGEN?

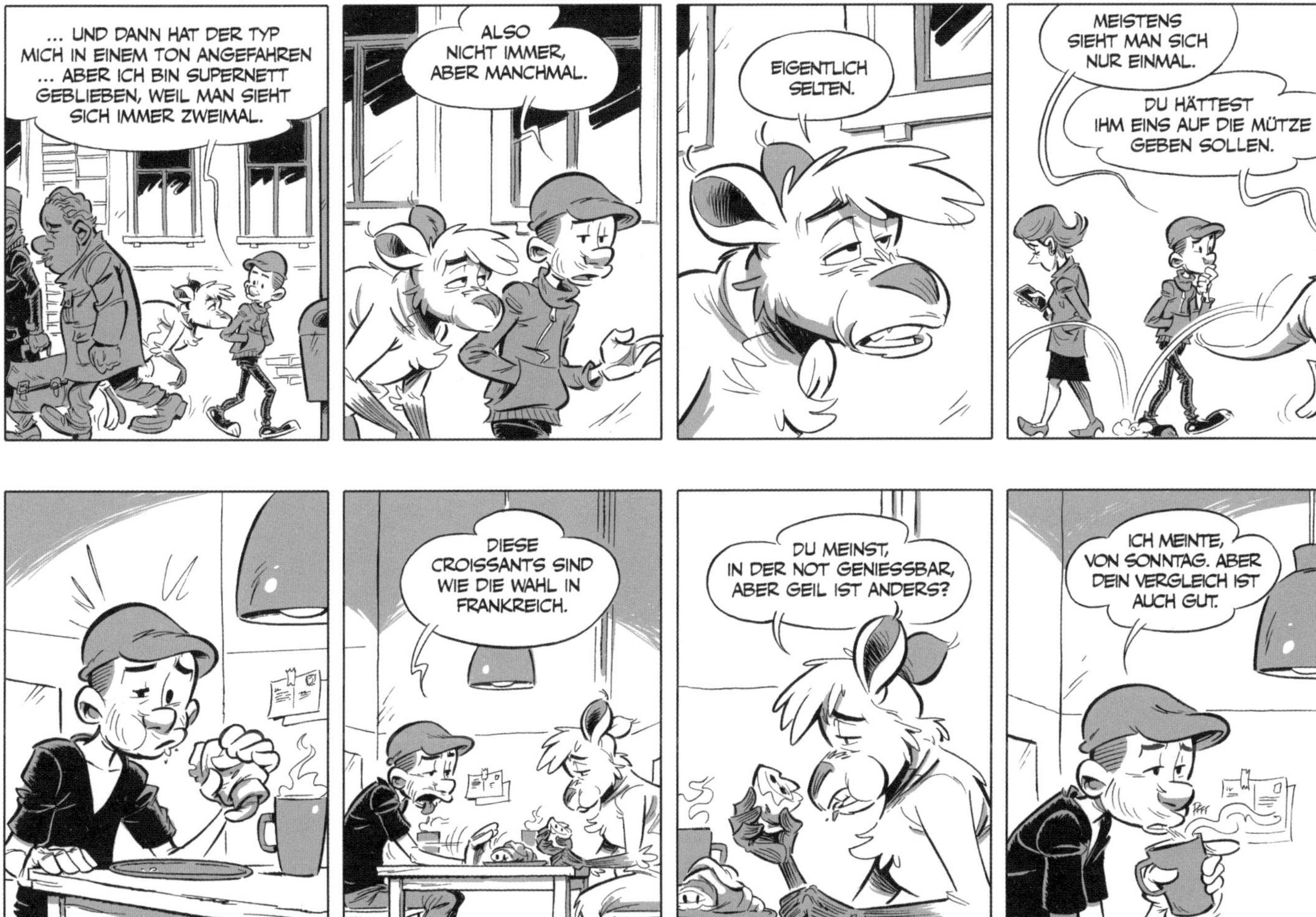
... UND DANN HAT DER TYP MICH IN EINEM TON ANGEFAHREN ... ABER ICH BIN SUPERNETT GEBLIEBEN, WEIL MAN SIEHT SICH IMMER ZWEIMAL.
ALSO NICHT IMMER, ABER MANCHMAL.
EIGENTLICH SELTEN.
MEISTENS SIEHT MAN SICH NUR EINMAL.
DU HÄTTEST IHM EINS AUF DIE MÜTZE GEBEN SOLLEN.
DIESE CROISSANTS SIND WIE DIE WAHL IN FRANKREICH.
DU MEINST, IN DER NOT GENIESSBAR, ABER GEIL IST ANDERS?
ICH MEINTE, VON SONNTAG. ABER DEIN VERGLEICH IST AUCH GUT.

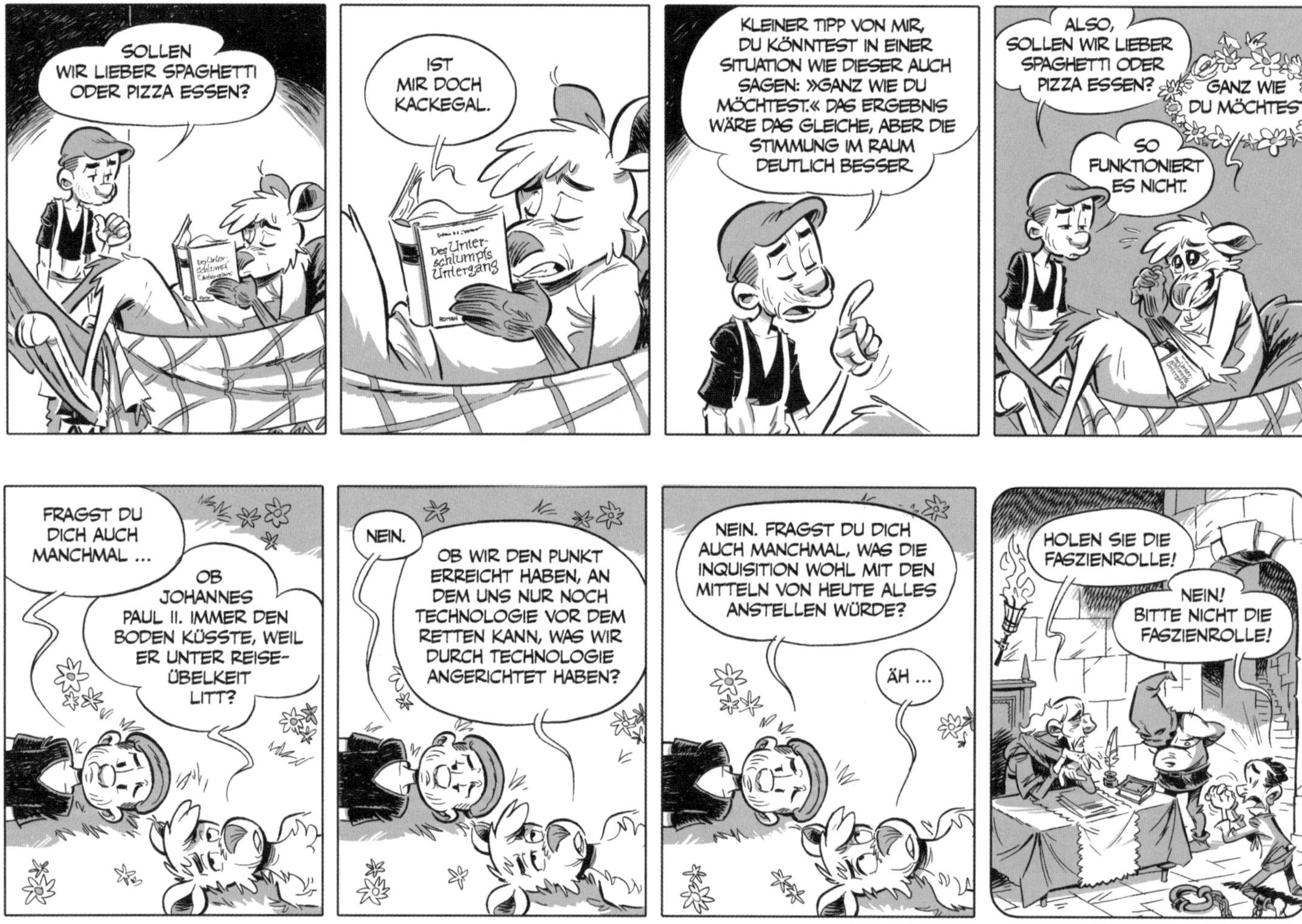
SOLLEN WIR LIEBER SPAGHETTI ODER PIZZA ESSEN?
IST MIR DOCH KACKEGAL.
Des Unterschlumpfs Untergang
ROMAN
KLEINER TIPP VON MIR, DU KÖNNTEST IN EINER SITUATION WIE DIESER AUCH SAGEN: »GANZ WIE DU MÖCHTEST.« DAS ERGEBNIS WÄRE DAS GLEICHE, ABER DIE STIMMUNG IM RAUM DEUTLICH BESSER.
ALSO, SOLLEN WIR LIEBER SPAGHETTI ODER PIZZA ESSEN?
GANZ WIE DU MÖCHTEST.
SO FUNKTIONIERT ES NICHT.
FRAGST DU DICH AUCH MANCHMAL …
OB JOHANNES PAUL II. IMMER DEN BODEN KÜSSTE, WEIL ER UNTER REISE-ÜBELKEIT LITT?
NEIN.
OB WIR DEN PUNKT ERREICHT HABEN, AN DEM UNS NUR NOCH TECHNOLOGIE VOR DEM RETTEN KANN, WAS WIR DURCH TECHNOLOGIE ANGERICHTET HABEN?
NEIN. FRAGST DU DICH AUCH MANCHMAL, WAS DIE INQUISITION WOHL MIT DEN MITTELN VON HEUTE ALLES ANSTELLEN WÜRDE?
ÄH …
HOLEN SIE DIE FASZIENROLLE!
NEIN! BITTE NICHT DIE FASZIENROLLE!

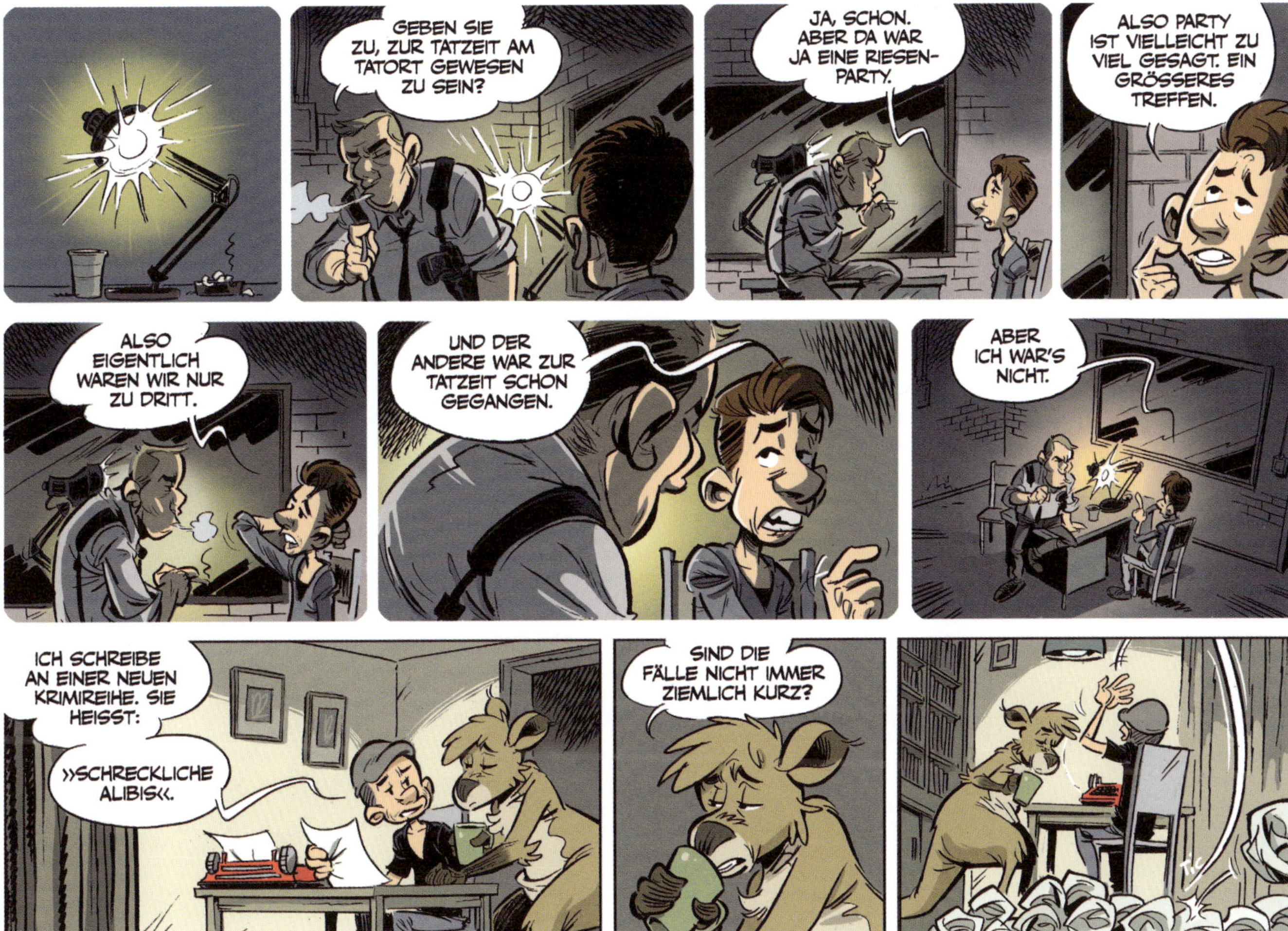
GEBEN SIE ZU, ZUR TATZEIT AM TATORT GEWESEN ZU SEIN?
JA, SCHON. ABER DA WAR JA EINE RIESEN-PARTY.
ALSO PARTY IST VIELLEICHT ZU VIEL GESAGT. EIN GRÖSSERES TREFFEN.
ALSO EIGENTLICH WAREN WIR NUR ZU DRITT.
UND DER ANDERE WAR ZUR TATZEIT SCHON GEGANGEN.
ABER ICH WAR'S NICHT.
ICH SCHREIBE AN EINER NEUEN KRIMIREIHE. SIE HEISST:
»SCHRECKLICHE ALIBIS«.
SIND DIE FÄLLE NICHT IMMER ZIEMLICH KURZ?
TIC

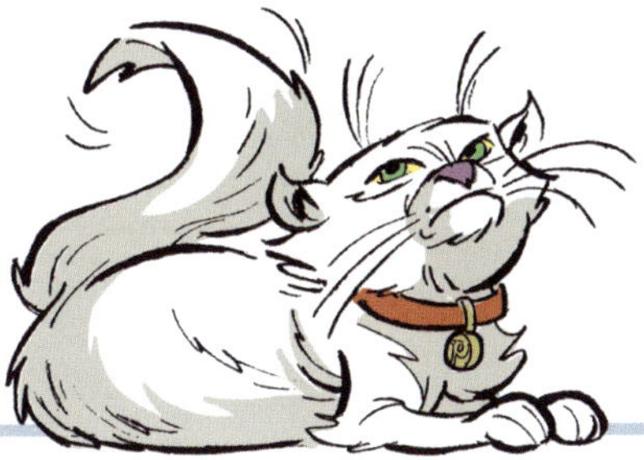

MAI 2022

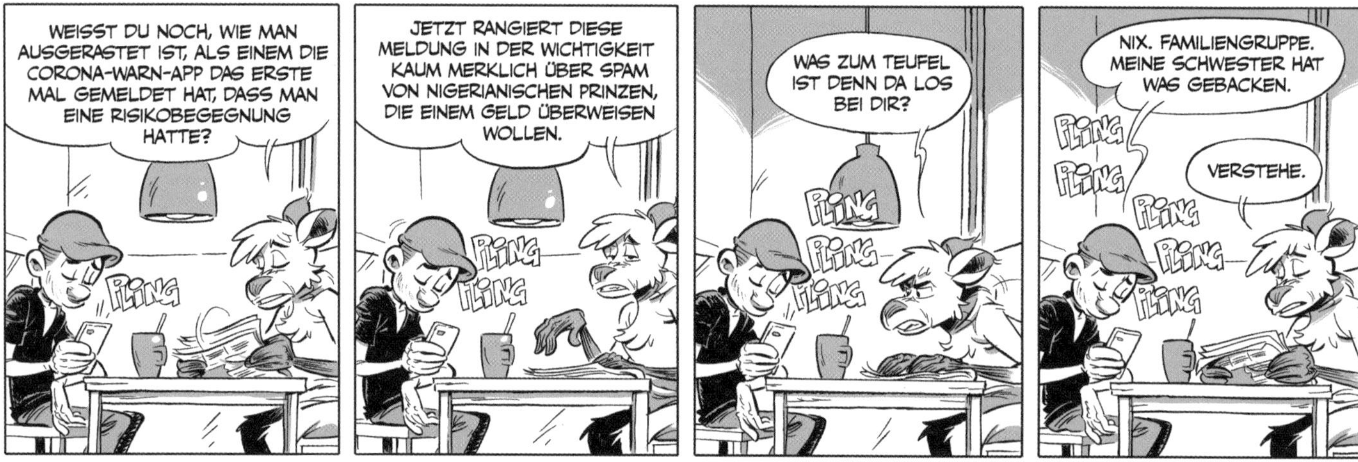
WEISST DU NOCH, WIE MAN AUSGERASTET IST, ALS EINEM DIE CORONA-WARN-APP DAS ERSTE MAL GEMELDET HAT, DASS MAN EINE RISIKOBEGEGNUNG HATTE?
PLING
JETZT RANGIERT DIESE MELDUNG IN DER WICHTIGKEIT KAUM MERKLICH ÜBER SPAM VON NIGERIANISCHEN PRINZEN, DIE EINEM GELD ÜBERWEISEN WOLLEN.
PLING
PLING
WAS ZUM TEUFEL IST DENN DA LOS BEI DIR?
PLING
PLING
PLING
NIX. FAMILIENGRUPPE. MEINE SCHWESTER HAT WAS GEBACKEN.
PLING
PLING
VERSTEHE.
PLING
PLING
PLING

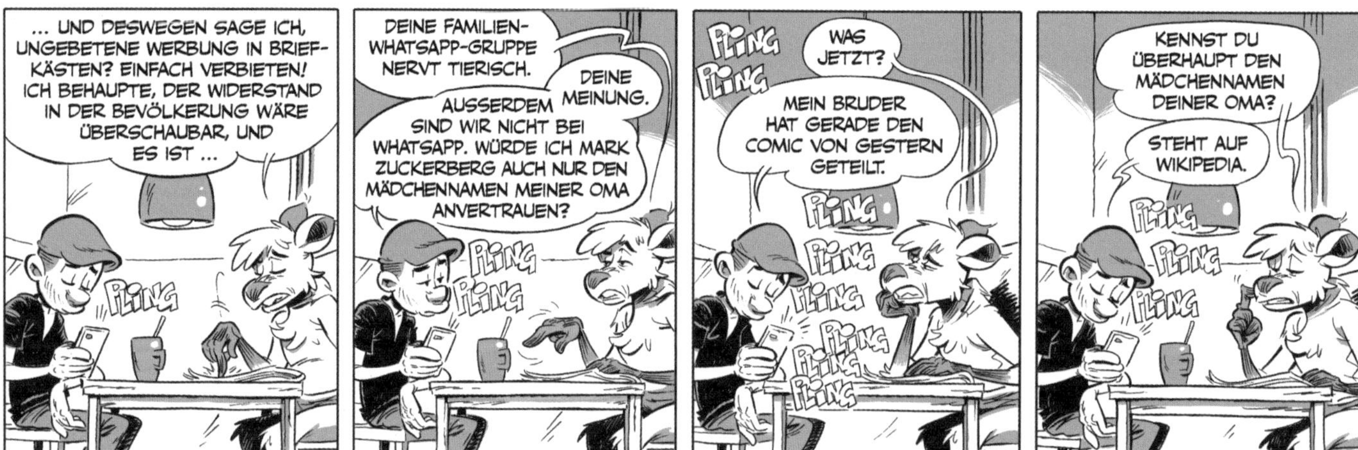
… UND DESWEGEN SAGE ICH, UNGEBETENE WERBUNG IN BRIEFKÄSTEN? EINFACH VERBIETEN! ICH BEHAUPTE, DER WIDERSTAND IN DER BEVÖLKERUNG WÄRE ÜBERSCHAUBAR, UND ES IST …
PLING
DEINE FAMILIEN-WHATSAPP-GRUPPE NERVT TIERISCH.
DEINE MEINUNG.
AUSSERDEM SIND WIR NICHT BEI WHATSAPP. WÜRDE ICH MARK ZUCKERBERG AUCH NUR DEN MÄDCHENNAMEN MEINER OMA ANVERTRAUEN?
PLING
PLING
PLING
PLING
WAS JETZT?
MEIN BRUDER HAT GERADE DEN COMIC VON GESTERN GETEILT.
PLING
PLING
PLING
PLING
PLING
PLING
KENNST DU ÜBERHAUPT DEN MÄDCHENNAMEN DEINER OMA?
STEHT AUF WIKIPEDIA.
PLING
PLING
PLING

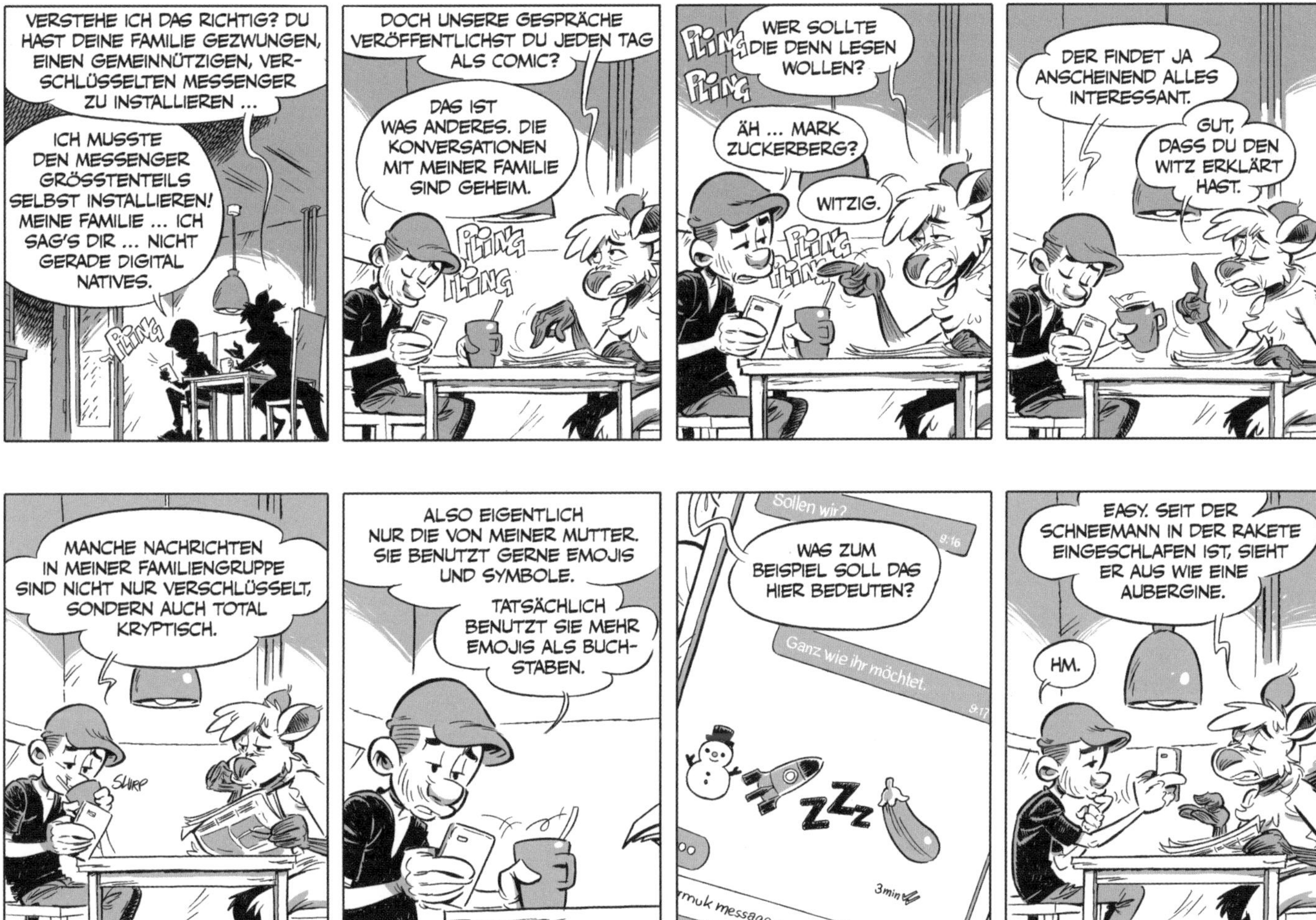
VERSTEHE ICH DAS RICHTIG? DU HAST DEINE FAMILIE GEZWUNGEN, EINEN GEMEINNÜTZIGEN, VERSCHLÜSSELTEN MESSENGER ZU INSTALLIEREN ...
ICH MUSSTE DEN MESSENGER GRÖSSTENTEILS SELBST INSTALLIEREN! MEINE FAMILIE ... ICH SAG'S DIR ... NICHT GERADE DIGITAL NATIVES.
PLING
DOCH UNSERE GESPRÄCHE VERÖFFENTLICHST DU JEDEN TAG ALS COMIC?
DAS IST WAS ANDERES. DIE KONVERSATIONEN MIT MEINER FAMILIE SIND GEHEIM.
PLING
PLING
PLING
PLING
WER SOLLTE DIE DENN LESEN WOLLEN?
ÄH ... MARK ZUCKERBERG?
WITZIG.
PLING
PLING
DER FINDET JA ANSCHEINEND ALLES INTERESSANT.
GUT, DASS DU DEN WITZ ERKLÄRT HAST.
MANCHE NACHRICHTEN IN MEINER FAMILIENGRUPPE SIND NICHT NUR VERSCHLÜSSELT, SONDERN AUCH TOTAL KRYPTISCH.
SHIRP
ALSO EIGENTLICH NUR DIE VON MEINER MUTTER. SIE BENUTZT GERNE EMOJIS UND SYMBOLE.
TATSÄCHLICH BENUTZT SIE MEHR EMOJIS ALS BUCHSTABEN.
Sollen wir?
9:16
WAS ZUM BEISPIEL SOLL DAS HIER BEDEUTEN?
Ganz wie ihr möchtet.
9:17
3min
EASY. SEIT DER SCHNEEMANN IN DER RAKETE EINGESCHLAFEN IST, SIEHT ER AUS WIE EINE AUBERGINE.
HM.

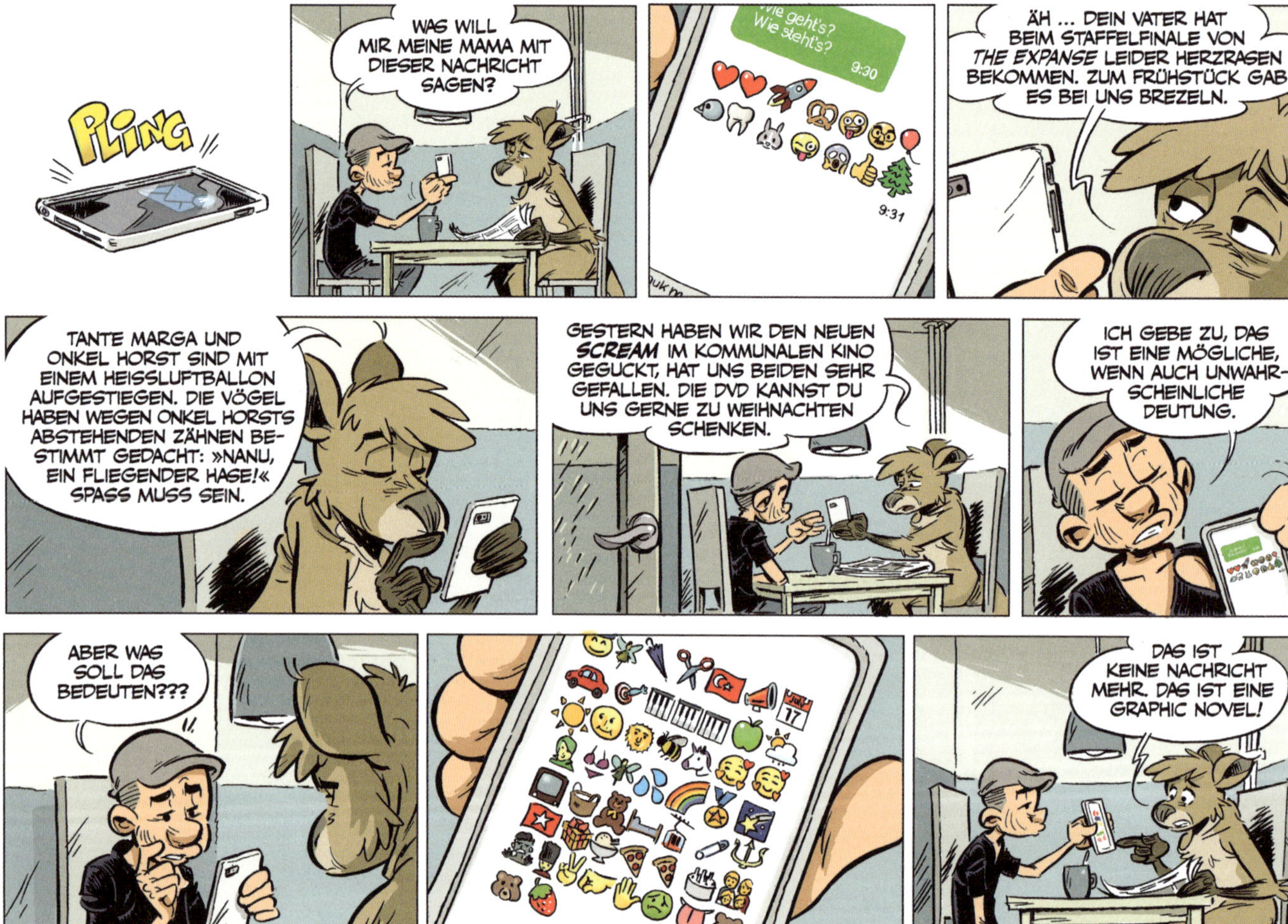
PLING
WAS WILL MIR MEINE MAMA MIT DIESER NACHRICHT SAGEN?
Wie geht's? Wie steht's?
9:30
9:31
ÄH … DEIN VATER HAT BEIM STAFFELFINALE VON *THE EXPANSE* LEIDER HERZRASEN BEKOMMEN. ZUM FRÜHSTÜCK GAB ES BEI UNS BREZELN.
TANTE MARGA UND ONKEL HORST SIND MIT EINEM HEISSLUFTBALLON AUFGESTIEGEN. DIE VÖGEL HABEN WEGEN ONKEL HORSTS ABSTEHENDEN ZÄHNEN BESTIMMT GEDACHT: »NANU, EIN FLIEGENDER HASE!« SPASS MUSS SEIN.
GESTERN HABEN WIR DEN NEUEN *SCREAM* IM KOMMUNALEN KINO GEGUCKT, HAT UNS BEIDEN SEHR GEFALLEN. DIE DVD KANNST DU UNS GERNE ZU WEIHNACHTEN SCHENKEN.
ICH GEBE ZU, DAS IST EINE MÖGLICHE, WENN AUCH UNWAHRSCHEINLICHE DEUTUNG.
ABER WAS SOLL DAS BEDEUTEN???
DAS IST KEINE NACHRICHT MEHR. DAS IST EINE GRAPHIC NOVEL!

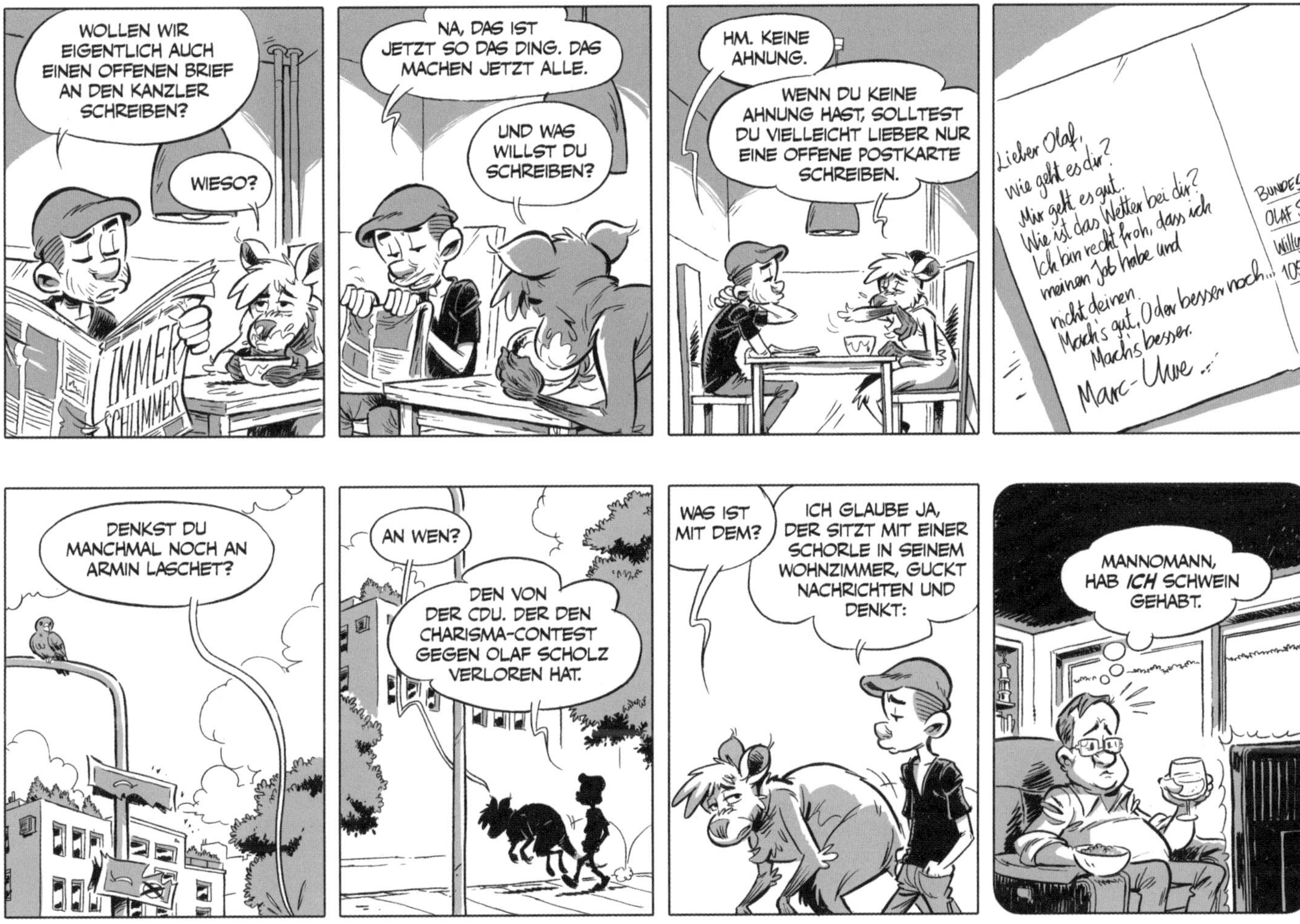
WOLLEN WIR EIGENTLICH AUCH EINEN OFFENEN BRIEF AN DEN KANZLER SCHREIBEN?
WIESO?
IMMER SCHLIMMER
NA, DAS IST JETZT SO DAS DING. DAS MACHEN JETZT ALLE.
UND WAS WILLST DU SCHREIBEN?
HM. KEINE AHNUNG.
WENN DU KEINE AHNUNG HAST, SOLLTEST DU VIELLEICHT LIEBER NUR EINE OFFENE POSTKARTE SCHREIBEN.
Lieber Olaf,
Wie geht es dir?
Mir geht es gut.
Wie ist das Wetter bei dir?
Ich bin recht froh, dass ich meinen Job habe und nicht deinen.
Mach's gut. Oder besser noch...
Mach's besser.
Marc-Uwe
DENKST DU MANCHMAL NOCH AN ARMIN LASCHET?
AN WEN?
DEN VON DER CDU. DER DEN CHARISMA-CONTEST GEGEN OLAF SCHOLZ VERLOREN HAT.
WAS IST MIT DEM?
ICH GLAUBE JA, DER SITZT MIT EINER SCHORLE IN SEINEM WOHNZIMMER, GUCKT NACHRICHTEN UND DENKT:
MANNOMANN, HAB *ICH* SCHWEIN GEHABT.

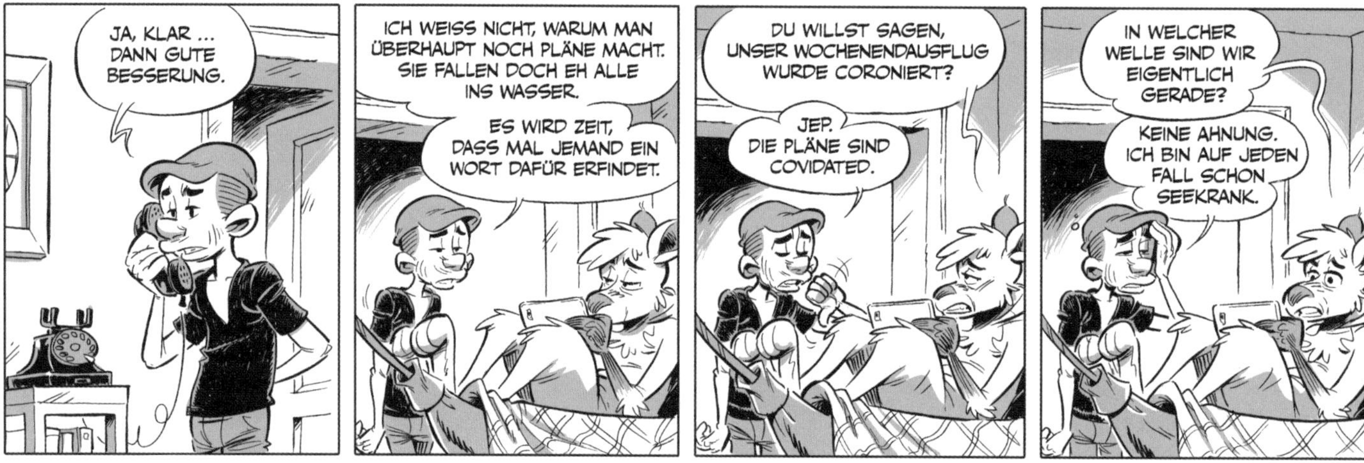
JA, KLAR ...
DANN GUTE
BESSERUNG.
ICH WEISS NICHT, WARUM MAN ÜBERHAUPT NOCH PLÄNE MACHT. SIE FALLEN DOCH EH ALLE INS WASSER.
ES WIRD ZEIT, DASS MAL JEMAND EIN WORT DAFÜR ERFINDET.
DU WILLST SAGEN, UNSER WOCHENENDAUSFLUG WURDE CORONIERT?
JEP. DIE PLÄNE SIND COVIDATED.
IN WELCHER WELLE SIND WIR EIGENTLICH GERADE?
KEINE AHNUNG. ICH BIN AUF JEDEN FALL SCHON SEEKRANK.

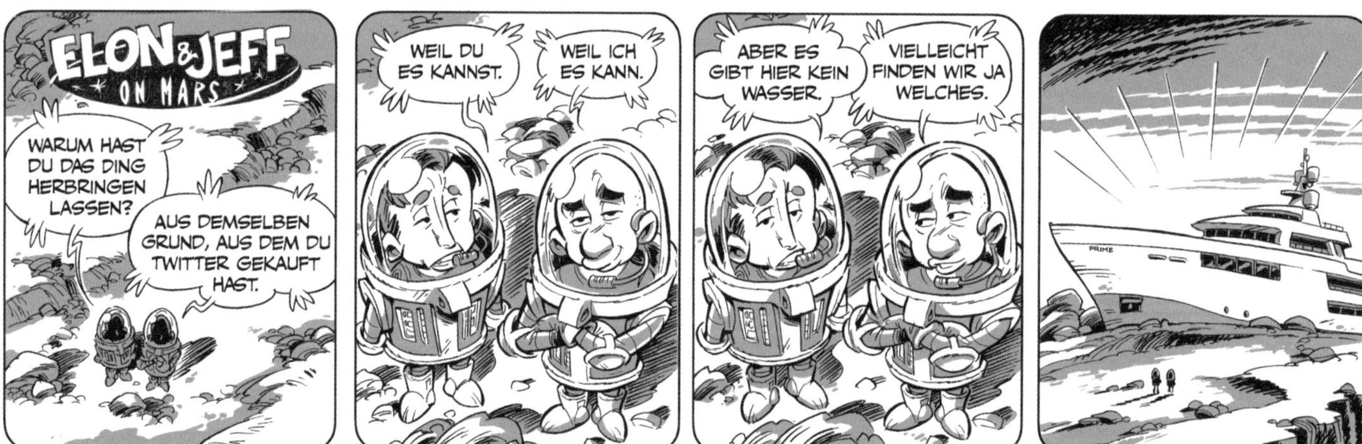
ELON & JEFF
ON MARS
WARUM HAST DU DAS DING HERBRINGEN LASSEN?
AUS DEMSELBEN GRUND, AUS DEM DU TWITTER GEKAUFT HAST.
WEIL DU ES KANNST.
WEIL ICH ES KANN.
ABER ES GIBT HIER KEIN WASSER.
VIELLEICHT FINDEN WIR JA WELCHES.
PRIME

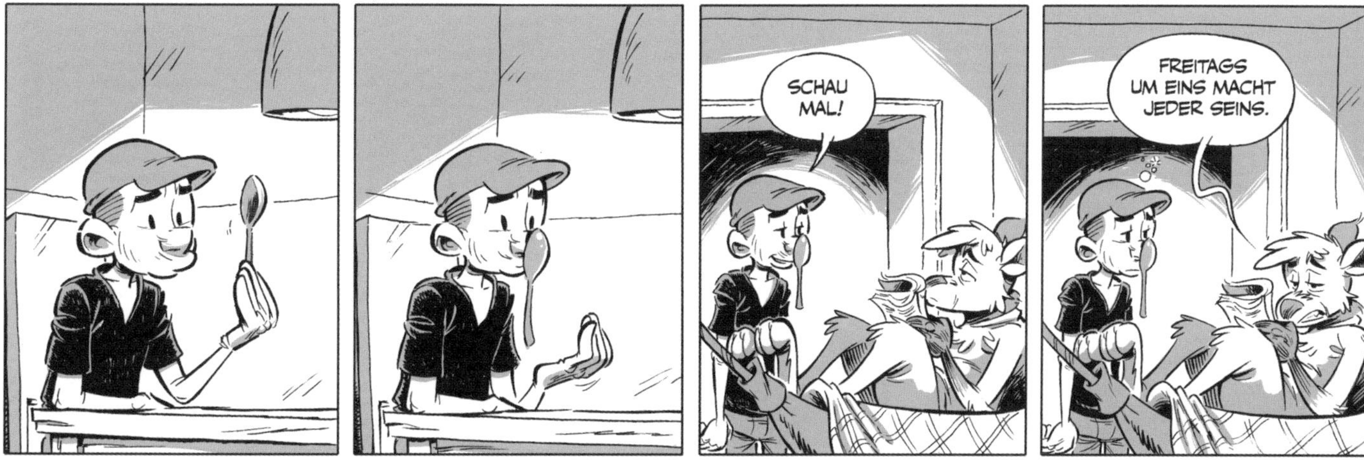
SCHAU MAL!
FREITAGS UM EINS MACHT JEDER SEINS.

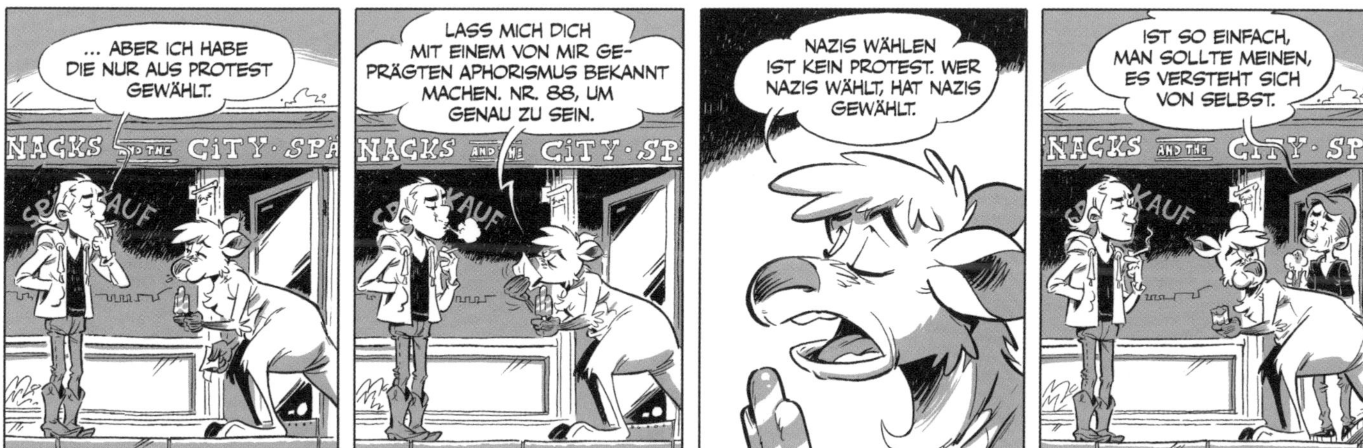
... ABER ICH HABE DIE NUR AUS PROTEST GEWÄHLT.
LASS MICH DICH MIT EINEM VON MIR GEPRÄGTEN APHORISMUS BEKANNT MACHEN. NR. 88, UM GENAU ZU SEIN.
NAZIS WÄHLEN IST KEIN PROTEST. WER NAZIS WÄHLT, HAT NAZIS GEWÄHLT.
IST SO EINFACH, MAN SOLLTE MEINEN, ES VERSTEHT SICH VON SELBST.

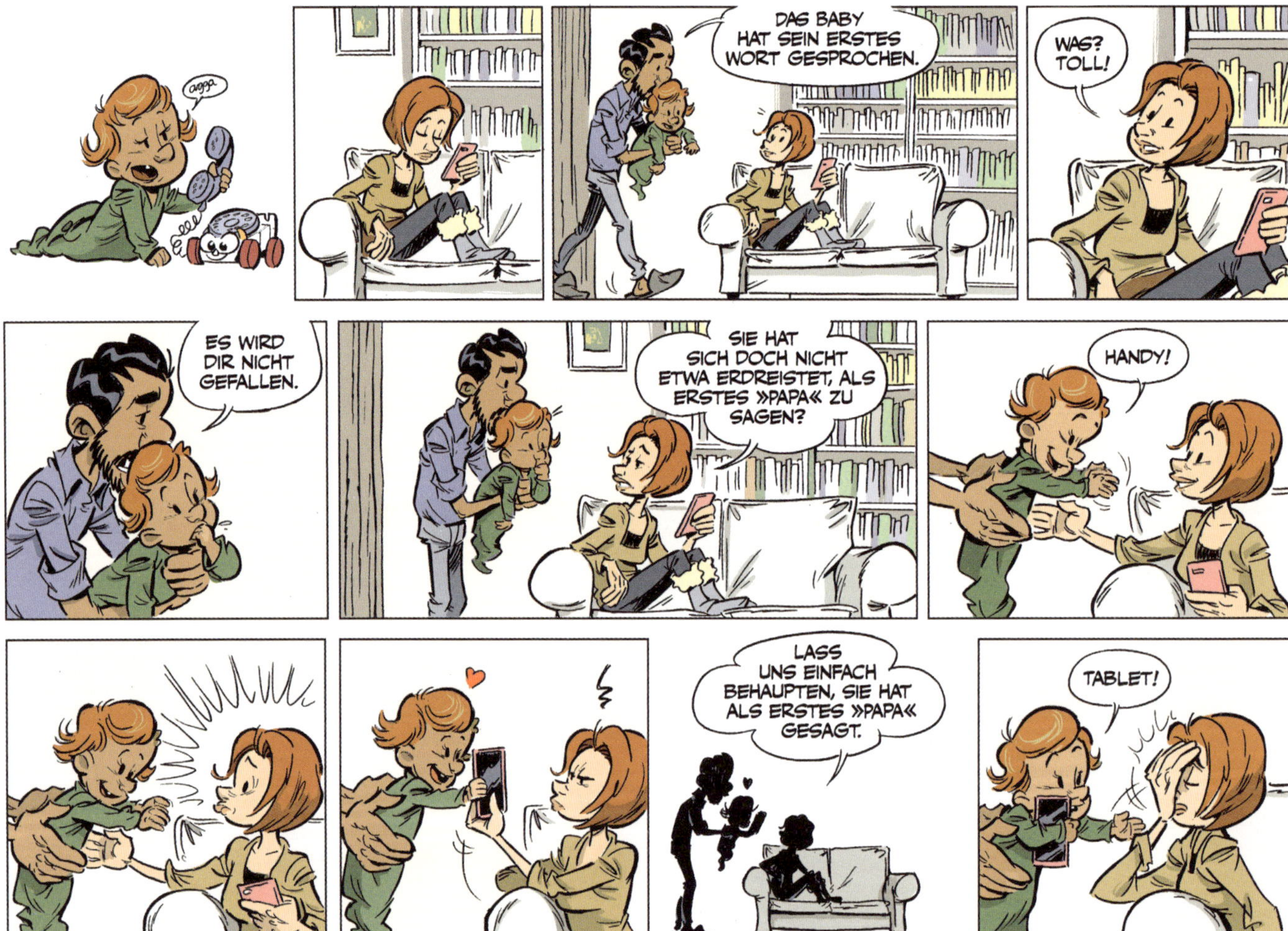
aggga
DAS BABY HAT SEIN ERSTES WORT GESPROCHEN.
WAS? TOLL!
ES WIRD DIR NICHT GEFALLEN.
SIE HAT SICH DOCH NICHT ETWA ERDREISTET, ALS ERSTES »PAPA« ZU SAGEN?
HANDY!
LASS UNS EINFACH BEHAUPTEN, SIE HAT ALS ERSTES »PAPA« GESAGT.
TABLET!

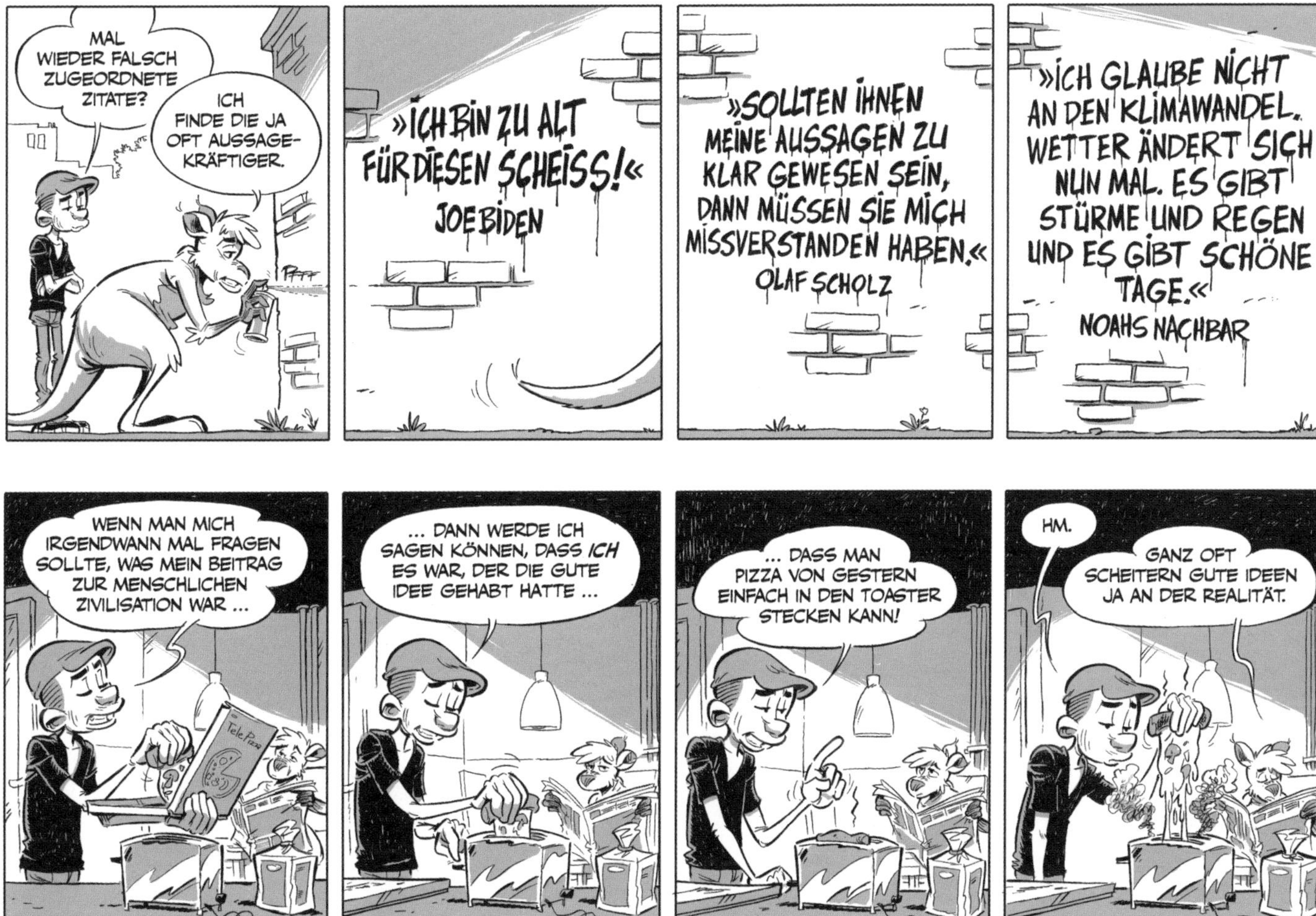

MAL WIEDER FALSCH ZUGEORDNETE ZITATE?
ICH FINDE DIE JA OFT AUSSAGEKRÄFTIGER.
PFFF
»ICH BIN ZU ALT FÜR DIESEN SCHEISS!«
JOE BIDEN
»SOLLTEN IHNEN MEINE AUSSAGEN ZU KLAR GEWESEN SEIN, DANN MÜSSEN SIE MICH MISSVERSTANDEN HABEN.«
OLAF SCHOLZ
»ICH GLAUBE NICHT AN DEN KLIMAWANDEL. WETTER ÄNDERT SICH NUN MAL. ES GIBT STÜRME UND REGEN UND ES GIBT SCHÖNE TAGE.«
NOAHS NACHBAR
WENN MAN MICH IRGENDWANN MAL FRAGEN SOLLTE, WAS MEIN BEITRAG ZUR MENSCHLICHEN ZIVILISATION WAR …
… DANN WERDE ICH SAGEN KÖNNEN, DASS *ICH* ES WAR, DER DIE GUTE IDEE GEHABT HATTE …
… DASS MAN PIZZA VON GESTERN EINFACH IN DEN TOASTER STECKEN KANN!
HM.
GANZ OFT SCHEITERN GUTE IDEEN JA AN DER REALITÄT.

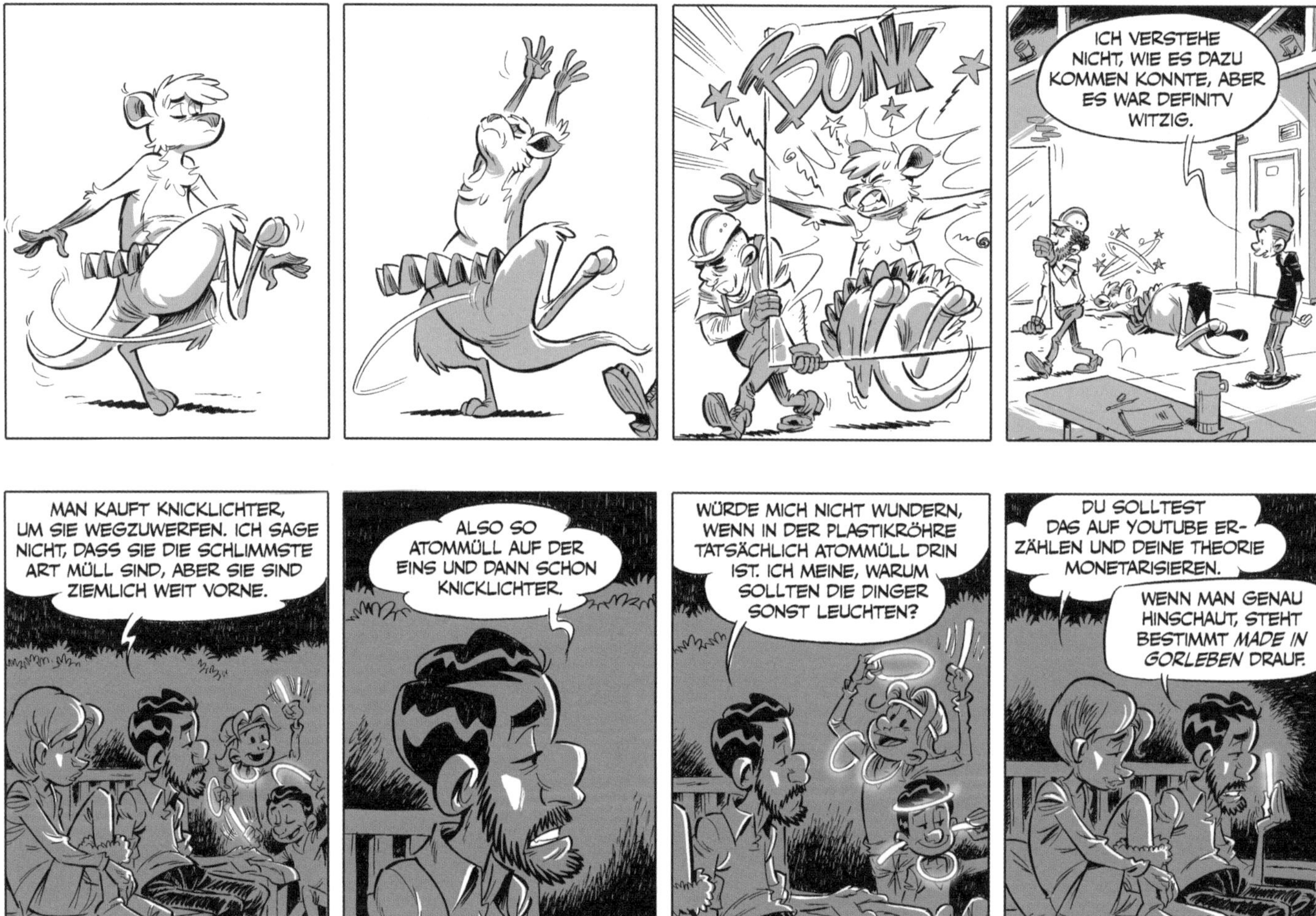
BONK
ICH VERSTEHE NICHT, WIE ES DAZU KOMMEN KONNTE, ABER ES WAR DEFINITV WITZIG.
MAN KAUFT KNICKLICHTER, UM SIE WEGZUWERFEN. ICH SAGE NICHT, DASS SIE DIE SCHLIMMSTE ART MÜLL SIND, ABER SIE SIND ZIEMLICH WEIT VORNE.
ALSO SO ATOMMÜLL AUF DER EINS UND DANN SCHON KNICKLICHTER.
WÜRDE MICH NICHT WUNDERN, WENN IN DER PLASTIKRÖHRE TATSÄCHLICH ATOMMÜLL DRIN IST. ICH MEINE, WARUM SOLLTEN DIE DINGER SONST LEUCHTEN?
DU SOLLTEST DAS AUF YOUTUBE ERZÄHLEN UND DEINE THEORIE MONETARISIEREN.
WENN MAN GENAU HINSCHAUT, STEHT BESTIMMT MADE IN GORLEBEN DRAUF.

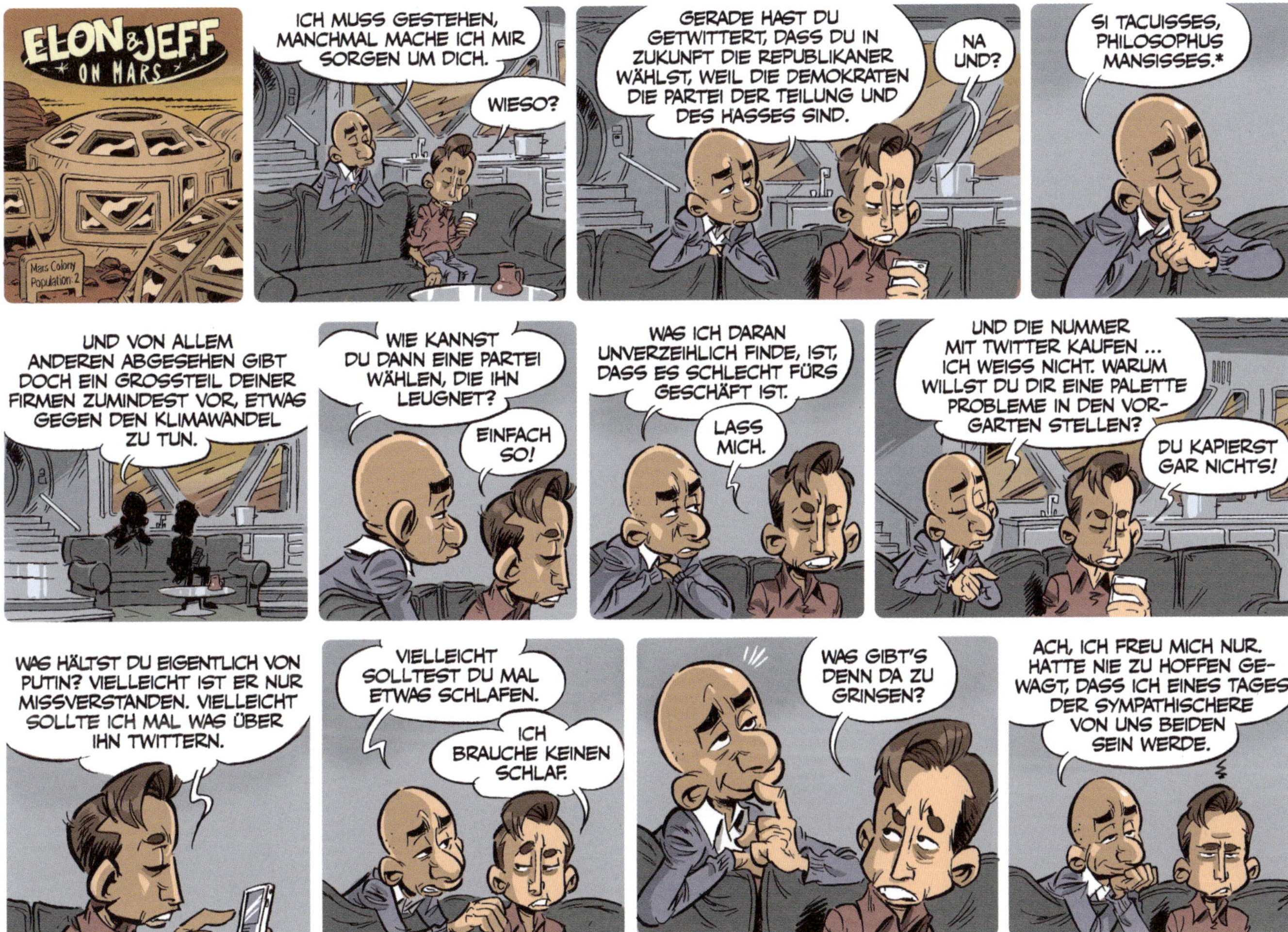

* WENN DU GESCHWIEGEN HÄTTEST, WÄRST DU EIN PHILOSOPH GEBLIEBEN.

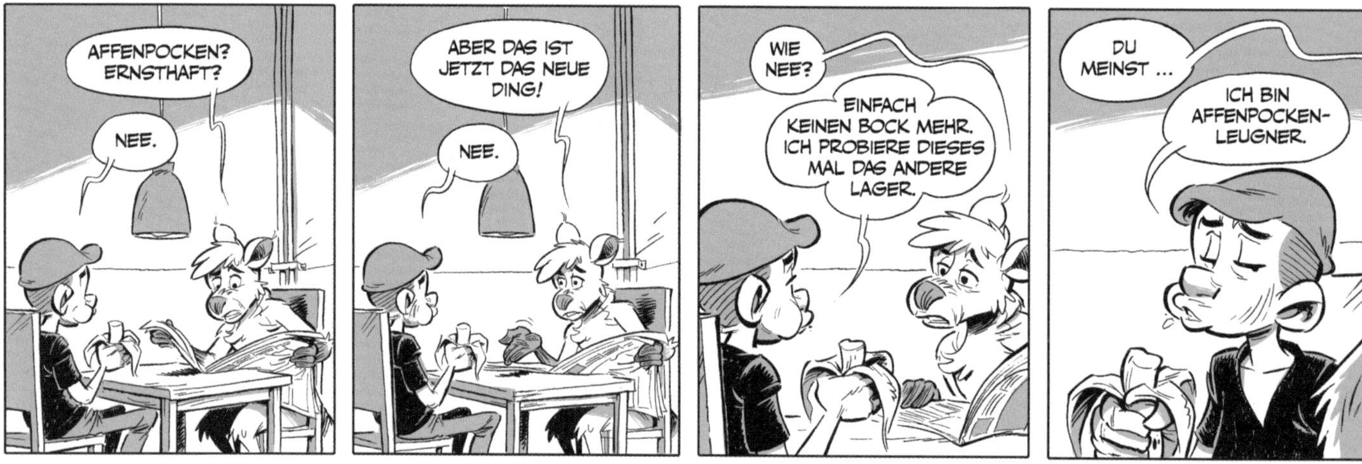
AFFENPOCKEN? ERNSTHAFT?
NEE.
ABER DAS IST JETZT DAS NEUE DING!
NEE.
WIE NEE?
EINFACH KEINEN BOCK MEHR. ICH PROBIERE DIESES MAL DAS ANDERE LAGER.
DU MEINST ...
ICH BIN AFFENPOCKEN-LEUGNER.

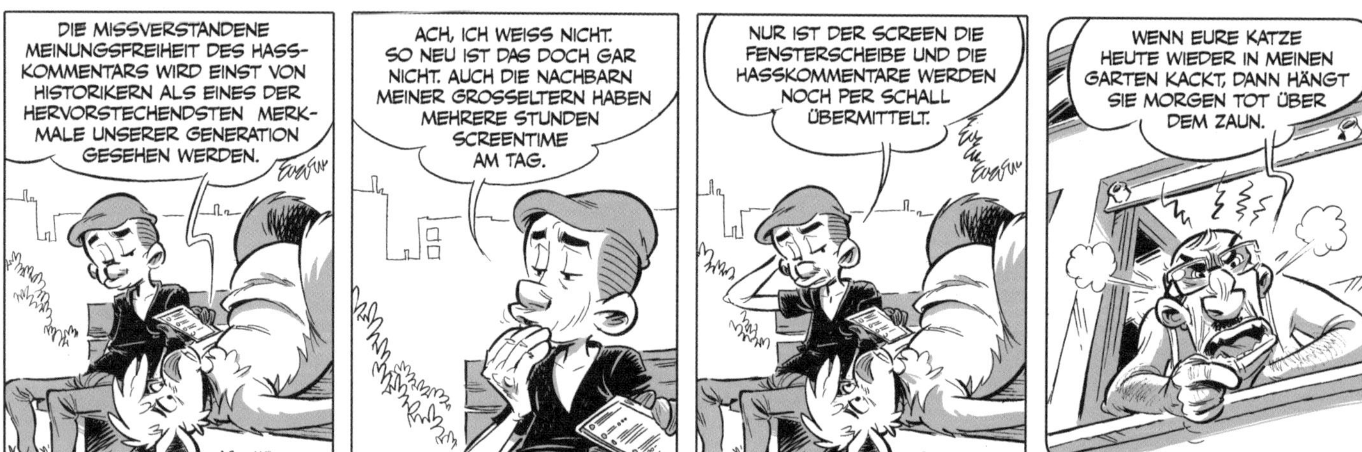
DIE MISSVERSTANDENE MEINUNGSFREIHEIT DES HASS-KOMMENTARS WIRD EINST VON HISTORIKERN ALS EINES DER HERVORSTECHENDSTEN MERK-MALE UNSERER GENERATION GESEHEN WERDEN.
ACH, ICH WEISS NICHT. SO NEU IST DAS DOCH GAR NICHT. AUCH DIE NACHBARN MEINER GROSSELTERN HABEN MEHRERE STUNDEN SCREENTIME AM TAG.
NUR IST DER SCREEN DIE FENSTERSCHEIBE UND DIE HASSKOMMENTARE WERDEN NOCH PER SCHALL ÜBERMITTELT.
WENN EURE KATZE HEUTE WIEDER IN MEINEN GARTEN KACKT, DANN HÄNGT SIE MORGEN TOT ÜBER DEM ZAUN.

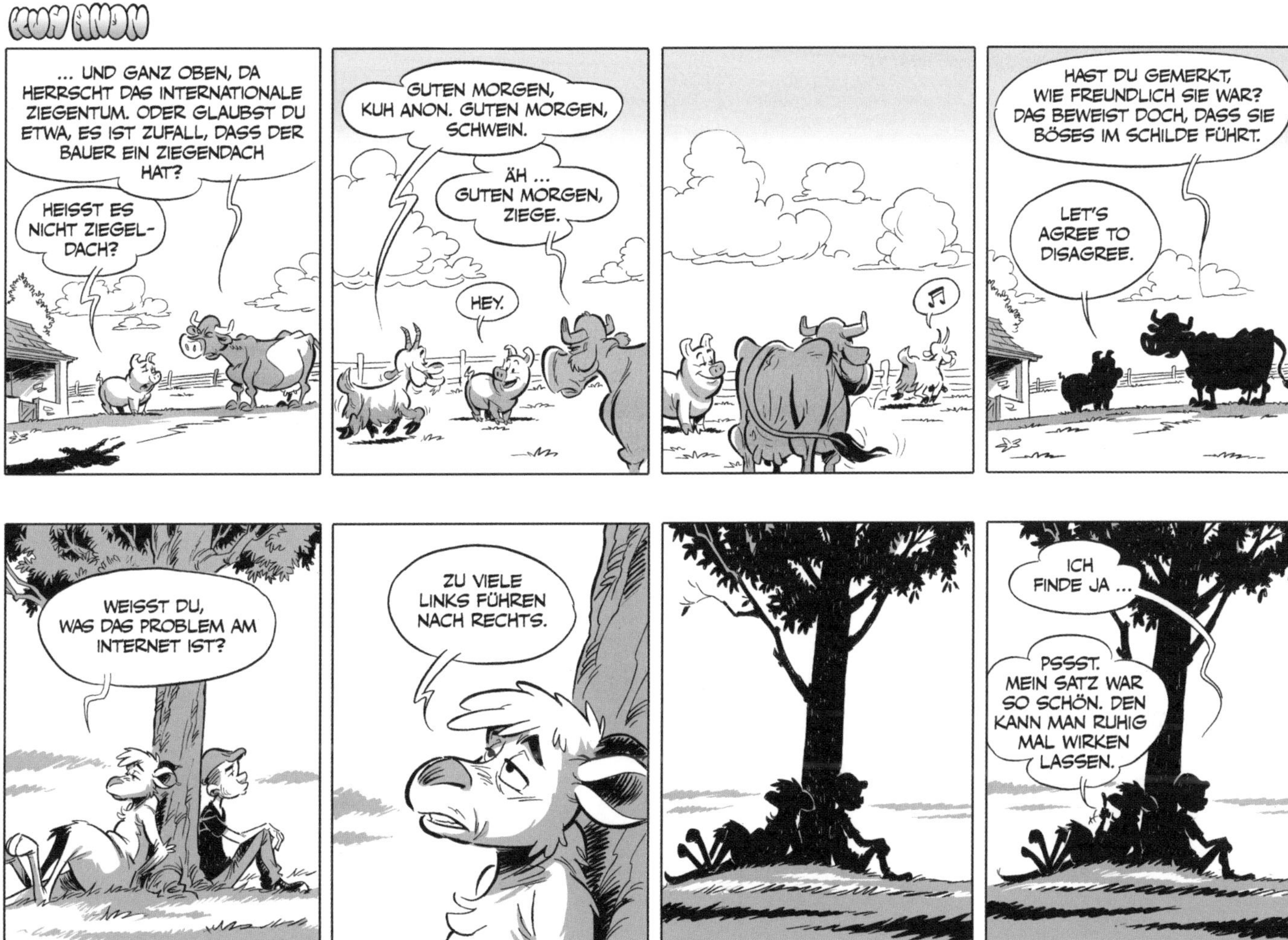
KUH ANON
... UND GANZ OBEN, DA HERRSCHT DAS INTERNATIONALE ZIEGENTUM. ODER GLAUBST DU ETWA, ES IST ZUFALL, DASS DER BAUER EIN ZIEGENDACH HAT?
HEISST ES NICHT ZIEGEL-DACH?
GUTEN MORGEN, KUH ANON. GUTEN MORGEN, SCHWEIN.
ÄH ... GUTEN MORGEN, ZIEGE.
HEY.
♫
HAST DU GEMERKT, WIE FREUNDLICH SIE WAR? DAS BEWEIST DOCH, DASS SIE BÖSES IM SCHILDE FÜHRT.
LET'S AGREE TO DISAGREE.
WEISST DU, WAS DAS PROBLEM AM INTERNET IST?
ZU VIELE LINKS FÜHREN NACH RECHTS.
ICH FINDE JA ...
PSSST. MEIN SATZ WAR SO SCHÖN. DEN KANN MAN RUHIG MAL WIRKEN LASSEN.

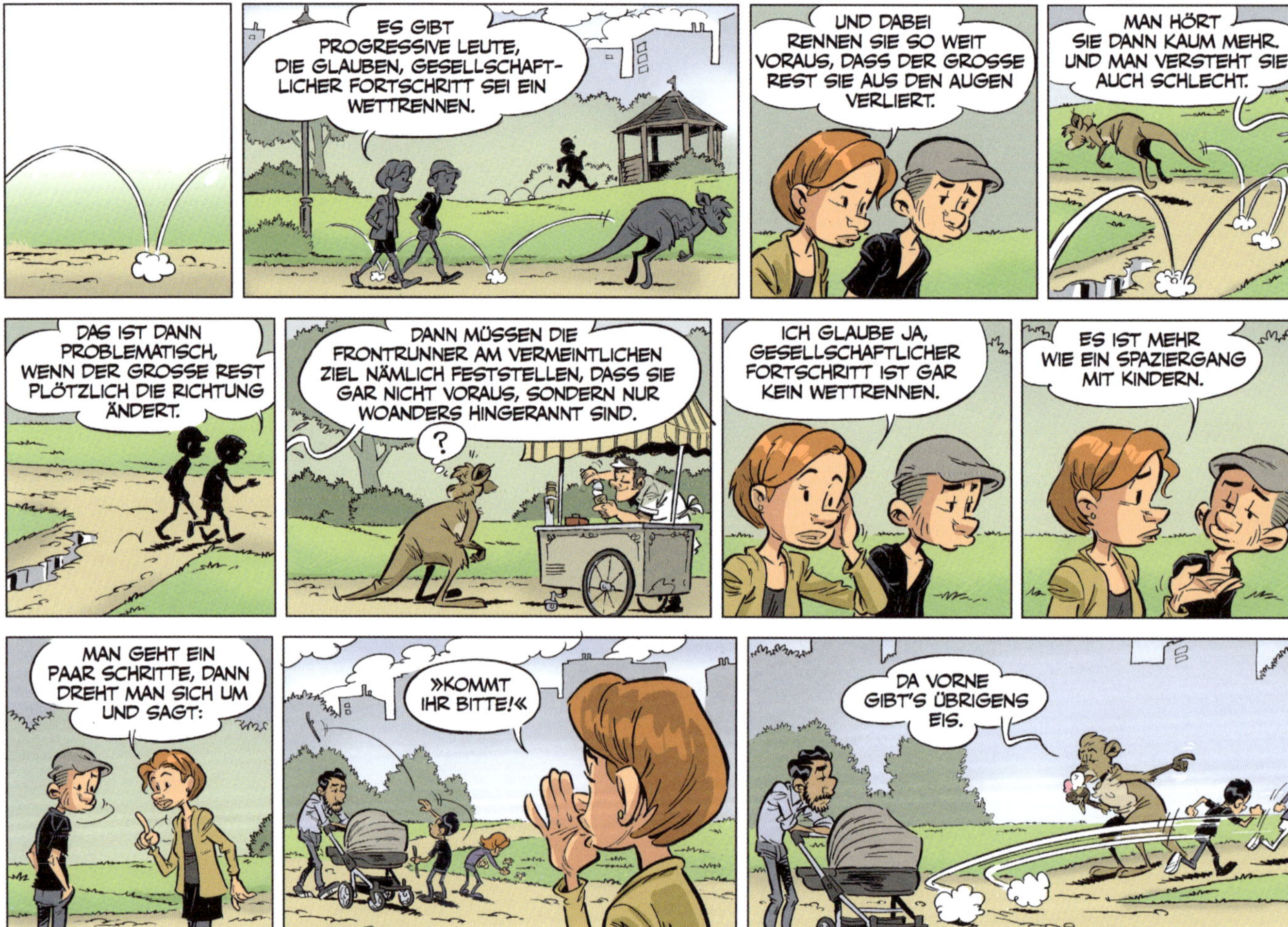
ES GIBT PROGRESSIVE LEUTE, DIE GLAUBEN, GESELLSCHAFT-LICHER FORTSCHRITT SEI EIN WETTRENNEN.
UND DABEI RENNEN SIE SO WEIT VORAUS, DASS DER GROSSE REST SIE AUS DEN AUGEN VERLIERT.
MAN HÖRT SIE DANN KAUM MEHR. UND MAN VERSTEHT SIE AUCH SCHLECHT.
DAS IST DANN PROBLEMATISCH, WENN DER GROSSE REST PLÖTZLICH DIE RICHTUNG ÄNDERT.
DANN MÜSSEN DIE FRONTRUNNER AM VERMEINTLICHEN ZIEL NÄMLICH FESTSTELLEN, DASS SIE GAR NICHT VORAUS, SONDERN NUR WOANDERS HINGERANNT SIND.
?
ICH GLAUBE JA, GESELLSCHAFTLICHER FORTSCHRITT IST GAR KEIN WETTRENNEN.
ES IST MEHR WIE EIN SPAZIERGANG MIT KINDERN.
MAN GEHT EIN PAAR SCHRITTE, DANN DREHT MAN SICH UM UND SAGT:
»KOMMT IHR BITTE!«
DA VORNE GIBT'S ÜBRIGENS EIS.

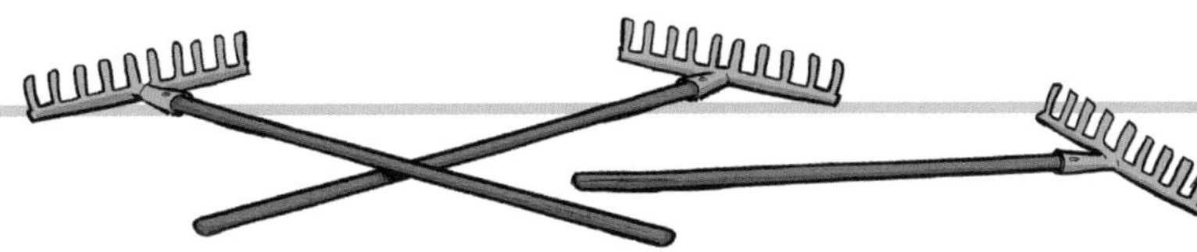

JUNI 2022

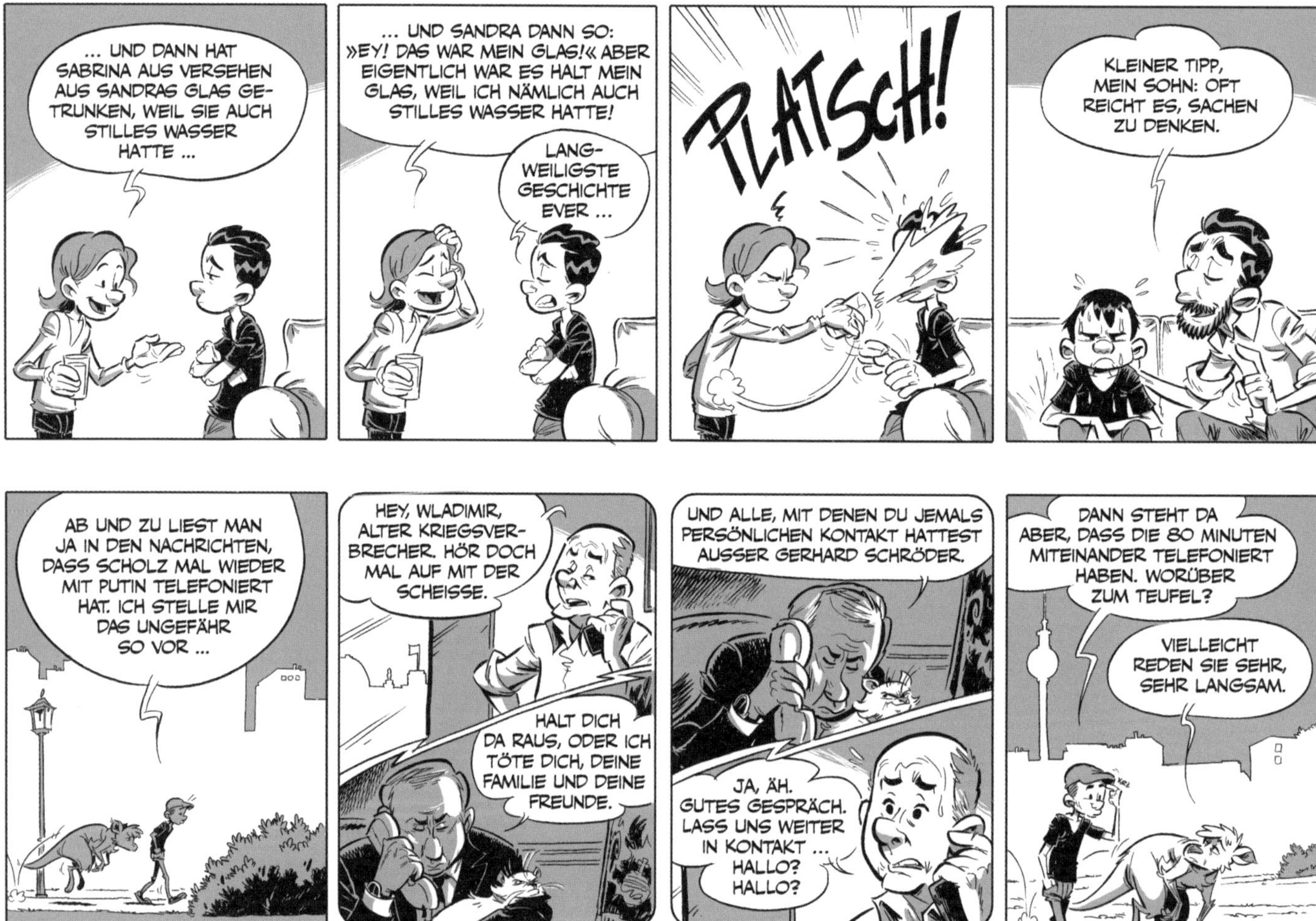
... UND DANN HAT SABRINA AUS VERSEHEN AUS SANDRAS GLAS GETRUNKEN, WEIL SIE AUCH STILLES WASSER HATTE ...
... UND SANDRA DANN SO: »EY! DAS WAR MEIN GLAS!« ABER EIGENTLICH WAR ES HALT MEIN GLAS, WEIL ICH NÄMLICH AUCH STILLES WASSER HATTE!
LANGWEILIGSTE GESCHICHTE EVER ...
PLATSCH!
KLEINER TIPP, MEIN SOHN: OFT REICHT ES, SACHEN ZU DENKEN.
AB UND ZU LIEST MAN JA IN DEN NACHRICHTEN, DASS SCHOLZ MAL WIEDER MIT PUTIN TELEFONIERT HAT. ICH STELLE MIR DAS UNGEFÄHR SO VOR ...
HEY, WLADIMIR, ALTER KRIEGSVERBRECHER. HÖR DOCH MAL AUF MIT DER SCHEISSE.
HALT DICH DA RAUS, ODER ICH TÖTE DICH, DEINE FAMILIE UND DEINE FREUNDE.
UND ALLE, MIT DENEN DU JEMALS PERSÖNLICHEN KONTAKT HATTEST AUSSER GERHARD SCHRÖDER.
JA, ÄH. GUTES GESPRÄCH. LASS UNS WEITER IN KONTAKT ... HALLO? HALLO?
DANN STEHT DA ABER, DASS DIE 80 MINUTEN MITEINANDER TELEFONIERT HABEN. WORÜBER ZUM TEUFEL?
VIELLEICHT REDEN SIE SEHR, SEHR LANGSAM.

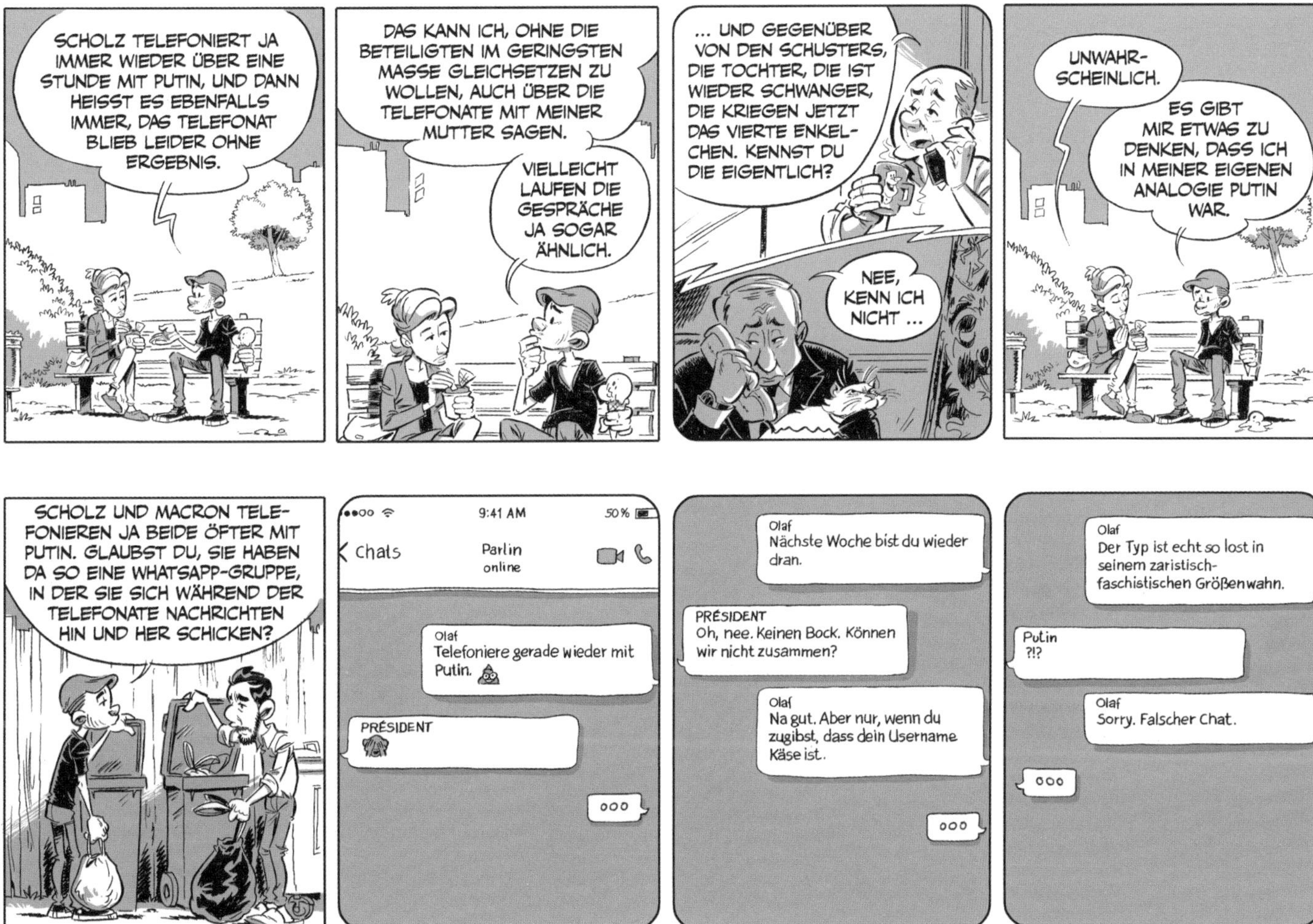
SCHOLZ TELEFONIERT JA IMMER WIEDER ÜBER EINE STUNDE MIT PUTIN, UND DANN HEISST ES EBENFALLS IMMER, DAS TELEFONAT BLIEB LEIDER OHNE ERGEBNIS.
DAS KANN ICH, OHNE DIE BETEILIGTEN IM GERINGSTEN MASSE GLEICHSETZEN ZU WOLLEN, AUCH ÜBER DIE TELEFONATE MIT MEINER MUTTER SAGEN.
VIELLEICHT LAUFEN DIE GESPRÄCHE JA SOGAR ÄHNLICH.
... UND GEGENÜBER VON DEN SCHUSTERS, DIE TOCHTER, DIE IST WIEDER SCHWANGER, DIE KRIEGEN JETZT DAS VIERTE ENKELCHEN. KENNST DU DIE EIGENTLICH?
NEE, KENN ICH NICHT ...
UNWAHRSCHEINLICH.
ES GIBT MIR ETWAS ZU DENKEN, DASS ICH IN MEINER EIGENEN ANALOGIE PUTIN WAR.
SCHOLZ UND MACRON TELEFONIEREN JA BEIDE ÖFTER MIT PUTIN. GLAUBST DU, SIE HABEN DA SO EINE WHATSAPP-GRUPPE, IN DER SIE SICH WÄHREND DER TELEFONATE NACHRICHTEN HIN UND HER SCHICKEN?
9:41 AM
50 %
Chats
Parlin
online
Olaf
Telefoniere gerade wieder mit Putin.
PRÉSIDENT
Olaf
Nächste Woche bist du wieder dran.
PRÉSIDENT
Oh, nee. Keinen Bock. Können wir nicht zusammen?
Olaf
Na gut. Aber nur, wenn du zugibst, dass dein Username Käse ist.
Olaf
Der Typ ist echt so lost in seinem zaristisch-faschistischen Größenwahn.
Putin
?!?
Olaf
Sorry. Falscher Chat.

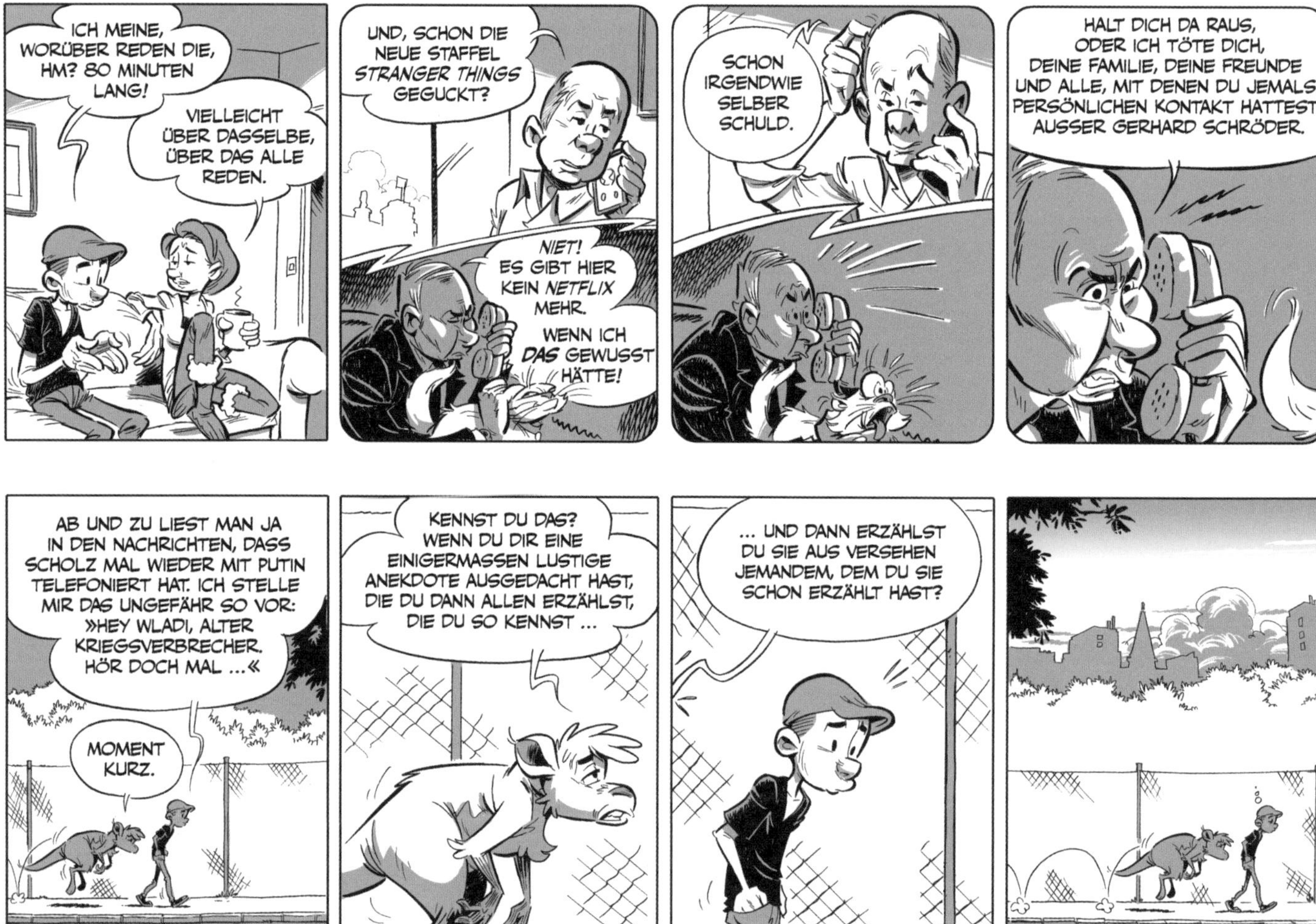
ICH MEINE, WORÜBER REDEN DIE, HM? 80 MINUTEN LANG!
VIELLEICHT ÜBER DASSELBE, ÜBER DAS ALLE REDEN.
UND, SCHON DIE NEUE STAFFEL *STRANGER THINGS* GEGUCKT?
NIET! ES GIBT HIER KEIN *NETFLIX* MEHR.
WENN ICH *DAS* GEWUSST HÄTTE!
SCHON IRGENDWIE SELBER SCHULD.
HALT DICH DA RAUS, ODER ICH TÖTE DICH, DEINE FAMILIE, DEINE FREUNDE UND ALLE, MIT DENEN DU JEMALS PERSÖNLICHEN KONTAKT HATTEST AUSSER GERHARD SCHRÖDER.
AB UND ZU LIEST MAN JA IN DEN NACHRICHTEN, DASS SCHOLZ MAL WIEDER MIT PUTIN TELEFONIERT HAT. ICH STELLE MIR DAS UNGEFÄHR SO VOR: »HEY WLADI, ALTER KRIEGSVERBRECHER. HÖR DOCH MAL …«
MOMENT KURZ.
KENNST DU DAS? WENN DU DIR EINE EINIGERMASSEN LUSTIGE ANEKDOTE AUSGEDACHT HAST, DIE DU DANN ALLEN ERZÄHLST, DIE DU SO KENNST …
… UND DANN ERZÄHLST DU SIE AUS VERSEHEN JEMANDEM, DEM DU SIE SCHON ERZÄHLT HAST?

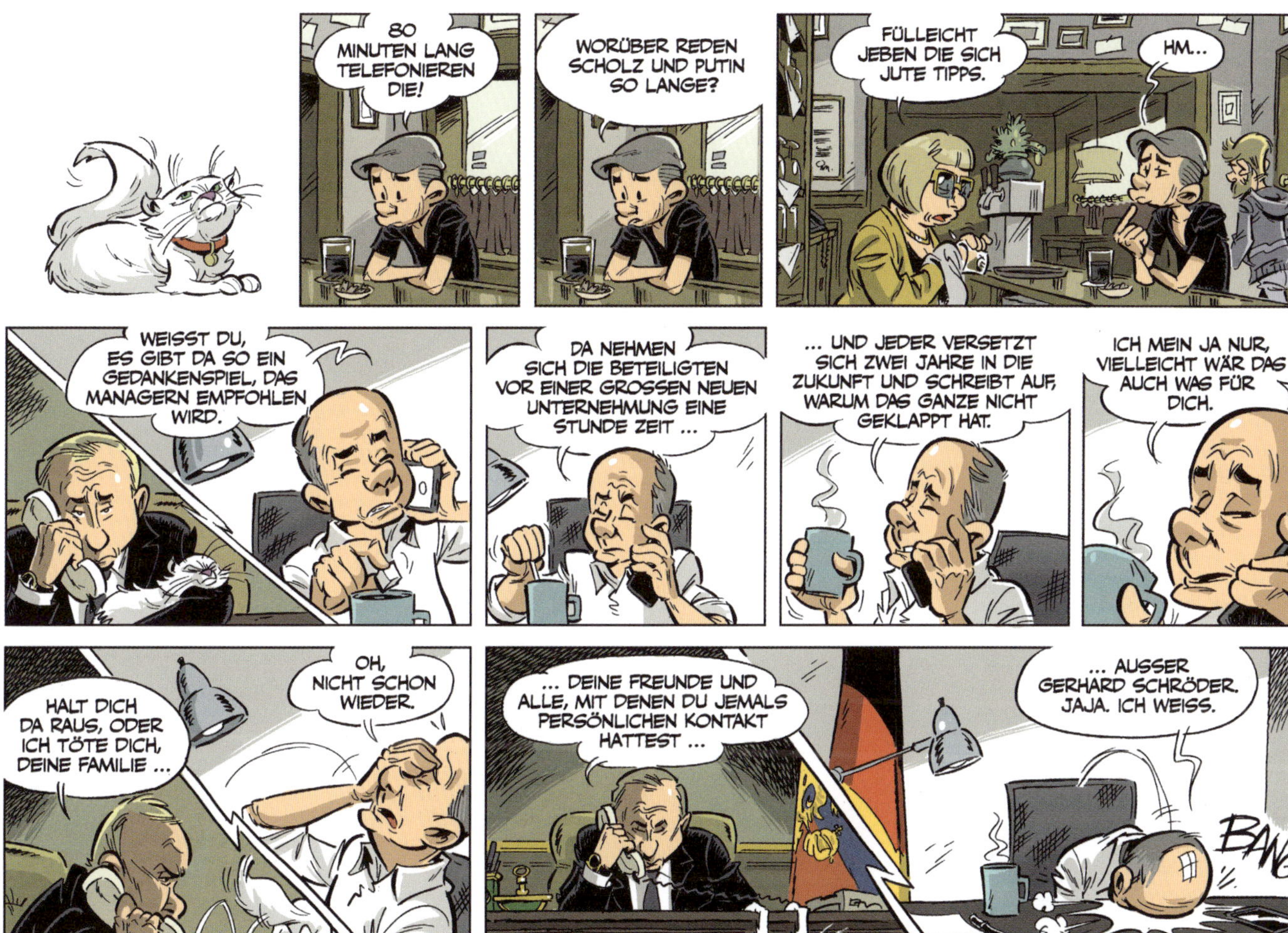
80 MINUTEN LANG TELEFONIEREN DIE!
WORÜBER REDEN SCHOLZ UND PUTIN SO LANGE?
FÜLLEICHT JEBEN DIE SICH JUTE TIPPS.
HM...
WEISST DU, ES GIBT DA SO EIN GEDANKENSPIEL, DAS MANAGERN EMPFOHLEN WIRD.
DA NEHMEN SICH DIE BETEILIGTEN VOR EINER GROSSEN NEUEN UNTERNEHMUNG EINE STUNDE ZEIT ...
... UND JEDER VERSETZT SICH ZWEI JAHRE IN DIE ZUKUNFT UND SCHREIBT AUF, WARUM DAS GANZE NICHT GEKLAPPT HAT.
ICH MEIN JA NUR, VIELLEICHT WÄR DAS AUCH WAS FÜR DICH.
HALT DICH DA RAUS, ODER ICH TÖTE DICH, DEINE FAMILIE ...
OH, NICHT SCHON WIEDER.
... DEINE FREUNDE UND ALLE, MIT DENEN DU JEMALS PERSÖNLICHEN KONTAKT HATTEST ...
... AUSSER GERHARD SCHRÖDER. JAJA. ICH WEISS.
BANG

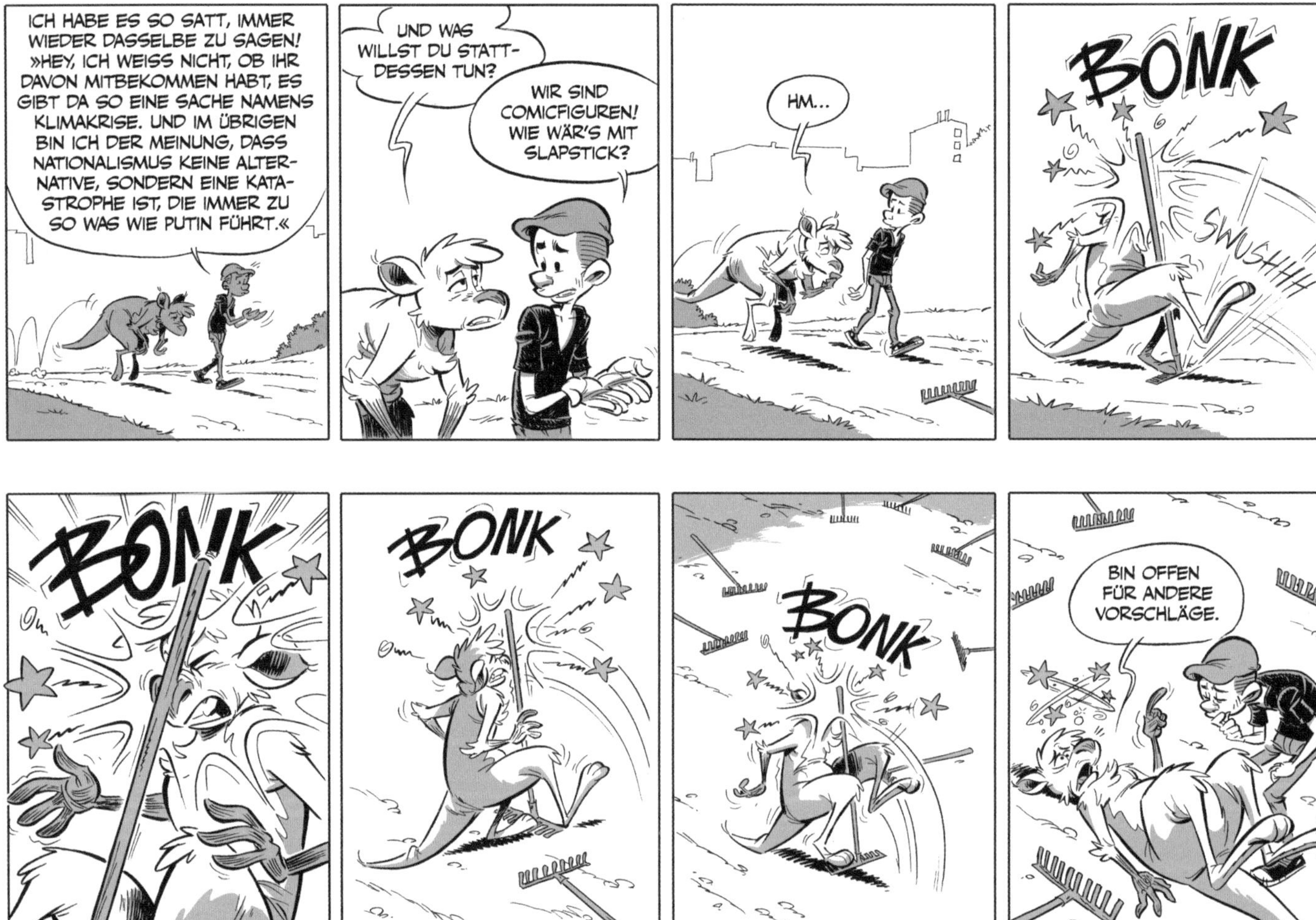
ICH HABE ES SO SATT, IMMER WIEDER DASSELBE ZU SAGEN! »HEY, ICH WEISS NICHT, OB IHR DAVON MITBEKOMMEN HABT, ES GIBT DA SO EINE SACHE NAMENS KLIMAKRISE. UND IM ÜBRIGEN BIN ICH DER MEINUNG, DASS NATIONALISMUS KEINE ALTERNATIVE, SONDERN EINE KATASTROPHE IST, DIE IMMER ZU SO WAS WIE PUTIN FÜHRT.«
UND WAS WILLST DU STATTDESSEN TUN?
WIR SIND COMICFIGUREN! WIE WÄR'S MIT SLAPSTICK?
HM...
BONK
SWUSHHH
BONK
BONK
BONK
BIN OFFEN FÜR ANDERE VORSCHLÄGE.

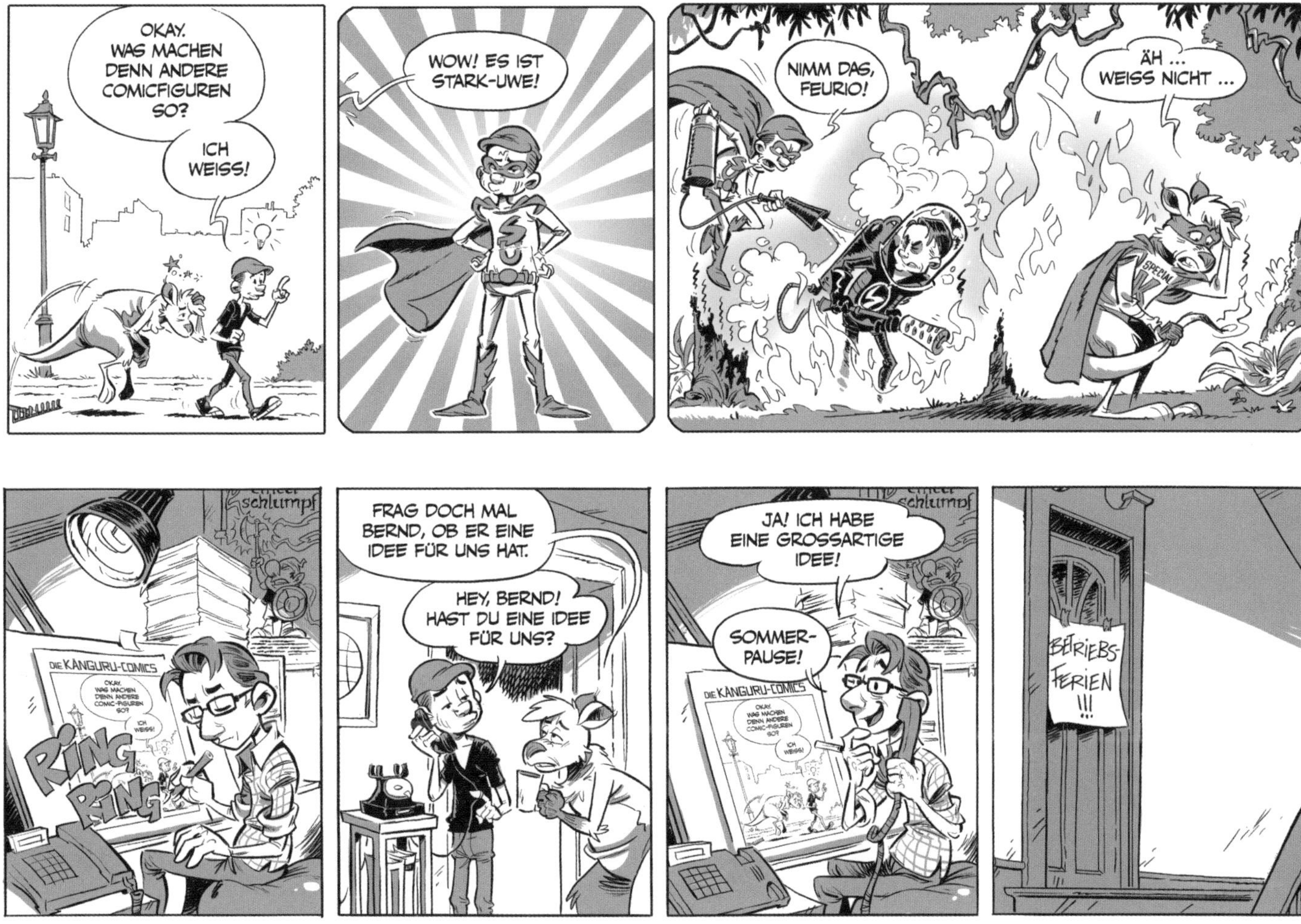

OKAY. WAS MACHEN DENN ANDERE COMICFIGUREN SO?
ICH WEISS!
WOW! ES IST STARK-UWE!
NIMM DAS, FEURIO!
ÄH ... WEISS NICHT ...
DIE KÄNGURU-COMICS
RING RING
FRAG DOCH MAL BERND, OB ER EINE IDEE FÜR UNS HAT.
HEY, BERND! HAST DU EINE IDEE FÜR UNS?
JA! ICH HABE EINE GROSSARTIGE IDEE!
SOMMER-PAUSE!
DIE KÄNGURU-COMICS
BETRIEBS-FERIEN !!!

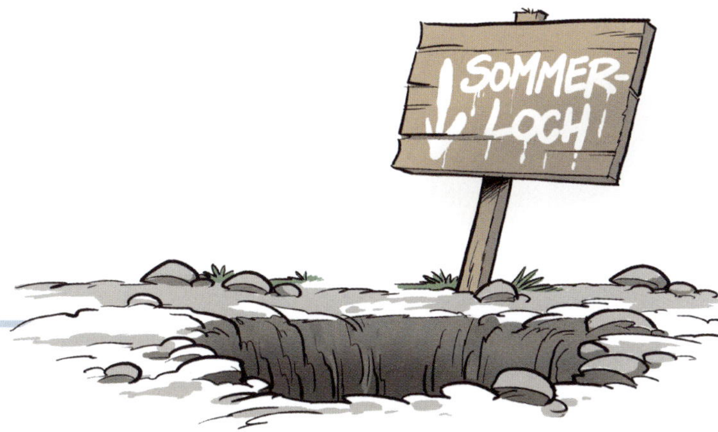

JULI 2022

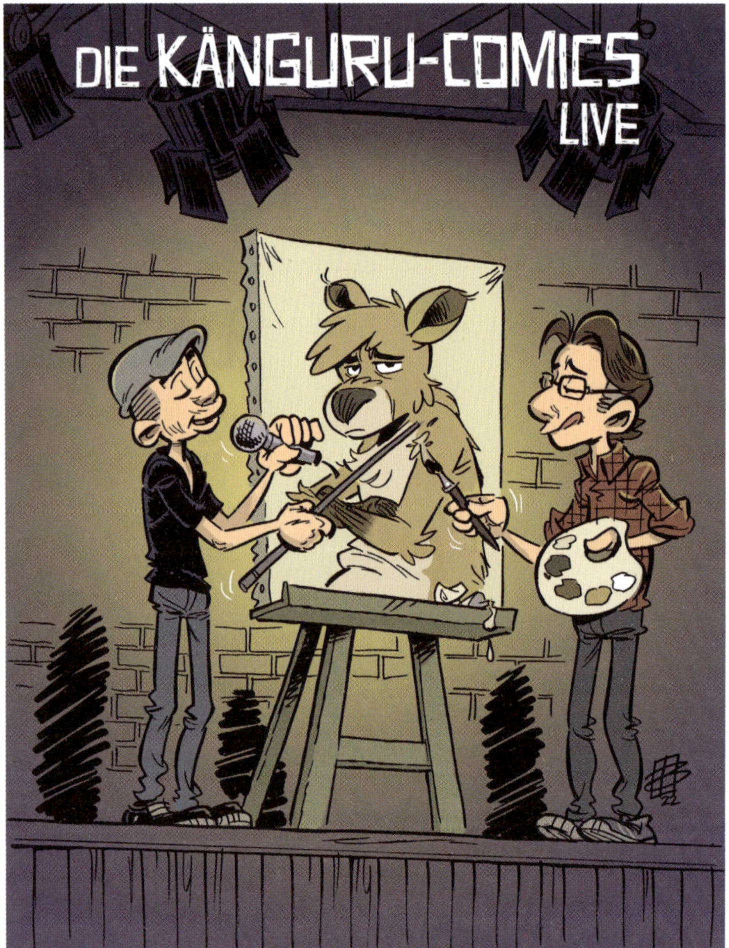

LIVE GEZEICHNET

Ab und zu treten Marc-Uwe und Bernd mit den Comics vor Publikum auf. Dabei entstehen jedes Mal Comics, die auf zugerufenen Wünschen des Publikums basieren.

WÜNSCHE

Bei den hier gezeigten Strips gab es folgende Anregungen aus dem Publikum:

* Krankenschwester, Alien, Geburt.
* Robbe, Fußball, Katar.
* Drogen, Hausdurchsuchung.
* Glastür, Sauna, Blindenhund, Pinguin, homöopathischer Augenarzt.

(Es ist nicht immer einfach, alle Wünsche in einen Comic zu packen …)

LIVE WIRD DAILY

Übrigens basieren auch die oberen Strips auf den Seiten 59 und 82 auf solchen live gezeichneten Comicstrips.
Die Wünsche waren: Zebra, bzw. Glasscheibe und Tutu.

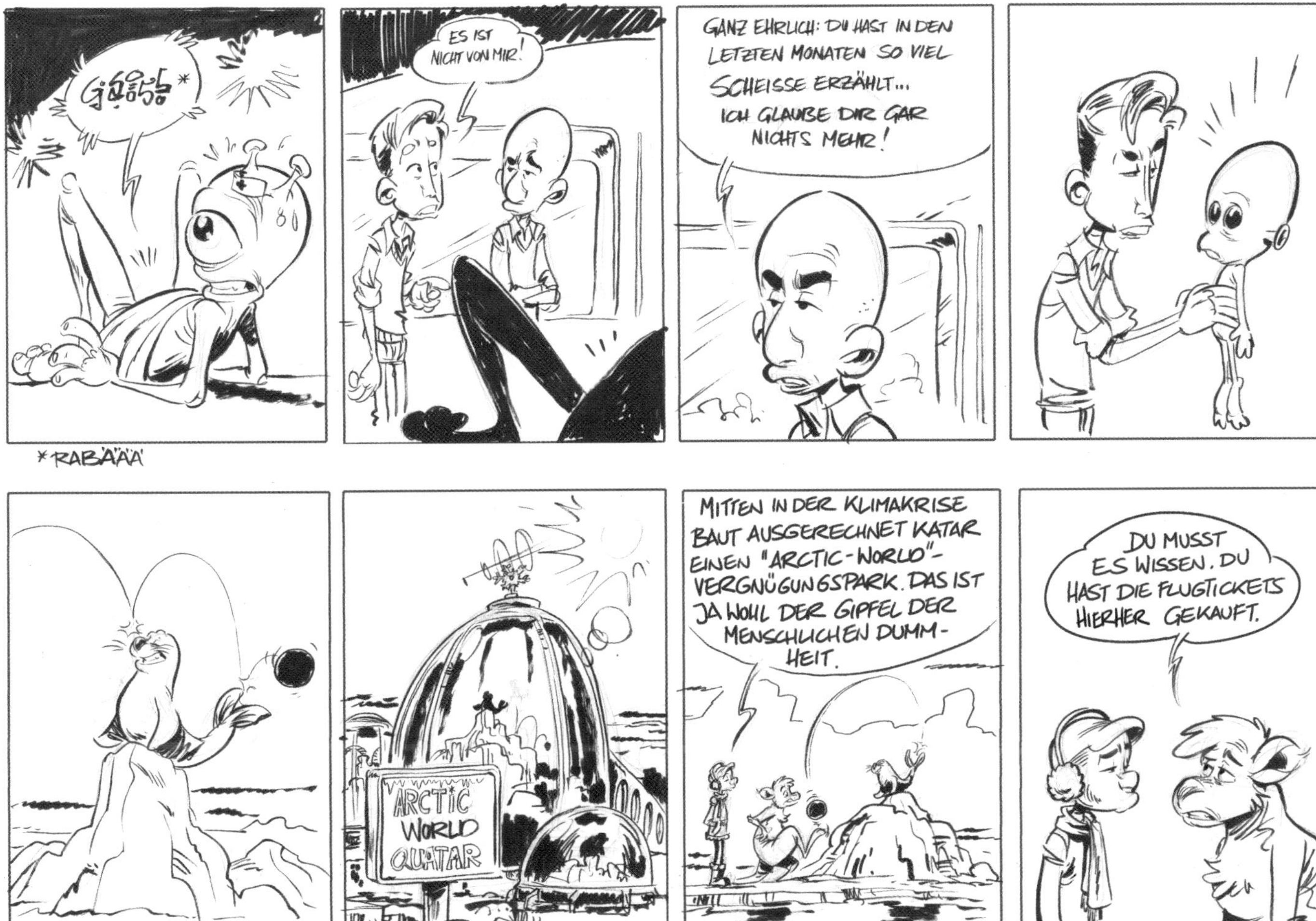

*RABÄÄÄ
ES IST NICHT VON MIR!
GANZ EHRLICH: DU HAST IN DEN LETZTEN MONATEN SO VIEL SCHEISSE ERZÄHLT … ICH GLAUBE DIR GAR NICHTS MEHR!
ARCTIC WORLD QUATAR
MITTEN IN DER KLIMAKRISE BAUT AUSGERECHNET KATAR EINEN "ARCTIC-WORLD"-VERGNÜGUNGSPARK. DAS IST JA WOHL DER GIPFEL DER MENSCHLICHEN DUMMHEIT.
DU MUSST ES WISSEN. DU HAST DIE FLUGTICKETS HIERHER GEKAUFT.

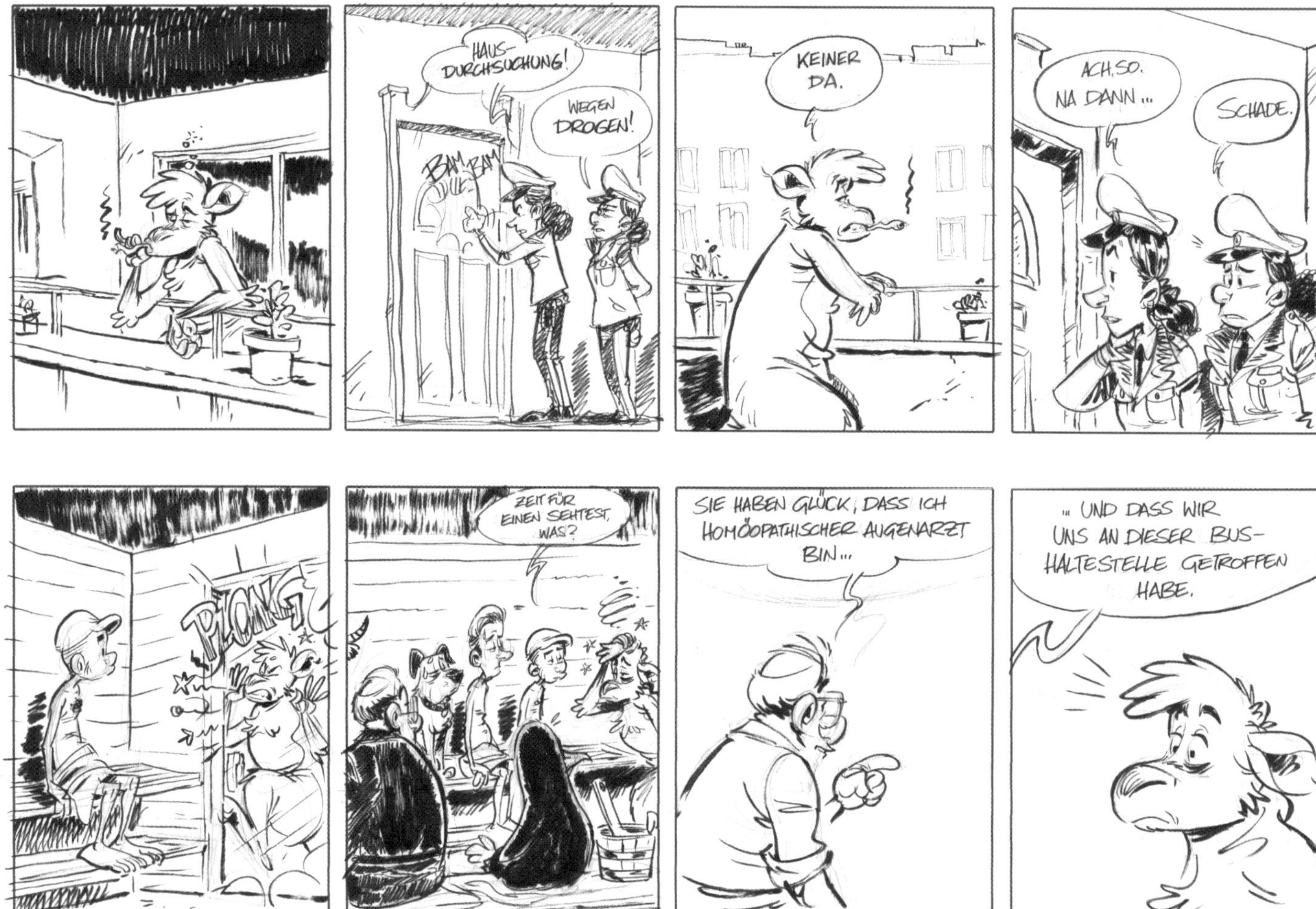
HAUS-DURCHSUCHUNG!
WEGEN DROGEN!
BAM BAM
KEINER DA.
ACH,SO. NA DANN ...
SCHADE.
PLONG
ZEIT FÜR EINEN SEHTEST, WAS?
SIE HABEN GLÜCK, DASS ICH HOMÖOPATHISCHER AUGENARZT BIN ...
... UND DASS WIR UNS AN DIESER BUS-HALTESTELLE GETROFFEN HABE.

BENEFIZ-AUKTION

Diese Bilder entstanden anlässlich einer Versteigerung von Comicdrucken und Originalen für verschiedene Klimaschutzorganisationen.

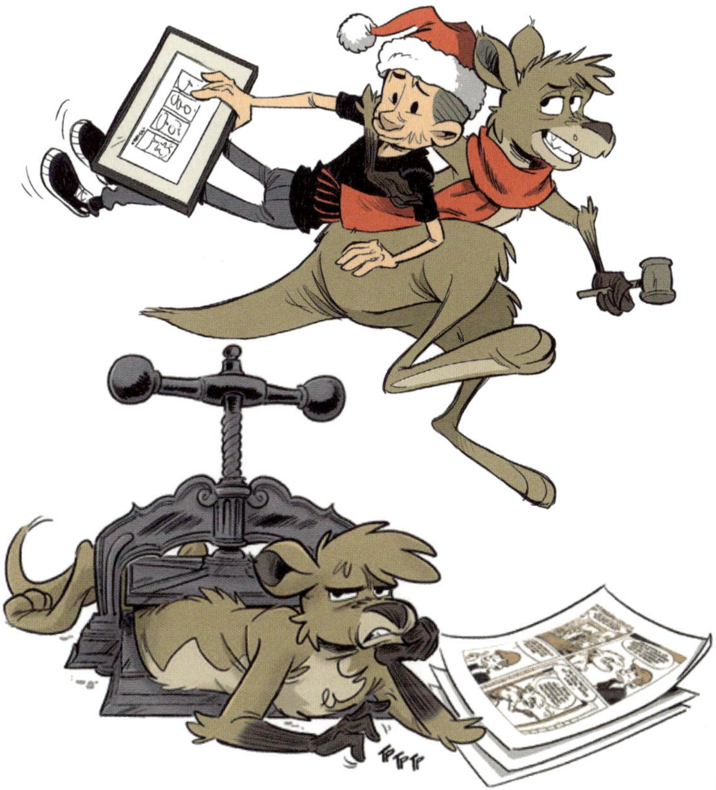

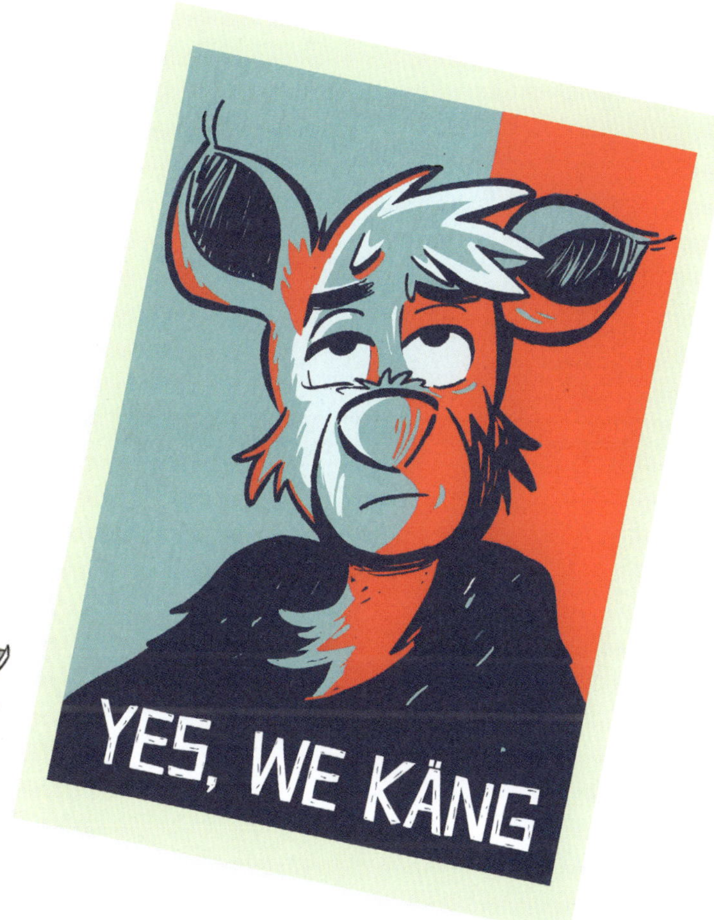

POST VON BERND

Bernd scheint viel Spaß gehabt zu haben, jedenfalls gab es immer wieder Comic-Grüße von ihm. Zum Geburtstag, zu Halloween oder auch eine Weihnachtskarte für *Die Zeit*.

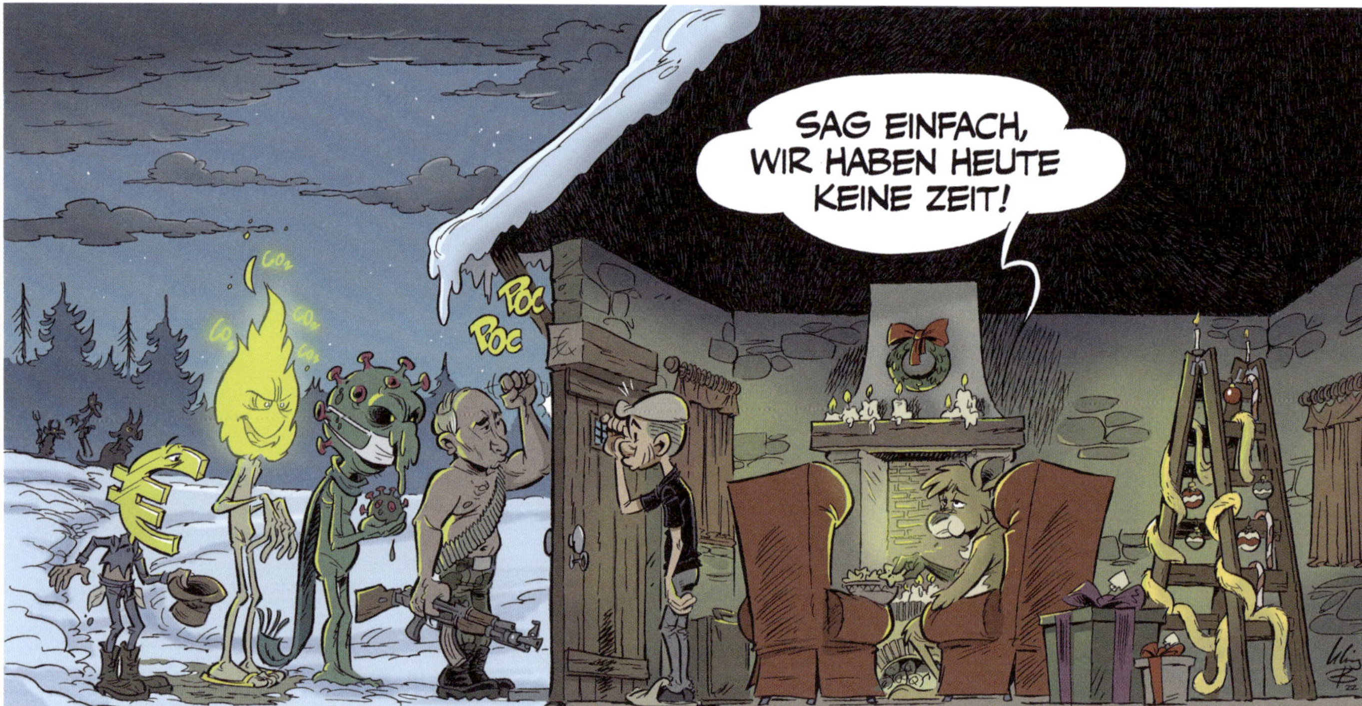

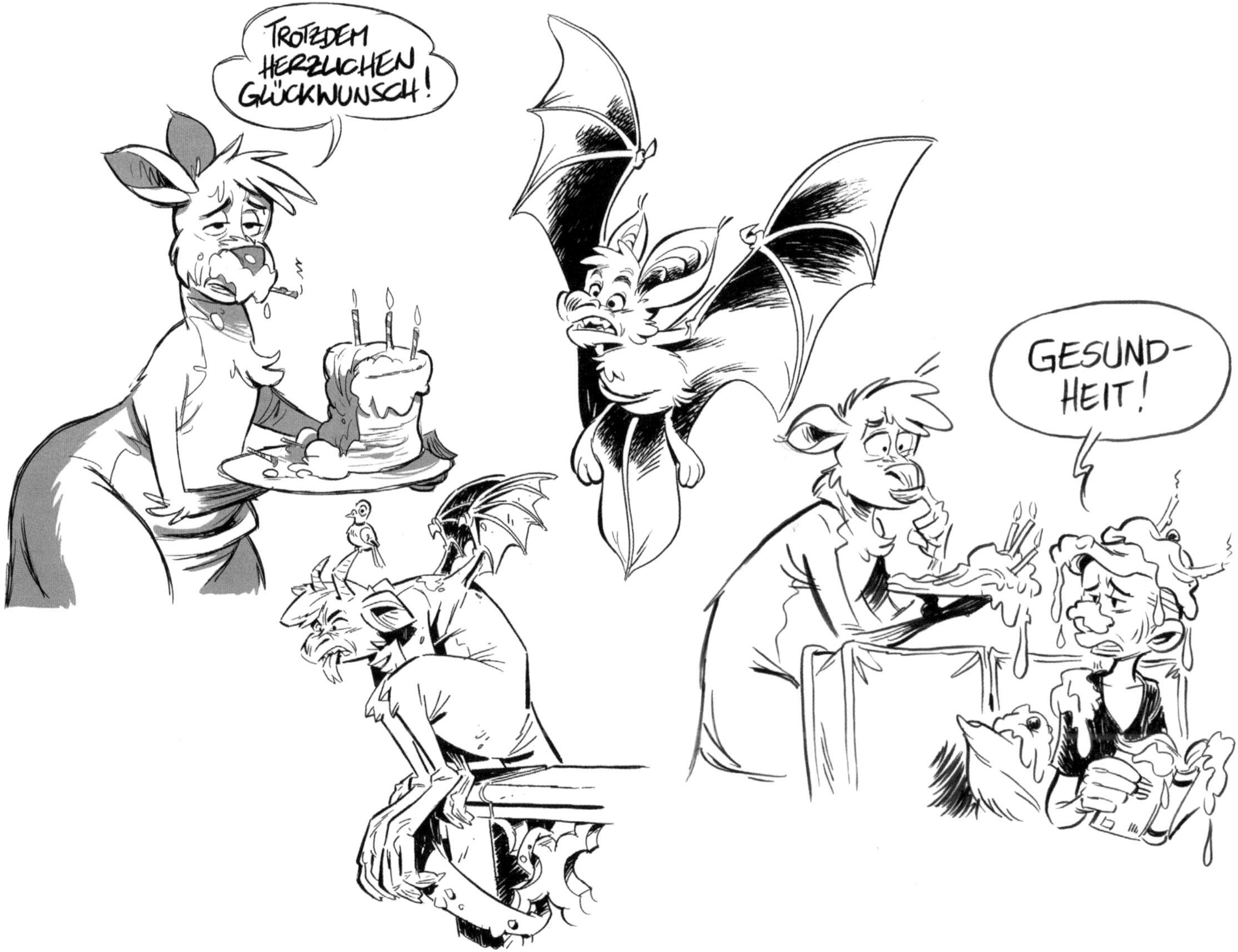
TROTZDEM HERZLICHEN GLÜCKWUNSCH!
GESUND-HEIT!

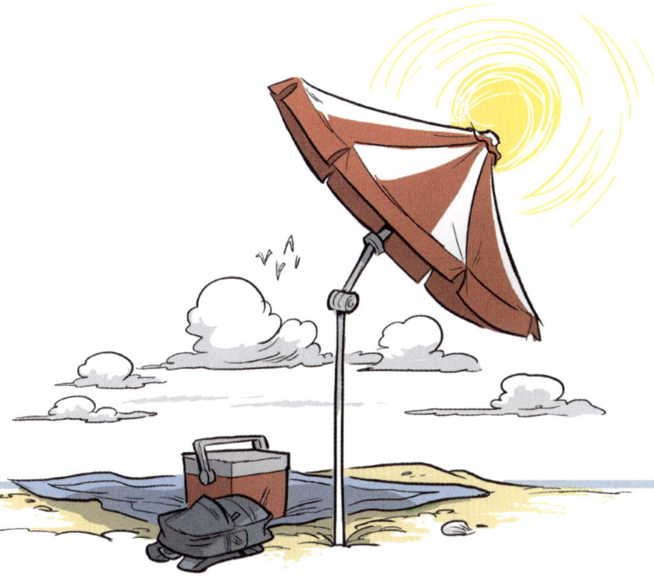

AUGUST 2022

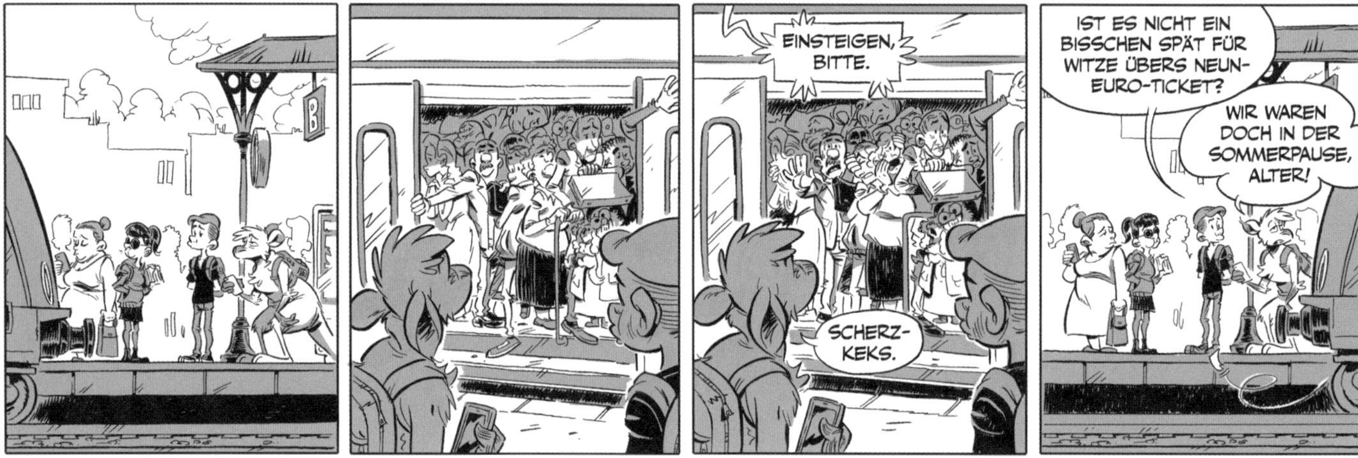
EINSTEIGEN, BITTE.
SCHERZ-KEKS.
IST ES NICHT EIN BISSCHEN SPÄT FÜR WITZE ÜBERS NEUN-EURO-TICKET?
WIR WAREN DOCH IN DER SOMMERPAUSE, ALTER!

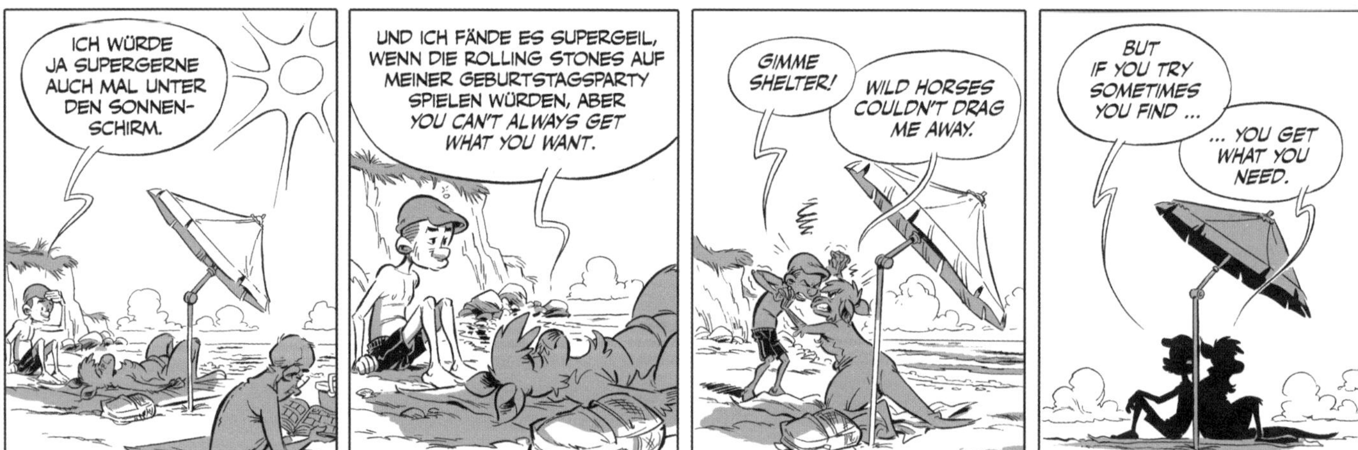
ICH WÜRDE JA SUPERGERNE AUCH MAL UNTER DEN SONNEN-SCHIRM.
UND ICH FÄNDE ES SUPERGEIL, WENN DIE ROLLING STONES AUF MEINER GEBURTSTAGSPARTY SPIELEN WÜRDEN, ABER *YOU CAN'T ALWAYS GET WHAT YOU WANT.*
GIMME SHELTER!
WILD HORSES COULDN'T DRAG ME AWAY.
BUT IF YOU TRY SOMETIMES YOU FIND ...
... YOU GET WHAT YOU NEED.

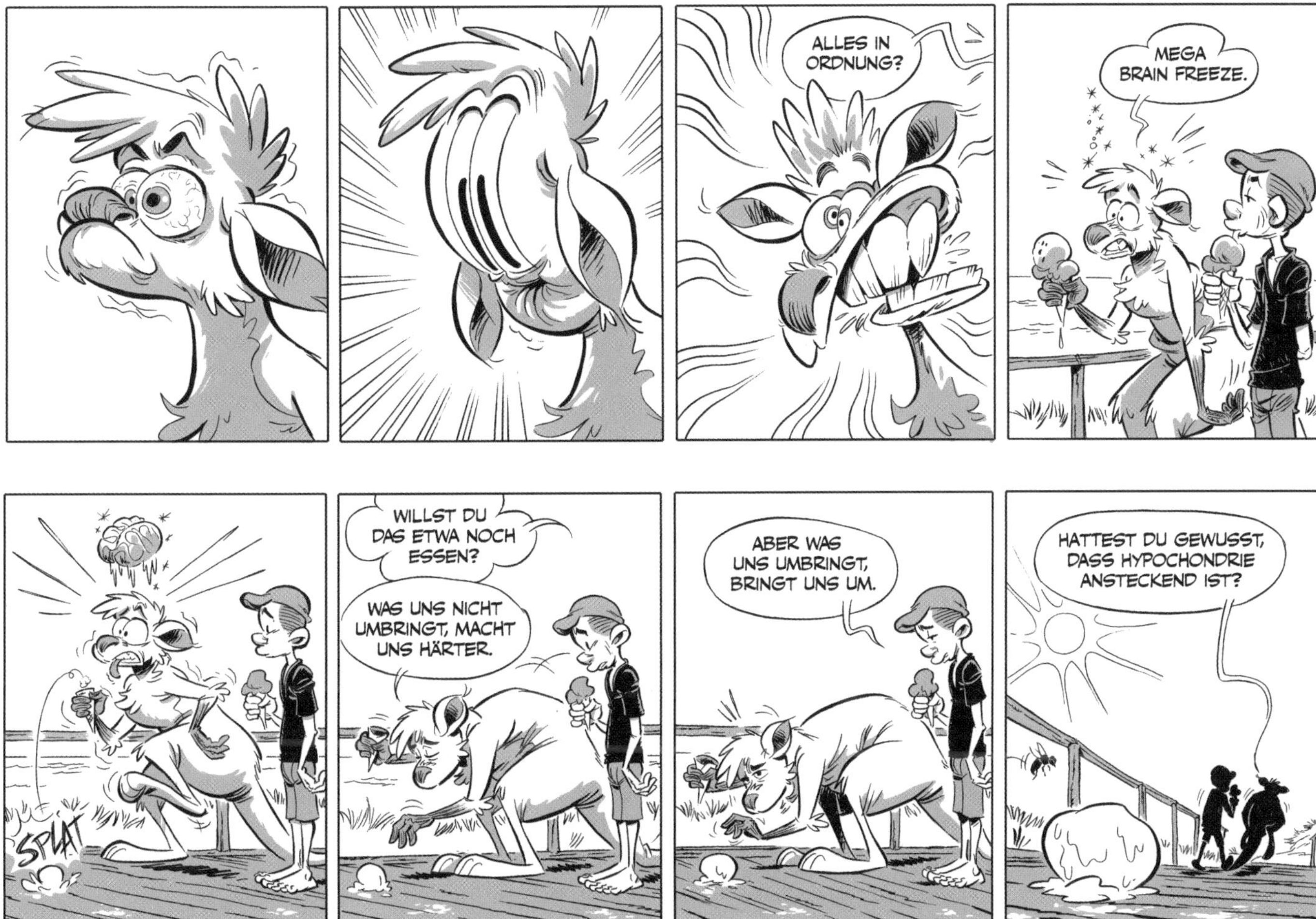
ALLES IN ORDNUNG?
MEGA BRAIN FREEZE.
SPLAT
WILLST DU DAS ETWA NOCH ESSEN?
WAS UNS NICHT UMBRINGT, MACHT UNS HÄRTER.
ABER WAS UNS UMBRINGT, BRINGT UNS UM.
HATTEST DU GEWUSST, DASS HYPOCHONDRIE ANSTECKEND IST?

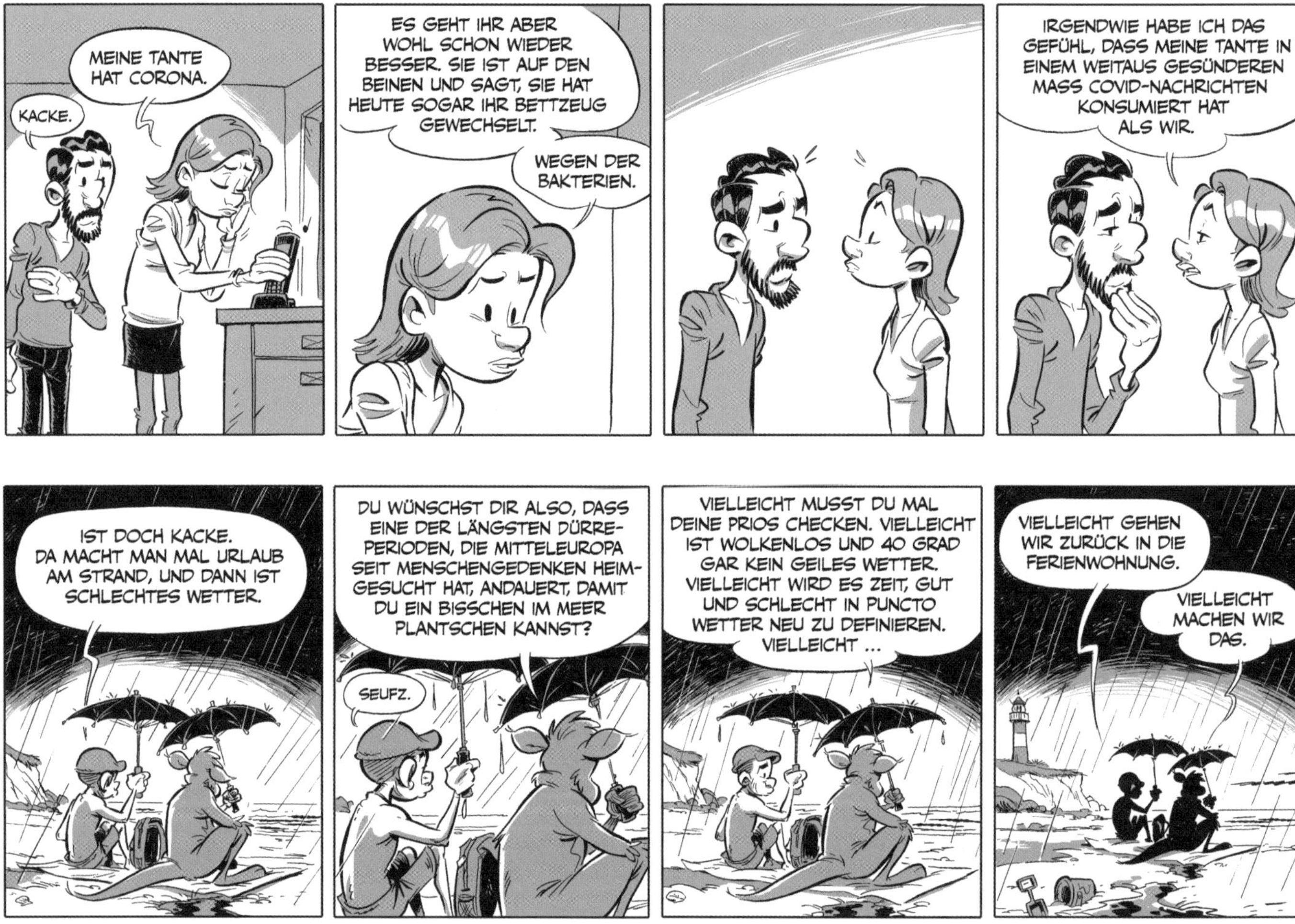
MEINE TANTE HAT CORONA.
KACKE.
ES GEHT IHR ABER WOHL SCHON WIEDER BESSER. SIE IST AUF DEN BEINEN UND SAGT, SIE HAT HEUTE SOGAR IHR BETTZEUG GEWECHSELT.
WEGEN DER BAKTERIEN.
IRGENDWIE HABE ICH DAS GEFÜHL, DASS MEINE TANTE IN EINEM WEITAUS GESÜNDEREN MASS COVID-NACHRICHTEN KONSUMIERT HAT ALS WIR.
IST DOCH KACKE. DA MACHT MAN MAL URLAUB AM STRAND, UND DANN IST SCHLECHTES WETTER.
DU WÜNSCHST DIR ALSO, DASS EINE DER LÄNGSTEN DÜRRE-PERIODEN, DIE MITTELEUROPA SEIT MENSCHENGEDENKEN HEIM-GESUCHT HAT, ANDAUERT, DAMIT DU EIN BISSCHEN IM MEER PLANTSCHEN KANNST?
SEUFZ.
VIELLEICHT MUSST DU MAL DEINE PRIOS CHECKEN. VIELLEICHT IST WOLKENLOS UND 40 GRAD GAR KEIN GEILES WETTER. VIELLEICHT WIRD ES ZEIT, GUT UND SCHLECHT IN PUNCTO WETTER NEU ZU DEFINIEREN. VIELLEICHT …
VIELLEICHT GEHEN WIR ZURÜCK IN DIE FERIENWOHNUNG.
VIELLEICHT MACHEN WIR DAS.

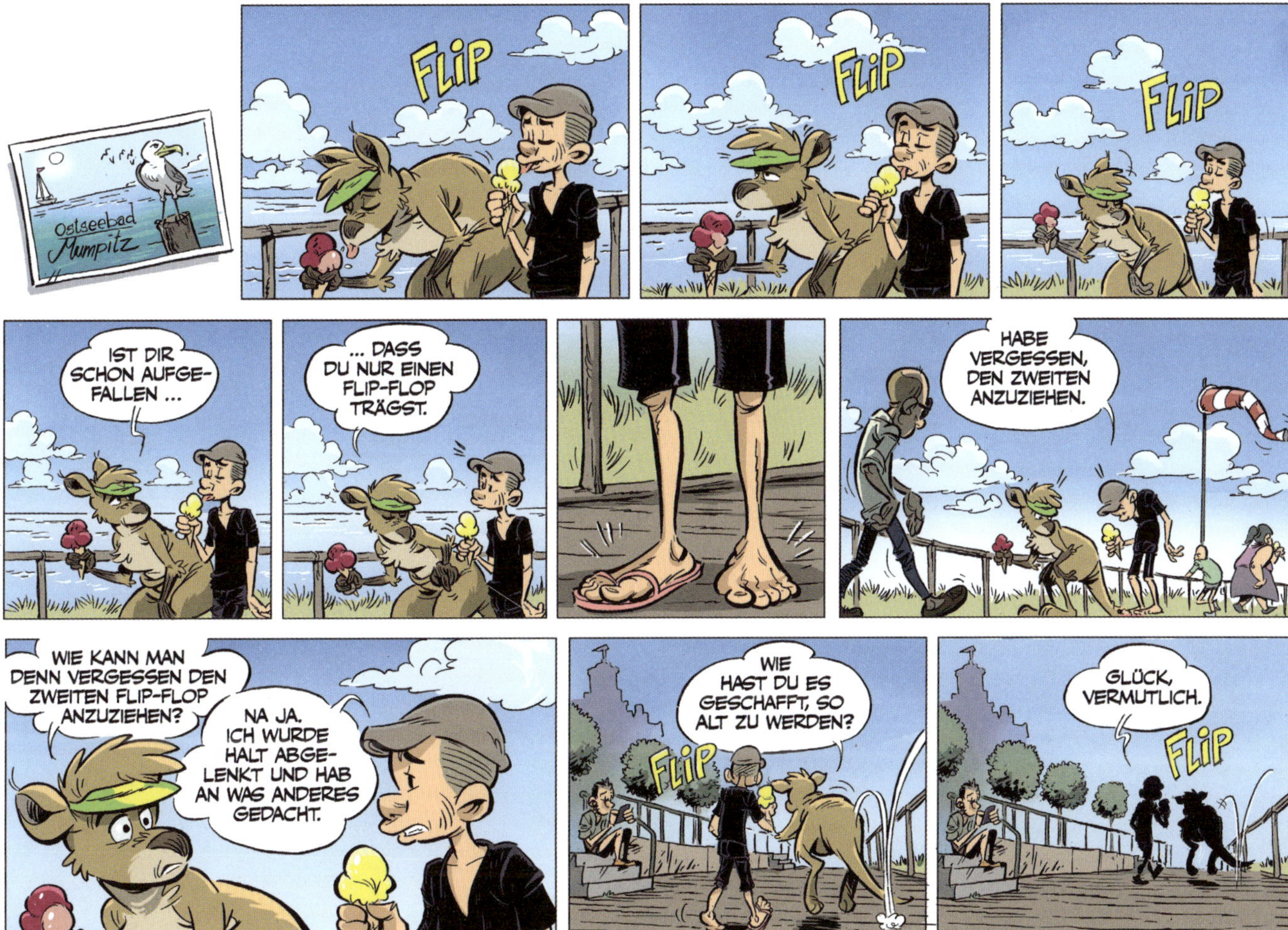
Ostseebad Mumpitz
FLIP
FLIP
FLIP
IST DIR SCHON AUFGEFALLEN ...
... DASS DU NUR EINEN FLIP-FLOP TRÄGST.
HABE VERGESSEN, DEN ZWEITEN ANZUZIEHEN.
WIE KANN MAN DENN VERGESSEN DEN ZWEITEN FLIP-FLOP ANZUZIEHEN?
NA JA. ICH WURDE HALT ABGELENKT UND HAB AN WAS ANDERES GEDACHT.
WIE HAST DU ES GESCHAFFT, SO ALT ZU WERDEN?
FLIP
GLÜCK, VERMUTLICH.
FLIP

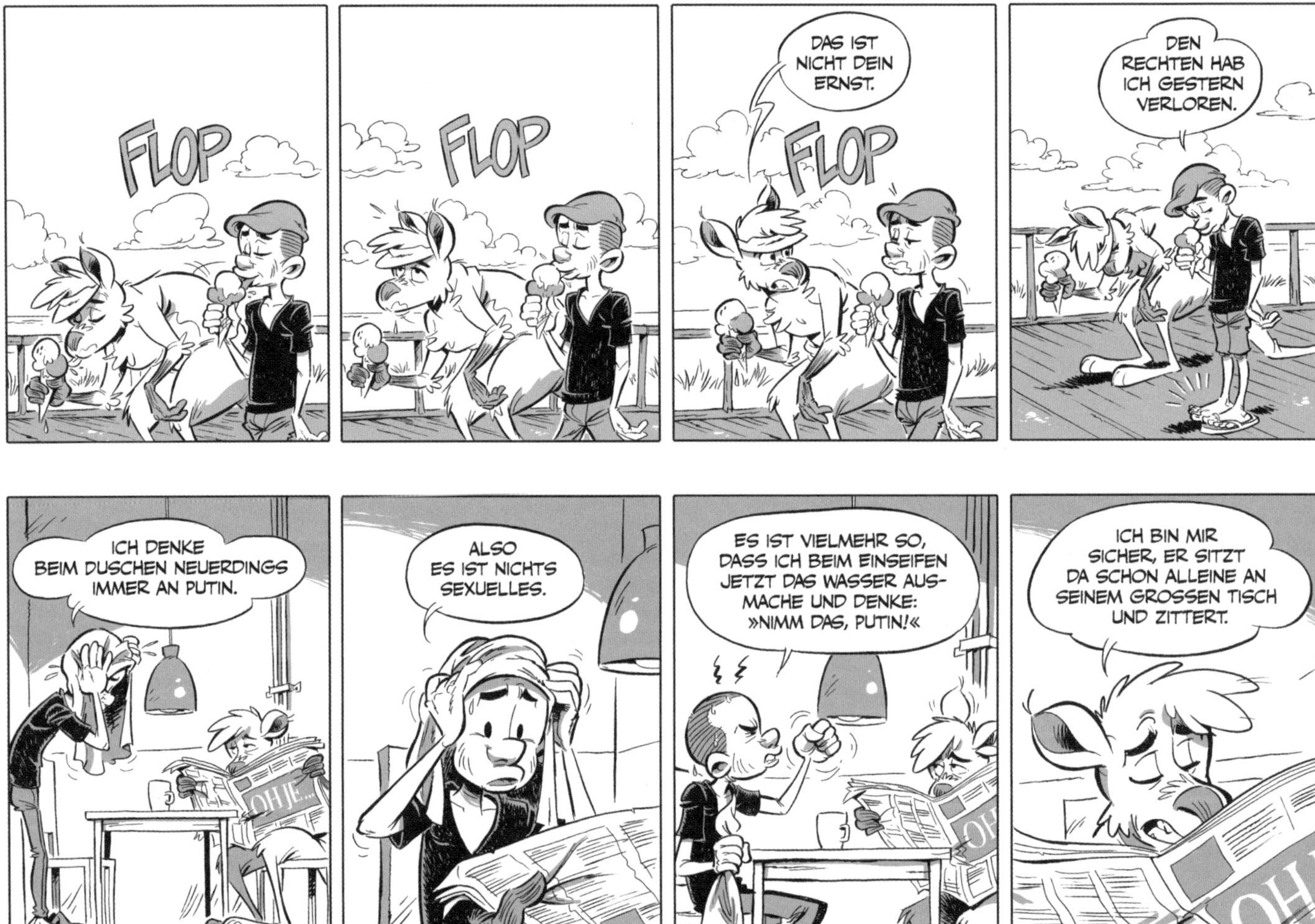
FLOP
FLOP
DAS IST NICHT DEIN ERNST.
FLOP
DEN RECHTEN HAB ICH GESTERN VERLOREN.
ICH DENKE BEIM DUSCHEN NEUERDINGS IMMER AN PUTIN.
OHJE…
ALSO ES IST NICHTS SEXUELLES.
ES IST VIELMEHR SO, DASS ICH BEIM EINSEIFEN JETZT DAS WASSER AUS-MACHE UND DENKE: »NIMM DAS, PUTIN!«
ICH BIN MIR SICHER, ER SITZT DA SCHON ALLEINE AN SEINEM GROSSEN TISCH UND ZITTERT.

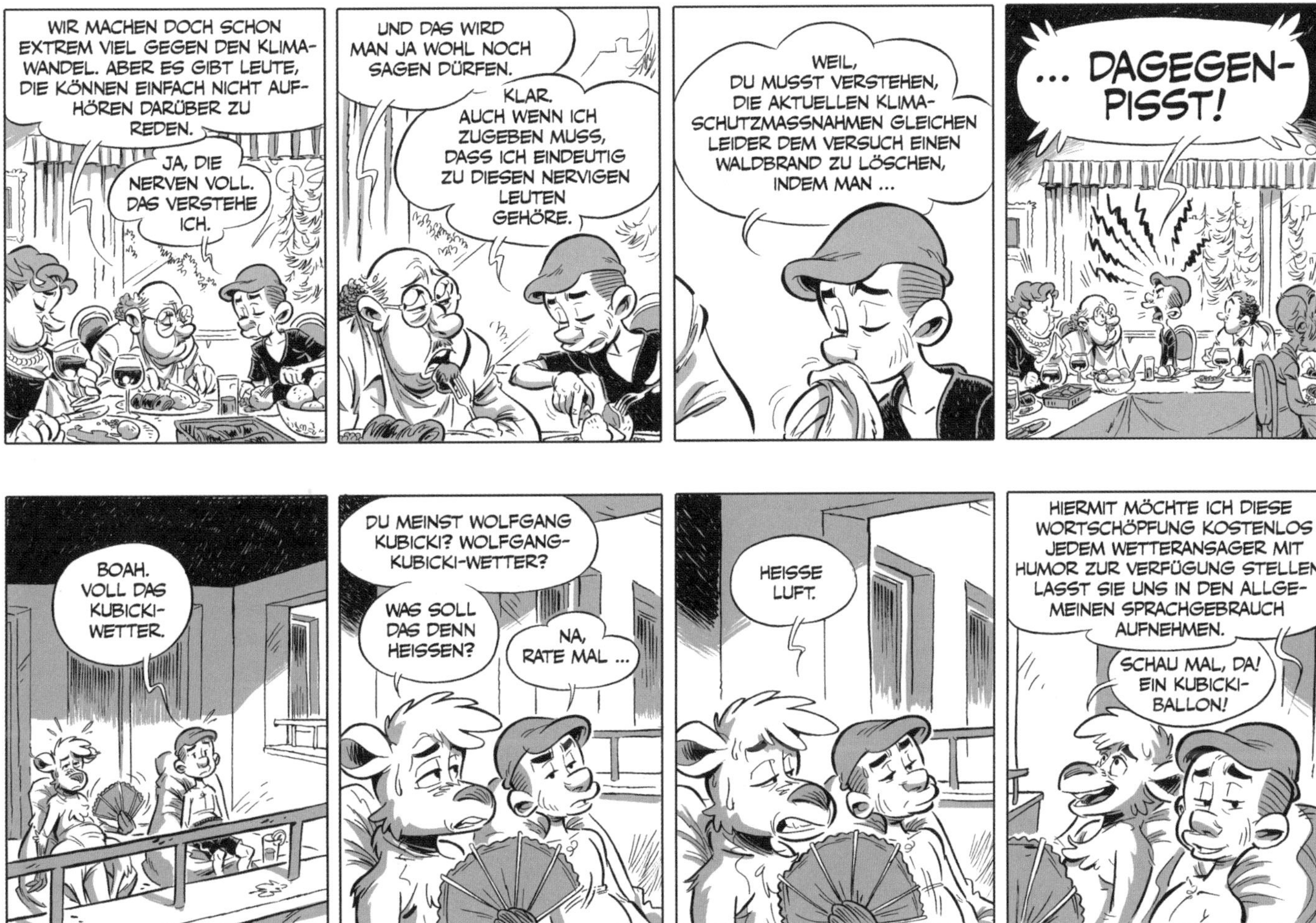
WIR MACHEN DOCH SCHON EXTREM VIEL GEGEN DEN KLIMA-WANDEL. ABER ES GIBT LEUTE, DIE KÖNNEN EINFACH NICHT AUF-HÖREN DARÜBER ZU REDEN.
JA, DIE NERVEN VOLL. DAS VERSTEHE ICH.
UND DAS WIRD MAN JA WOHL NOCH SAGEN DÜRFEN.
KLAR. AUCH WENN ICH ZUGEBEN MUSS, DASS ICH EINDEUTIG ZU DIESEN NERVIGEN LEUTEN GEHÖRE.
WEIL, DU MUSST VERSTEHEN, DIE AKTUELLEN KLIMA-SCHUTZMASSNAHMEN GLEICHEN LEIDER DEM VERSUCH EINEN WALDBRAND ZU LÖSCHEN, INDEM MAN ...
... DAGEGEN-PISST!
BOAH. VOLL DAS KUBICKI-WETTER.
DU MEINST WOLFGANG KUBICKI? WOLFGANG-KUBICKI-WETTER?
WAS SOLL DAS DENN HEISSEN?
NA, RATE MAL ...
HEISSE LUFT.
HIERMIT MÖCHTE ICH DIESE WORTSCHÖPFUNG KOSTENLOS JEDEM WETTERANSAGER MIT HUMOR ZUR VERFÜGUNG STELLEN. LASST SIE UNS IN DEN ALLGE-MEINEN SPRACHGEBRAUCH AUFNEHMEN.
SCHAU MAL, DA! EIN KUBICKI-BALLON!

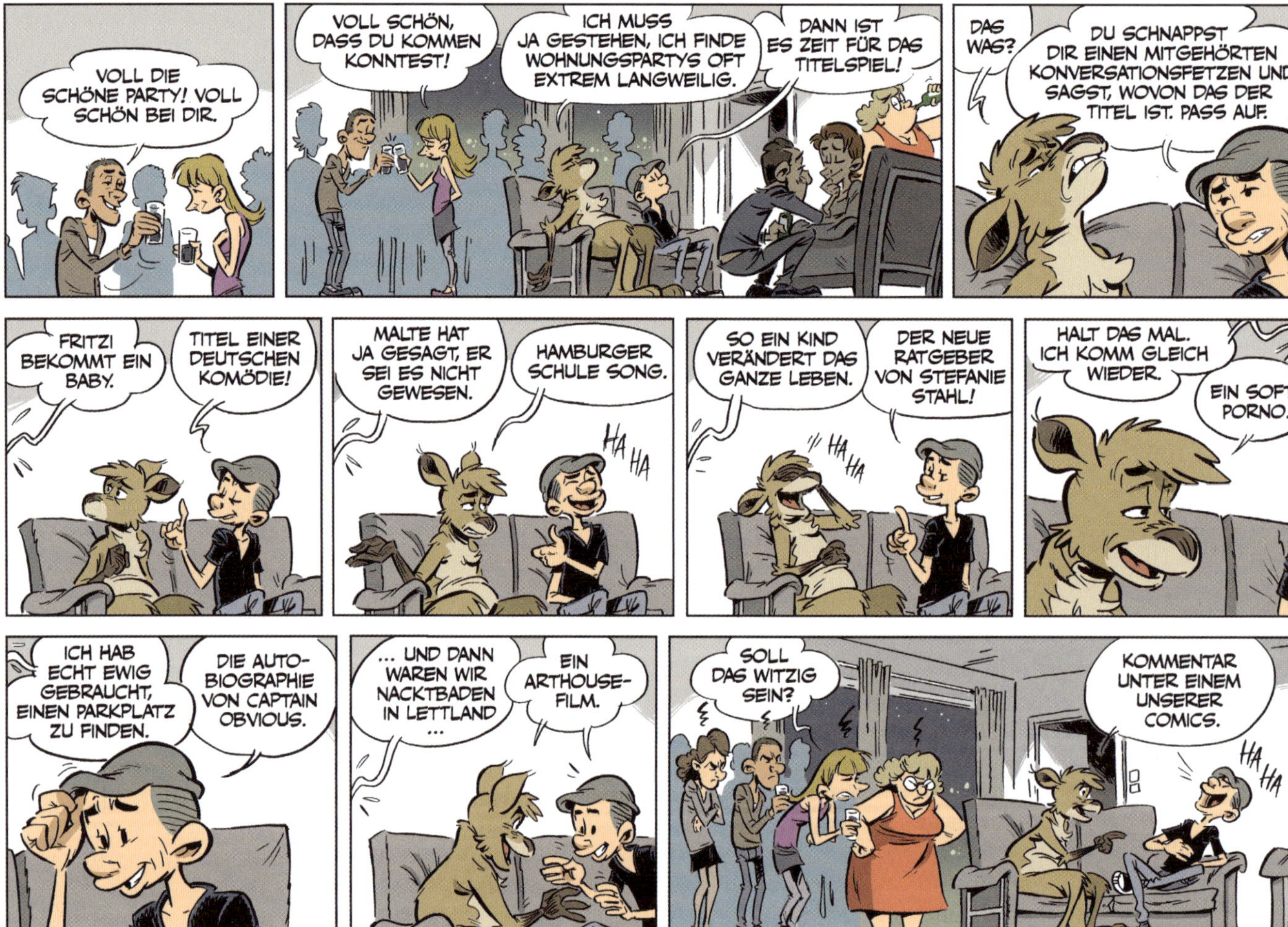
VOLL DIE SCHÖNE PARTY! VOLL SCHÖN BEI DIR.
VOLL SCHÖN, DASS DU KOMMEN KONNTEST!
ICH MUSS JA GESTEHEN, ICH FINDE WOHNUNGSPARTYS OFT EXTREM LANGWEILIG.
DANN IST ES ZEIT FÜR DAS TITELSPIEL!
DAS WAS?
DU SCHNAPPST DIR EINEN MITGEHÖRTEN KONVERSATIONSFETZEN UND SAGST, WOVON DAS DER TITEL IST. PASS AUF.
FRITZI BEKOMMT EIN BABY.
TITEL EINER DEUTSCHEN KOMÖDIE!
MALTE HAT JA GESAGT, ER SEI ES NICHT GEWESEN.
HAMBURGER SCHULE SONG.
HA HA
SO EIN KIND VERÄNDERT DAS GANZE LEBEN.
HA HA
DER NEUE RATGEBER VON STEFANIE STAHL!
HALT DAS MAL. ICH KOMM GLEICH WIEDER.
EIN SOFT PORNO.
ICH HAB ECHT EWIG GEBRAUCHT, EINEN PARKPLATZ ZU FINDEN.
DIE AUTO-BIOGRAPHIE VON CAPTAIN OBVIOUS.
... UND DANN WAREN WIR NACKTBADEN IN LETTLAND ...
EIN ARTHOUSE-FILM.
SOLL DAS WITZIG SEIN?
KOMMENTAR UNTER EINEM UNSERER COMICS.
HA HA

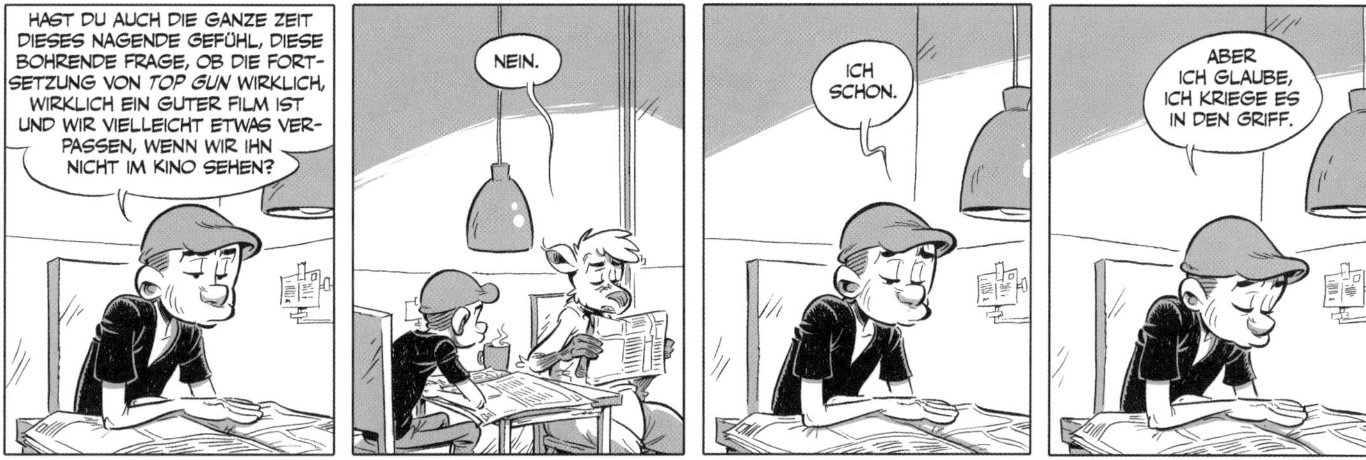
HAST DU AUCH DIE GANZE ZEIT DIESES NAGENDE GEFÜHL, DIESE BOHRENDE FRAGE, OB DIE FORTSETZUNG VON *TOP GUN* WIRKLICH, WIRKLICH EIN GUTER FILM IST UND WIR VIELLEICHT ETWAS VERPASSEN, WENN WIR IHN NICHT IM KINO SEHEN?
NEIN.
ICH SCHON.
ABER ICH GLAUBE, ICH KRIEGE ES IN DEN GRIFF.

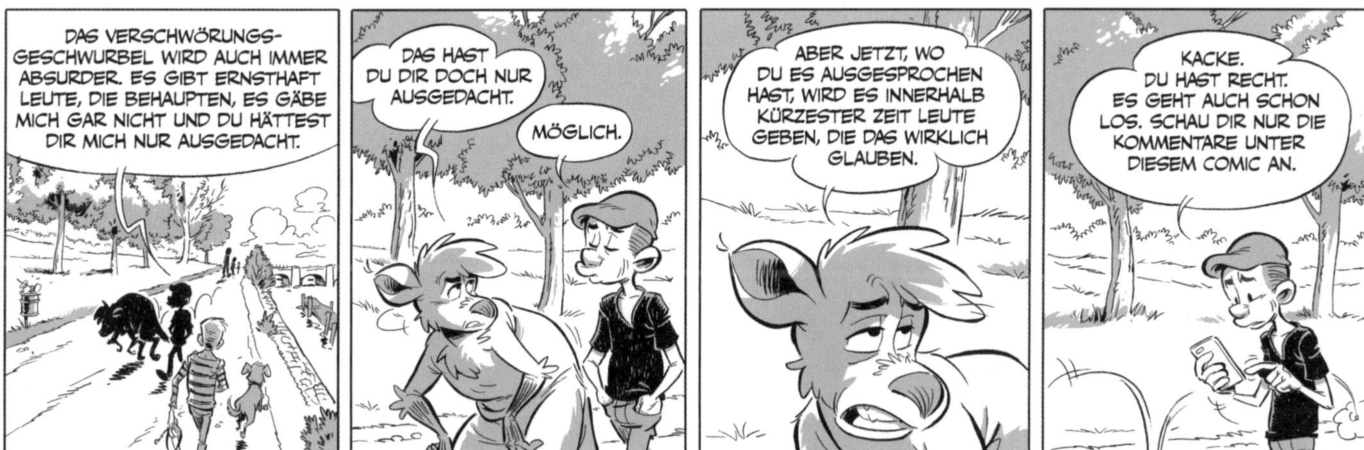
DAS VERSCHWÖRUNGSGESCHWURBEL WIRD AUCH IMMER ABSURDER. ES GIBT ERNSTHAFT LEUTE, DIE BEHAUPTEN, ES GÄBE MICH GAR NICHT UND DU HÄTTEST DIR MICH NUR AUSGEDACHT.
DAS HAST DU DIR DOCH NUR AUSGEDACHT.
MÖGLICH.
ABER JETZT, WO DU ES AUSGESPROCHEN HAST, WIRD ES INNERHALB KÜRZESTER ZEIT LEUTE GEBEN, DIE DAS WIRKLICH GLAUBEN.
KACKE. DU HAST RECHT. ES GEHT AUCH SCHON LOS. SCHAU DIR NUR DIE KOMMENTARE UNTER DIESEM COMIC AN.

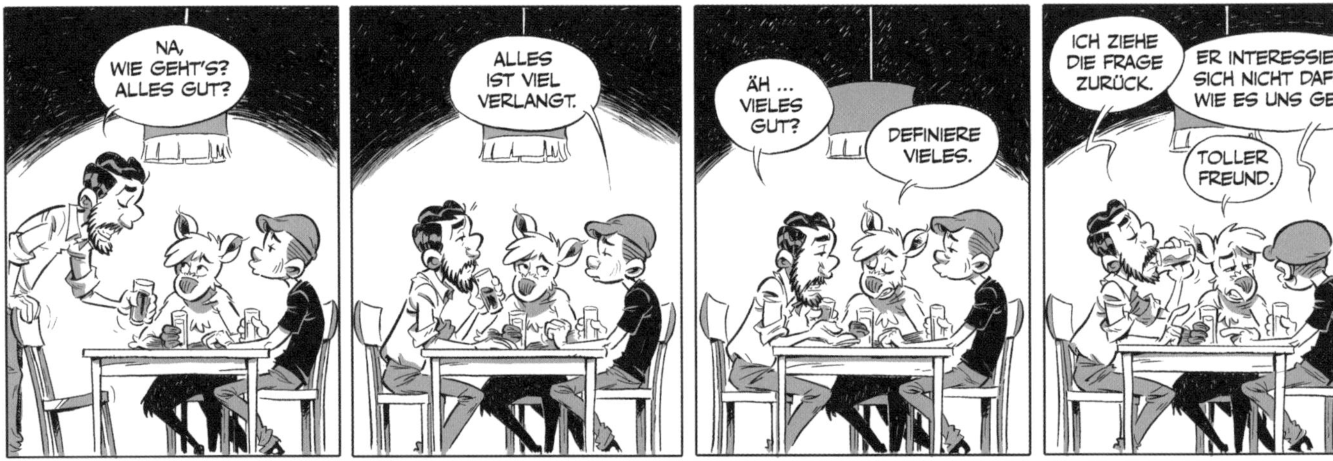
NA, WIE GEHT'S? ALLES GUT?
ALLES IST VIEL VERLANGT.
ÄH ... VIELES GUT?
DEFINIERE VIELES.
ICH ZIEHE DIE FRAGE ZURÜCK.
ER INTERESSIERT SICH NICHT DAFÜR, WIE ES UNS GEHT.
TOLLER FREUND.

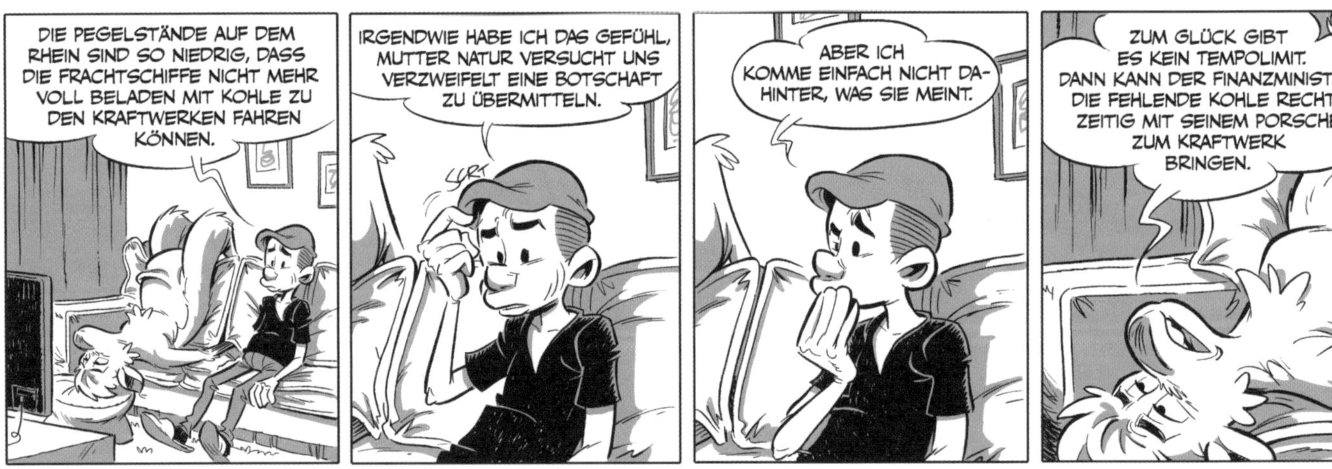
DIE PEGELSTÄNDE AUF DEM RHEIN SIND SO NIEDRIG, DASS DIE FRACHTSCHIFFE NICHT MEHR VOLL BELADEN MIT KOHLE ZU DEN KRAFTWERKEN FAHREN KÖNNEN.
IRGENDWIE HABE ICH DAS GEFÜHL, MUTTER NATUR VERSUCHT UNS VERZWEIFELT EINE BOTSCHAFT ZU ÜBERMITTELN.
ABER ICH KOMME EINFACH NICHT DAHINTER, WAS SIE MEINT.
ZUM GLÜCK GIBT ES KEIN TEMPOLIMIT. DANN KANN DER FINANZMINISTER DIE FEHLENDE KOHLE RECHTZEITIG MIT SEINEM PORSCHE ZUM KRAFTWERK BRINGEN.

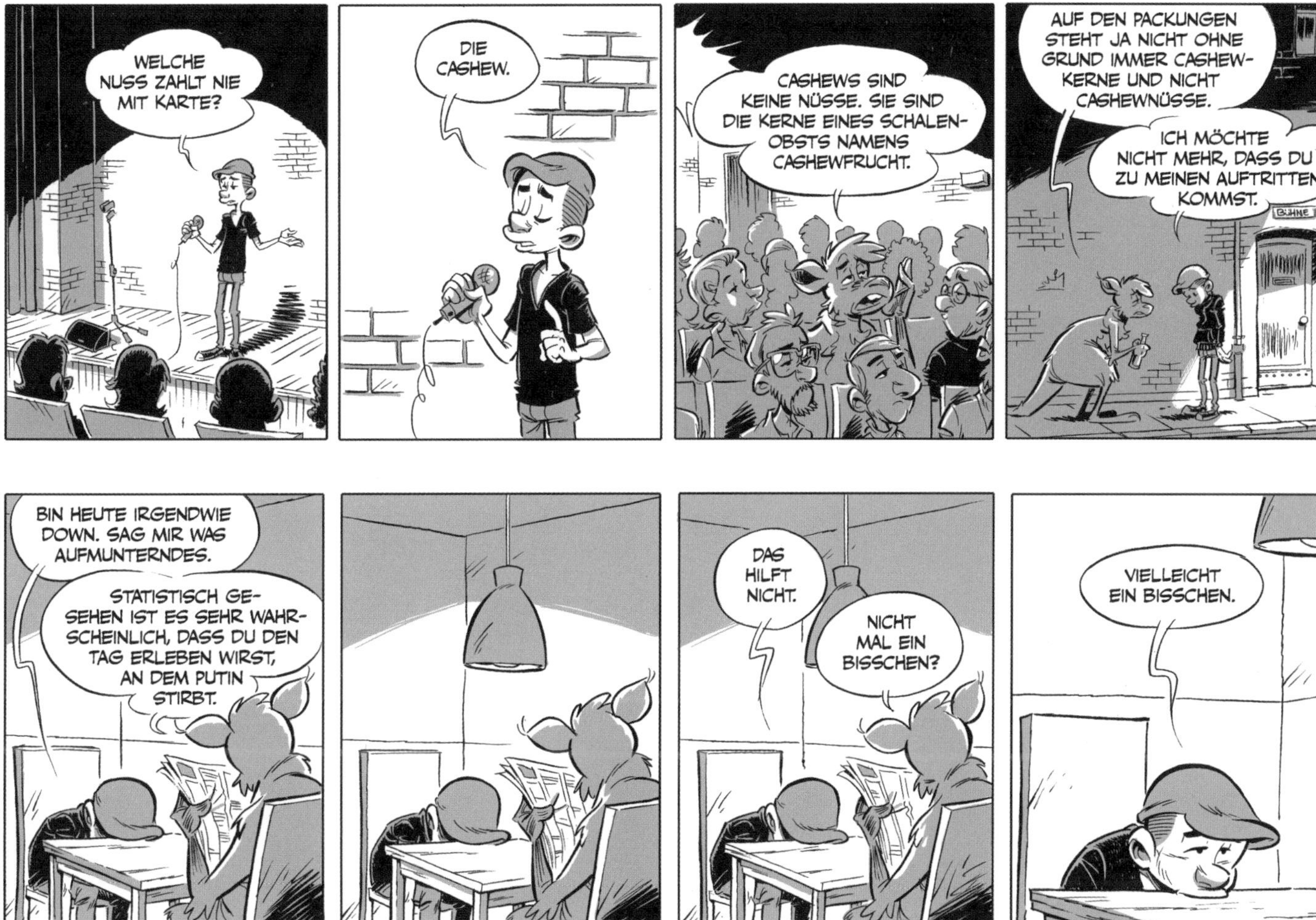
WELCHE NUSS ZAHLT NIE MIT KARTE?
DIE CASHEW.
CASHEWS SIND KEINE NÜSSE. SIE SIND DIE KERNE EINES SCHALEN-OBSTS NAMENS CASHEWFRUCHT.
AUF DEN PACKUNGEN STEHT JA NICHT OHNE GRUND IMMER CASHEW-KERNE UND NICHT CASHEWNÜSSE.
ICH MÖCHTE NICHT MEHR, DASS DU ZU MEINEN AUFTRITTEN KOMMST.
BÜHNE
BIN HEUTE IRGENDWIE DOWN. SAG MIR WAS AUFMUNTERNDES.
STATISTISCH GE-SEHEN IST ES SEHR WAHR-SCHEINLICH, DASS DU DEN TAG ERLEBEN WIRST, AN DEM PUTIN STIRBT.
DAS HILFT NICHT.
NICHT MAL EIN BISSCHEN?
VIELLEICHT EIN BISSCHEN.

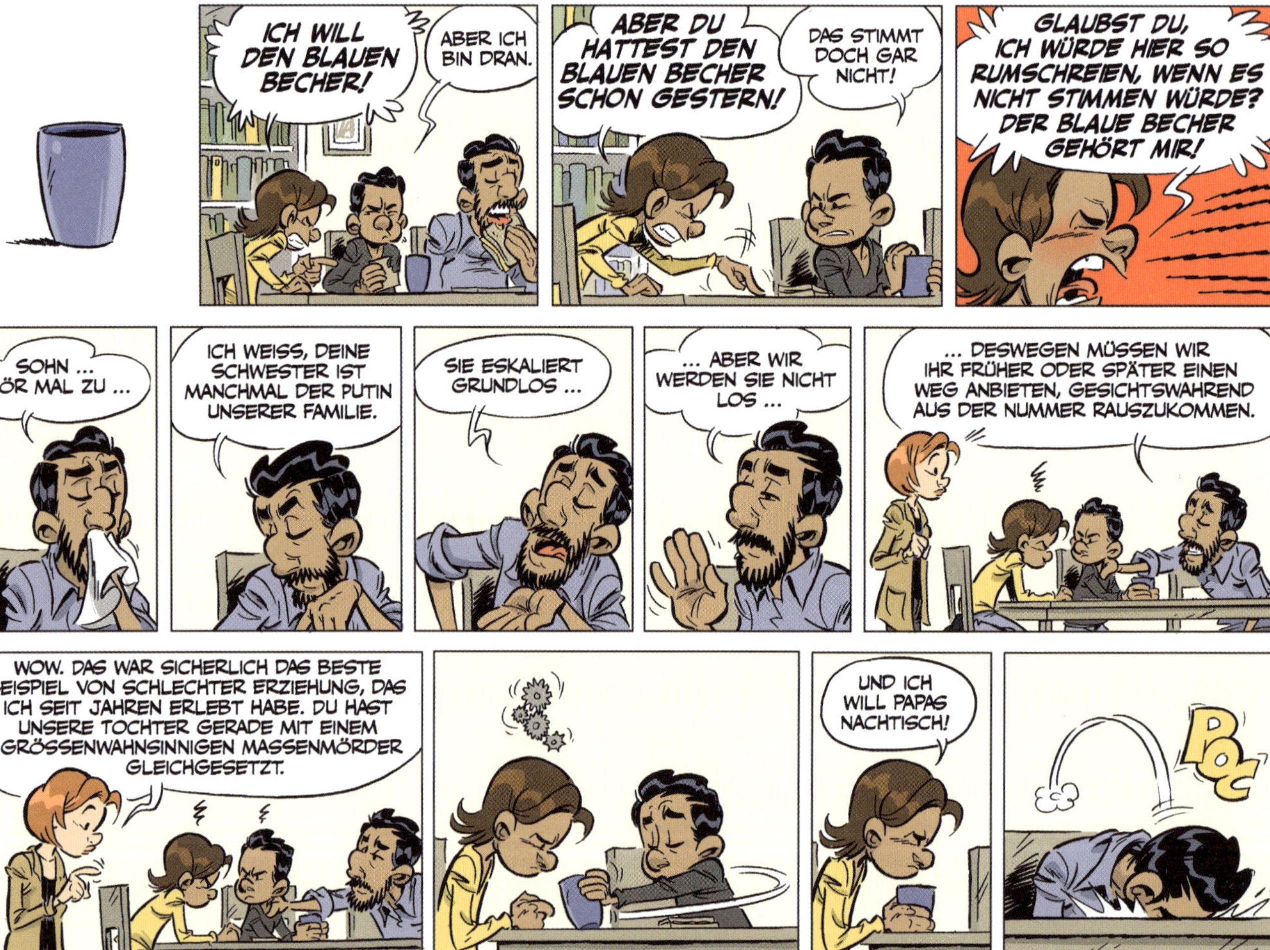
ICH WILL DEN BLAUEN BECHER!
ABER ICH BIN DRAN.
ABER DU HATTEST DEN BLAUEN BECHER SCHON GESTERN!
DAS STIMMT DOCH GAR NICHT!
GLAUBST DU, ICH WÜRDE HIER SO RUMSCHREIEN, WENN ES NICHT STIMMEN WÜRDE? DER BLAUE BECHER GEHÖRT MIR!
SOHN … HÖR MAL ZU …
ICH WEISS, DEINE SCHWESTER IST MANCHMAL DER PUTIN UNSERER FAMILIE.
SIE ESKALIERT GRUNDLOS …
… ABER WIR WERDEN SIE NICHT LOS …
… DESWEGEN MÜSSEN WIR IHR FRÜHER ODER SPÄTER EINEN WEG ANBIETEN, GESICHTSWAHREND AUS DER NUMMER RAUSZUKOMMEN.
WOW. DAS WAR SICHERLICH DAS BESTE BEISPIEL VON SCHLECHTER ERZIEHUNG, DAS ICH SEIT JAHREN ERLEBT HABE. DU HAST UNSERE TOCHTER GERADE MIT EINEM GRÖSSENWAHNSINNIGEN MASSENMÖRDER GLEICHGESETZT.
UND ICH WILL PAPAS NACHTISCH!
POC

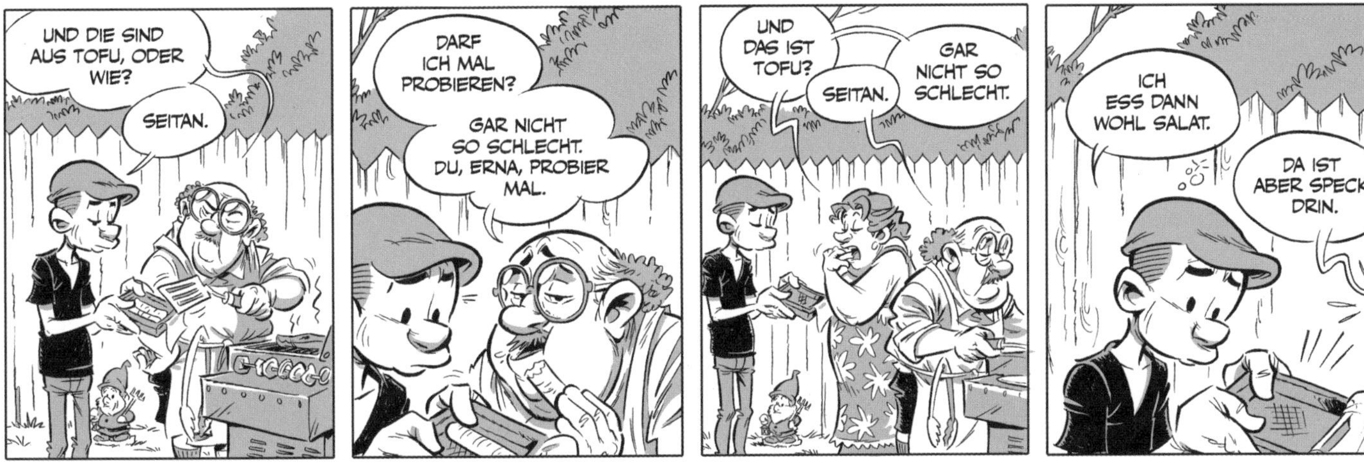
UND DIE SIND AUS TOFU, ODER WIE?
SEITAN.
DARF ICH MAL PROBIEREN?
GAR NICHT SO SCHLECHT. DU, ERNA, PROBIER MAL.
UND DAS IST TOFU?
SEITAN.
GAR NICHT SO SCHLECHT.
ICH ESS DANN WOHL SALAT.
DA IST ABER SPECK DRIN.

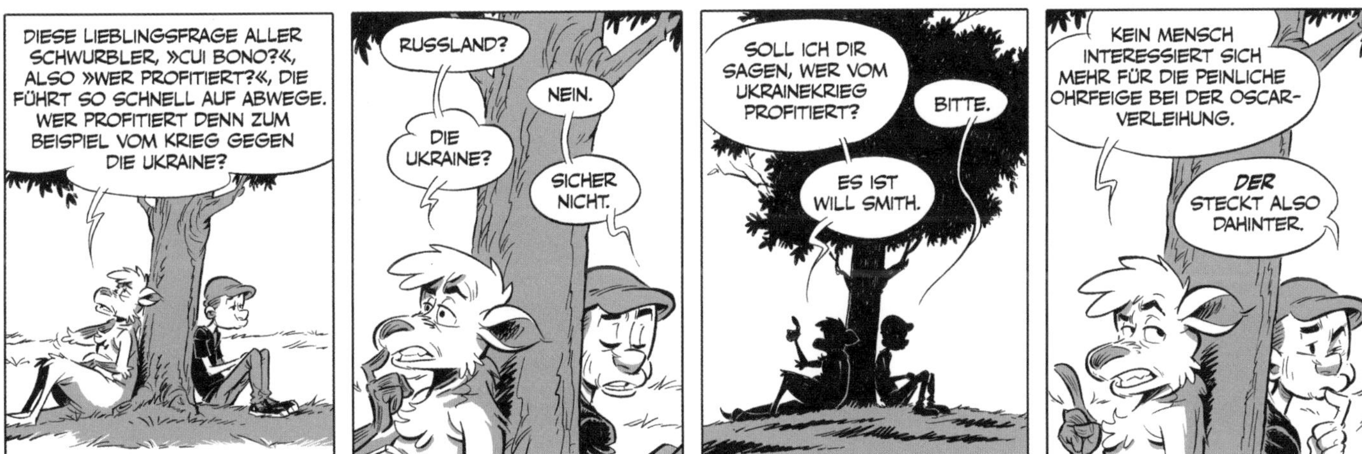
DIESE LIEBLINGSFRAGE ALLER SCHWURBLER, »CUI BONO?«, ALSO »WER PROFITIERT?«, DIE FÜHRT SO SCHNELL AUF ABWEGE. WER PROFITIERT DENN ZUM BEISPIEL VOM KRIEG GEGEN DIE UKRAINE?
RUSSLAND?
NEIN.
DIE UKRAINE?
SICHER NICHT.
SOLL ICH DIR SAGEN, WER VOM UKRAINEKRIEG PROFITIERT?
BITTE.
ES IST WILL SMITH.
KEIN MENSCH INTERESSIERT SICH MEHR FÜR DIE PEINLICHE OHRFEIGE BEI DER OSCARVERLEIHUNG.
DER STECKT ALSO DAHINTER.

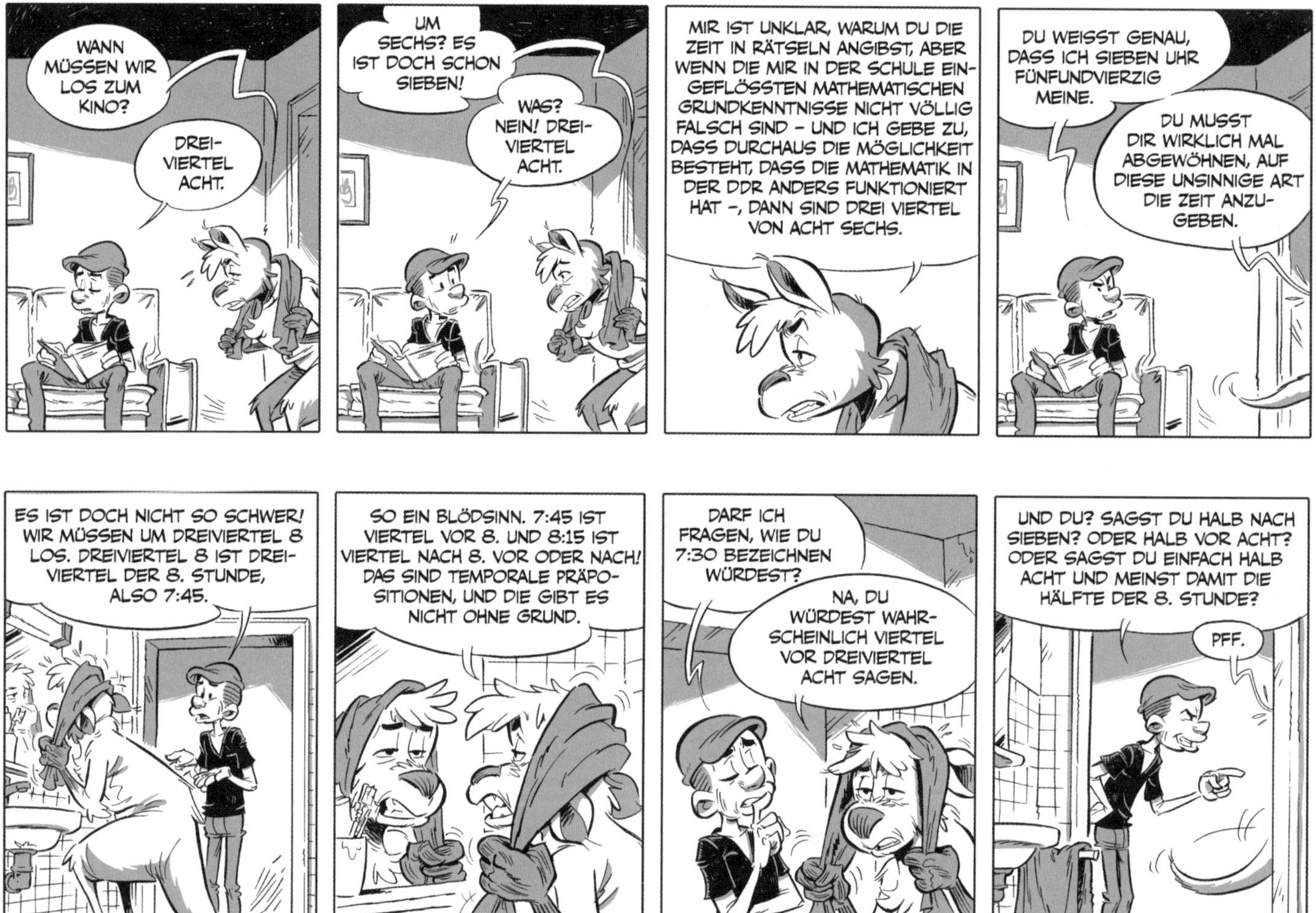
WANN MÜSSEN WIR LOS ZUM KINO?
DREI-VIERTEL ACHT.
UM SECHS? ES IST DOCH SCHON SIEBEN!
WAS? NEIN! DREI-VIERTEL ACHT.
MIR IST UNKLAR, WARUM DU DIE ZEIT IN RÄTSELN ANGIBST, ABER WENN DIE MIR IN DER SCHULE EINGEFLÖSSTEN MATHEMATISCHEN GRUNDKENNTNISSE NICHT VÖLLIG FALSCH SIND – UND ICH GEBE ZU, DASS DURCHAUS DIE MÖGLICHKEIT BESTEHT, DASS DIE MATHEMATIK IN DER DDR ANDERS FUNKTIONIERT HAT –, DANN SIND DREI VIERTEL VON ACHT SECHS.
DU WEISST GENAU, DASS ICH SIEBEN UHR FÜNFUNDVIERZIG MEINE.
DU MUSST DIR WIRKLICH MAL ABGEWÖHNEN, AUF DIESE UNSINNIGE ART DIE ZEIT ANZUGEBEN.
ES IST DOCH NICHT SO SCHWER! WIR MÜSSEN UM DREIVIERTEL 8 LOS. DREIVIERTEL 8 IST DREIVIERTEL DER 8. STUNDE, ALSO 7:45.
SO EIN BLÖDSINN. 7:45 IST VIERTEL VOR 8. UND 8:15 IST VIERTEL NACH 8. VOR ODER NACH! DAS SIND TEMPORALE PRÄPOSITIONEN, UND DIE GIBT ES NICHT OHNE GRUND.
DARF ICH FRAGEN, WIE DU 7:30 BEZEICHNEN WÜRDEST?
NA, DU WÜRDEST WAHRSCHEINLICH VIERTEL VOR DREIVIERTEL ACHT SAGEN.
UND DU? SAGST DU HALB NACH SIEBEN? ODER HALB VOR ACHT? ODER SAGST DU EINFACH HALB ACHT UND MEINST DAMIT DIE HÄLFTE DER 8. STUNDE?
PFF.

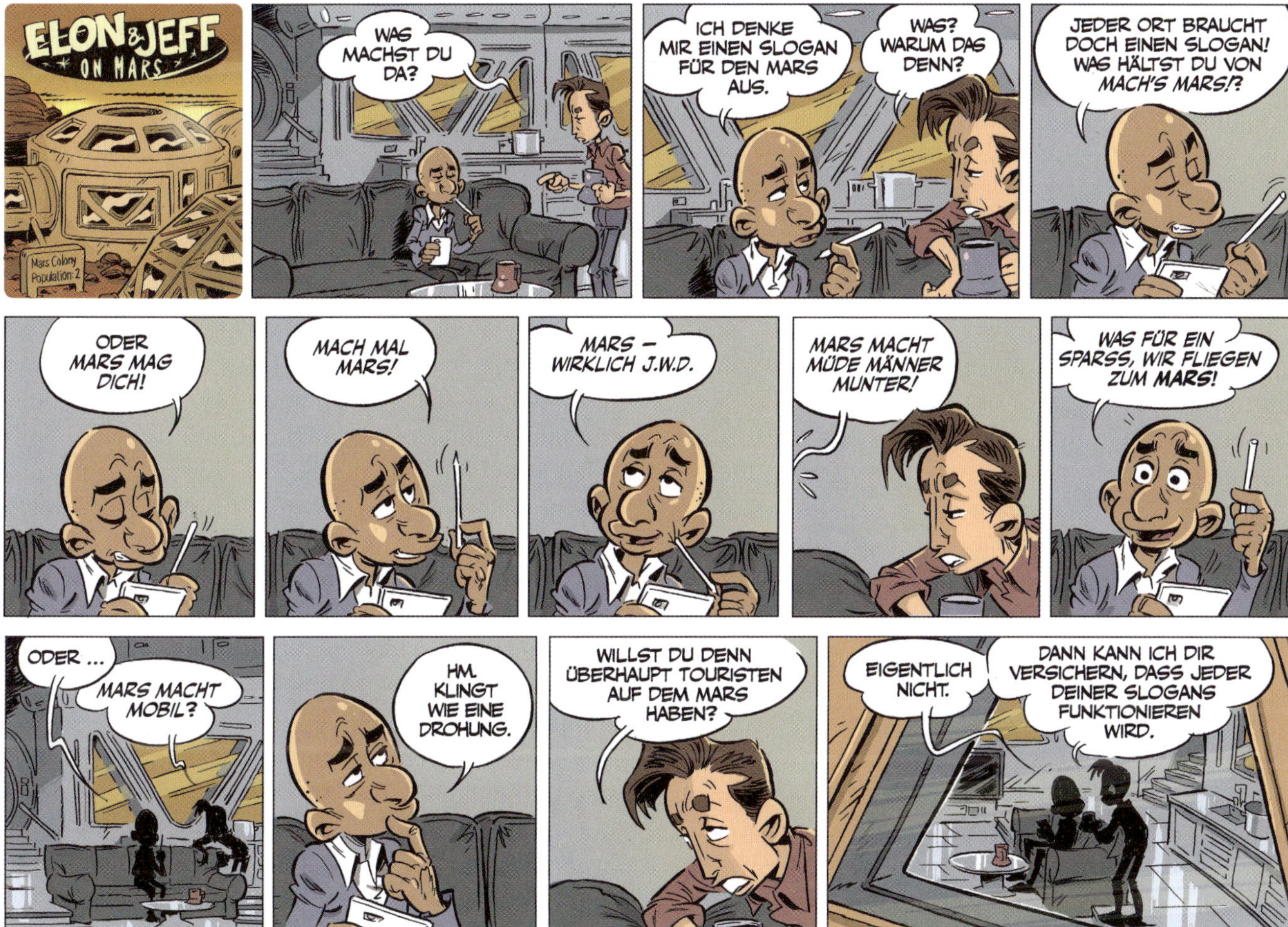
ELON & JEFF ON MARS
Mars Colony Population: 2
WAS MACHST DU DA?
ICH DENKE MIR EINEN SLOGAN FÜR DEN MARS AUS.
WAS? WARUM DAS DENN?
JEDER ORT BRAUCHT DOCH EINEN SLOGAN! WAS HÄLTST DU VON MACH'S MARS!?
ODER MARS MAG DICH!
MACH MAL MARS!
MARS – WIRKLICH J.W.D.
MARS MACHT MÜDE MÄNNER MUNTER!
WAS FÜR EIN SPARSS, WIR FLIEGEN ZUM MARS!
ODER …
MARS MACHT MOBIL?
HM. KLINGT WIE EINE DROHUNG.
WILLST DU DENN ÜBERHAUPT TOURISTEN AUF DEM MARS HABEN?
EIGENTLICH NICHT.
DANN KANN ICH DIR VERSICHERN, DASS JEDER DEINER SLOGANS FUNKTIONIEREN WIRD.

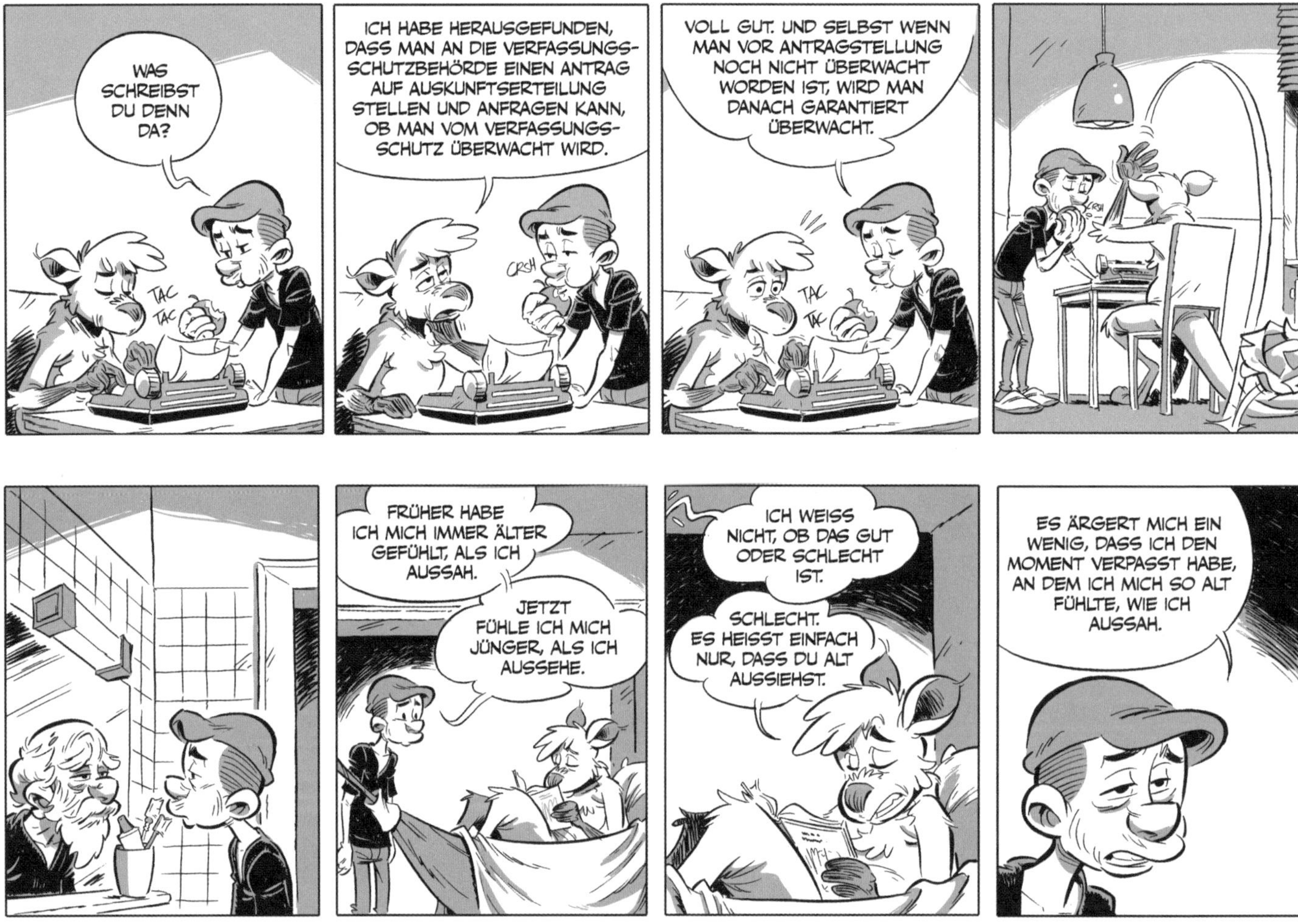
WAS SCHREIBST DU DENN DA?
TAC TAC
ICH HABE HERAUSGEFUNDEN, DASS MAN AN DIE VERFASSUNGS-SCHUTZBEHÖRDE EINEN ANTRAG AUF AUSKUNFTSERTEILUNG STELLEN UND ANFRAGEN KANN, OB MAN VOM VERFASSUNGS-SCHUTZ ÜBERWACHT WIRD.
CRSH
VOLL GUT. UND SELBST WENN MAN VOR ANTRAGSTELLUNG NOCH NICHT ÜBERWACHT WORDEN IST, WIRD MAN DANACH GARANTIERT ÜBERWACHT.
TAC TAC
CRSH
FRÜHER HABE ICH MICH IMMER ÄLTER GEFÜHLT, ALS ICH AUSSAH.
JETZT FÜHLE ICH MICH JÜNGER, ALS ICH AUSSEHE.
ICH WEISS NICHT, OB DAS GUT ODER SCHLECHT IST.
SCHLECHT. ES HEISST EINFACH NUR, DASS DU ALT AUSSIEHST.
ES ÄRGERT MICH EIN WENIG, DASS ICH DEN MOMENT VERPASST HABE, AN DEM ICH MICH SO ALT FÜHLTE, WIE ICH AUSSAH.

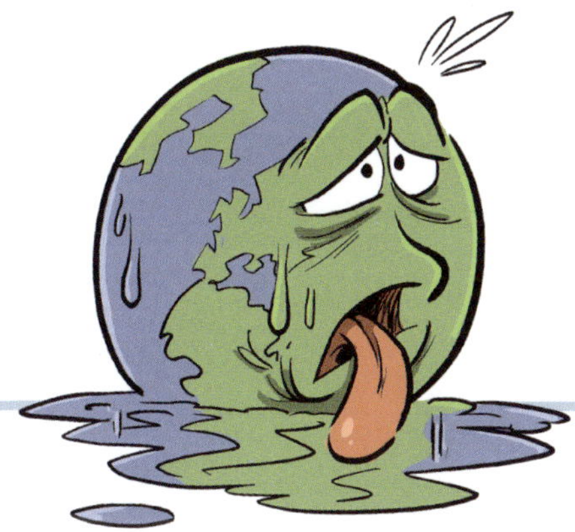

SEPTEMBER 2022

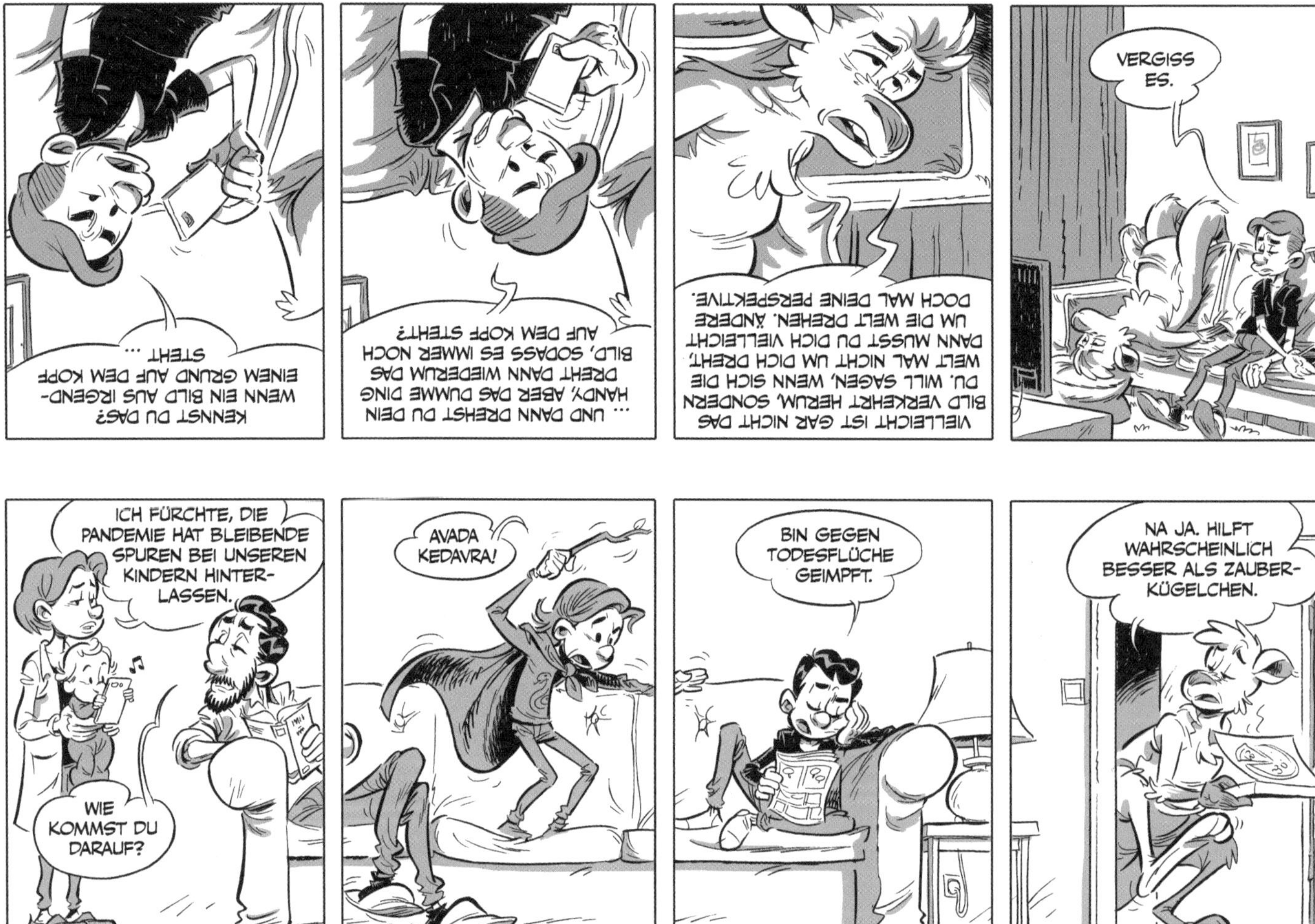
KENNST DU DAS? WENN EIN BILD AUS IRGEND- EINEM GRUND AUF DEM KOPF STEHT ...
... UND DANN DREHST DU DEIN HANDY, ABER DAS DUMME DING DREHT DANN WIEDERUM DAS BILD, SODASS ES IMMER NOCH AUF DEM KOPF STEHT?
VIELLEICHT IST GAR NICHT DAS BILD VERKEHRT HERUM, SONDERN DU. WILL SAGEN, WENN SICH DIE WELT MAL NICHT UM DICH DREHT, DANN MUSST DU DICH VIELLEICHT UM DIE WELT DREHEN. ÄNDERE DOCH MAL DEINE PERSPEKTIVE.
VERGISS ES.
ICH FÜRCHTE, DIE PANDEMIE HAT BLEIBENDE SPUREN BEI UNSEREN KINDERN HINTER- LASSEN.
WIE KOMMST DU DARAUF?
AVADA KEDAVRA!
BIN GEGEN TODESFLÜCHE GEIMPFT.
NA JA. HILFT WAHRSCHEINLICH BESSER ALS ZAUBER- KÜGELCHEN.

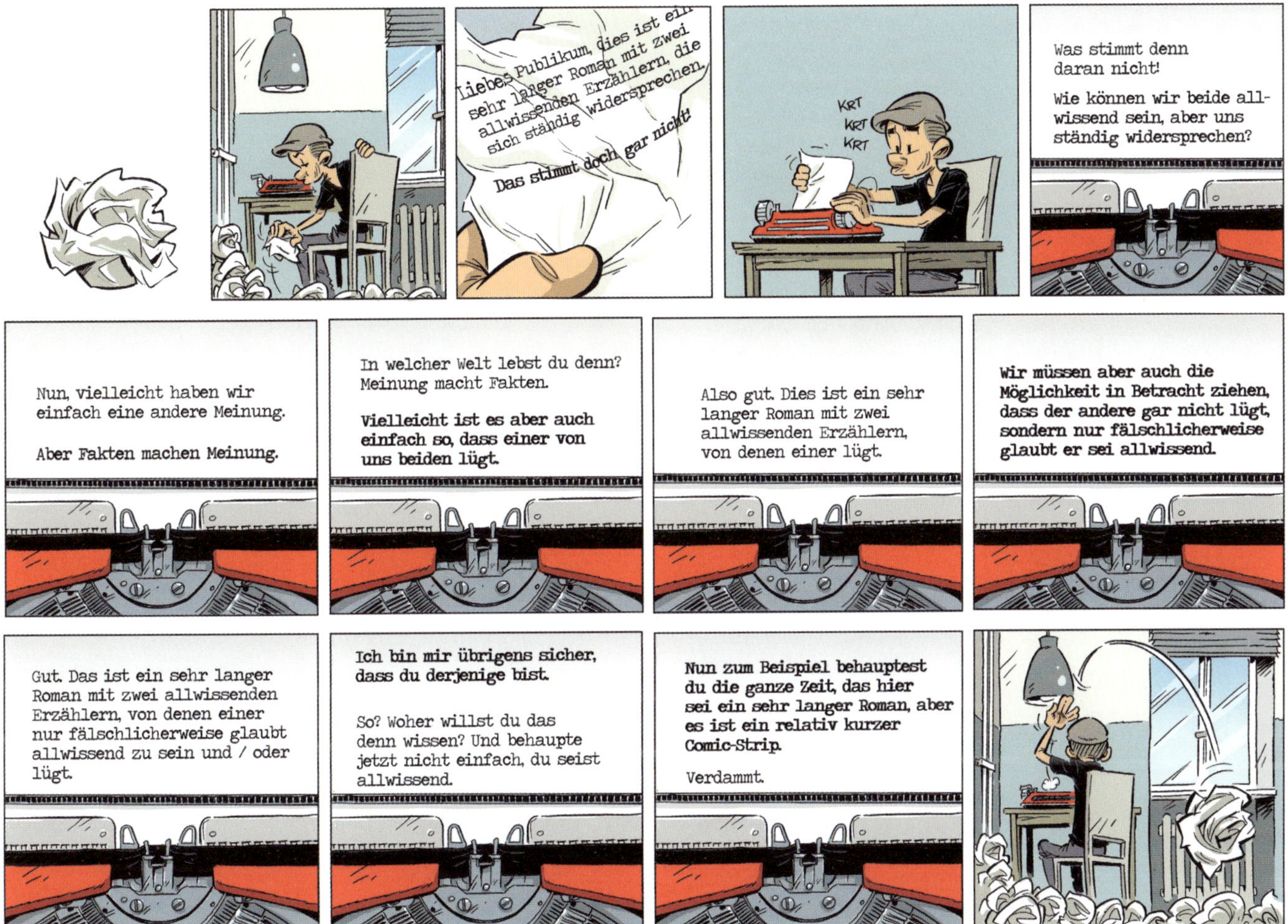

Liebes Publikum, dies ist ein sehr langer Roman mit zwei allwissenden Erzählern, die sich ständig widersprechen.
Das stimmt doch gar nicht!
KRT KRT KRT
Was stimmt denn daran nicht!
Wie können wir beide allwissend sein, aber uns ständig widersprechen?
Nun, vielleicht haben wir einfach eine andere Meinung.
Aber Fakten machen Meinung.
In welcher Welt lebst du denn? Meinung macht Fakten.
Vielleicht ist es aber auch einfach so, dass einer von uns beiden lügt.
Also gut. Dies ist ein sehr langer Roman mit zwei allwissenden Erzählern, von denen einer lügt.
Wir müssen aber auch die Möglichkeit in Betracht ziehen, dass der andere gar nicht lügt, sondern nur fälschlicherweise glaubt er sei allwissend.
Gut. Das ist ein sehr langer Roman mit zwei allwissenden Erzählern, von denen einer nur fälschlicherweise glaubt allwissend zu sein und / oder lügt.
Ich bin mir übrigens sicher, dass du derjenige bist.
So? Woher willst du das denn wissen? Und behaupte jetzt nicht einfach, du seist allwissend.
Nun zum Beispiel behauptest du die ganze Zeit, das hier sei ein sehr langer Roman, aber es ist ein relativ kurzer Comic-Strip.
Verdammt.

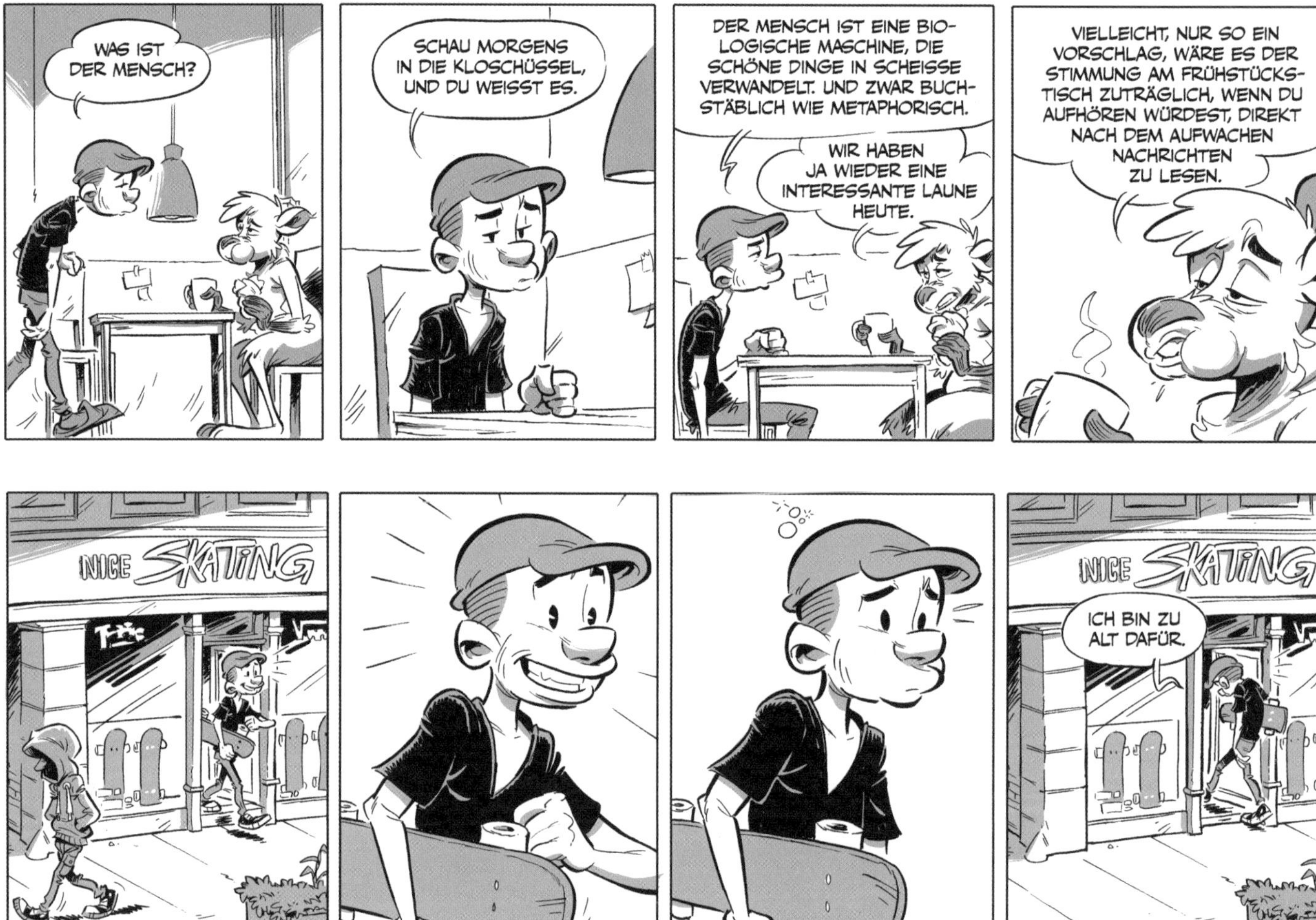
WAS IST DER MENSCH?
SCHAU MORGENS IN DIE KLOSCHÜSSEL, UND DU WEISST ES.
DER MENSCH IST EINE BIOLOGISCHE MASCHINE, DIE SCHÖNE DINGE IN SCHEISSE VERWANDELT. UND ZWAR BUCHSTÄBLICH WIE METAPHORISCH.
WIR HABEN JA WIEDER EINE INTERESSANTE LAUNE HEUTE.
VIELLEICHT, NUR SO EIN VORSCHLAG, WÄRE ES DER STIMMUNG AM FRÜHSTÜCKSTISCH ZUTRÄGLICH, WENN DU AUFHÖREN WÜRDEST, DIREKT NACH DEM AUFWACHEN NACHRICHTEN ZU LESEN.
NICE SKATING
NICE SKATING
ICH BIN ZU ALT DAFÜR.

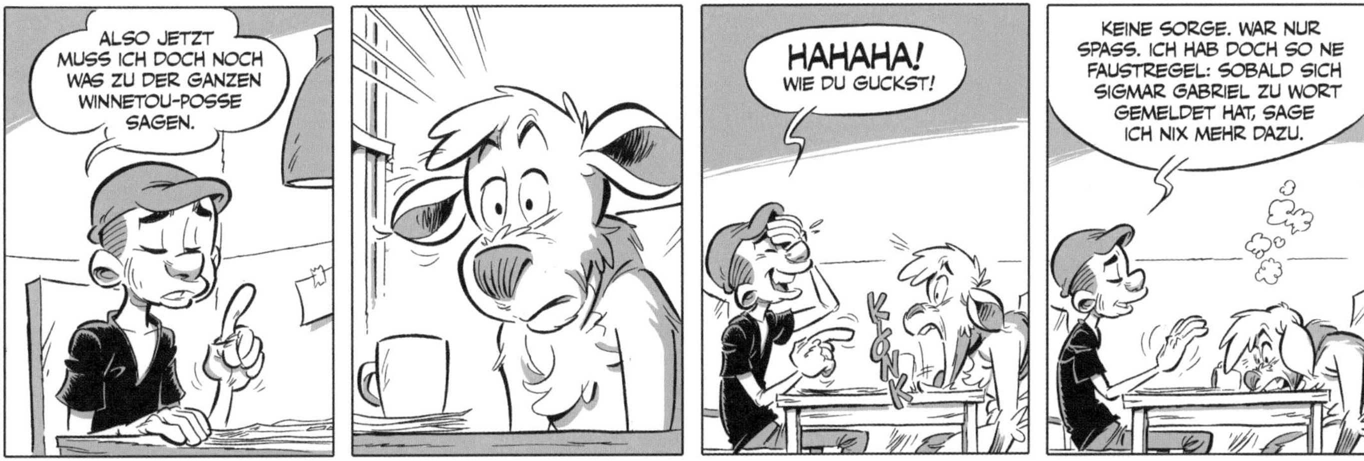
ALSO JETZT MUSS ICH DOCH NOCH WAS ZU DER GANZEN WINNETOU-POSSE SAGEN.
HAHAHA! WIE DU GUCKST!
KLONK
KEINE SORGE. WAR NUR SPASS. ICH HAB DOCH SO NE FAUSTREGEL: SOBALD SICH SIGMAR GABRIEL ZU WORT GEMELDET HAT, SAGE ICH NIX MEHR DAZU.

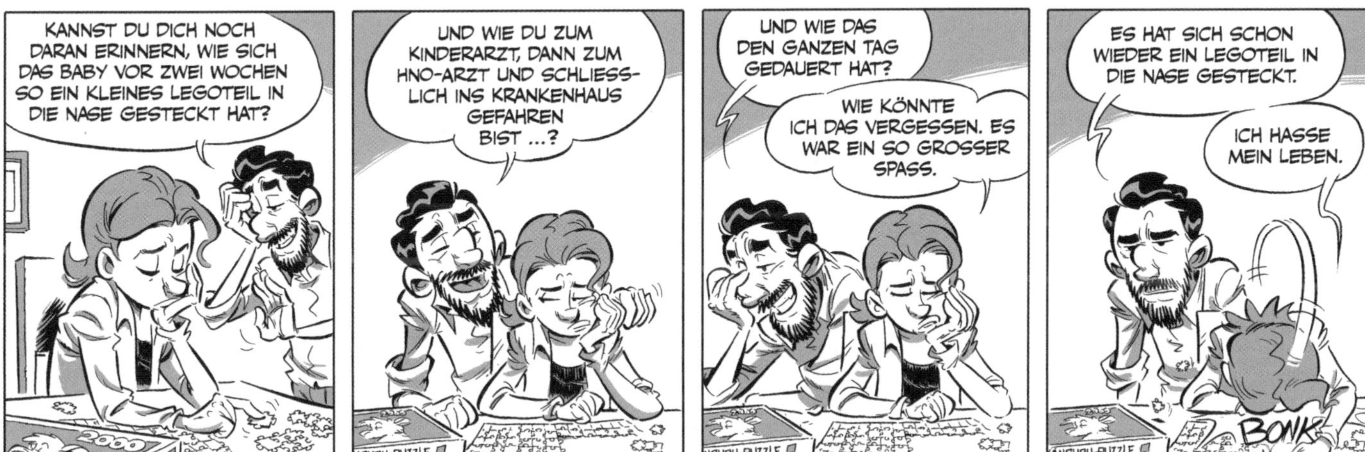
KANNST DU DICH NOCH DARAN ERINNERN, WIE SICH DAS BABY VOR ZWEI WOCHEN SO EIN KLEINES LEGOTEIL IN DIE NASE GESTECKT HAT?
UND WIE DU ZUM KINDERARZT, DANN ZUM HNO-ARZT UND SCHLIESS-LICH INS KRANKENHAUS GEFAHREN BIST ...?
UND WIE DAS DEN GANZEN TAG GEDAUERT HAT?
WIE KÖNNTE ICH DAS VERGESSEN. ES WAR EIN SO GROSSER SPASS.
ES HAT SICH SCHON WIEDER EIN LEGOTEIL IN DIE NASE GESTECKT.
ICH HASSE MEIN LEBEN.
BONK

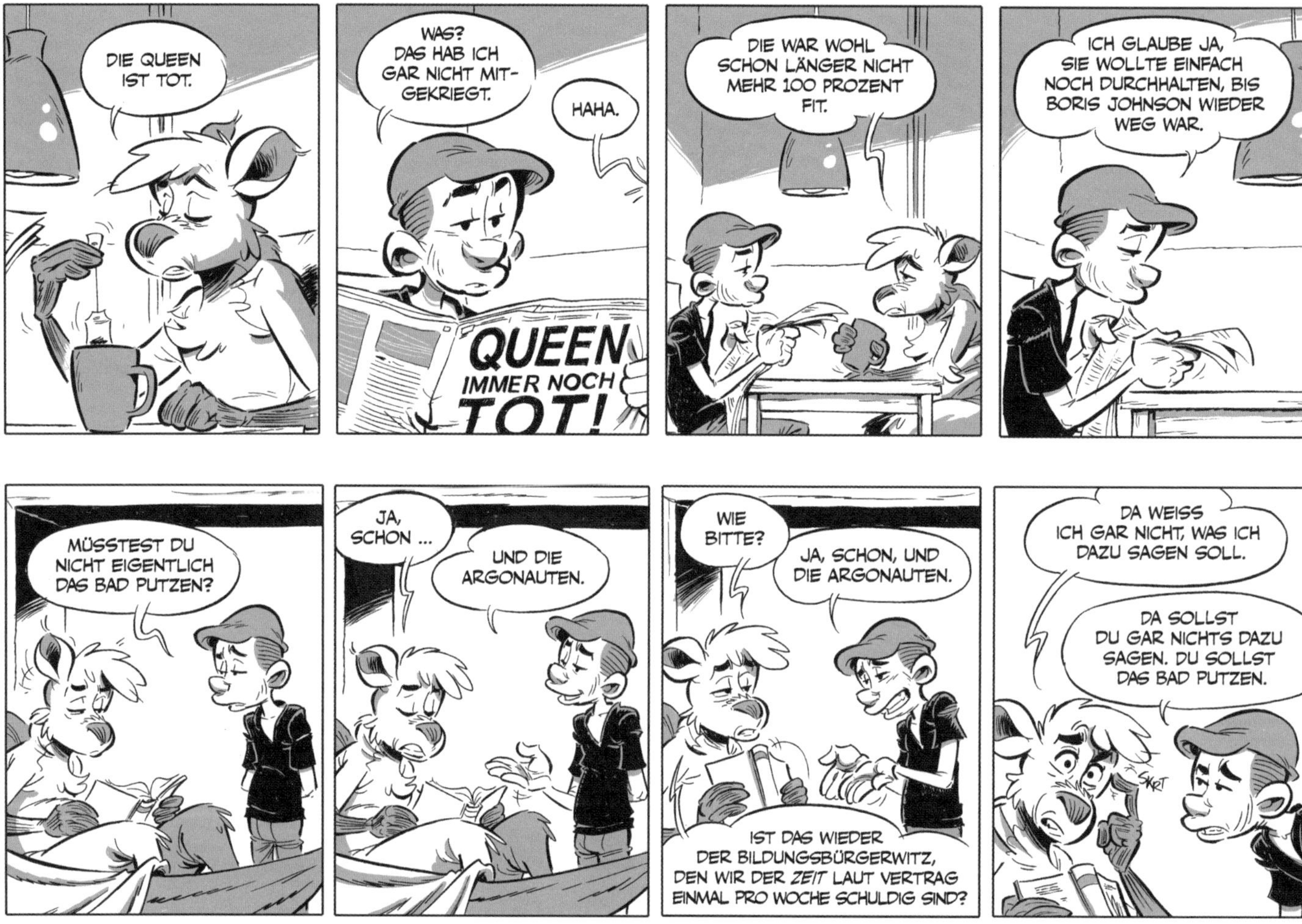
DIE QUEEN IST TOT.
WAS? DAS HAB ICH GAR NICHT MITGEKRIEGT.
QUEEN IMMER NOCH TOT!
HAHA.
DIE WAR WOHL SCHON LÄNGER NICHT MEHR 100 PROZENT FIT.
ICH GLAUBE JA, SIE WOLLTE EINFACH NOCH DURCHHALTEN, BIS BORIS JOHNSON WIEDER WEG WAR.
MÜSSTEST DU NICHT EIGENTLICH DAS BAD PUTZEN?
JA, SCHON …
UND DIE ARGONAUTEN.
WIE BITTE?
JA, SCHON, UND DIE ARGONAUTEN.
IST DAS WIEDER DER BILDUNGSBÜRGERWITZ, DEN WIR DER *ZEIT* LAUT VERTRAG EINMAL PRO WOCHE SCHULDIG SIND?
DA WEISS ICH GAR NICHT, WAS ICH DAZU SAGEN SOLL.
DA SOLLST DU GAR NICHTS DAZU SAGEN. DU SOLLST DAS BAD PUTZEN.
SKRT

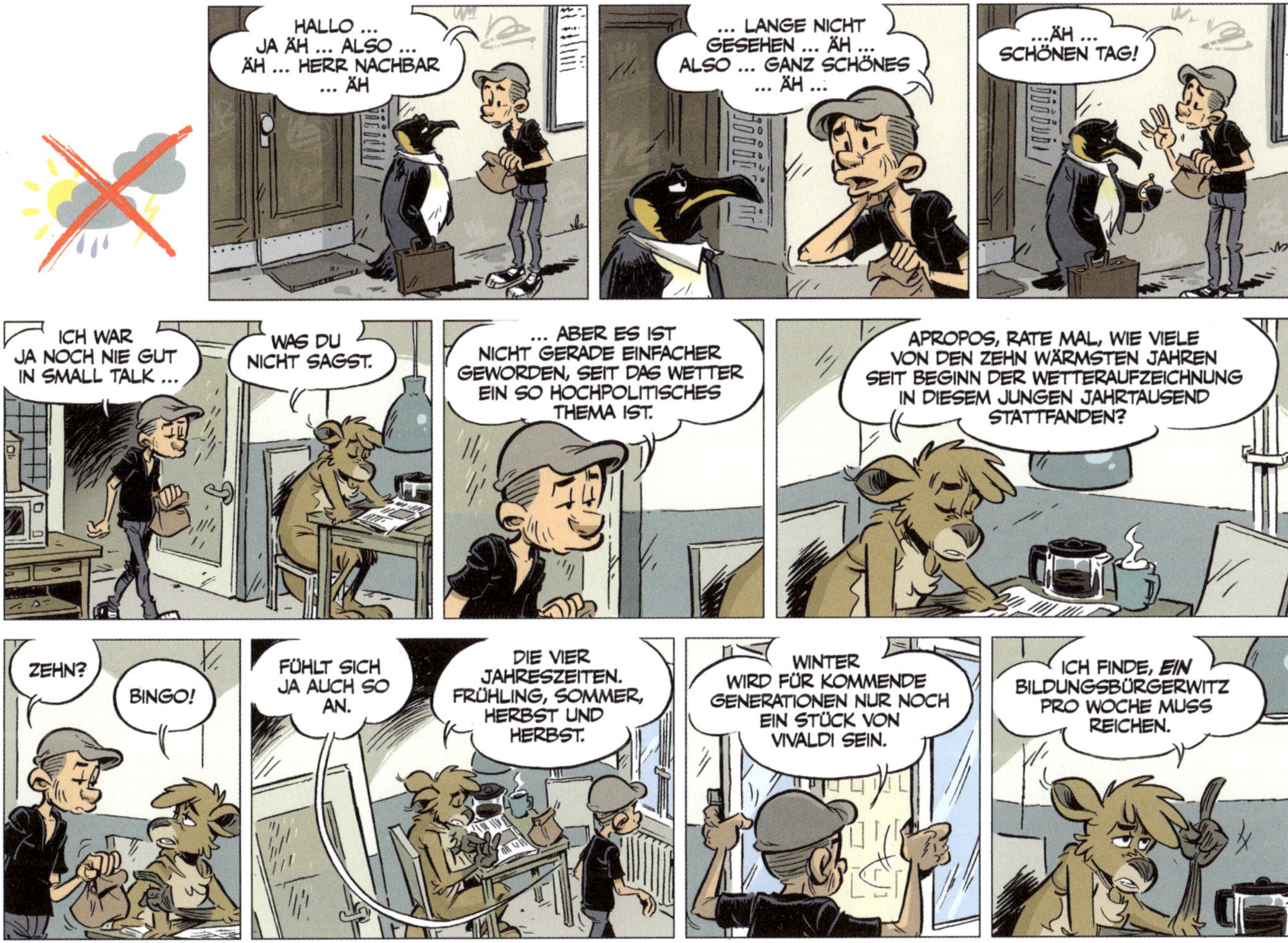
HALLO ... JA ÄH ... ALSO ... ÄH ... HERR NACHBAR ... ÄH
... LANGE NICHT GESEHEN ... ÄH ... ALSO ... GANZ SCHÖNES ... ÄH ...
...ÄH ... SCHÖNEN TAG!
ICH WAR JA NOCH NIE GUT IN SMALL TALK ...
WAS DU NICHT SAGST.
... ABER ES IST NICHT GERADE EINFACHER GEWORDEN, SEIT DAS WETTER EIN SO HOCHPOLITISCHES THEMA IST.
APROPOS, RATE MAL, WIE VIELE VON DEN ZEHN WÄRMSTEN JAHREN SEIT BEGINN DER WETTERAUFZEICHNUNG IN DIESEM JUNGEN JAHRTAUSEND STATTFANDEN?
ZEHN?
BINGO!
FÜHLT SICH JA AUCH SO AN.
DIE VIER JAHRESZEITEN. FRÜHLING, SOMMER, HERBST UND HERBST.
WINTER WIRD FÜR KOMMENDE GENERATIONEN NUR NOCH EIN STÜCK VON VIVALDI SEIN.
ICH FINDE, *EIN* BILDUNGSBÜRGERWITZ PRO WOCHE MUSS REICHEN.

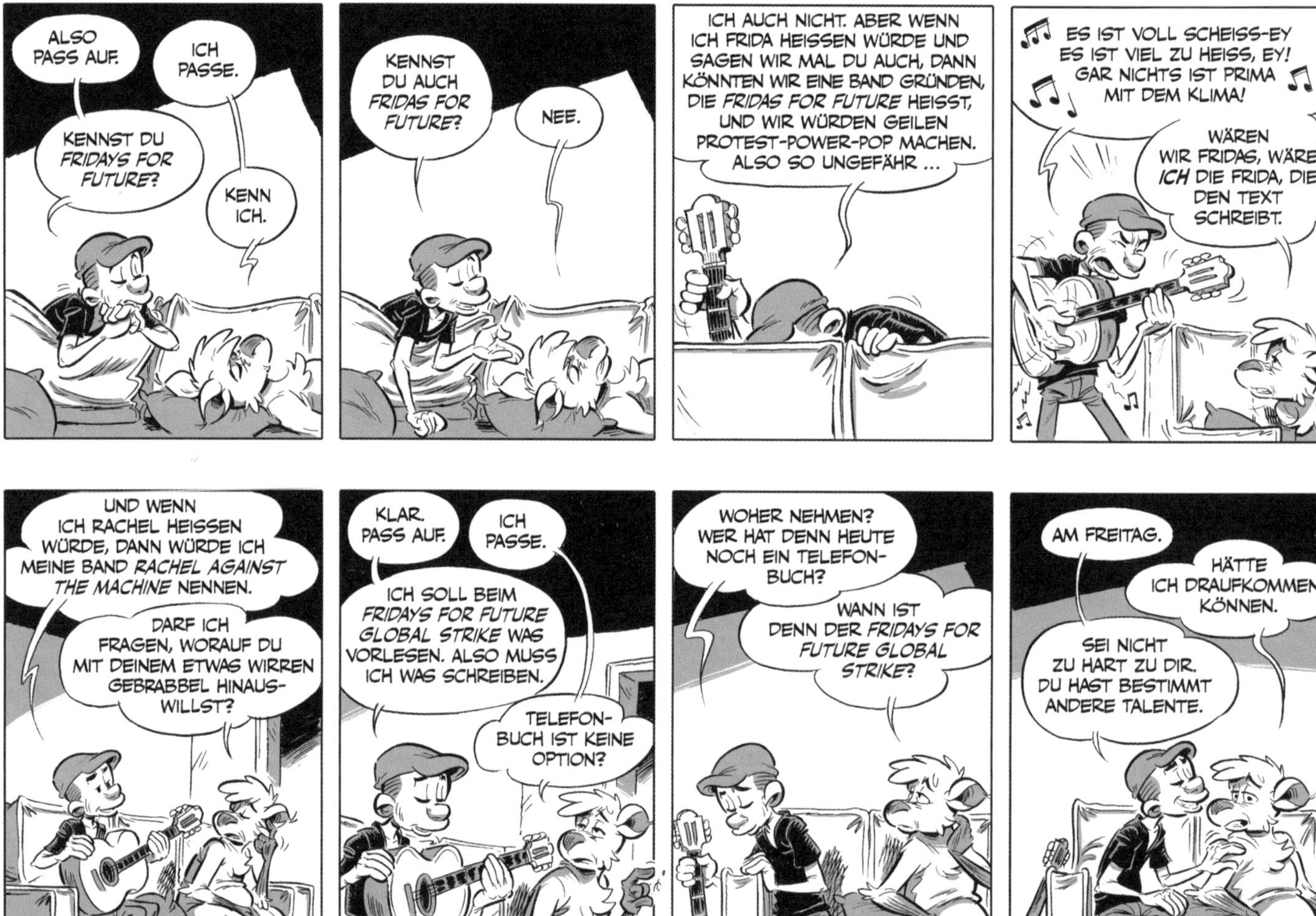
ALSO PASS AUF.
ICH PASSE.
KENNST DU *FRIDAYS FOR FUTURE?*
KENN ICH.
KENNST DU AUCH *FRIDAS FOR FUTURE?*
NEE.
ICH AUCH NICHT. ABER WENN ICH FRIDA HEISSEN WÜRDE UND SAGEN WIR MAL DU AUCH, DANN KÖNNTEN WIR EINE BAND GRÜNDEN, DIE *FRIDAS FOR FUTURE* HEISST, UND WIR WÜRDEN GEILEN PROTEST-POWER-POP MACHEN. ALSO SO UNGEFÄHR ...
ES IST VOLL SCHEISS-EY ES IST VIEL ZU HEISS, EY! GAR NICHTS IST PRIMA MIT DEM KLIMA!
WÄREN WIR FRIDAS, WÄRE ***ICH*** DIE FRIDA, DIE DEN TEXT SCHREIBT.
UND WENN ICH RACHEL HEISSEN WÜRDE, DANN WÜRDE ICH MEINE BAND *RACHEL AGAINST THE MACHINE* NENNEN.
DARF ICH FRAGEN, WORAUF DU MIT DEINEM ETWAS WIRREN GEBRABBEL HINAUS-WILLST?
KLAR. PASS AUF.
ICH PASSE.
ICH SOLL BEIM *FRIDAYS FOR FUTURE GLOBAL STRIKE* WAS VORLESEN. ALSO MUSS ICH WAS SCHREIBEN.
TELEFON-BUCH IST KEINE OPTION?
WOHER NEHMEN? WER HAT DENN HEUTE NOCH EIN TELEFON-BUCH?
WANN IST DENN DER *FRIDAYS FOR FUTURE GLOBAL STRIKE?*
AM FREITAG.
HÄTTE ICH DRAUFKOMMEN KÖNNEN.
SEI NICHT ZU HART ZU DIR. DU HAST BESTIMMT ANDERE TALENTE.

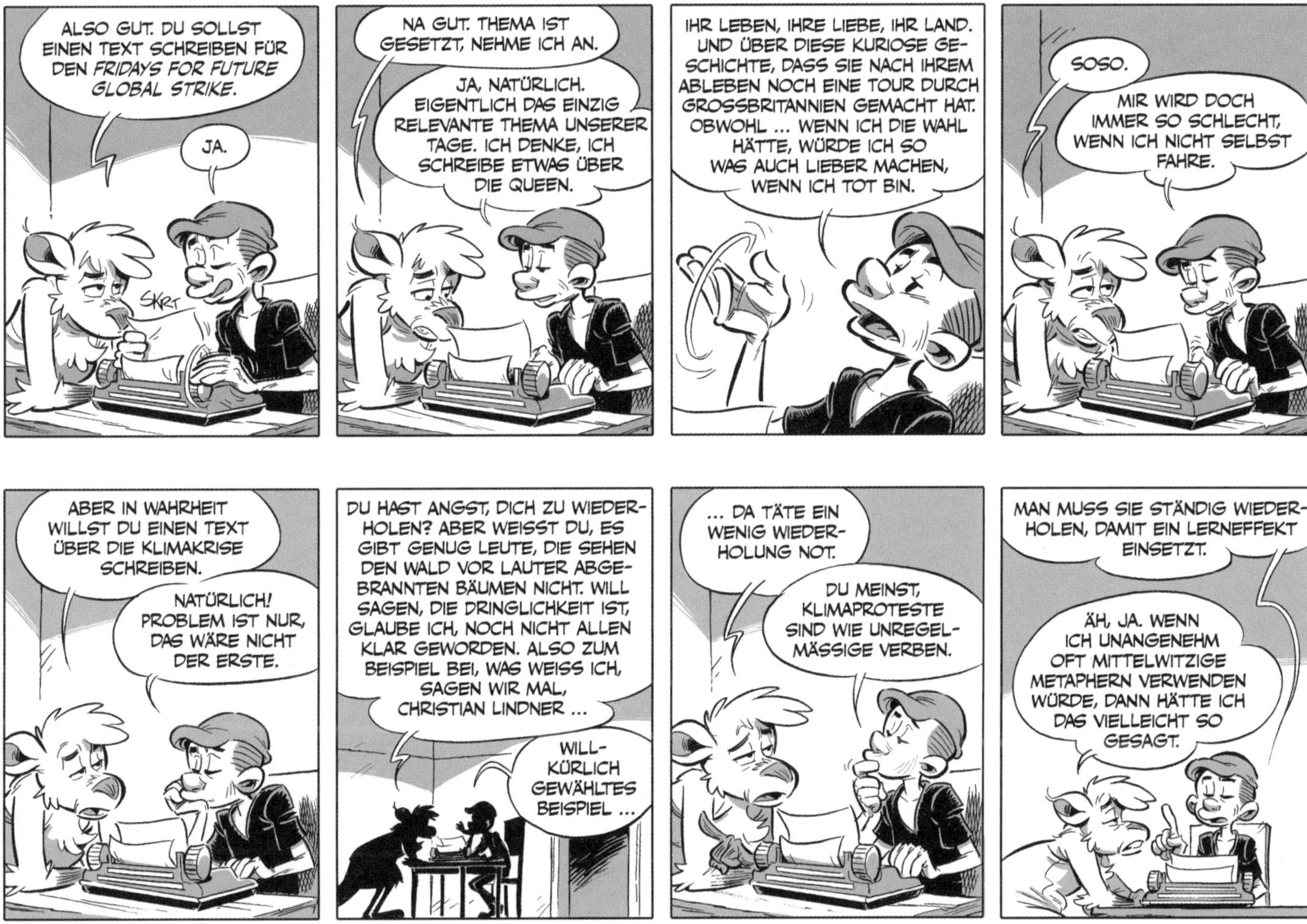

ALSO GUT. DU SOLLST EINEN TEXT SCHREIBEN FÜR DEN *FRIDAYS FOR FUTURE GLOBAL STRIKE*.
JA.
SKRT
NA GUT. THEMA IST GESETZT, NEHME ICH AN.
JA, NATÜRLICH. EIGENTLICH DAS EINZIG RELEVANTE THEMA UNSERER TAGE. ICH DENKE, ICH SCHREIBE ETWAS ÜBER DIE QUEEN.
IHR LEBEN, IHRE LIEBE, IHR LAND. UND ÜBER DIESE KURIOSE GESCHICHTE, DASS SIE NACH IHREM ABLEBEN NOCH EINE TOUR DURCH GROSSBRITANNIEN GEMACHT HAT. OBWOHL ... WENN ICH DIE WAHL HÄTTE, WÜRDE ICH SO WAS AUCH LIEBER MACHEN, WENN ICH TOT BIN.
SOSO.
MIR WIRD DOCH IMMER SO SCHLECHT, WENN ICH NICHT SELBST FAHRE.
ABER IN WAHRHEIT WILLST DU EINEN TEXT ÜBER DIE KLIMAKRISE SCHREIBEN.
NATÜRLICH! PROBLEM IST NUR, DAS WÄRE NICHT DER ERSTE.
DU HAST ANGST, DICH ZU WIEDERHOLEN? ABER WEISST DU, ES GIBT GENUG LEUTE, DIE SEHEN DEN WALD VOR LAUTER ABGEBRANNTEN BÄUMEN NICHT. WILL SAGEN, DIE DRINGLICHKEIT IST, GLAUBE ICH, NOCH NICHT ALLEN KLAR GEWORDEN. ALSO ZUM BEISPIEL BEI, WAS WEISS ICH, SAGEN WIR MAL, CHRISTIAN LINDNER ...
WILLKÜRLICH GEWÄHLTES BEISPIEL ...
... DA TÄTE EIN WENIG WIEDERHOLUNG NOT.
DU MEINST, KLIMAPROTESTE SIND WIE UNREGELMÄSSIGE VERBEN.
MAN MUSS SIE STÄNDIG WIEDERHOLEN, DAMIT EIN LERNEFFEKT EINSETZT.
ÄH, JA. WENN ICH UNANGENEHM OFT MITTELWITZIGE METAPHERN VERWENDEN WÜRDE, DANN HÄTTE ICH DAS VIELLEICHT SO GESAGT.

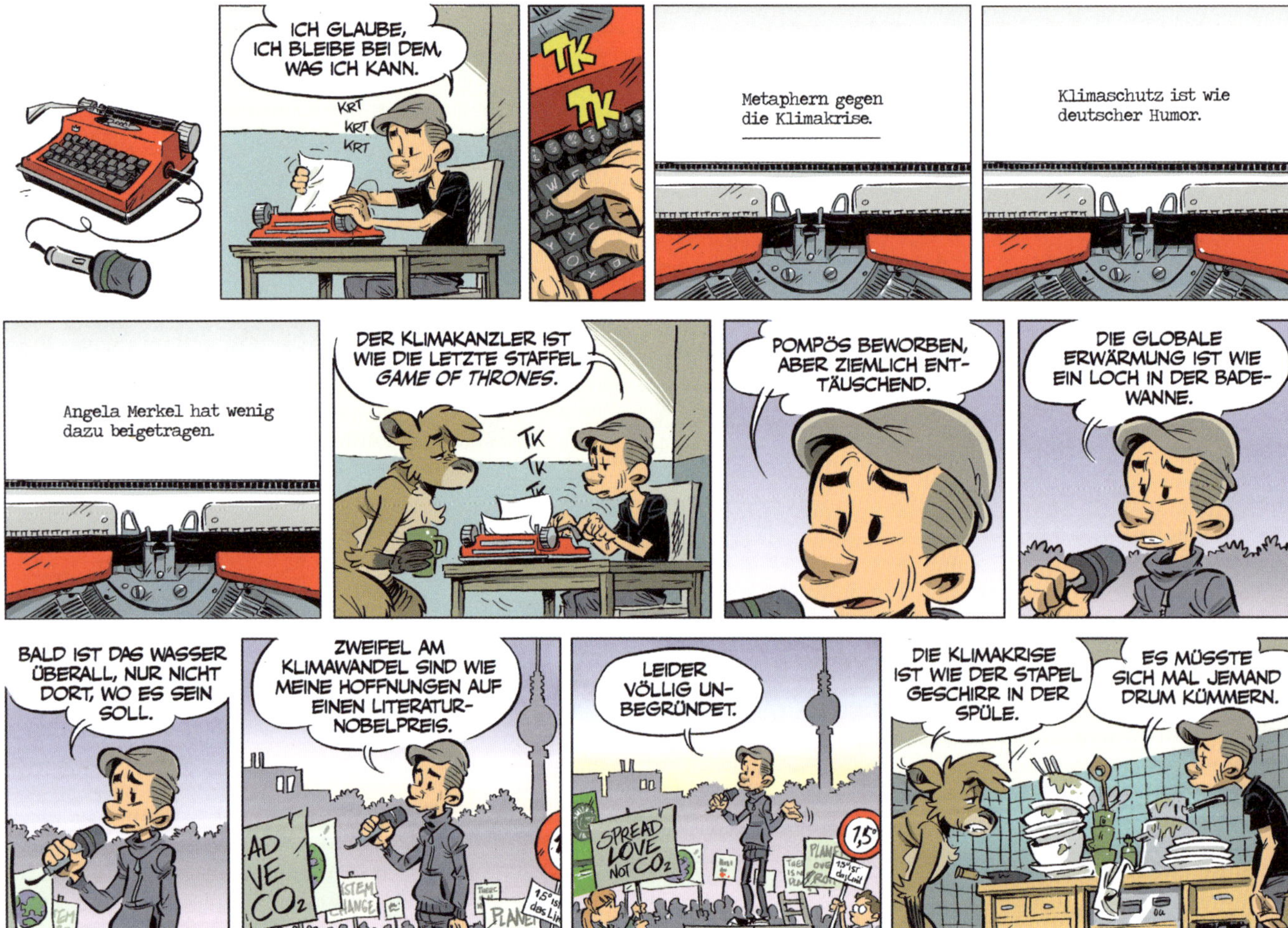

KRT KRT KRT
ICH GLAUBE, ICH BLEIBE BEI DEM, WAS ICH KANN.
TK TK
Metaphern gegen die Klimakrise.
Klimaschutz ist wie deutscher Humor.
Angela Merkel hat wenig dazu beigetragen.
DER KLIMAKANZLER IST WIE DIE LETZTE STAFFEL *GAME OF THRONES*.
TK TK TK
POMPÖS BEWORBEN, ABER ZIEMLICH ENTTÄUSCHEND.
DIE GLOBALE ERWÄRMUNG IST WIE EIN LOCH IN DER BADEWANNE.
BALD IST DAS WASSER ÜBERALL, NUR NICHT DORT, WO ES SEIN SOLL.
ZWEIFEL AM KLIMAWANDEL SIND WIE MEINE HOFFNUNGEN AUF EINEN LITERATURNOBELPREIS.
LEIDER VÖLLIG UNBEGRÜNDET.
SPREAD LOVE NOT CO_2
DIE KLIMAKRISE IST WIE DER STAPEL GESCHIRR IN DER SPÜLE.
ES MÜSSTE SICH MAL JEMAND DRUM KÜMMERN.

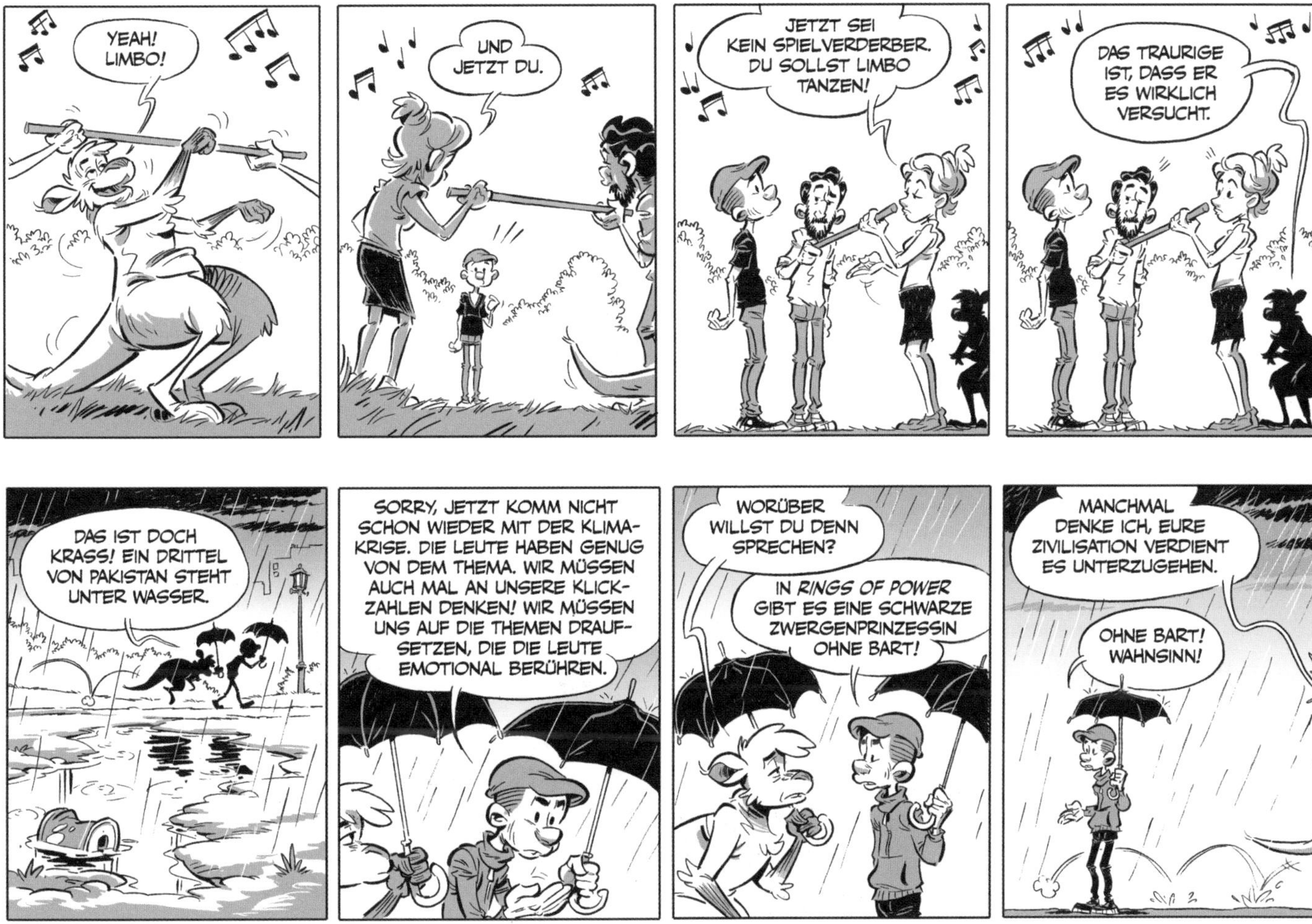

YEAH! LIMBO!
UND JETZT DU.
JETZT SEI KEIN SPIELVERDERBER. DU SOLLST LIMBO TANZEN!
DAS TRAURIGE IST, DASS ER ES WIRKLICH VERSUCHT.
DAS IST DOCH KRASS! EIN DRITTEL VON PAKISTAN STEHT UNTER WASSER.
SORRY, JETZT KOMM NICHT SCHON WIEDER MIT DER KLIMAKRISE. DIE LEUTE HABEN GENUG VON DEM THEMA. WIR MÜSSEN AUCH MAL AN UNSERE KLICKZAHLEN DENKEN! WIR MÜSSEN UNS AUF DIE THEMEN DRAUFSETZEN, DIE DIE LEUTE EMOTIONAL BERÜHREN.
WORÜBER WILLST DU DENN SPRECHEN?
IN *RINGS OF POWER* GIBT ES EINE SCHWARZE ZWERGENPRINZESSIN OHNE BART!
MANCHMAL DENKE ICH, EURE ZIVILISATION VERDIENT ES UNTERZUGEHEN.
OHNE BART! WAHNSINN!

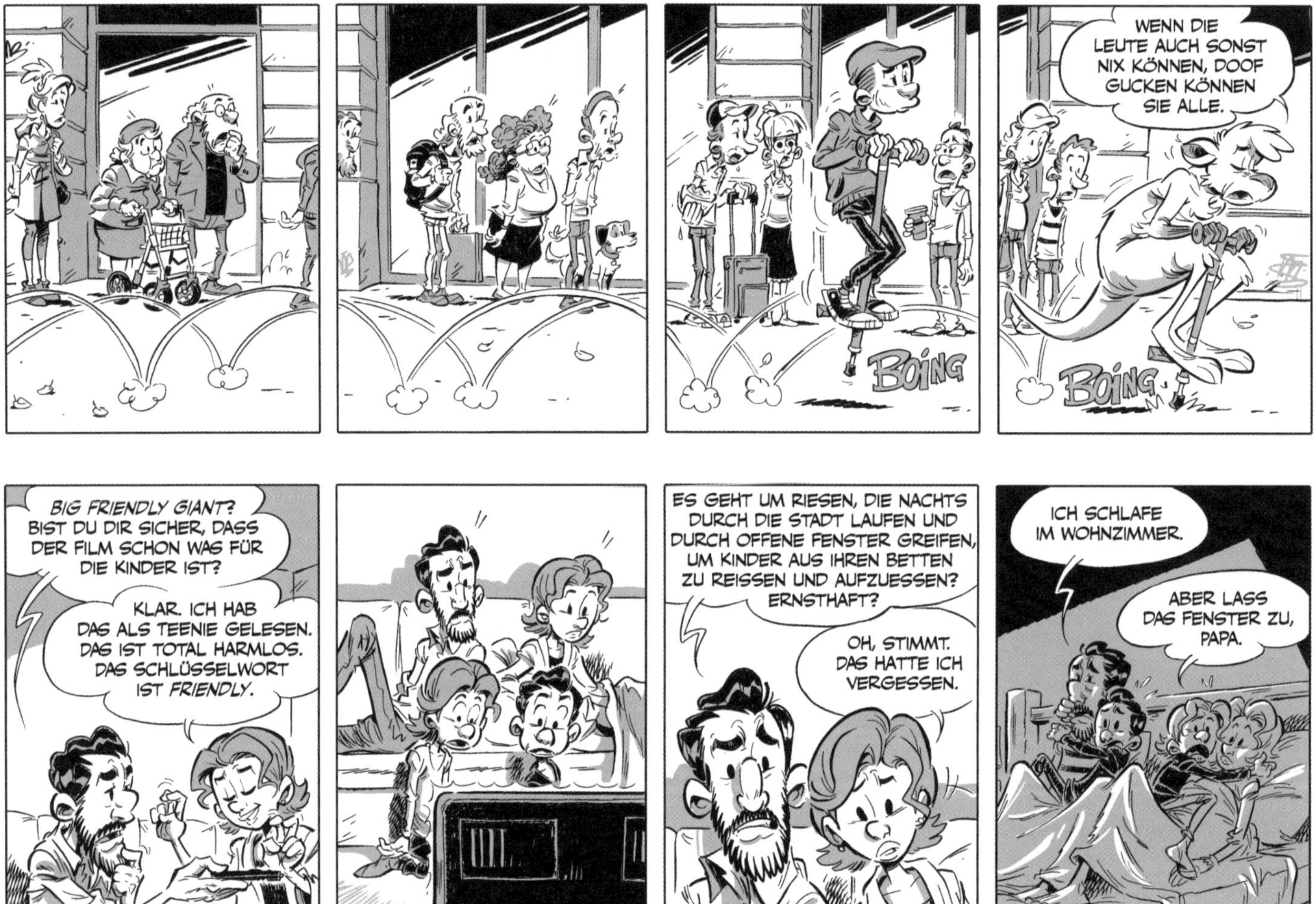
BOING
WENN DIE LEUTE AUCH SONST NIX KÖNNEN, DOOF GUCKEN KÖNNEN SIE ALLE.
BOING
BIG FRIENDLY GIANT? BIST DU DIR SICHER, DASS DER FILM SCHON WAS FÜR DIE KINDER IST?
KLAR. ICH HAB DAS ALS TEENIE GELESEN. DAS IST TOTAL HARMLOS. DAS SCHLÜSSELWORT IST *FRIENDLY*.
ES GEHT UM RIESEN, DIE NACHTS DURCH DIE STADT LAUFEN UND DURCH OFFENE FENSTER GREIFEN, UM KINDER AUS IHREN BETTEN ZU REISSEN UND AUFZUESSEN? ERNSTHAFT?
OH, STIMMT. DAS HATTE ICH VERGESSEN.
ICH SCHLAFE IM WOHNZIMMER.
ABER LASS DAS FENSTER ZU, PAPA.

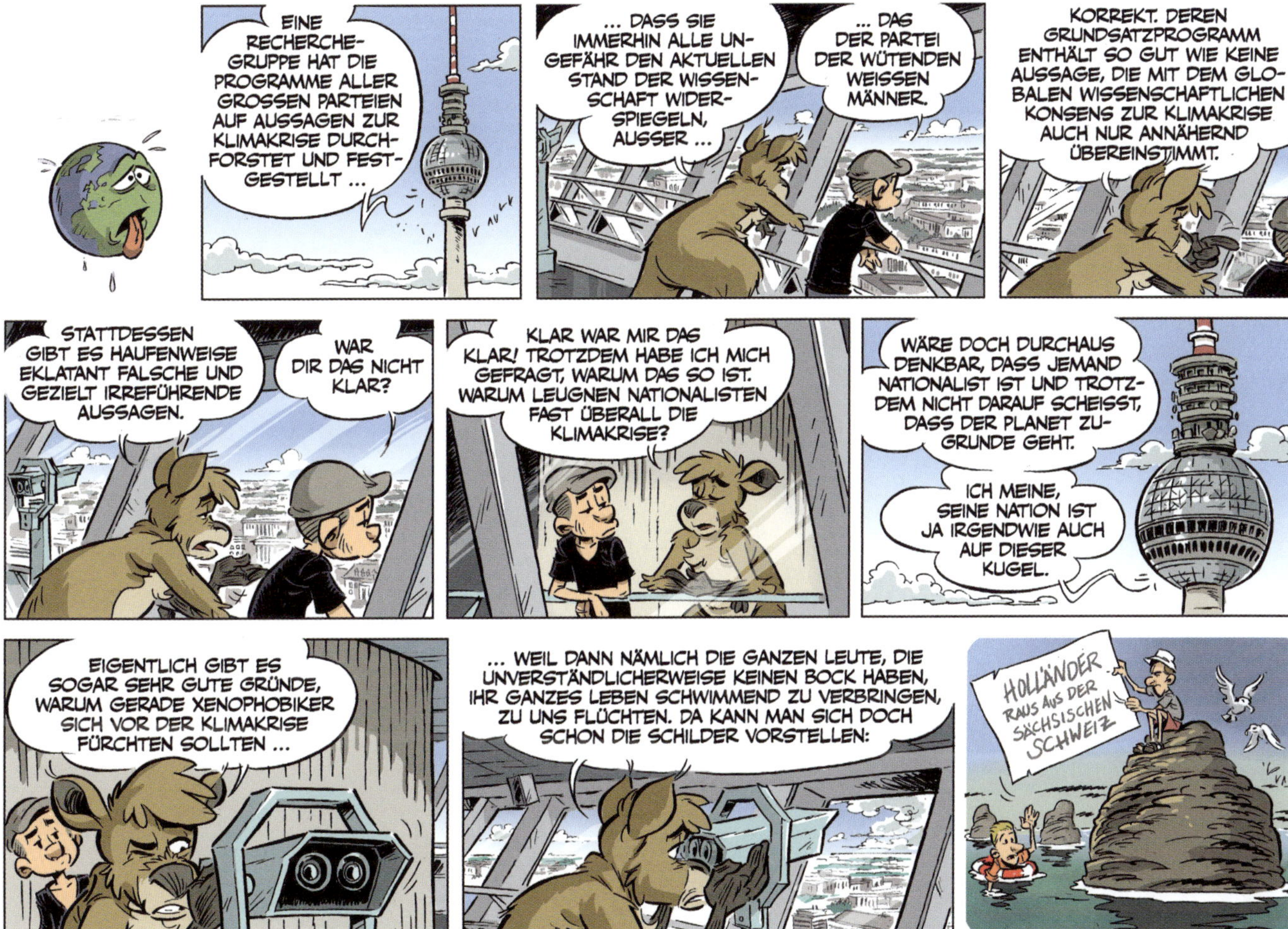

EINE RECHERCHE-GRUPPE HAT DIE PROGRAMME ALLER GROSSEN PARTEIEN AUF AUSSAGEN ZUR KLIMAKRISE DURCHFORSTET UND FESTGESTELLT …
… DASS SIE IMMERHIN ALLE UNGEFÄHR DEN AKTUELLEN STAND DER WISSENSCHAFT WIDERSPIEGELN, AUSSER …
… DAS DER PARTEI DER WÜTENDEN WEISSEN MÄNNER.
KORREKT. DEREN GRUNDSATZPROGRAMM ENTHÄLT SO GUT WIE KEINE AUSSAGE, DIE MIT DEM GLOBALEN WISSENSCHAFTLICHEN KONSENS ZUR KLIMAKRISE AUCH NUR ANNÄHERND ÜBEREINSTIMMT.
STATTDESSEN GIBT ES HAUFENWEISE EKLATANT FALSCHE UND GEZIELT IRREFÜHRENDE AUSSAGEN.
WAR DIR DAS NICHT KLAR?
KLAR WAR MIR DAS KLAR! TROTZDEM HABE ICH MICH GEFRAGT, WARUM DAS SO IST. WARUM LEUGNEN NATIONALISTEN FAST ÜBERALL DIE KLIMAKRISE?
WÄRE DOCH DURCHAUS DENKBAR, DASS JEMAND NATIONALIST IST UND TROTZDEM NICHT DARAUF SCHEISST, DASS DER PLANET ZUGRUNDE GEHT.
ICH MEINE, SEINE NATION IST JA IRGENDWIE AUCH AUF DIESER KUGEL.
EIGENTLICH GIBT ES SOGAR SEHR GUTE GRÜNDE, WARUM GERADE XENOPHOBIKER SICH VOR DER KLIMAKRISE FÜRCHTEN SOLLTEN …
… WEIL DANN NÄMLICH DIE GANZEN LEUTE, DIE UNVERSTÄNDLICHERWEISE KEINEN BOCK HABEN, IHR GANZES LEBEN SCHWIMMEND ZU VERBRINGEN, ZU UNS FLÜCHTEN. DA KANN MAN SICH DOCH SCHON DIE SCHILDER VORSTELLEN:
HOLLÄNDER RAUS AUS DER SÄCHSISCHEN SCHWEIZ

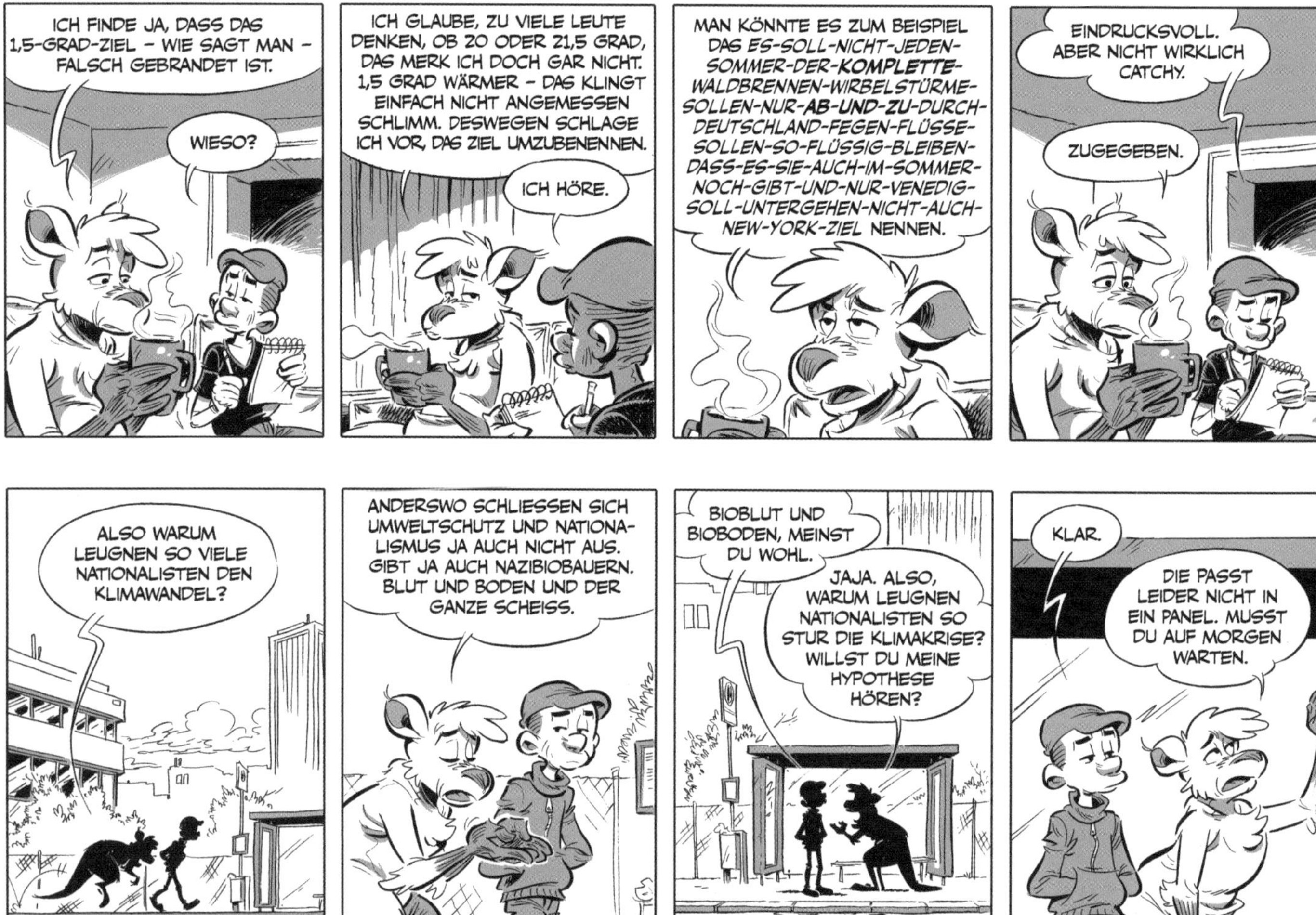
ICH FINDE JA, DASS DAS 1,5-GRAD-ZIEL – WIE SAGT MAN – FALSCH GEBRANDET IST.
WIESO?
ICH GLAUBE, ZU VIELE LEUTE DENKEN, OB 20 ODER 21,5 GRAD, DAS MERK ICH DOCH GAR NICHT. 1,5 GRAD WÄRMER – DAS KLINGT EINFACH NICHT ANGEMESSEN SCHLIMM. DESWEGEN SCHLAGE ICH VOR, DAS ZIEL UMZUBENENNEN.
ICH HÖRE.
MAN KÖNNTE ES ZUM BEISPIEL DAS *ES-SOLL-NICHT-JEDEN-SOMMER-DER-**KOMPLETTE**-WALDBRENNEN-WIRBELSTÜRME-SOLLEN-NUR-**AB-UND-ZU**-DURCH-DEUTSCHLAND-FEGEN-FLÜSSE-SOLLEN-SO-FLÜSSIG-BLEIBEN-DASS-ES-SIE-AUCH-IM-SOMMER-NOCH-GIBT-UND-NUR-VENEDIG-SOLL-UNTERGEHEN-NICHT-AUCH-NEW-YORK-ZIEL* NENNEN.
EINDRUCKSVOLL. ABER NICHT WIRKLICH CATCHY.
ZUGEGEBEN.
ALSO WARUM LEUGNEN SO VIELE NATIONALISTEN DEN KLIMAWANDEL?
ANDERSWO SCHLIESSEN SICH UMWELTSCHUTZ UND NATIONALISMUS JA AUCH NICHT AUS. GIBT JA AUCH NAZIBIOBAUERN. BLUT UND BODEN UND DER GANZE SCHEISS.
BIOBLUT UND BIOBODEN, MEINST DU WOHL.
JAJA. ALSO, WARUM LEUGNEN NATIONALISTEN SO STUR DIE KLIMAKRISE? WILLST DU MEINE HYPOTHESE HÖREN?
KLAR.
DIE PASST LEIDER NICHT IN EIN PANEL. MUSST DU AUF MORGEN WARTEN.

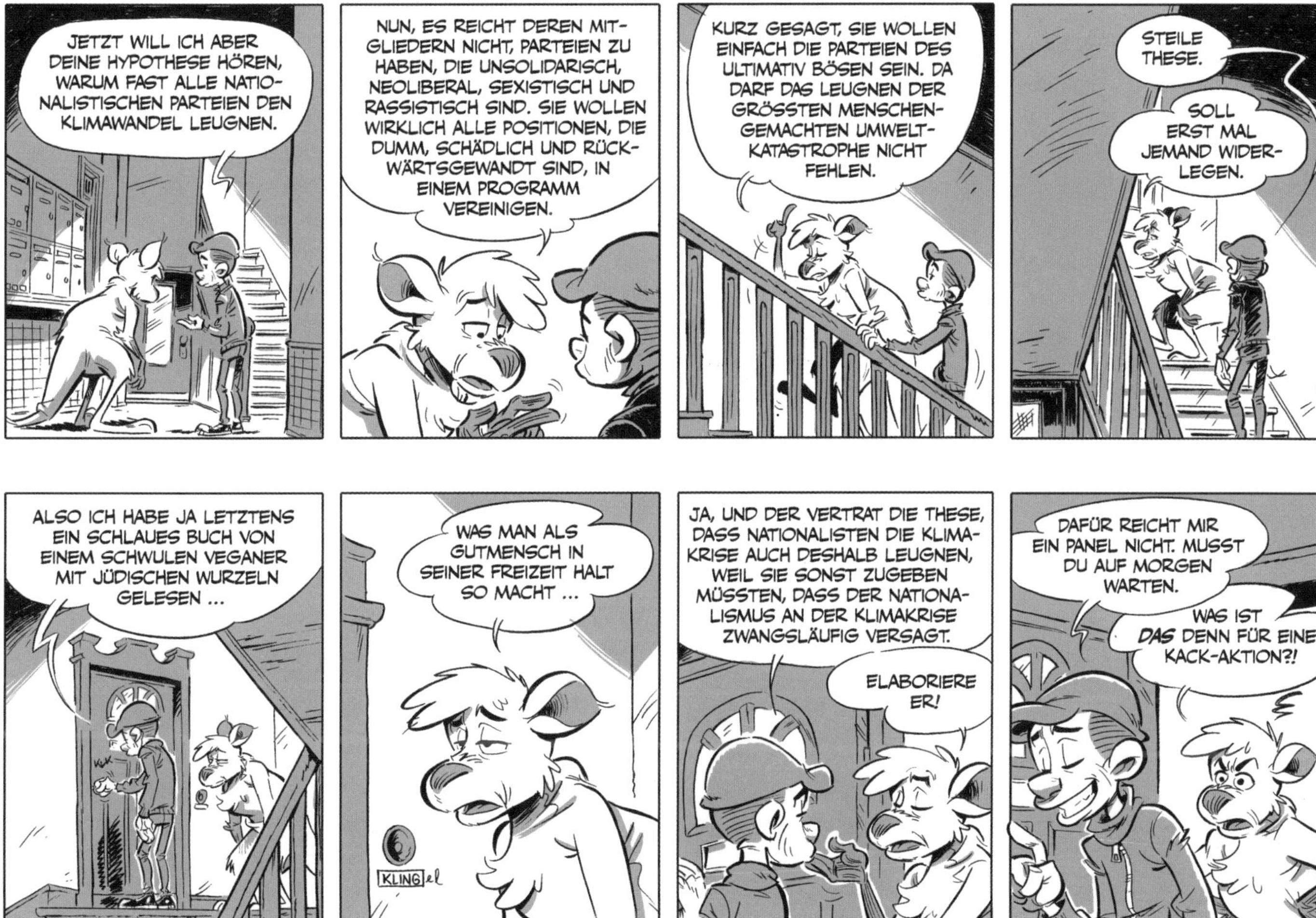
JETZT WILL ICH ABER DEINE HYPOTHESE HÖREN, WARUM FAST ALLE NATIONALISTISCHEN PARTEIEN DEN KLIMAWANDEL LEUGNEN.
NUN, ES REICHT DEREN MITGLIEDERN NICHT, PARTEIEN ZU HABEN, DIE UNSOLIDARISCH, NEOLIBERAL, SEXISTISCH UND RASSISTISCH SIND. SIE WOLLEN WIRKLICH ALLE POSITIONEN, DIE DUMM, SCHÄDLICH UND RÜCKWÄRTSGEWANDT SIND, IN EINEM PROGRAMM VEREINIGEN.
KURZ GESAGT, SIE WOLLEN EINFACH DIE PARTEIEN DES ULTIMATIV BÖSEN SEIN. DA DARF DAS LEUGNEN DER GRÖSSTEN MENSCHENGEMACHTEN UMWELTKATASTROPHE NICHT FEHLEN.
STEILE THESE.
SOLL ERST MAL JEMAND WIDERLEGEN.
ALSO ICH HABE JA LETZTENS EIN SCHLAUES BUCH VON EINEM SCHWULEN VEGANER MIT JÜDISCHEN WURZELN GELESEN …
WAS MAN ALS GUTMENSCH IN SEINER FREIZEIT HALT SO MACHT …
KLINGel
JA, UND DER VERTRAT DIE THESE, DASS NATIONALISTEN DIE KLIMAKRISE AUCH DESHALB LEUGNEN, WEIL SIE SONST ZUGEBEN MÜSSTEN, DASS DER NATIONALISMUS AN DER KLIMAKRISE ZWANGSLÄUFIG VERSAGT.
ELABORIERE ER!
DAFÜR REICHT MIR EIN PANEL NICHT. MUSST DU AUF MORGEN WARTEN.
WAS IST *DAS* DENN FÜR EINE KACK-AKTION?!

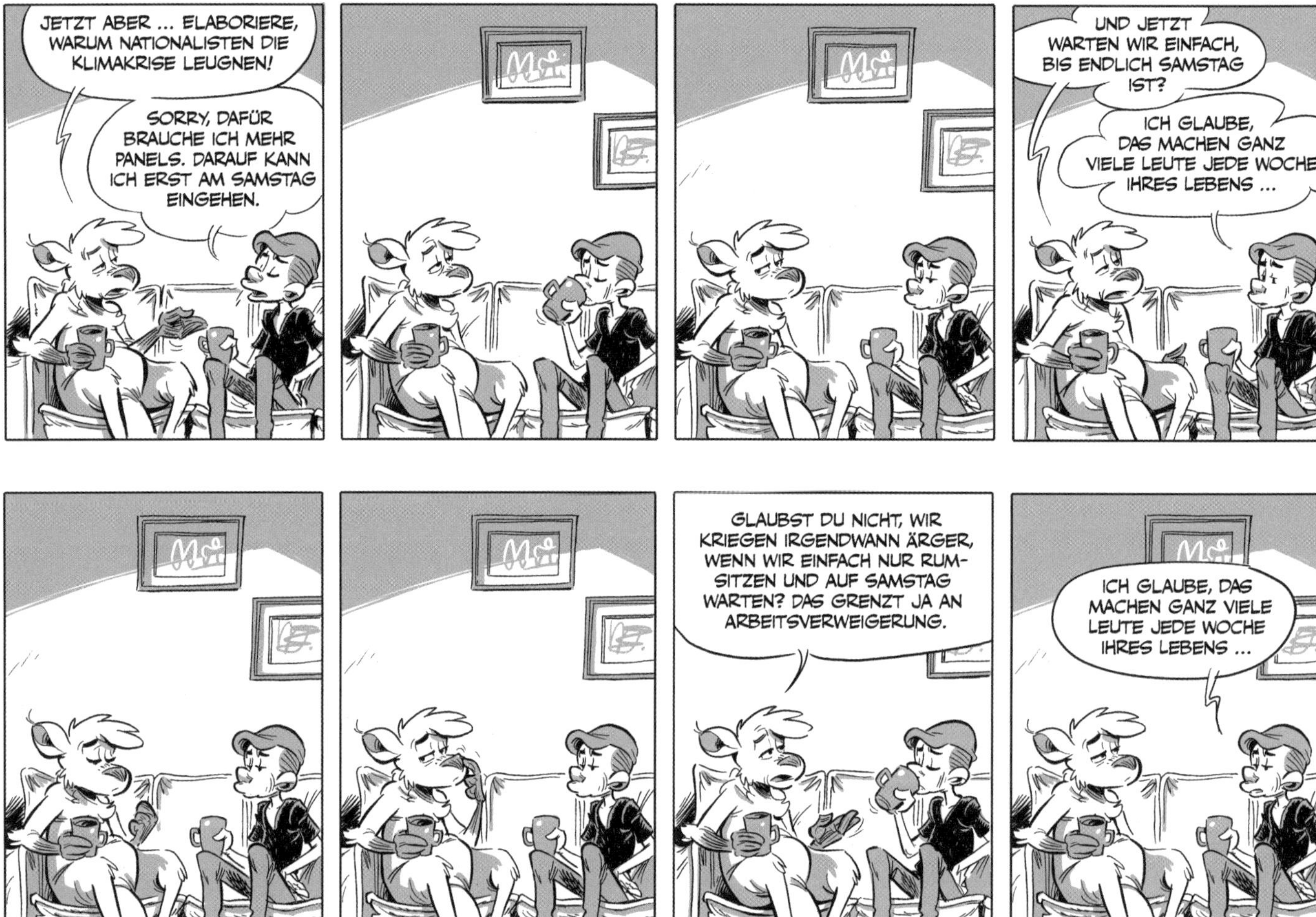
JETZT ABER ... ELABORIERE, WARUM NATIONALISTEN DIE KLIMAKRISE LEUGNEN!
SORRY, DAFÜR BRAUCHE ICH MEHR PANELS. DARAUF KANN ICH ERST AM SAMSTAG EINGEHEN.
UND JETZT WARTEN WIR EINFACH, BIS ENDLICH SAMSTAG IST?
ICH GLAUBE, DAS MACHEN GANZ VIELE LEUTE JEDE WOCHE IHRES LEBENS ...
GLAUBST DU NICHT, WIR KRIEGEN IRGENDWANN ÄRGER, WENN WIR EINFACH NUR RUMSITZEN UND AUF SAMSTAG WARTEN? DAS GRENZT JA AN ARBEITSVERWEIGERUNG.
ICH GLAUBE, DAS MACHEN GANZ VIELE LEUTE JEDE WOCHE IHRES LEBENS ...

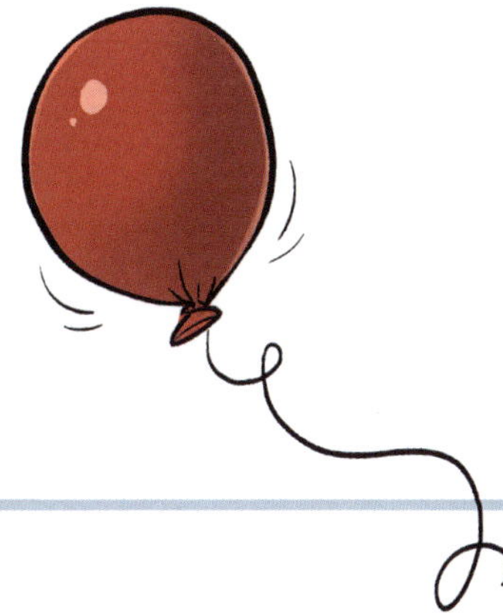

OKTOBER 2022

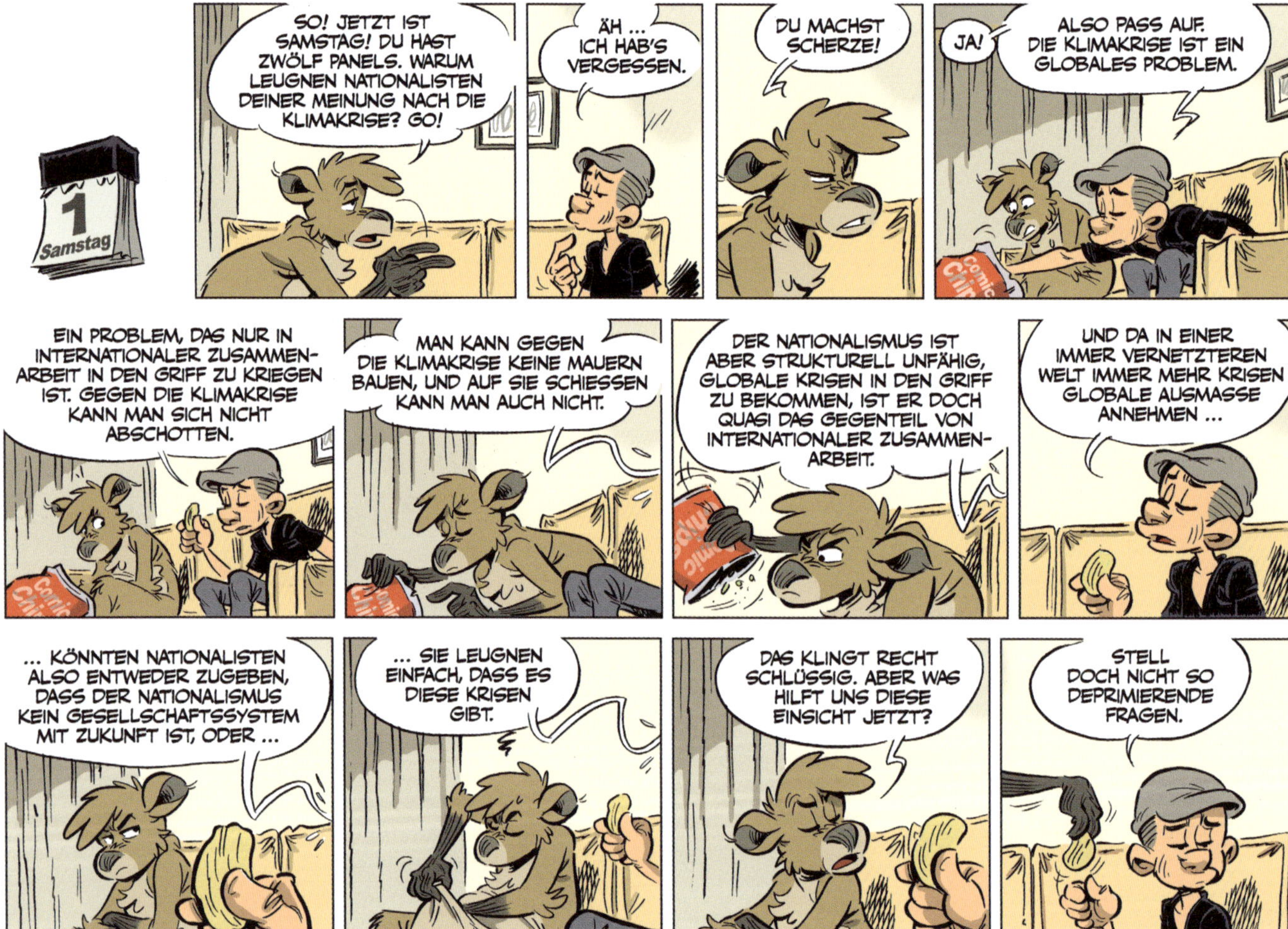
1
Samstag
SO! JETZT IST SAMSTAG! DU HAST ZWÖLF PANELS. WARUM LEUGNEN NATIONALISTEN DEINER MEINUNG NACH DIE KLIMAKRISE? GO!
ÄH … ICH HAB'S VERGESSEN.
DU MACHST SCHERZE!
JA!
ALSO PASS AUF. DIE KLIMAKRISE IST EIN GLOBALES PROBLEM.
EIN PROBLEM, DAS NUR IN INTERNATIONALER ZUSAMMENARBEIT IN DEN GRIFF ZU KRIEGEN IST. GEGEN DIE KLIMAKRISE KANN MAN SICH NICHT ABSCHOTTEN.
MAN KANN GEGEN DIE KLIMAKRISE KEINE MAUERN BAUEN, UND AUF SIE SCHIESSEN KANN MAN AUCH NICHT.
DER NATIONALISMUS IST ABER STRUKTURELL UNFÄHIG, GLOBALE KRISEN IN DEN GRIFF ZU BEKOMMEN, IST ER DOCH QUASI DAS GEGENTEIL VON INTERNATIONALER ZUSAMMENARBEIT.
UND DA IN EINER IMMER VERNETZTEREN WELT IMMER MEHR KRISEN GLOBALE AUSMASSE ANNEHMEN …
… KÖNNTEN NATIONALISTEN ALSO ENTWEDER ZUGEBEN, DASS DER NATIONALISMUS KEIN GESELLSCHAFTSSYSTEM MIT ZUKUNFT IST, ODER …
… SIE LEUGNEN EINFACH, DASS ES DIESE KRISEN GIBT.
DAS KLINGT RECHT SCHLÜSSIG. ABER WAS HILFT UNS DIESE EINSICHT JETZT?
STELL DOCH NICHT SO DEPRIMIERENDE FRAGEN.

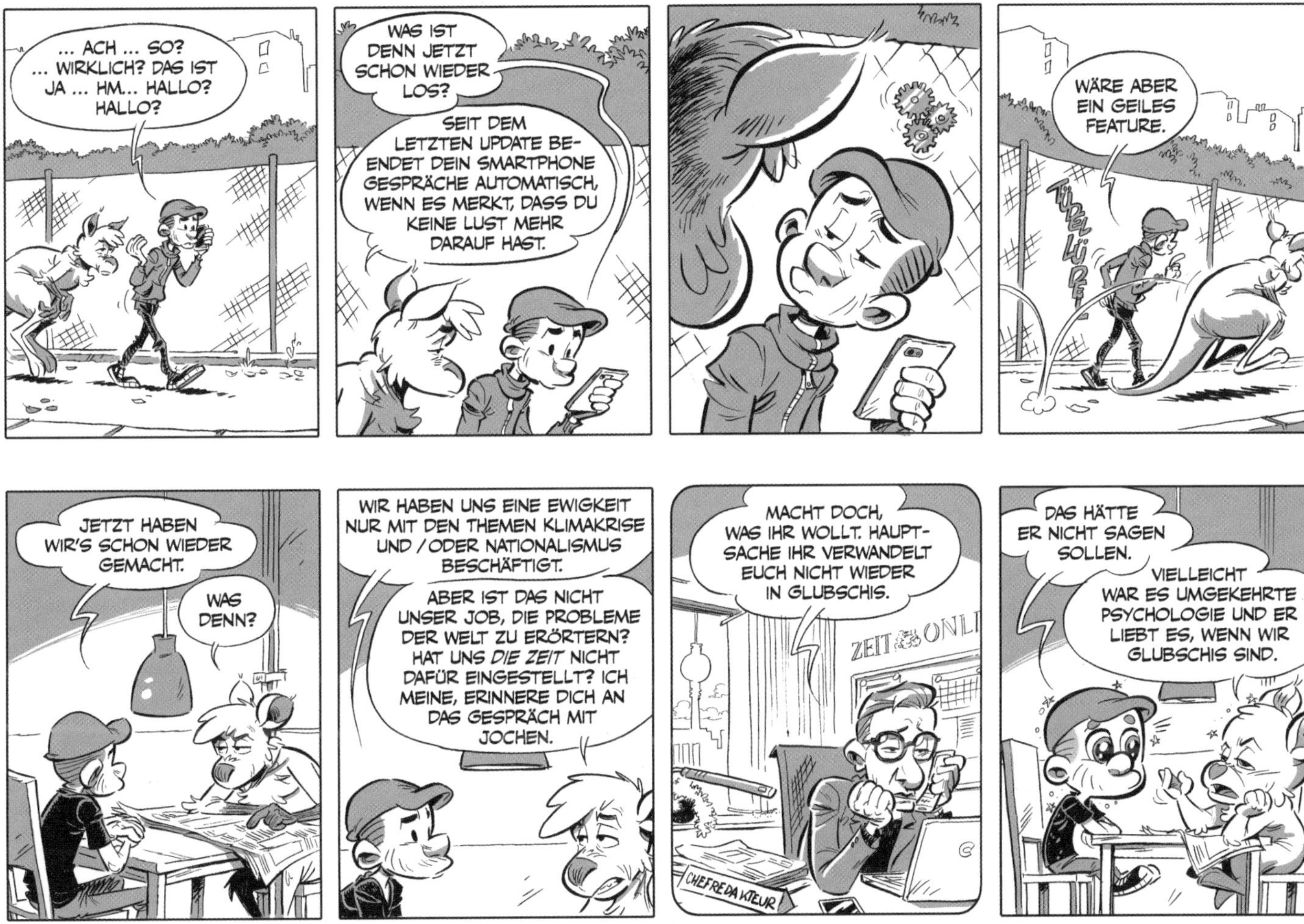
... ACH ... SO? ... WIRKLICH? DAS IST JA ... HM... HALLO? HALLO?
WAS IST DENN JETZT SCHON WIEDER LOS?
SEIT DEM LETZTEN UPDATE BEENDET DEIN SMARTPHONE GESPRÄCHE AUTOMATISCH, WENN ES MERKT, DASS DU KEINE LUST MEHR DARAUF HAST.
WÄRE ABER EIN GEILES FEATURE.
TÜDELÜDEL
JETZT HABEN WIR'S SCHON WIEDER GEMACHT.
WAS DENN?
WIR HABEN UNS EINE EWIGKEIT NUR MIT DEN THEMEN KLIMAKRISE UND / ODER NATIONALISMUS BESCHÄFTIGT.
ABER IST DAS NICHT UNSER JOB, DIE PROBLEME DER WELT ZU ERÖRTERN? HAT UNS *DIE ZEIT* NICHT DAFÜR EINGESTELLT? ICH MEINE, ERINNERE DICH AN DAS GESPRÄCH MIT JOCHEN.
MACHT DOCH, WAS IHR WOLLT. HAUPTSACHE IHR VERWANDELT EUCH NICHT WIEDER IN GLUBSCHIS.
CHEFREDAKTEUR
DAS HÄTTE ER NICHT SAGEN SOLLEN.
VIELLEICHT WAR ES UMGEKEHRTE PSYCHOLOGIE UND ER LIEBT ES, WENN WIR GLUBSCHIS SIND.

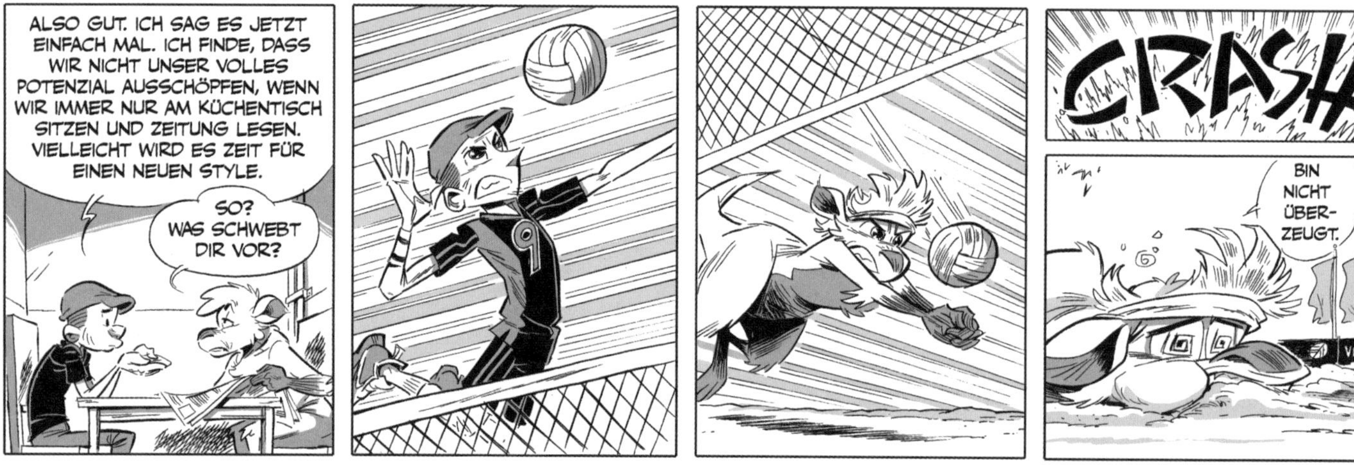
ALSO GUT. ICH SAG ES JETZT EINFACH MAL. ICH FINDE, DASS WIR NICHT UNSER VOLLES POTENZIAL AUSSCHÖPFEN, WENN WIR IMMER NUR AM KÜCHENTISCH SITZEN UND ZEITUNG LESEN. VIELLEICHT WIRD ES ZEIT FÜR EINEN NEUEN STYLE.
SO? WAS SCHWEBT DIR VOR?
CRASH
BIN NICHT ÜBER-ZEUGT.

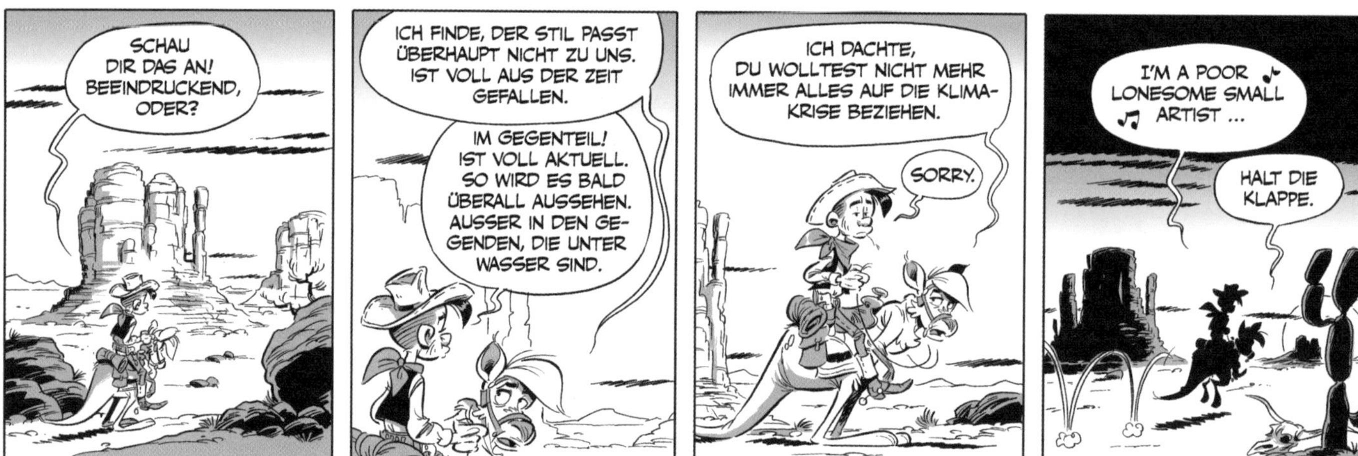
SCHAU DIR DAS AN! BEEINDRUCKEND, ODER?
ICH FINDE, DER STIL PASST ÜBERHAUPT NICHT ZU UNS. IST VOLL AUS DER ZEIT GEFALLEN.
IM GEGENTEIL! IST VOLL AKTUELL. SO WIRD ES BALD ÜBERALL AUSSEHEN. AUSSER IN DEN GE-GENDEN, DIE UNTER WASSER SIND.
ICH DACHTE, DU WOLLTEST NICHT MEHR IMMER ALLES AUF DIE KLIMA-KRISE BEZIEHEN.
SORRY.
I'M A POOR LONESOME SMALL ARTIST ...
HALT DIE KLAPPE.

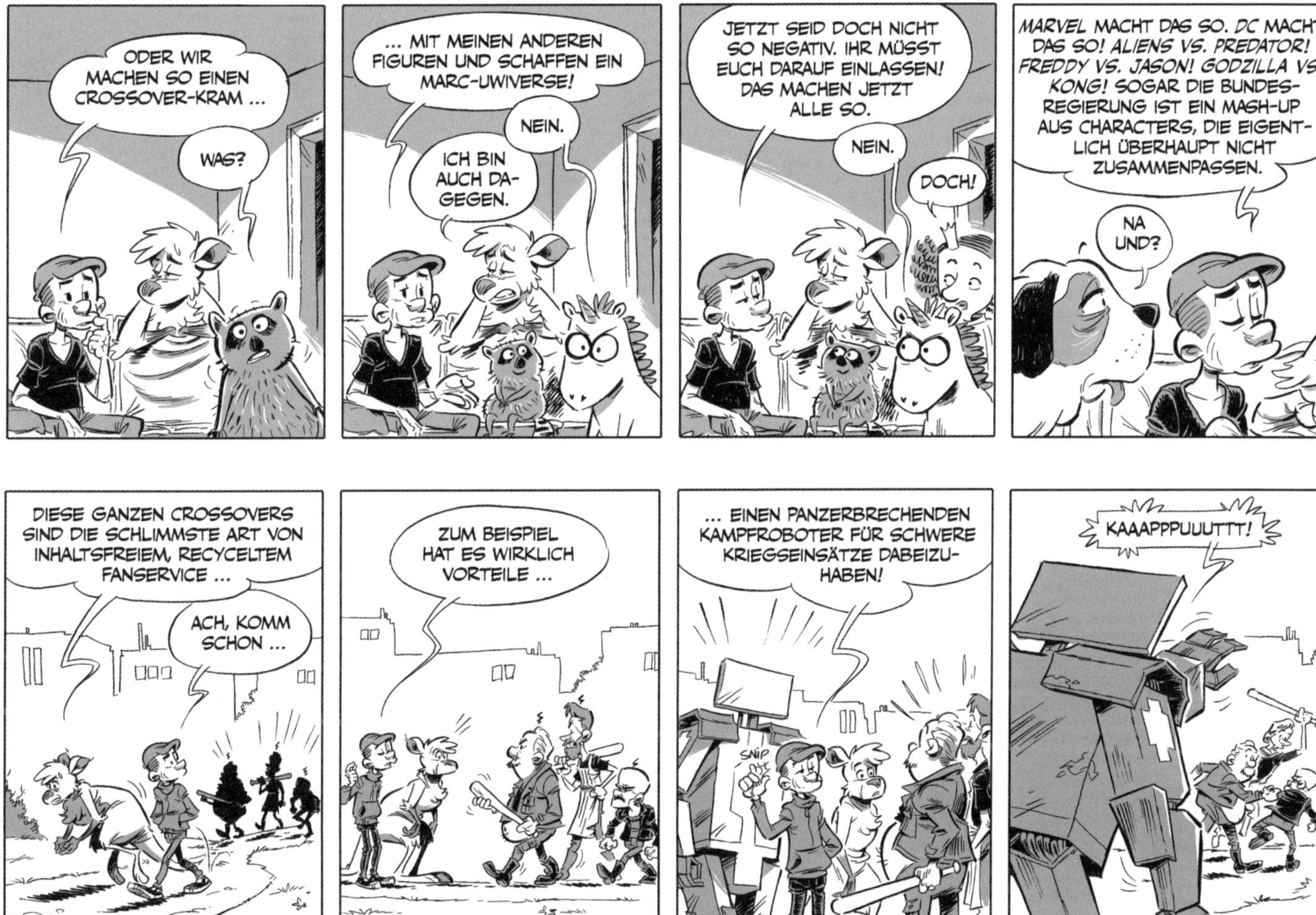
ODER WIR MACHEN SO EINEN CROSSOVER-KRAM ...
WAS?
... MIT MEINEN ANDEREN FIGUREN UND SCHAFFEN EIN MARC-UWIVERSE!
NEIN.
ICH BIN AUCH DA-GEGEN.
JETZT SEID DOCH NICHT SO NEGATIV. IHR MÜSST EUCH DARAUF EINLASSEN! DAS MACHEN JETZT ALLE SO.
NEIN.
DOCH!
MARVEL MACHT DAS SO. DC MACHT DAS SO! ALIENS VS. PREDATOR! FREDDY VS. JASON! GODZILLA VS. KONG! SOGAR DIE BUNDES-REGIERUNG IST EIN MASH-UP AUS CHARACTERS, DIE EIGENT-LICH ÜBERHAUPT NICHT ZUSAMMENPASSEN.
NA UND?
DIESE GANZEN CROSSOVERS SIND DIE SCHLIMMSTE ART VON INHALTSFREIEM, RECYCELTEM FANSERVICE ...
ACH, KOMM SCHON ...
ZUM BEISPIEL HAT ES WIRKLICH VORTEILE ...
... EINEN PANZERBRECHENDEN KAMPFROBOTER FÜR SCHWERE KRIEGSEINSÄTZE DABEIZU-HABEN!
SNIP
KAAAPPPUUUTTT!

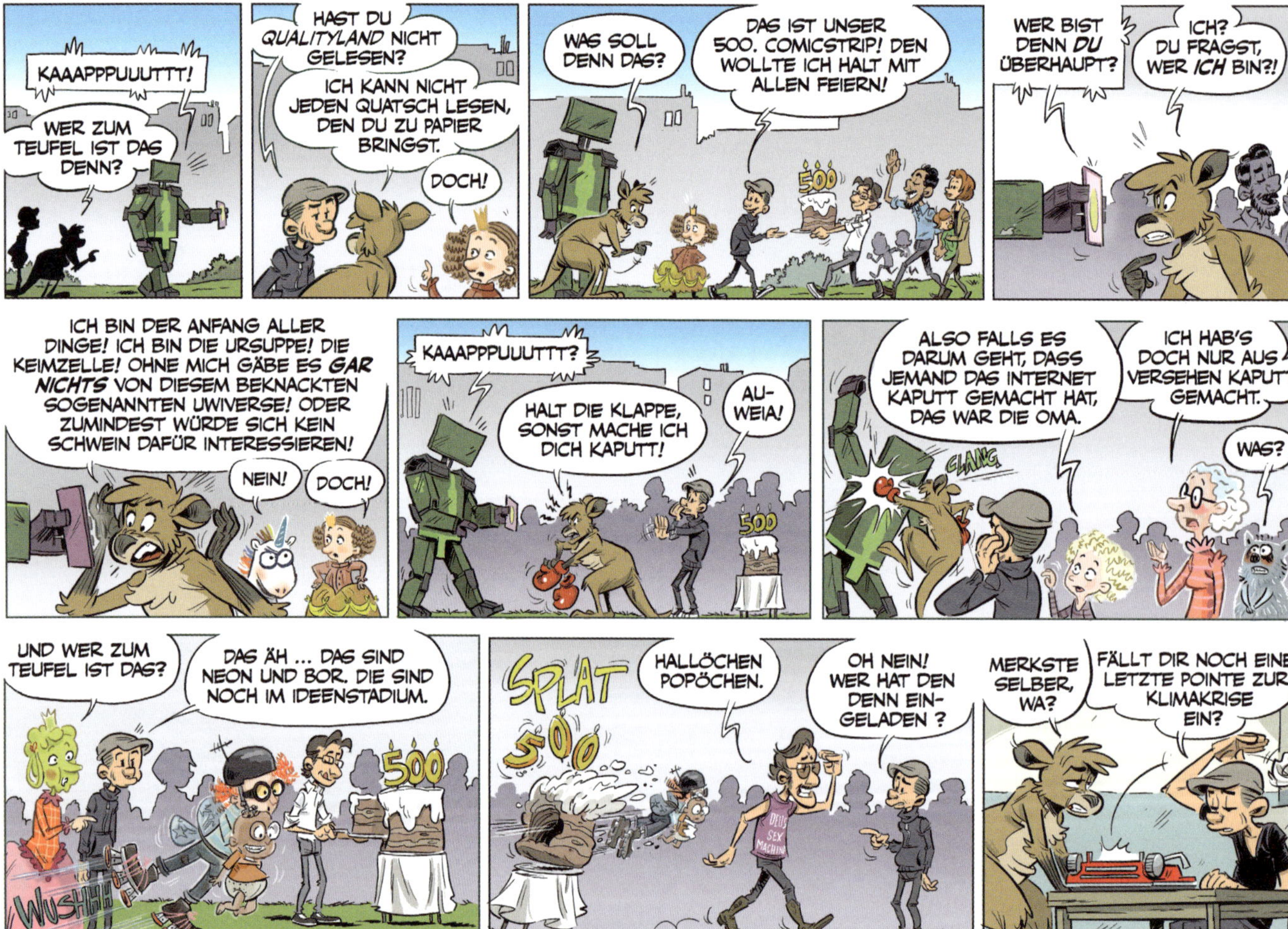
KAAAPPPUUUTTT!
WER ZUM TEUFEL IST DAS DENN?
HAST DU *QUALITYLAND* NICHT GELESEN?
ICH KANN NICHT JEDEN QUATSCH LESEN, DEN DU ZU PAPIER BRINGST.
DOCH!
WAS SOLL DENN DAS?
DAS IST UNSER 500. COMICSTRIP! DEN WOLLTE ICH HALT MIT ALLEN FEIERN!
500
WER BIST DENN **DU** ÜBERHAUPT?
ICH? DU FRAGST, WER **ICH** BIN?!
ICH BIN DER ANFANG ALLER DINGE! ICH BIN DIE URSUPPE! DIE KEIMZELLE! OHNE MICH GÄBE ES **GAR NICHTS** VON DIESEM BEKNACKTEN SOGENANNTEN UWIVERSE! ODER ZUMINDEST WÜRDE SICH KEIN SCHWEIN DAFÜR INTERESSIEREN!
NEIN!
DOCH!
KAAAPPPUUUTTT?
HALT DIE KLAPPE, SONST MACHE ICH DICH KAPUTT!
AU-WEIA!
500
ALSO FALLS ES DARUM GEHT, DASS JEMAND DAS INTERNET KAPUTT GEMACHT HAT, DAS WAR DIE OMA.
ICH HAB'S DOCH NUR AUS VERSEHEN KAPUTT GEMACHT.
CLANG
WAS?
UND WER ZUM TEUFEL IST DAS?
DAS ÄH ... DAS SIND NEON UND BOR. DIE SIND NOCH IM IDEENSTADIUM.
500
WUSHHH
SPLAT
500
HALLÖCHEN POPÖCHEN.
OH NEIN! WER HAT DEN DENN EIN-GELADEN ?
DEUS SEX MACHINA
MERKSTE SELBER, WA?
FÄLLT DIR NOCH EINE LETZTE POINTE ZUR KLIMAKRISE EIN?

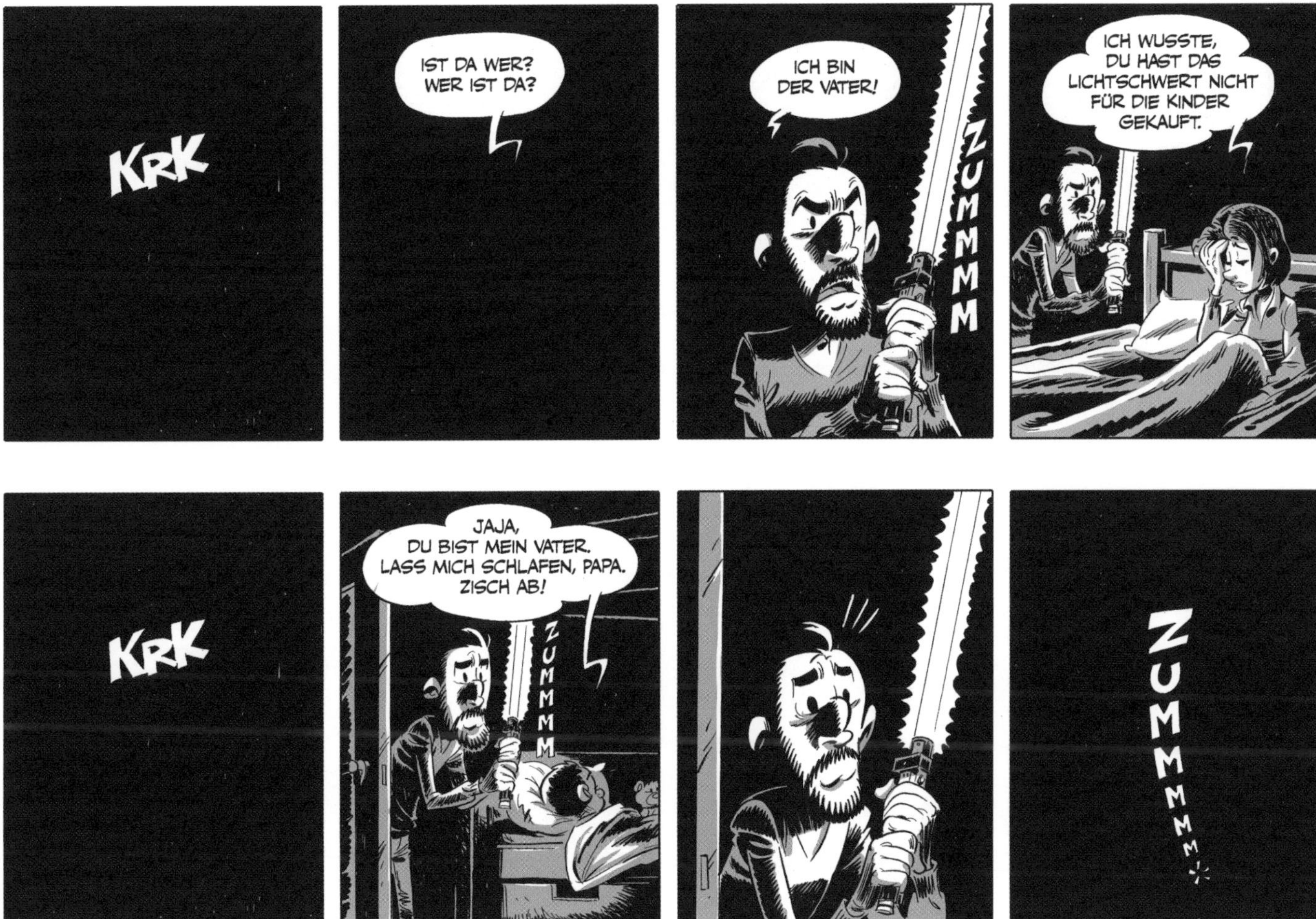
KRK
IST DA WER? WER IST DA?
ICH BIN DER VATER!
ZUMMMM
ICH WUSSTE, DU HAST DAS LICHTSCHWERT NICHT FÜR DIE KINDER GEKAUFT.
KRK
JAJA, DU BIST MEIN VATER. LASS MICH SCHLAFEN, PAPA. ZISCH AB!
ZUMMMM
ZUMMMMM

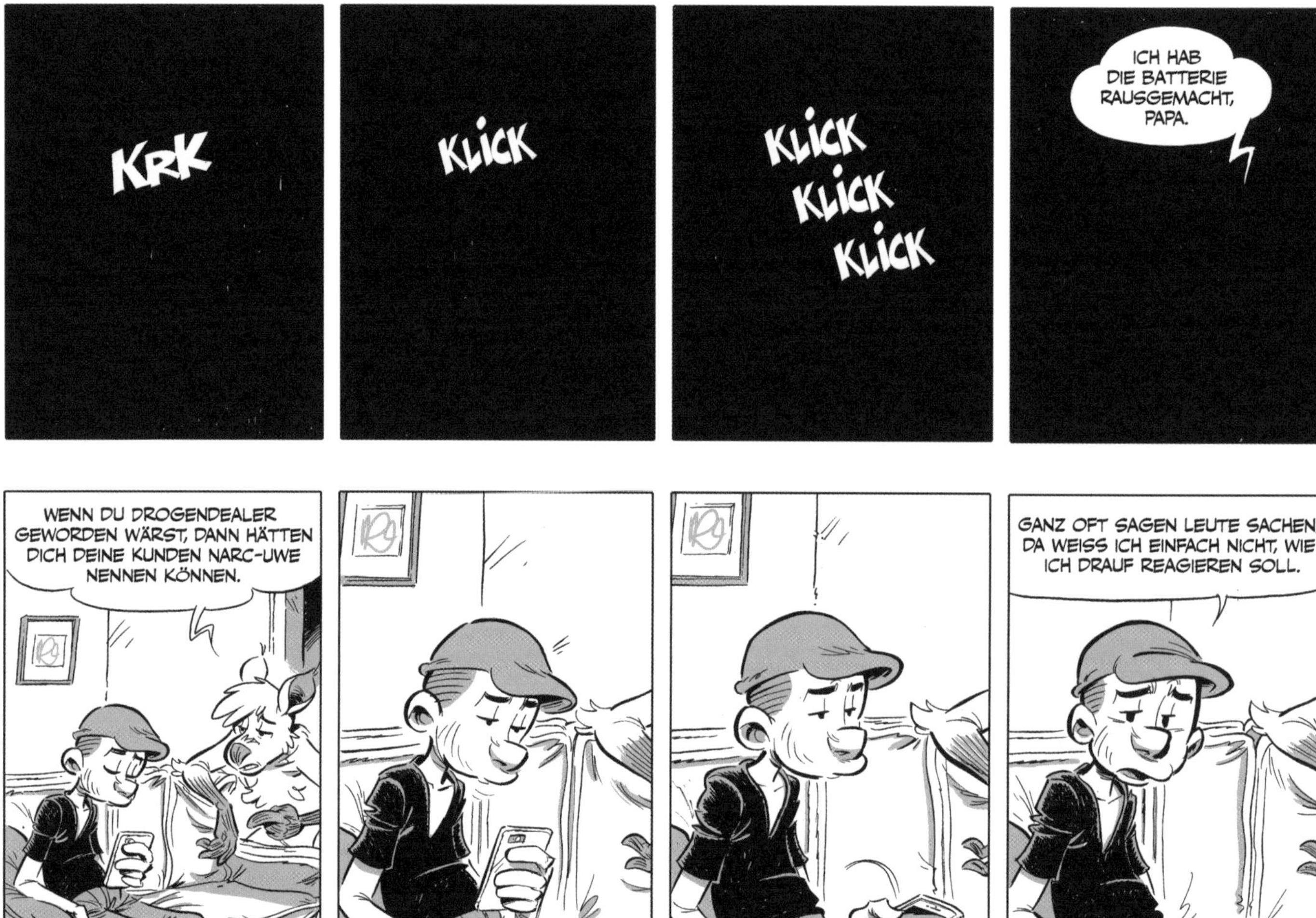
KRK
KLICK
KLICK
KLICK
KLICK
ICH HAB DIE BATTERIE RAUSGEMACHT, PAPA.
WENN DU DROGENDEALER GEWORDEN WÄRST, DANN HÄTTEN DICH DEINE KUNDEN NARC-UWE NENNEN KÖNNEN.
GANZ OFT SAGEN LEUTE SACHEN, DA WEISS ICH EINFACH NICHT, WIE ICH DRAUF REAGIEREN SOLL.

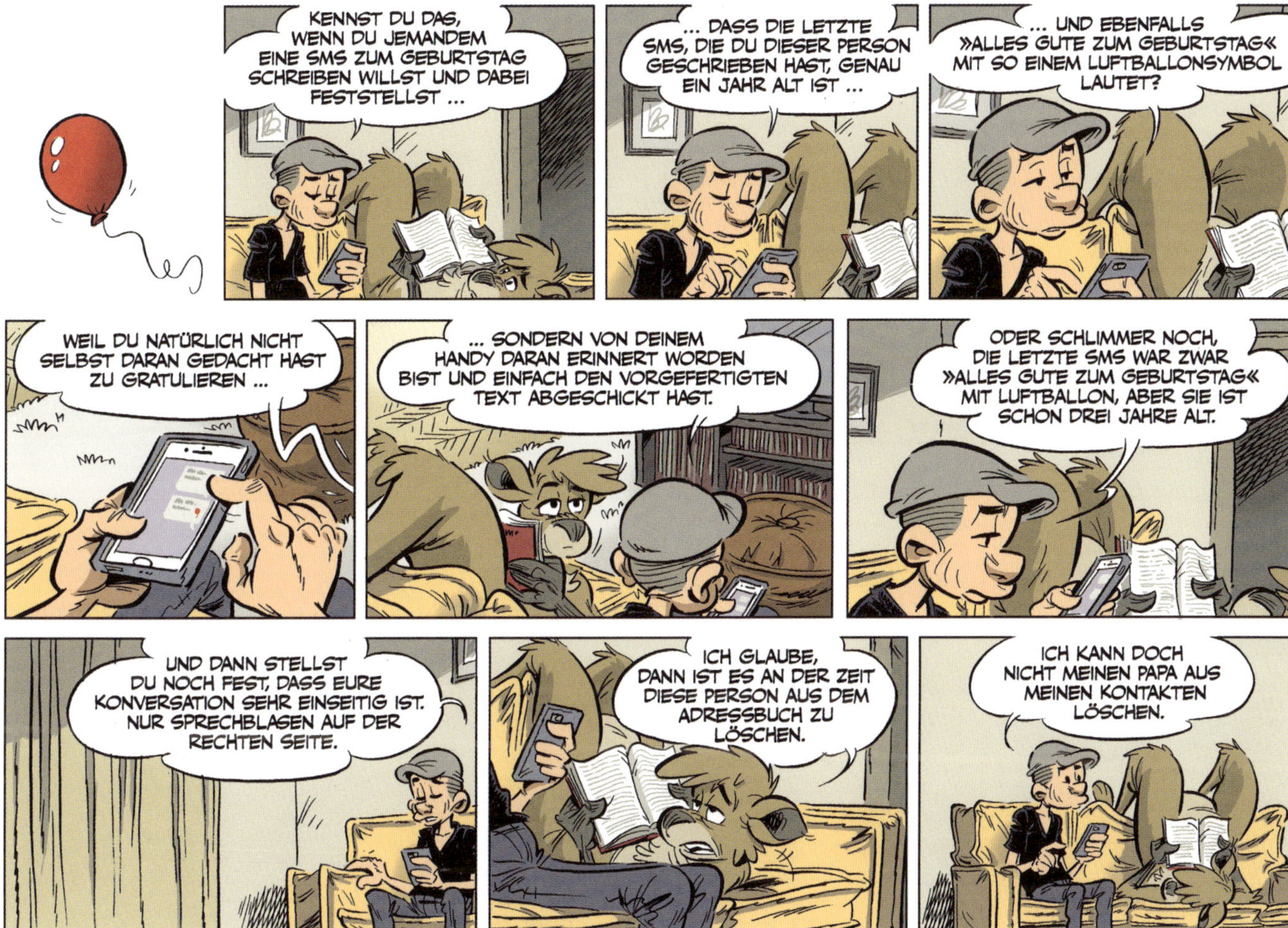
KENNST DU DAS, WENN DU JEMANDEM EINE SMS ZUM GEBURTSTAG SCHREIBEN WILLST UND DABEI FESTSTELLST …
… DASS DIE LETZTE SMS, DIE DU DIESER PERSON GESCHRIEBEN HAST, GENAU EIN JAHR ALT IST …
… UND EBENFALLS »ALLES GUTE ZUM GEBURTSTAG« MIT SO EINEM LUFTBALLONSYMBOL LAUTET?
WEIL DU NATÜRLICH NICHT SELBST DARAN GEDACHT HAST ZU GRATULIEREN …
… SONDERN VON DEINEM HANDY DARAN ERINNERT WORDEN BIST UND EINFACH DEN VORGEFERTIGTEN TEXT ABGESCHICKT HAST.
ODER SCHLIMMER NOCH, DIE LETZTE SMS WAR ZWAR »ALLES GUTE ZUM GEBURTSTAG« MIT LUFTBALLON, ABER SIE IST SCHON DREI JAHRE ALT.
UND DANN STELLST DU NOCH FEST, DASS EURE KONVERSATION SEHR EINSEITIG IST. NUR SPRECHBLASEN AUF DER RECHTEN SEITE.
ICH GLAUBE, DANN IST ES AN DER ZEIT DIESE PERSON AUS DEM ADRESSBUCH ZU LÖSCHEN.
ICH KANN DOCH NICHT MEINEN PAPA AUS MEINEN KONTAKTEN LÖSCHEN.

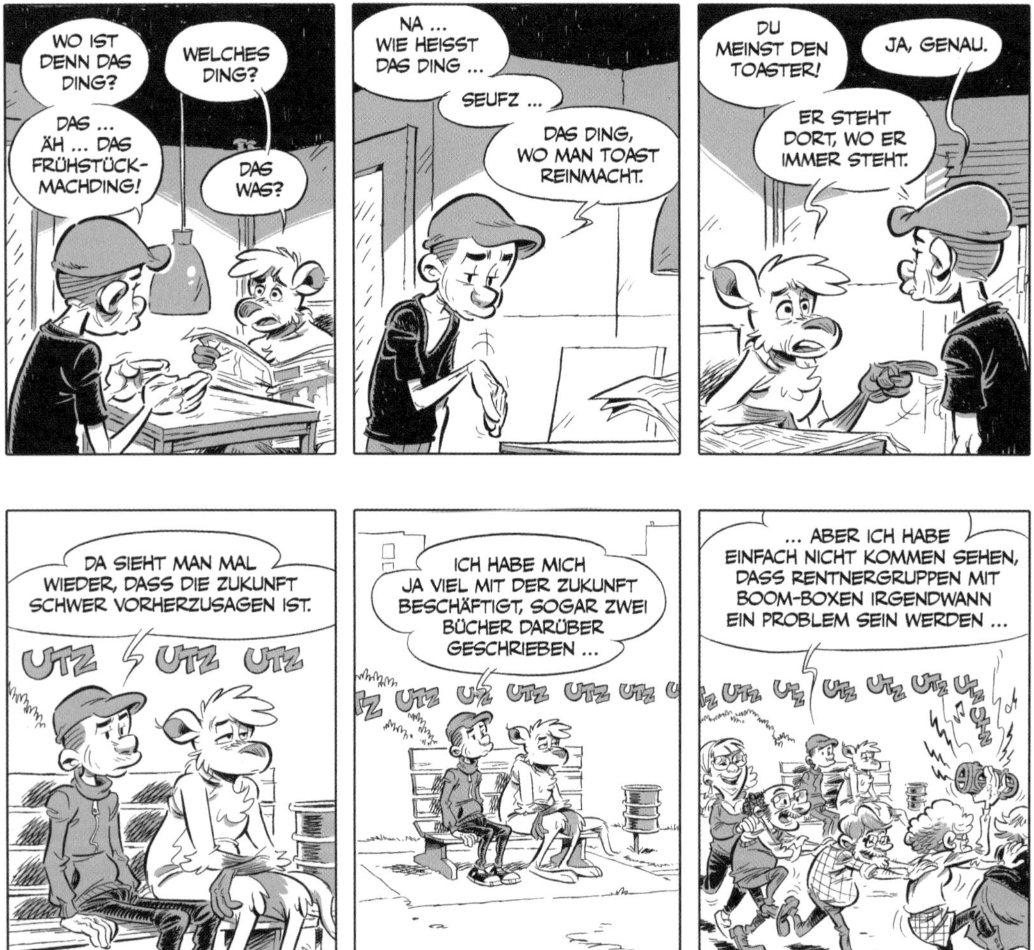

WO IST DENN DAS DING?
WELCHES DING?
DAS ... ÄH ... DAS FRÜHSTÜCK-MACHDING!
DAS WAS?
NA ... WIE HEISST DAS DING ...
SEUFZ ...
DAS DING, WO MAN TOAST REINMACHT.
DU MEINST DEN TOASTER!
JA, GENAU.
ER STEHT DORT, WO ER IMMER STEHT.
MANCHMAL MACHE ICH MIR SORGEN UM DICH.
MANCHMAL MACHE ICH MIR AUCH SORGEN.
DA SIEHT MAN MAL WIEDER, DASS DIE ZUKUNFT SCHWER VORHERZUSAGEN IST.
UTZ UTZ UTZ
ICH HABE MICH JA VIEL MIT DER ZUKUNFT BESCHÄFTIGT, SOGAR ZWEI BÜCHER DARÜBER GESCHRIEBEN ...
UTZ UTZ UTZ UTZ UTZ
... ABER ICH HABE EINFACH NICHT KOMMEN SEHEN, DASS RENTNERGRUPPEN MIT BOOM-BOXEN IRGENDWANN EIN PROBLEM SEIN WERDEN ...
UTZ UTZ UTZ UTZ UTZ
TECHNOLOGIE KANN DEFINITIV ZU BENUTZER-FREUNDLICH WERDEN.

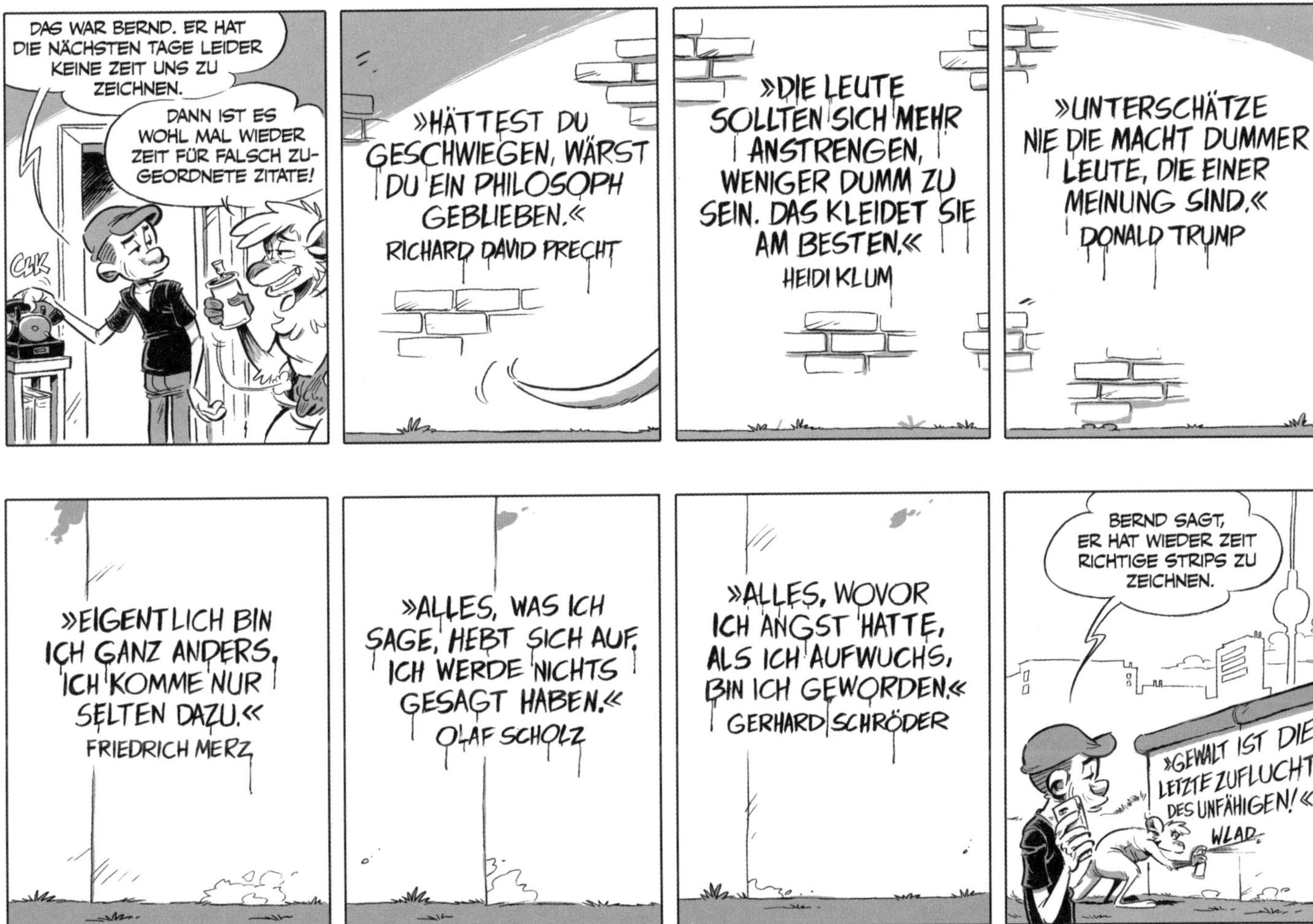
DAS WAR BERND. ER HAT DIE NÄCHSTEN TAGE LEIDER KEINE ZEIT UNS ZU ZEICHNEN.
DANN IST ES WOHL MAL WIEDER ZEIT FÜR FALSCH ZUGEORDNETE ZITATE!
»HÄTTEST DU GESCHWIEGEN, WÄRST DU EIN PHILOSOPH GEBLIEBEN.« RICHARD DAVID PRECHT
»DIE LEUTE SOLLTEN SICH MEHR ANSTRENGEN, WENIGER DUMM ZU SEIN. DAS KLEIDET SIE AM BESTEN.« HEIDI KLUM
»UNTERSCHÄTZE NIE DIE MACHT DUMMER LEUTE, DIE EINER MEINUNG SIND.« DONALD TRUMP
»EIGENTLICH BIN ICH GANZ ANDERS, ICH KOMME NUR SELTEN DAZU.« FRIEDRICH MERZ
»ALLES, WAS ICH SAGE, HEBT SICH AUF. ICH WERDE NICHTS GESAGT HABEN.« OLAF SCHOLZ
»ALLES, WOVOR ICH ANGST HATTE, ALS ICH AUFWUCHS, BIN ICH GEWORDEN.« GERHARD SCHRÖDER
BERND SAGT, ER HAT WIEDER ZEIT RICHTIGE STRIPS ZU ZEICHNEN.
»GEWALT IST DIE LETZTE ZUFLUCHT DES UNFÄHIGEN!« WLAD

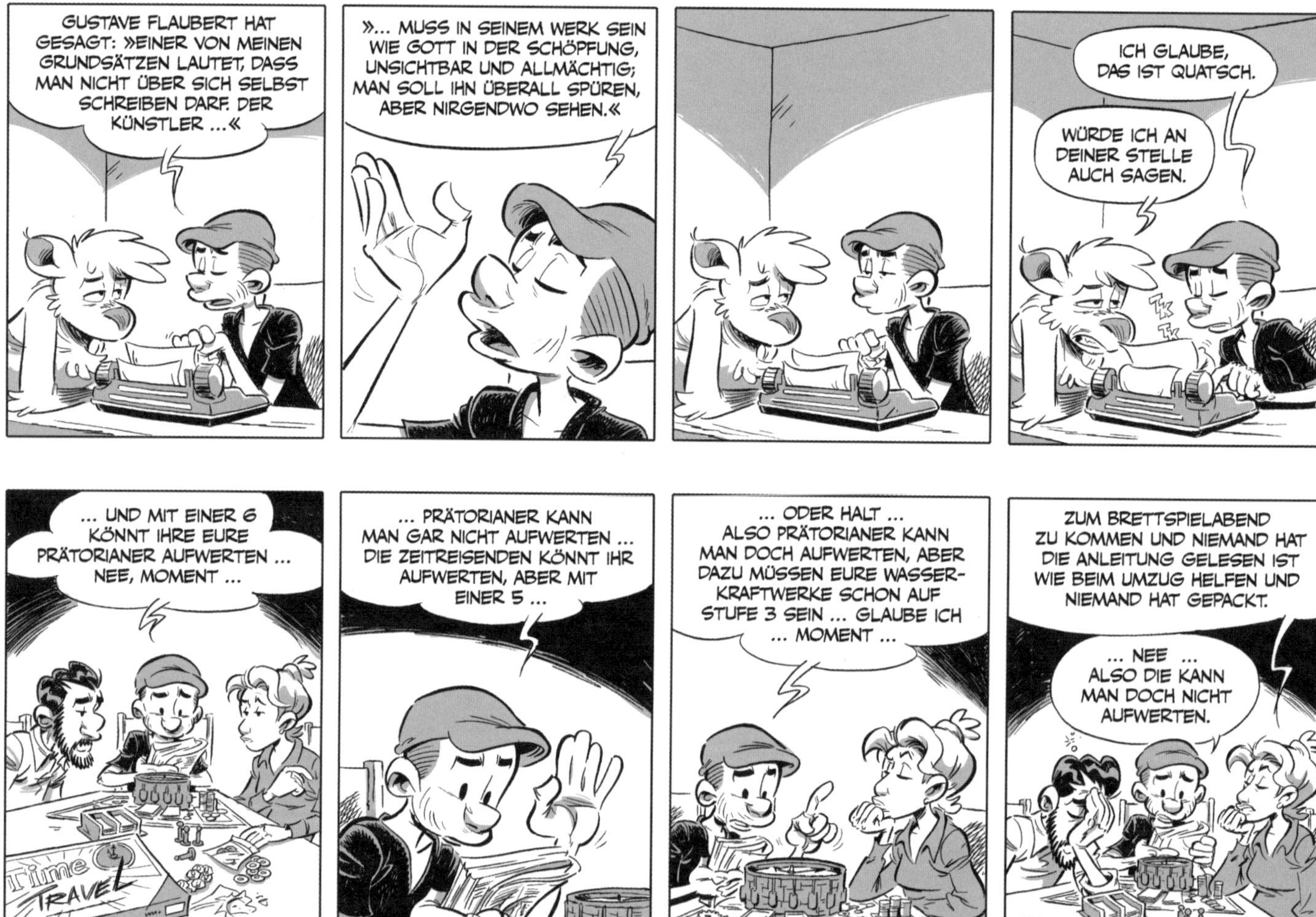
GUSTAVE FLAUBERT HAT GESAGT: »EINER VON MEINEN GRUNDSÄTZEN LAUTET, DASS MAN NICHT ÜBER SICH SELBST SCHREIBEN DARF. DER KÜNSTLER ...«
»... MUSS IN SEINEM WERK SEIN WIE GOTT IN DER SCHÖPFUNG, UNSICHTBAR UND ALLMÄCHTIG; MAN SOLL IHN ÜBERALL SPÜREN, ABER NIRGENDWO SEHEN.«
ICH GLAUBE, DAS IST QUATSCH.
WÜRDE ICH AN DEINER STELLE AUCH SAGEN.
TK TK
... UND MIT EINER 6 KÖNNT IHRE EURE PRÄTORIANER AUFWERTEN ... NEE, MOMENT ...
Time TRAVEL
... PRÄTORIANER KANN MAN GAR NICHT AUFWERTEN ... DIE ZEITREISENDEN KÖNNT IHR AUFWERTEN, ABER MIT EINER 5 ...
... ODER HALT ... ALSO PRÄTORIANER KANN MAN DOCH AUFWERTEN, ABER DAZU MÜSSEN EURE WASSER-KRAFTWERKE SCHON AUF STUFE 3 SEIN ... GLAUBE ICH ... MOMENT ...
ZUM BRETTSPIELABEND ZU KOMMEN UND NIEMAND HAT DIE ANLEITUNG GELESEN IST WIE BEIM UMZUG HELFEN UND NIEMAND HAT GEPACKT.
... NEE ... ALSO DIE KANN MAN DOCH NICHT AUFWERTEN.

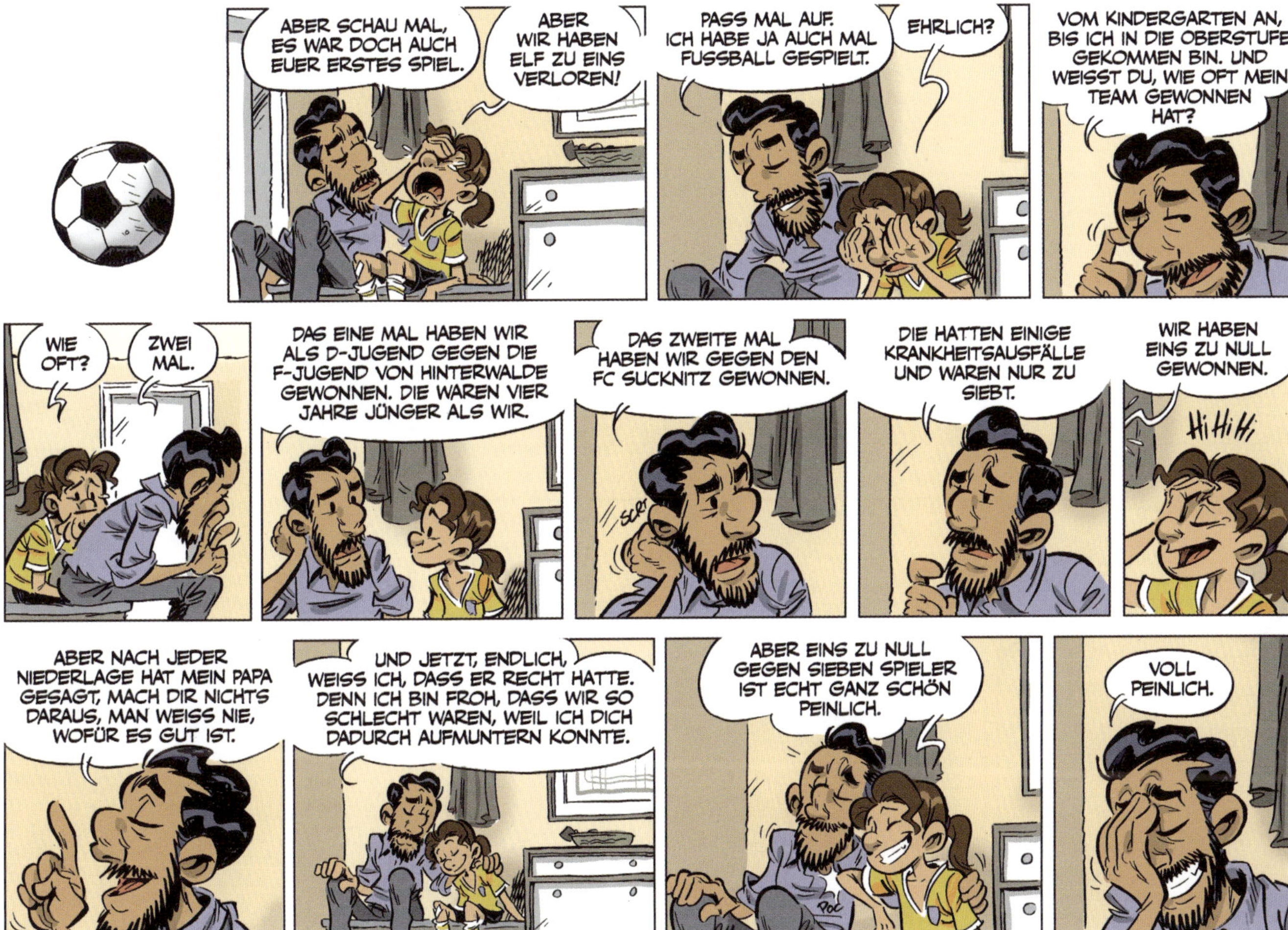
ABER SCHAU MAL, ES WAR DOCH AUCH EUER ERSTES SPIEL.
ABER WIR HABEN ELF ZU EINS VERLOREN!
PASS MAL AUF. ICH HABE JA AUCH MAL FUSSBALL GESPIELT.
EHRLICH?
VOM KINDERGARTEN AN, BIS ICH IN DIE OBERSTUFE GEKOMMEN BIN. UND WEISST DU, WIE OFT MEIN TEAM GEWONNEN HAT?
WIE OFT?
ZWEI MAL.
DAS EINE MAL HABEN WIR ALS D-JUGEND GEGEN DIE F-JUGEND VON HINTERWALDE GEWONNEN. DIE WAREN VIER JAHRE JÜNGER ALS WIR.
DAS ZWEITE MAL HABEN WIR GEGEN DEN FC SUCKNITZ GEWONNEN.
DIE HATTEN EINIGE KRANKHEITSAUSFÄLLE UND WAREN NUR ZU SIEBT.
WIR HABEN EINS ZU NULL GEWONNEN.
HI HI HI
ABER NACH JEDER NIEDERLAGE HAT MEIN PAPA GESAGT, MACH DIR NICHTS DARAUS, MAN WEISS NIE, WOFÜR ES GUT IST.
UND JETZT, ENDLICH, WEISS ICH, DASS ER RECHT HATTE. DENN ICH BIN FROH, DASS WIR SO SCHLECHT WAREN, WEIL ICH DICH DADURCH AUFMUNTERN KONNTE.
ABER EINS ZU NULL GEGEN SIEBEN SPIELER IST ECHT GANZ SCHÖN PEINLICH.
POC
VOLL PEINLICH.

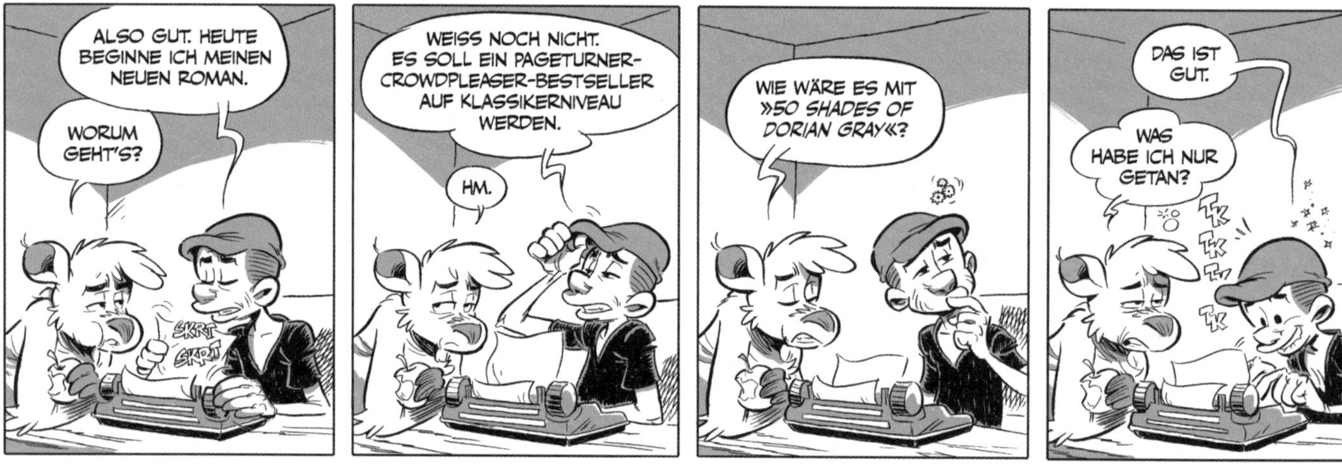
ALSO GUT. HEUTE BEGINNE ICH MEINEN NEUEN ROMAN.
WORUM GEHT'S?
SKRT
SKRT
WEISS NOCH NICHT. ES SOLL EIN PAGETURNER-CROWDPLEASER-BESTSELLER AUF KLASSIKERNIVEAU WERDEN.
HM.
WIE WÄRE ES MIT »50 SHADES OF DORIAN GRAY«?
DAS IST GUT.
WAS HABE ICH NUR GETAN?
TK
TK
TK
TK

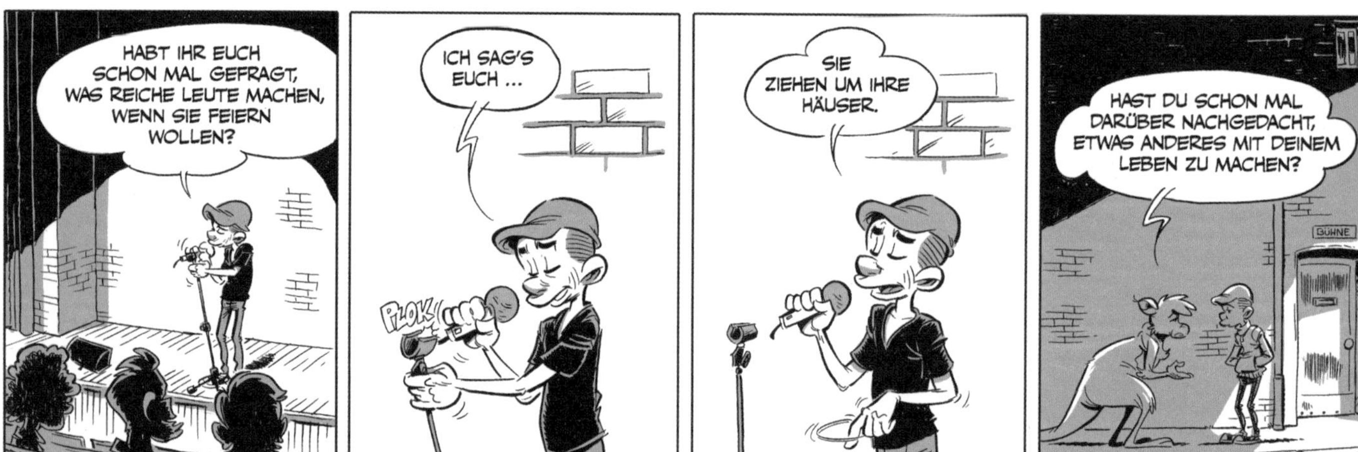
HABT IHR EUCH SCHON MAL GEFRAGT, WAS REICHE LEUTE MACHEN, WENN SIE FEIERN WOLLEN?
ICH SAG'S EUCH ...
PLOK!
SIE ZIEHEN UM IHRE HÄUSER.
HAST DU SCHON MAL DARÜBER NACHGEDACHT, ETWAS ANDERES MIT DEINEM LEBEN ZU MACHEN?
BÜHNE

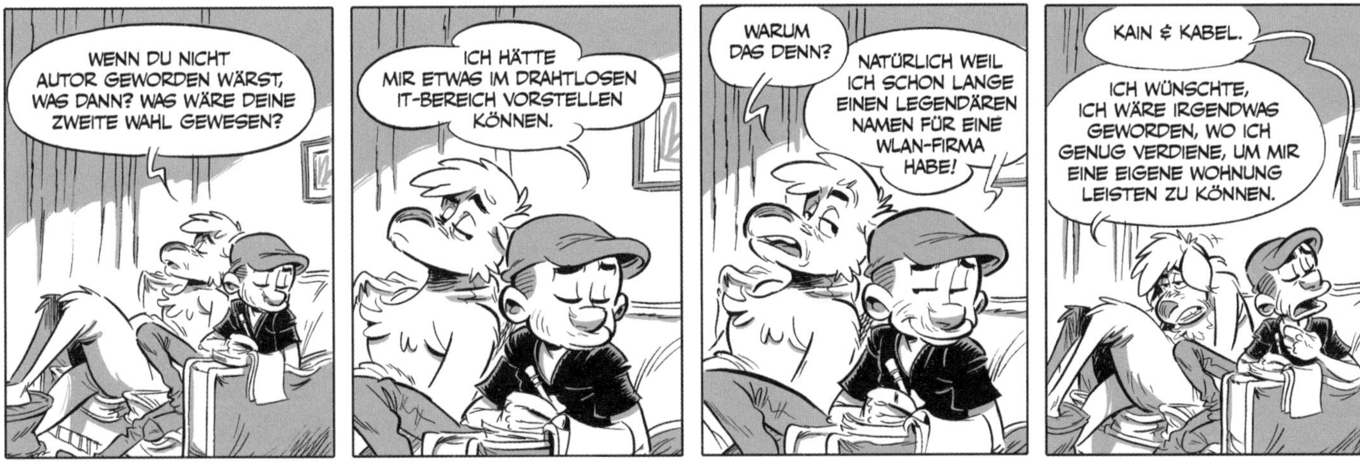
WENN DU NICHT AUTOR GEWORDEN WÄRST, WAS DANN? WAS WÄRE DEINE ZWEITE WAHL GEWESEN?
ICH HÄTTE MIR ETWAS IM DRAHTLOSEN IT-BEREICH VORSTELLEN KÖNNEN.
WARUM DAS DENN?
NATÜRLICH WEIL ICH SCHON LANGE EINEN LEGENDÄREN NAMEN FÜR EINE WLAN-FIRMA HABE!
KAIN & KABEL.
ICH WÜNSCHTE, ICH WÄRE IRGENDWAS GEWORDEN, WO ICH GENUG VERDIENE, UM MIR EINE EIGENE WOHNUNG LEISTEN ZU KÖNNEN.

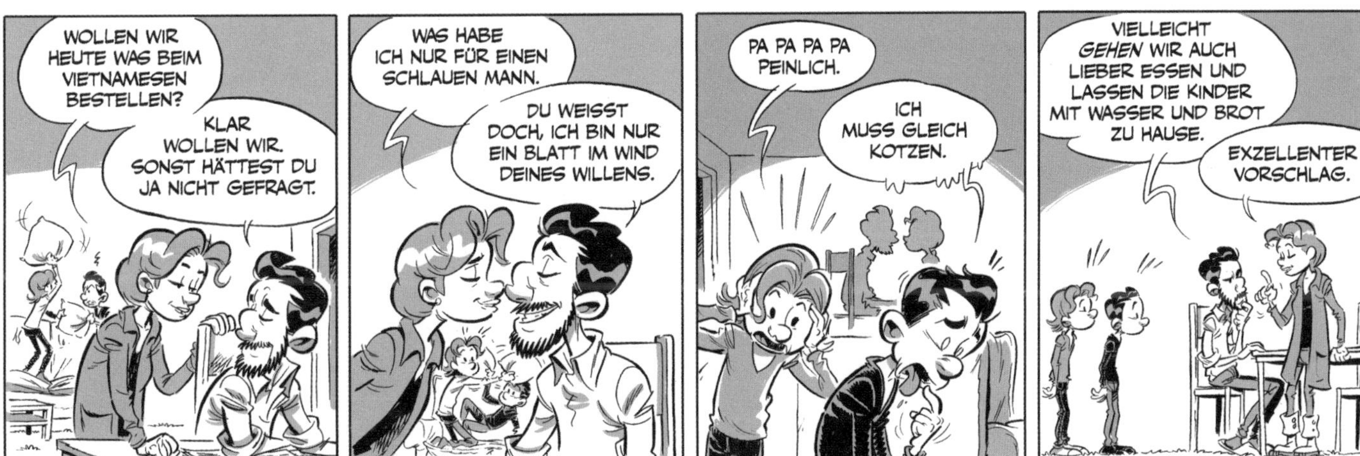
WOLLEN WIR HEUTE WAS BEIM VIETNAMESEN BESTELLEN?
KLAR WOLLEN WIR. SONST HÄTTEST DU JA NICHT GEFRAGT.
WAS HABE ICH NUR FÜR EINEN SCHLAUEN MANN.
DU WEISST DOCH, ICH BIN NUR EIN BLATT IM WIND DEINES WILLENS.
PA PA PA PA PEINLICH.
ICH MUSS GLEICH KOTZEN.
VIELLEICHT *GEHEN* WIR AUCH LIEBER ESSEN UND LASSEN DIE KINDER MIT WASSER UND BROT ZU HAUSE.
EXZELLENTER VORSCHLAG.

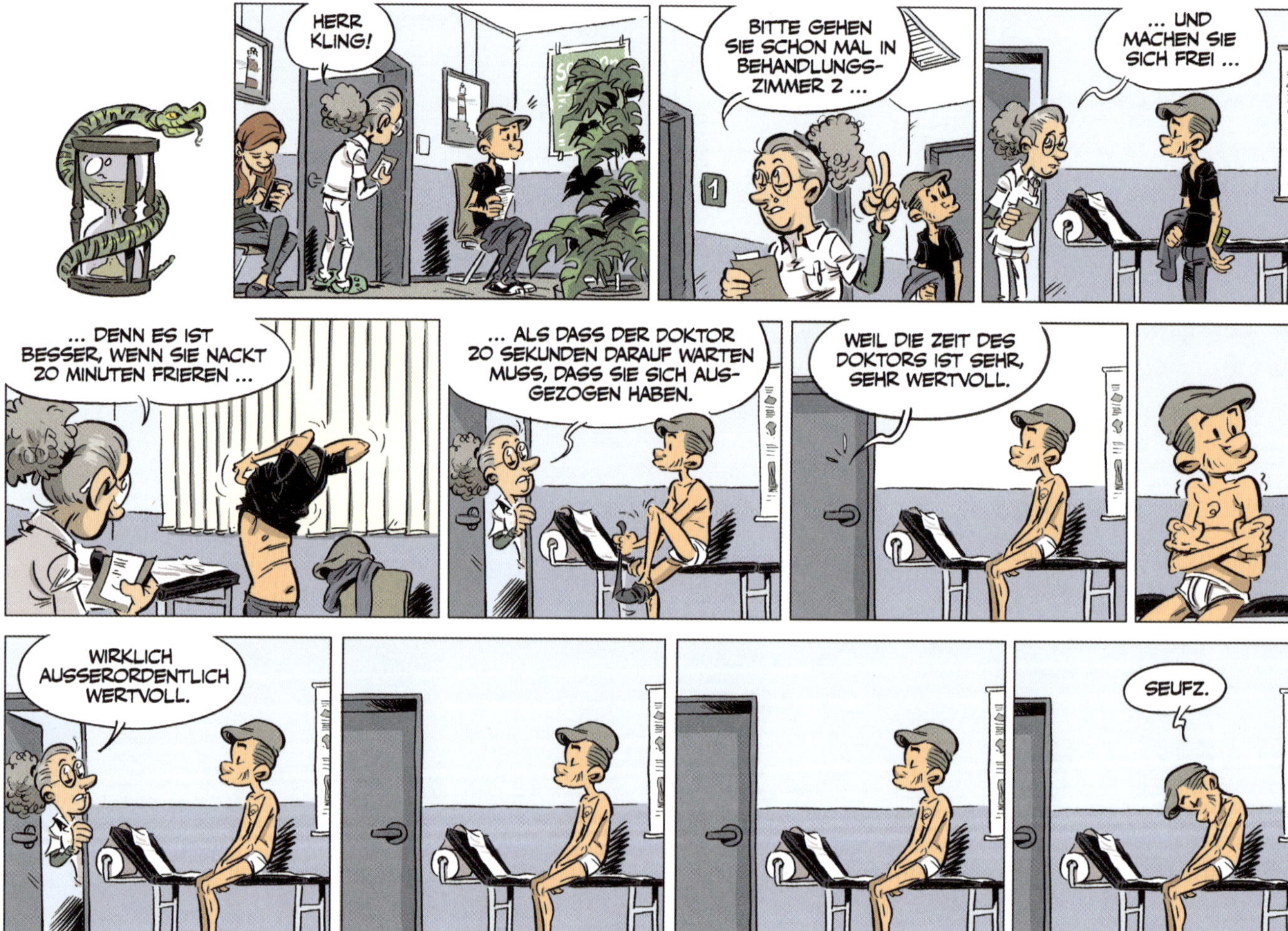
HERR KLING!
BITTE GEHEN SIE SCHON MAL IN BEHANDLUNGS-ZIMMER 2 ...
... UND MACHEN SIE SICH FREI ...
... DENN ES IST BESSER, WENN SIE NACKT 20 MINUTEN FRIEREN ...
... ALS DASS DER DOKTOR 20 SEKUNDEN DARAUF WARTEN MUSS, DASS SIE SICH AUS-GEZOGEN HABEN.
WEIL DIE ZEIT DES DOKTORS IST SEHR, SEHR WERTVOLL.
WIRKLICH AUSSERORDENTLICH WERTVOLL.
SEUFZ.

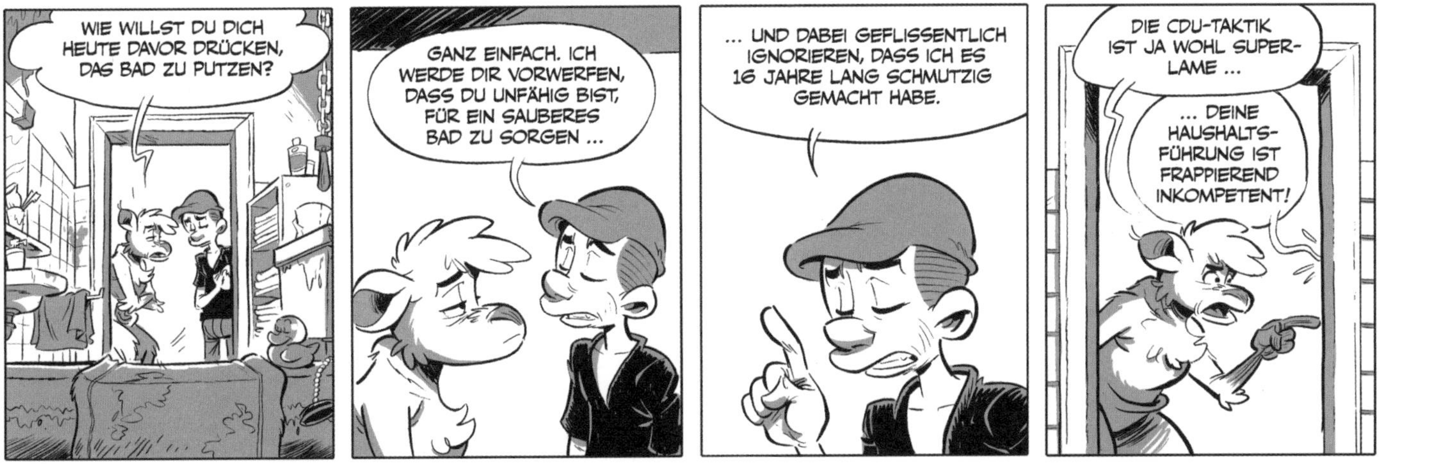
WIE WILLST DU DICH HEUTE DAVOR DRÜCKEN, DAS BAD ZU PUTZEN?
GANZ EINFACH. ICH WERDE DIR VORWERFEN, DASS DU UNFÄHIG BIST, FÜR EIN SAUBERES BAD ZU SORGEN ...
... UND DABEI GEFLISSENTLICH IGNORIEREN, DASS ICH ES 16 JAHRE LANG SCHMUTZIG GEMACHT HABE.
DIE CDU-TAKTIK IST JA WOHL SUPER-LAME ...
... DEINE HAUSHALTS-FÜHRUNG IST FRAPPIEREND INKOMPETENT!

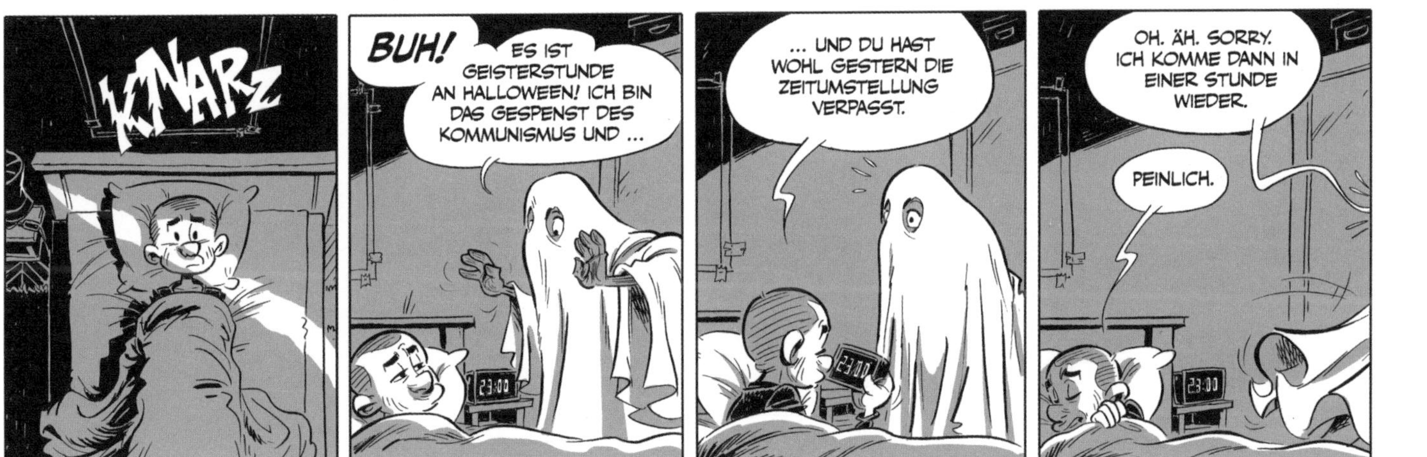
KNARZ
BUH!
ES IST GEISTERSTUNDE AN HALLOWEEN! ICH BIN DAS GESPENST DES KOMMUNISMUS UND ...
... UND DU HAST WOHL GESTERN DIE ZEITUMSTELLUNG VERPASST.
OH. ÄH. SORRY. ICH KOMME DANN IN EINER STUNDE WIEDER.
PEINLICH.

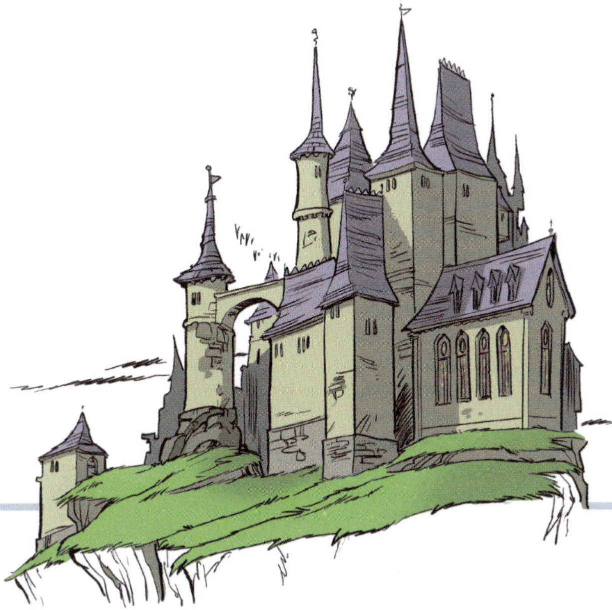

NOVEMBER 2022

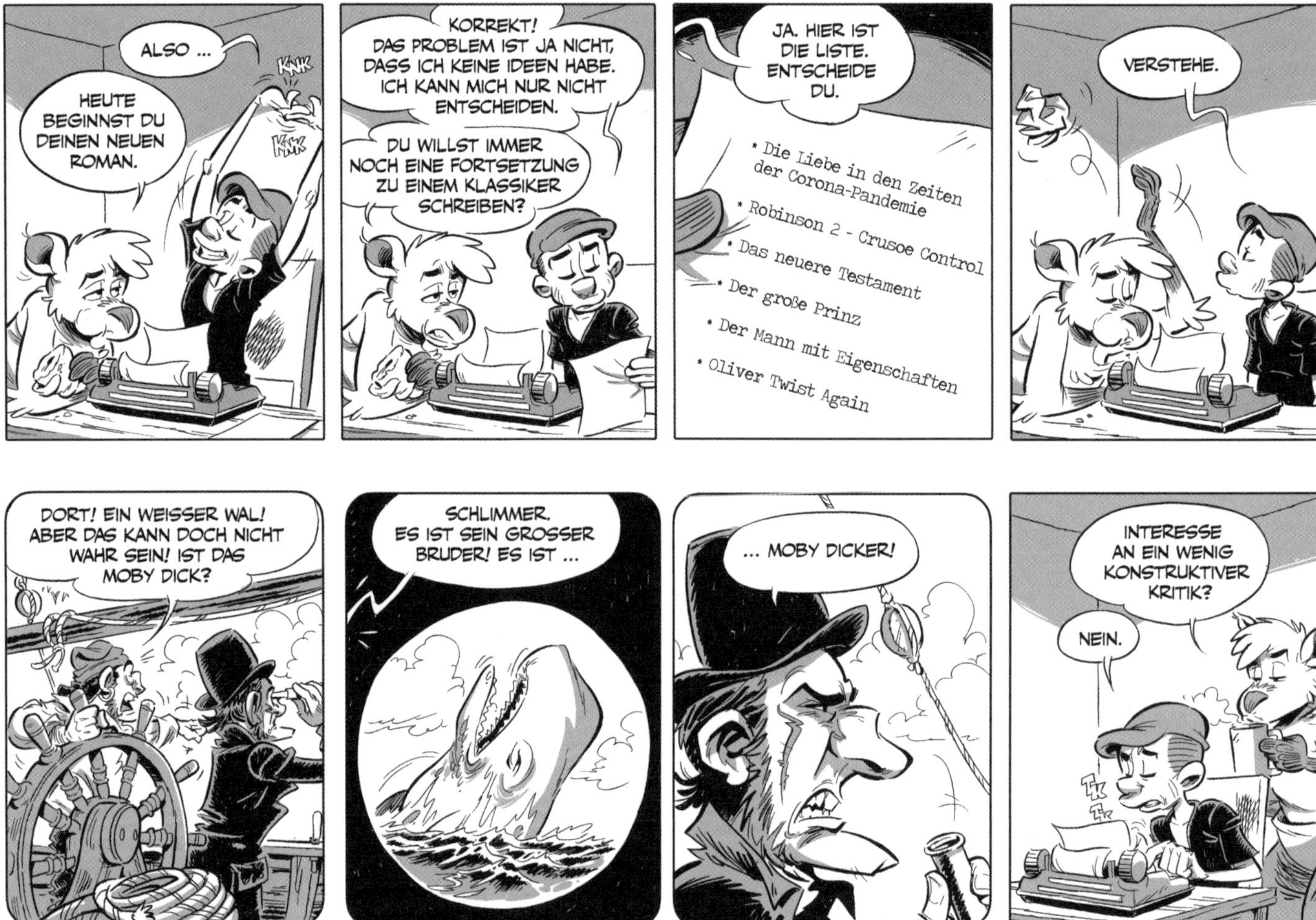
ALSO ...
HEUTE BEGINNST DU DEINEN NEUEN ROMAN.
KNK
KNK
KORREKT! DAS PROBLEM IST JA NICHT, DASS ICH KEINE IDEEN HABE. ICH KANN MICH NUR NICHT ENTSCHEIDEN.
DU WILLST IMMER NOCH EINE FORTSETZUNG ZU EINEM KLASSIKER SCHREIBEN?
JA. HIER IST DIE LISTE. ENTSCHEIDE DU.
* Die Liebe in den Zeiten der Corona-Pandemie
* Robinson 2 - Crusoe Control
* Das neuere Testament
* Der große Prinz
* Der Mann mit Eigenschaften
* Oliver Twist Again
VERSTEHE.
DORT! EIN WEISSER WAL! ABER DAS KANN DOCH NICHT WAHR SEIN! IST DAS MOBY DICK?
SCHLIMMER. ES IST SEIN GROSSER BRUDER! ES IST ...
... MOBY DICKER!
INTERESSE AN EIN WENIG KONSTRUKTIVER KRITIK?
NEIN.

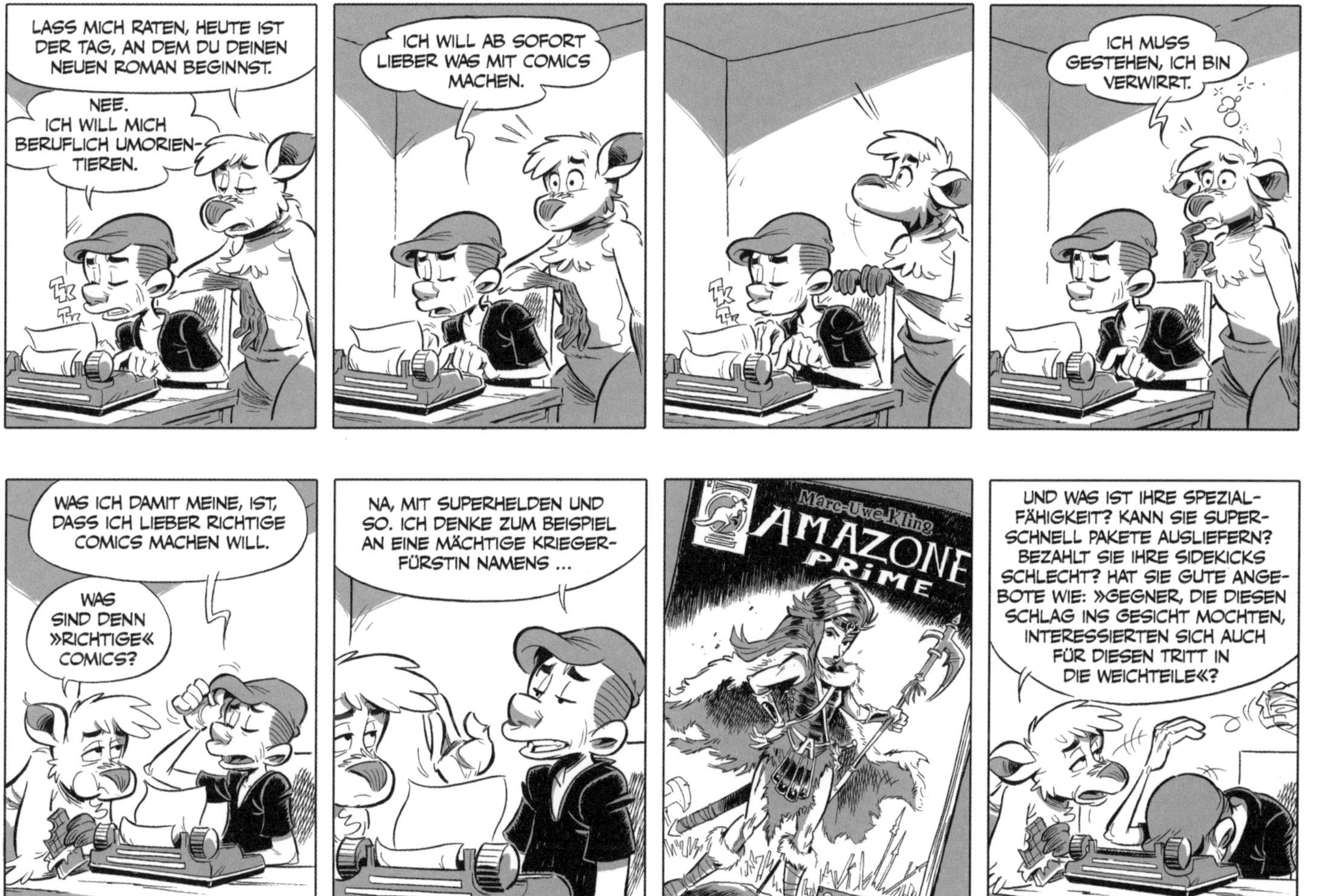
LASS MICH RATEN, HEUTE IST DER TAG, AN DEM DU DEINEN NEUEN ROMAN BEGINNST.
NEE. ICH WILL MICH BERUFLICH UMORIEN-TIEREN.
ICH WILL AB SOFORT LIEBER WAS MIT COMICS MACHEN.
ICH MUSS GESTEHEN, ICH BIN VERWIRRT.
WAS ICH DAMIT MEINE, IST, DASS ICH LIEBER RICHTIGE COMICS MACHEN WILL.
WAS SIND DENN »RICHTIGE« COMICS?
NA, MIT SUPERHELDEN UND SO. ICH DENKE ZUM BEISPIEL AN EINE MÄCHTIGE KRIEGER-FÜRSTIN NAMENS …
Marc-Uwe Kling
AMAZONE PRIME
UND WAS IST IHRE SPEZIAL-FÄHIGKEIT? KANN SIE SUPER-SCHNELL PAKETE AUSLIEFERN? BEZAHLT SIE IHRE SIDEKICKS SCHLECHT? HAT SIE GUTE ANGE-BOTE WIE: »GEGNER, DIE DIESEN SCHLAG INS GESICHT MOCHTEN, INTERESSIERTEN SICH AUCH FÜR DIESEN TRITT IN DIE WEICHTEILE«?

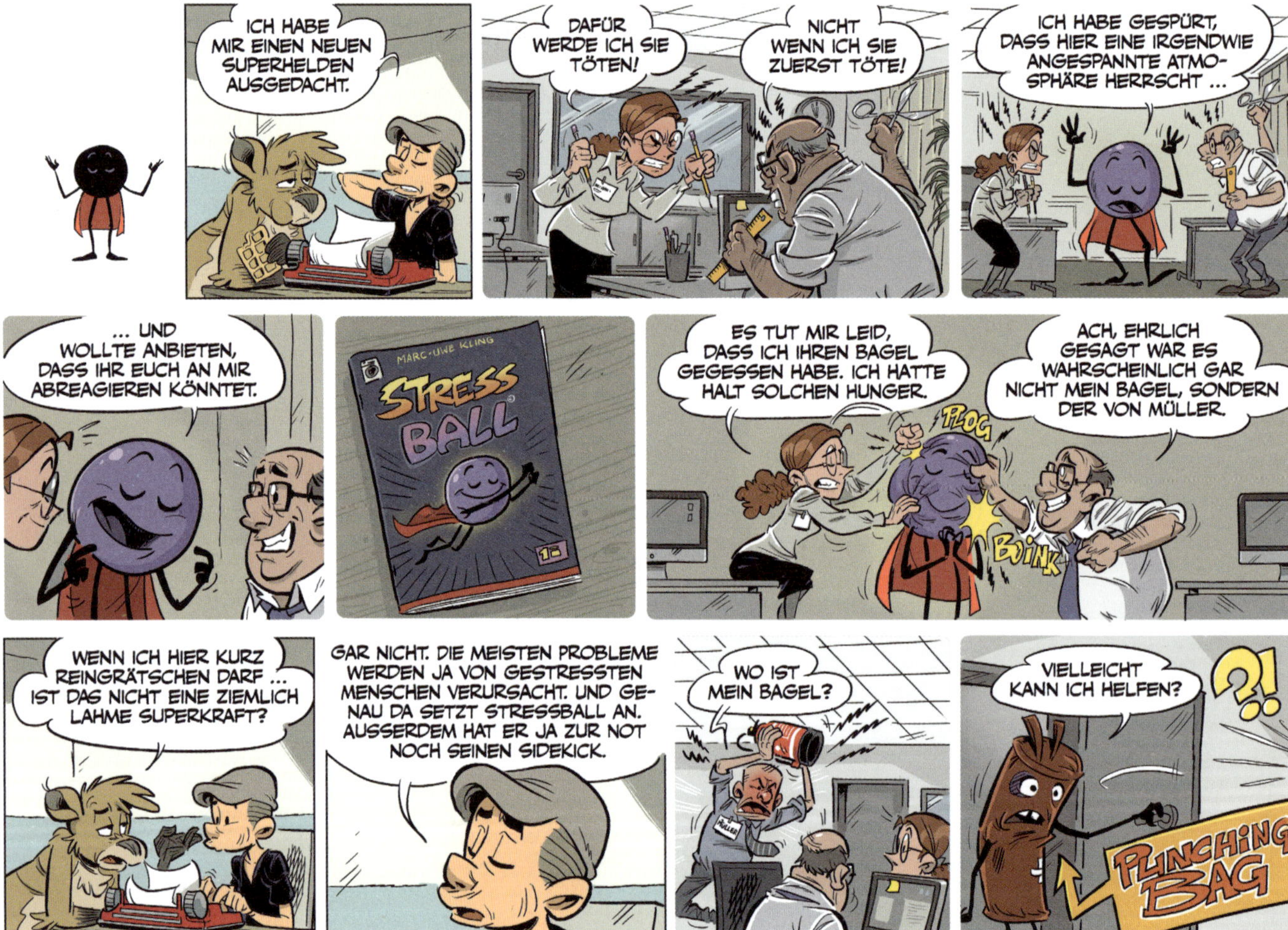
ICH HABE MIR EINEN NEUEN SUPERHELDEN AUSGEDACHT.
DAFÜR WERDE ICH SIE TÖTEN!
NICHT WENN ICH SIE ZUERST TÖTE!
ICH HABE GESPÜRT, DASS HIER EINE IRGENDWIE ANGESPANNTE ATMO-SPHÄRE HERRSCHT …
… UND WOLLTE ANBIETEN, DASS IHR EUCH AN MIR ABREAGIEREN KÖNNTET.
MARC-UWE KLING
STRESS BALL
ES TUT MIR LEID, DASS ICH IHREN BAGEL GEGESSEN HABE. ICH HATTE HALT SOLCHEN HUNGER.
ACH, EHRLICH GESAGT WAR ES WAHRSCHEINLICH GAR NICHT MEIN BAGEL, SONDERN DER VON MÜLLER.
PLOG
BOINK
WENN ICH HIER KURZ REINGRÄTSCHEN DARF … IST DAS NICHT EINE ZIEMLICH LAHME SUPERKRAFT?
GAR NICHT. DIE MEISTEN PROBLEME WERDEN JA VON GESTRESSTEN MENSCHEN VERURSACHT. UND GE-NAU DA SETZT STRESSBALL AN. AUSSERDEM HAT ER JA ZUR NOT NOCH SEINEN SIDEKICK.
WO IST MEIN BAGEL?
MÜLLER
VIELLEICHT KANN ICH HELFEN?
?!
PUNCHING BAG

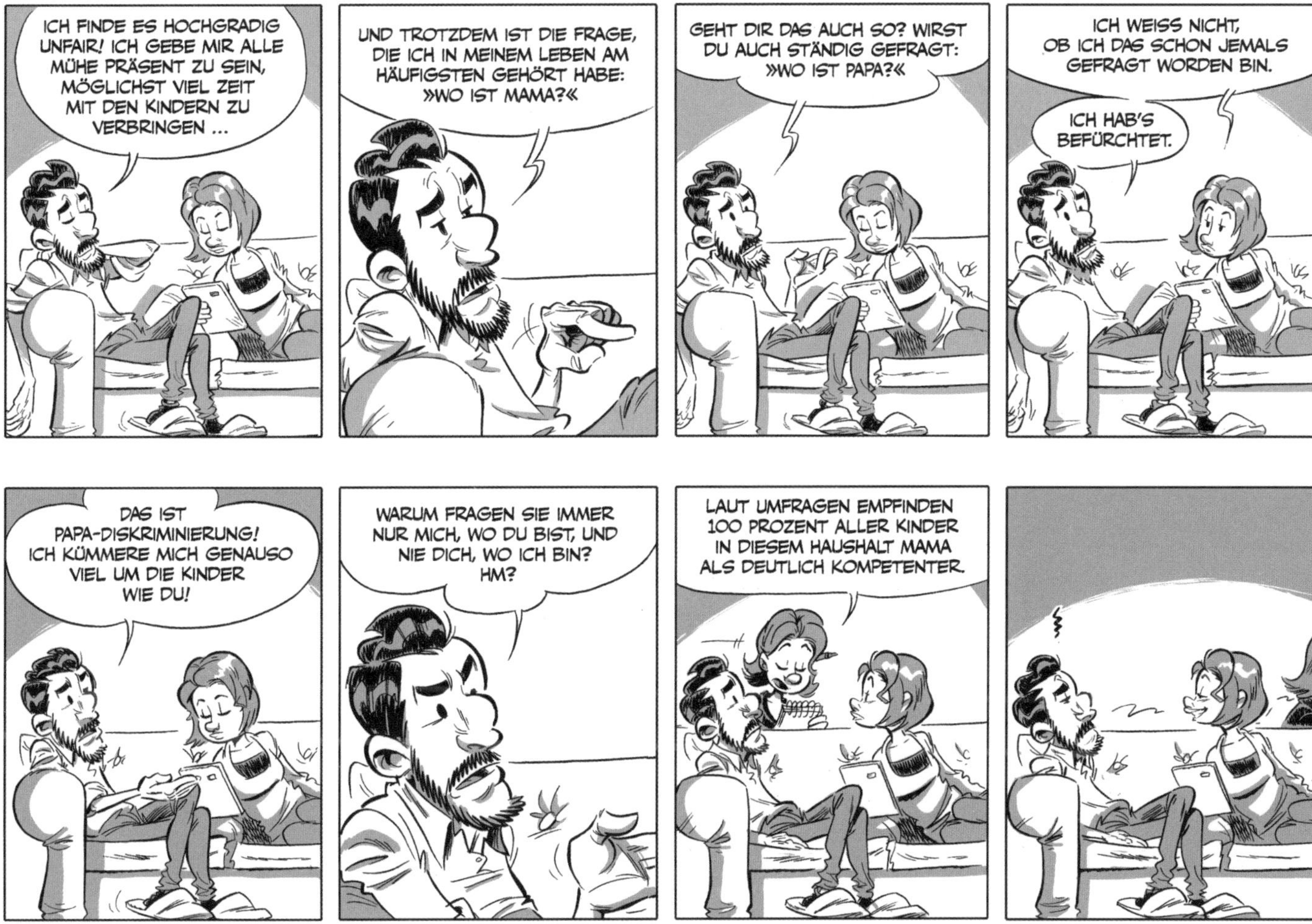
ICH FINDE ES HOCHGRADIG UNFAIR! ICH GEBE MIR ALLE MÜHE PRÄSENT ZU SEIN, MÖGLICHST VIEL ZEIT MIT DEN KINDERN ZU VERBRINGEN …
UND TROTZDEM IST DIE FRAGE, DIE ICH IN MEINEM LEBEN AM HÄUFIGSTEN GEHÖRT HABE: »WO IST MAMA?«
GEHT DIR DAS AUCH SO? WIRST DU AUCH STÄNDIG GEFRAGT: »WO IST PAPA?«
ICH WEISS NICHT, OB ICH DAS SCHON JEMALS GEFRAGT WORDEN BIN.
ICH HAB'S BEFÜRCHTET.
DAS IST PAPA-DISKRIMINIERUNG! ICH KÜMMERE MICH GENAUSO VIEL UM DIE KINDER WIE DU!
WARUM FRAGEN SIE IMMER NUR MICH, WO DU BIST, UND NIE DICH, WO ICH BIN? HM?
LAUT UMFRAGEN EMPFINDEN 100 PROZENT ALLER KINDER IN DIESEM HAUSHALT MAMA ALS DEUTLICH KOMPETENTER.

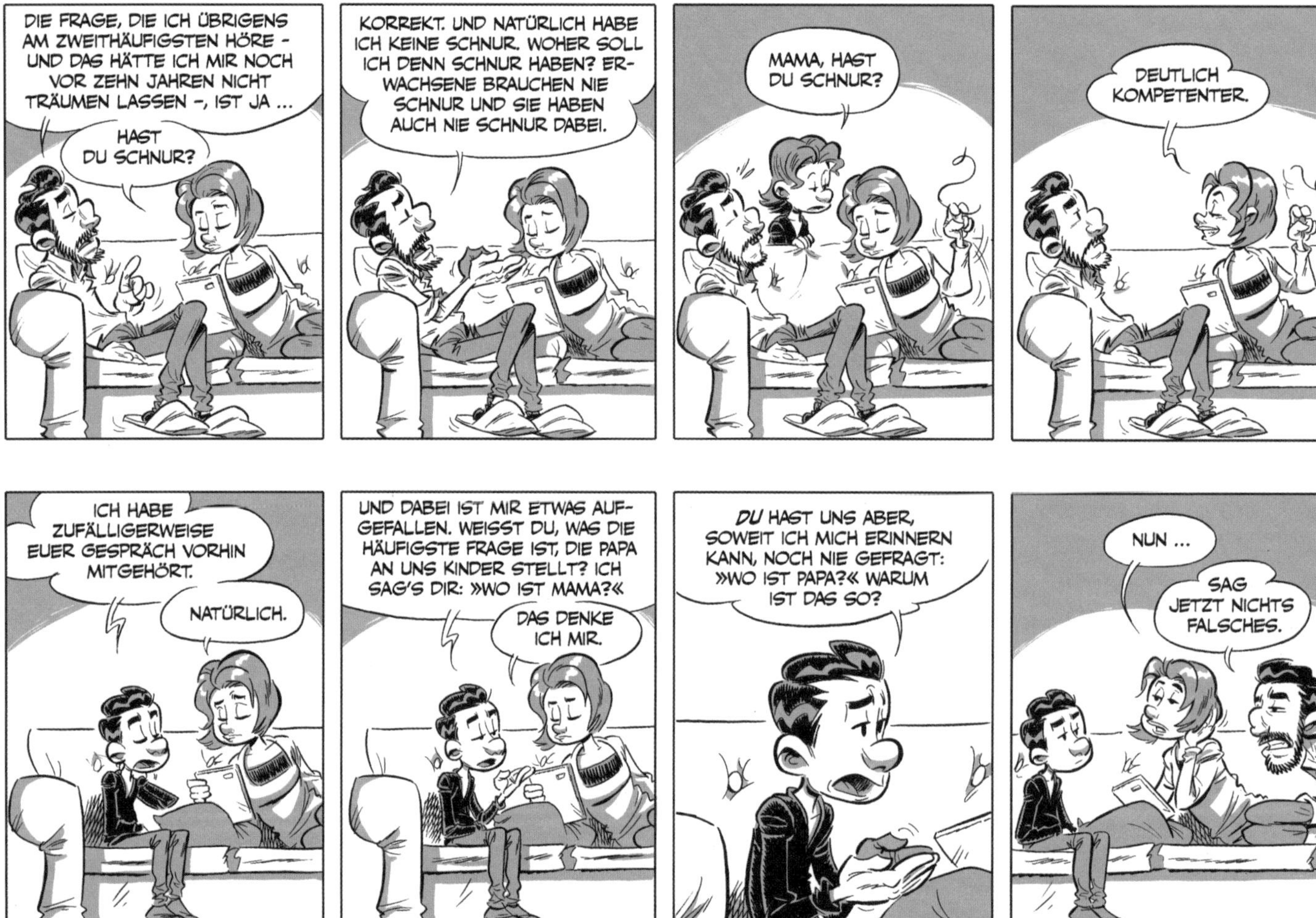
DIE FRAGE, DIE ICH ÜBRIGENS AM ZWEITHÄUFIGSTEN HÖRE - UND DAS HÄTTE ICH MIR NOCH VOR ZEHN JAHREN NICHT TRÄUMEN LASSEN –, IST JA …
HAST DU SCHNUR?
KORREKT. UND NATÜRLICH HABE ICH KEINE SCHNUR. WOHER SOLL ICH DENN SCHNUR HABEN? ERWACHSENE BRAUCHEN NIE SCHNUR UND SIE HABEN AUCH NIE SCHNUR DABEI.
MAMA, HAST DU SCHNUR?
DEUTLICH KOMPETENTER.
ICH HABE ZUFÄLLIGERWEISE EUER GESPRÄCH VORHIN MITGEHÖRT.
NATÜRLICH.
UND DABEI IST MIR ETWAS AUFGEFALLEN. WEISST DU, WAS DIE HÄUFIGSTE FRAGE IST, DIE PAPA AN UNS KINDER STELLT? ICH SAG'S DIR: »WO IST MAMA?«
DAS DENKE ICH MIR.
DU HAST UNS ABER, SOWEIT ICH MICH ERINNERN KANN, NOCH NIE GEFRAGT: »WO IST PAPA?« WARUM IST DAS SO?
NUN …
SAG JETZT NICHTS FALSCHES.

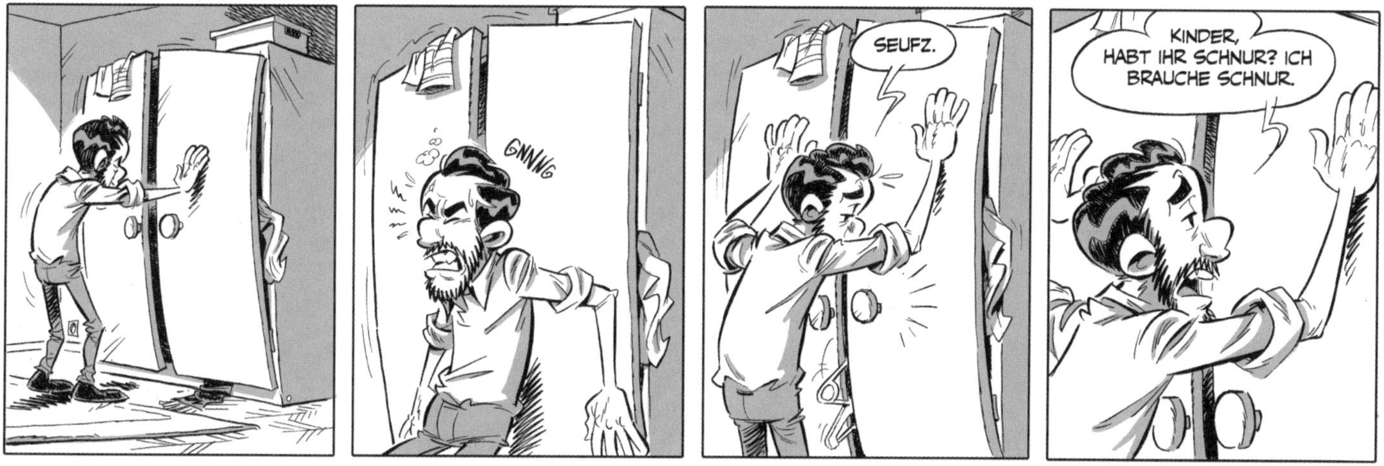
GNNNG
SEUFZ.
KINDER, HABT IHR SCHNUR? ICH BRAUCHE SCHNUR.

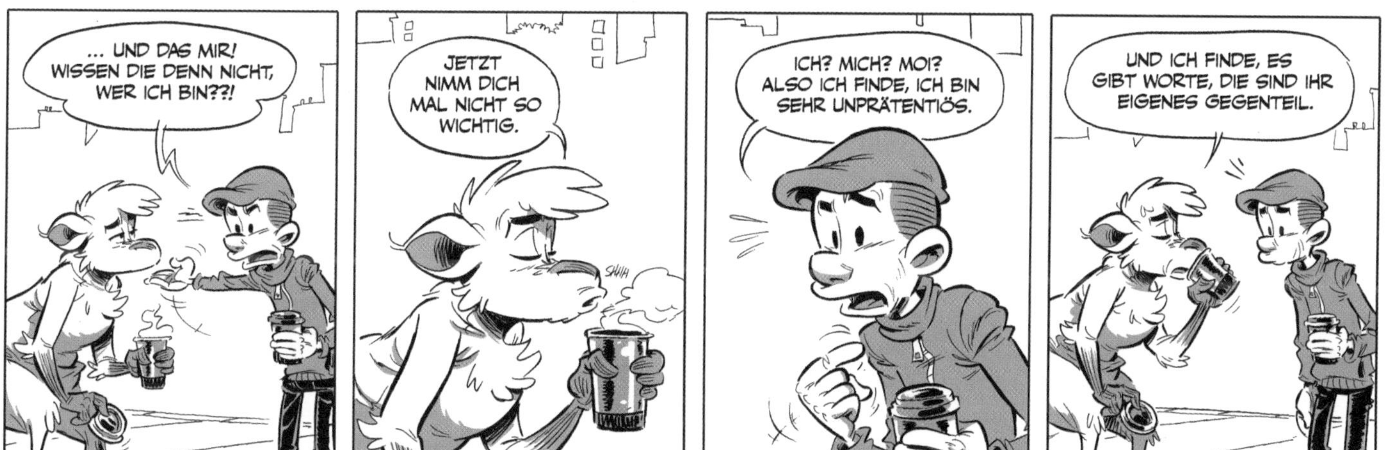
... UND DAS MIR! WISSEN DIE DENN NICHT, WER ICH BIN??!
JETZT NIMM DICH MAL NICHT SO WICHTIG.
ICH? MICH? MOI? ALSO ICH FINDE, ICH BIN SEHR UNPRÄTENTIÖS.
UND ICH FINDE, ES GIBT WORTE, DIE SIND IHR EIGENES GEGENTEIL.

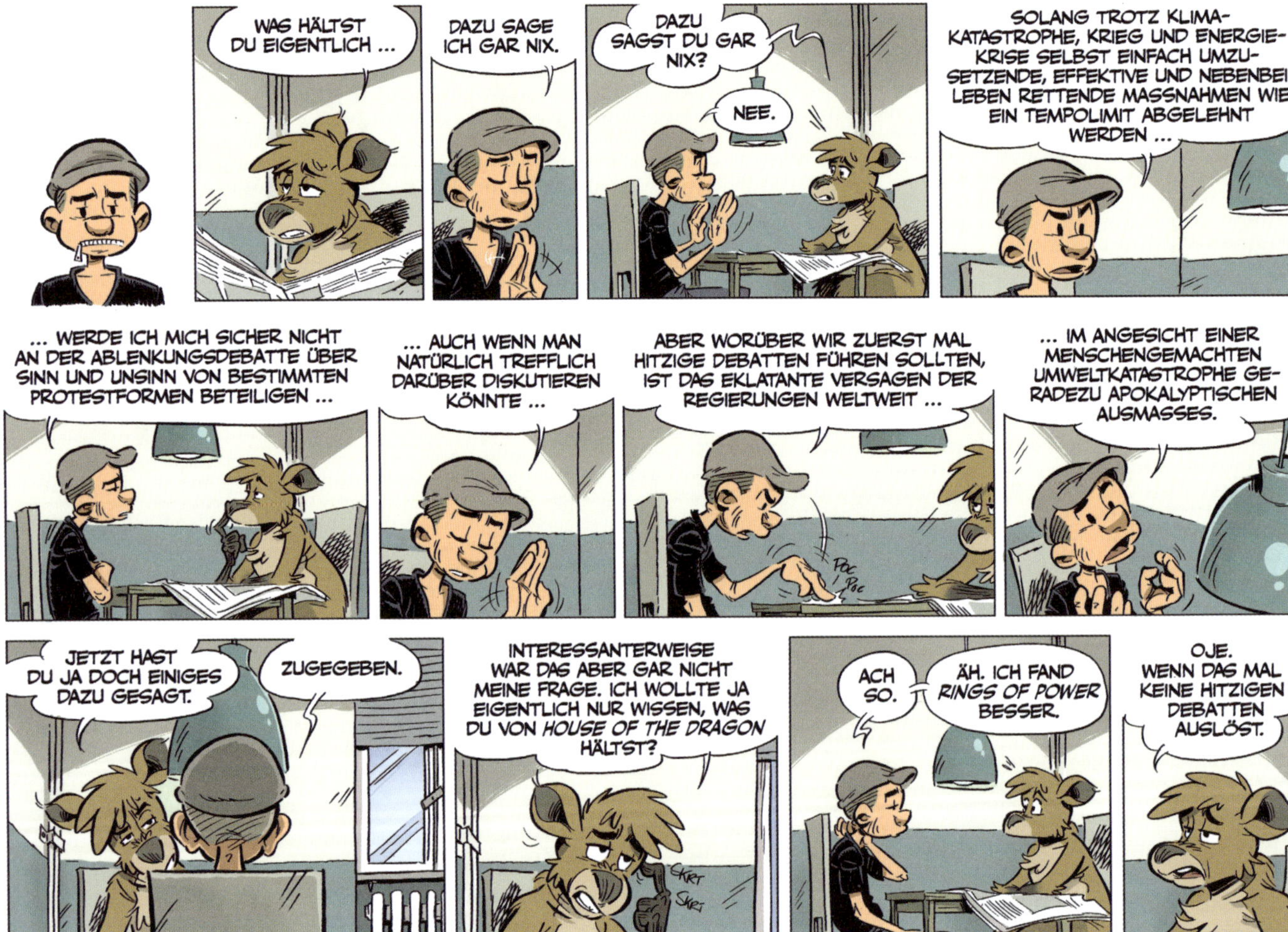
WAS HÄLTST DU EIGENTLICH ...
DAZU SAGE ICH GAR NIX.
DAZU SAGST DU GAR NIX?
NEE.
SOLANG TROTZ KLIMAKATASTROPHE, KRIEG UND ENERGIEKRISE SELBST EINFACH UMZUSETZENDE, EFFEKTIVE UND NEBENBEI LEBEN RETTENDE MASSNAHMEN WIE EIN TEMPOLIMIT ABGELEHNT WERDEN ...
... WERDE ICH MICH SICHER NICHT AN DER ABLENKUNGSDEBATTE ÜBER SINN UND UNSINN VON BESTIMMTEN PROTESTFORMEN BETEILIGEN ...
... AUCH WENN MAN NATÜRLICH TREFFLICH DARÜBER DISKUTIEREN KÖNNTE ...
ABER WORÜBER WIR ZUERST MAL HITZIGE DEBATTEN FÜHREN SOLLTEN, IST DAS EKLATANTE VERSAGEN DER REGIERUNGEN WELTWEIT ...
POC POC
... IM ANGESICHT EINER MENSCHENGEMACHTEN UMWELTKATASTROPHE GERADEZU APOKALYPTISCHEN AUSMASSES.
JETZT HAST DU JA DOCH EINIGES DAZU GESAGT.
ZUGEGEBEN.
INTERESSANTERWEISE WAR DAS ABER GAR NICHT MEINE FRAGE. ICH WOLLTE JA EIGENTLICH NUR WISSEN, WAS DU VON *HOUSE OF THE DRAGON* HÄLTST?
SKRT SKRT
ACH SO.
ÄH. ICH FAND *RINGS OF POWER* BESSER.
OJE. WENN DAS MAL KEINE HITZIGEN DEBATTEN AUSLÖST.

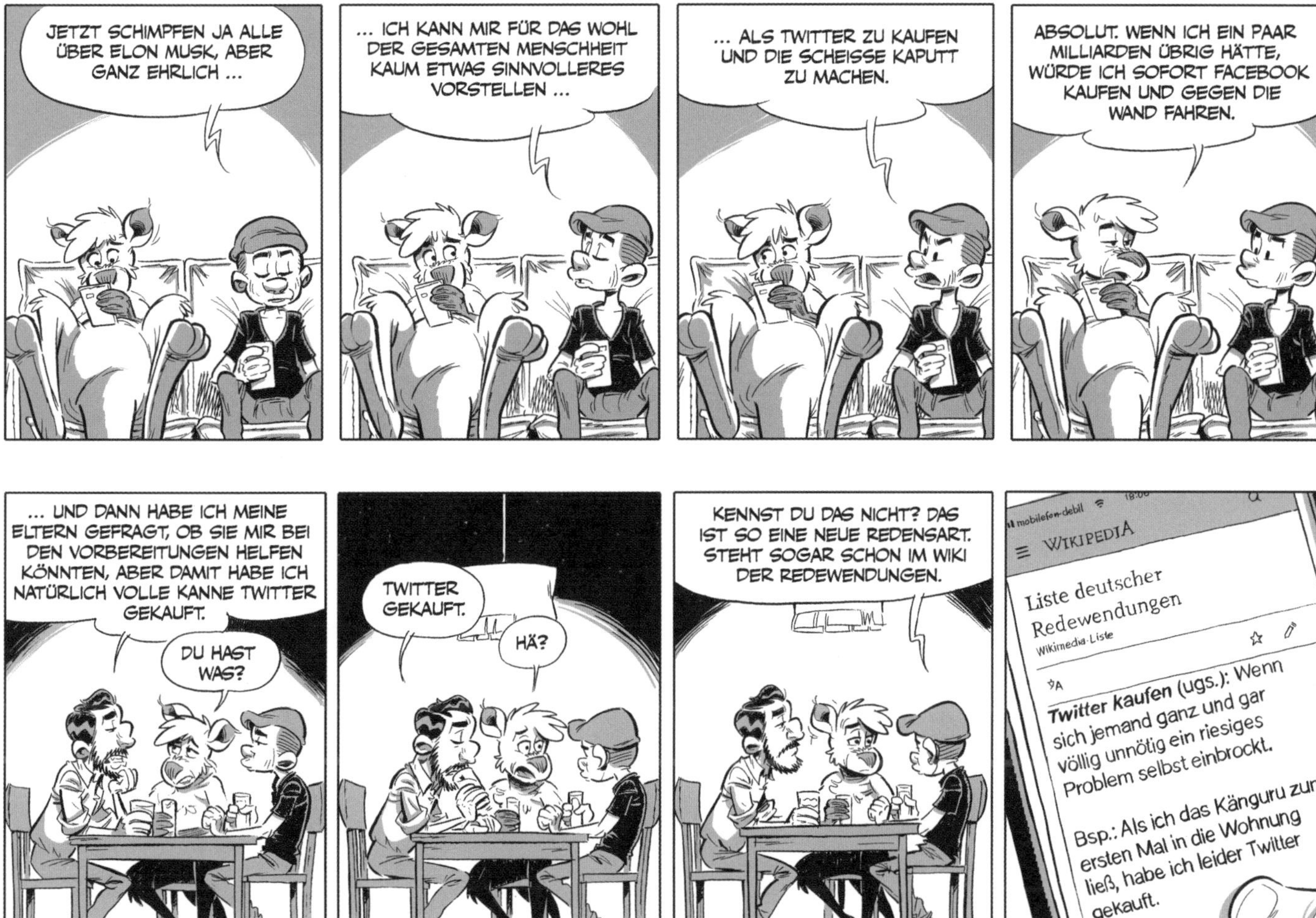
JETZT SCHIMPFEN JA ALLE ÜBER ELON MUSK, ABER GANZ EHRLICH …
… ICH KANN MIR FÜR DAS WOHL DER GESAMTEN MENSCHHEIT KAUM ETWAS SINNVOLLERES VORSTELLEN …
… ALS TWITTER ZU KAUFEN UND DIE SCHEISSE KAPUTT ZU MACHEN.
ABSOLUT. WENN ICH EIN PAAR MILLIARDEN ÜBRIG HÄTTE, WÜRDE ICH SOFORT FACEBOOK KAUFEN UND GEGEN DIE WAND FAHREN.
… UND DANN HABE ICH MEINE ELTERN GEFRAGT, OB SIE MIR BEI DEN VORBEREITUNGEN HELFEN KÖNNTEN, ABER DAMIT HABE ICH NATÜRLICH VOLLE KANNE TWITTER GEKAUFT.
DU HAST WAS?
TWITTER GEKAUFT.
HÄ?
KENNST DU DAS NICHT? DAS IST SO EINE NEUE REDENSART. STEHT SOGAR SCHON IM WIKI DER REDEWENDUNGEN.
mobilefon-debil
WIKIPEDIA
Liste deutscher Redewendungen
Wikimedia-Liste
Twitter kaufen (ugs.): Wenn sich jemand ganz und gar völlig unnötig ein riesiges Problem selbst einbrockt.
Bsp.: Als ich das Känguru zum ersten Mal in die Wohnung ließ, habe ich leider Twitter gekauft.

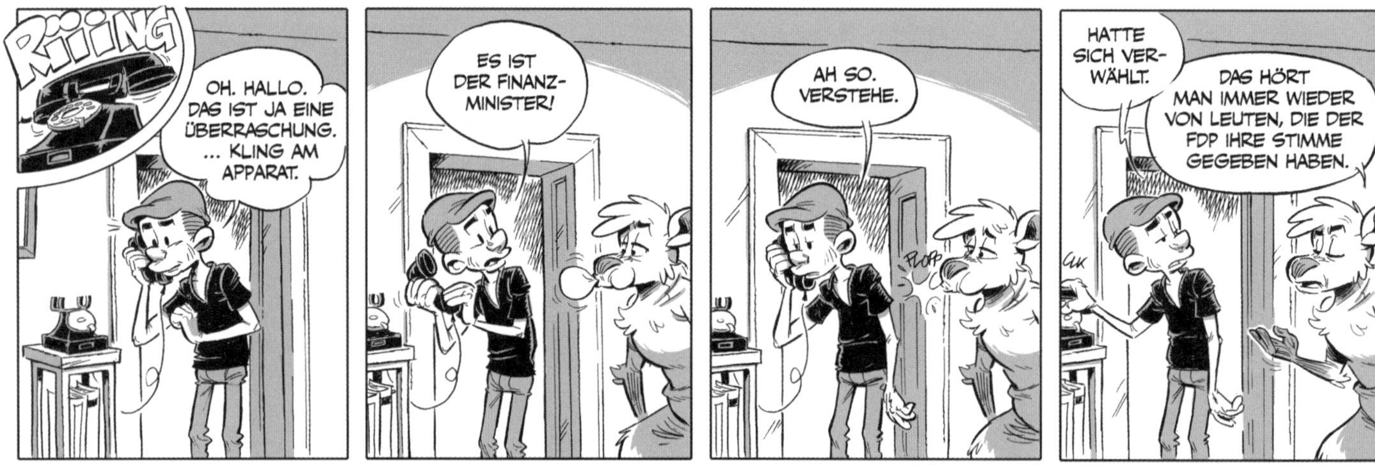
RIIING
OH. HALLO. DAS IST JA EINE ÜBERRASCHUNG. ... KLING AM APPARAT.
ES IST DER FINANZ-MINISTER!
AH SO. VERSTEHE.
FLOPP
HATTE SICH VER-WÄHLT.
DAS HÖRT MAN IMMER WIEDER VON LEUTEN, DIE DER FDP IHRE STIMME GEGEBEN HABEN.
CLK

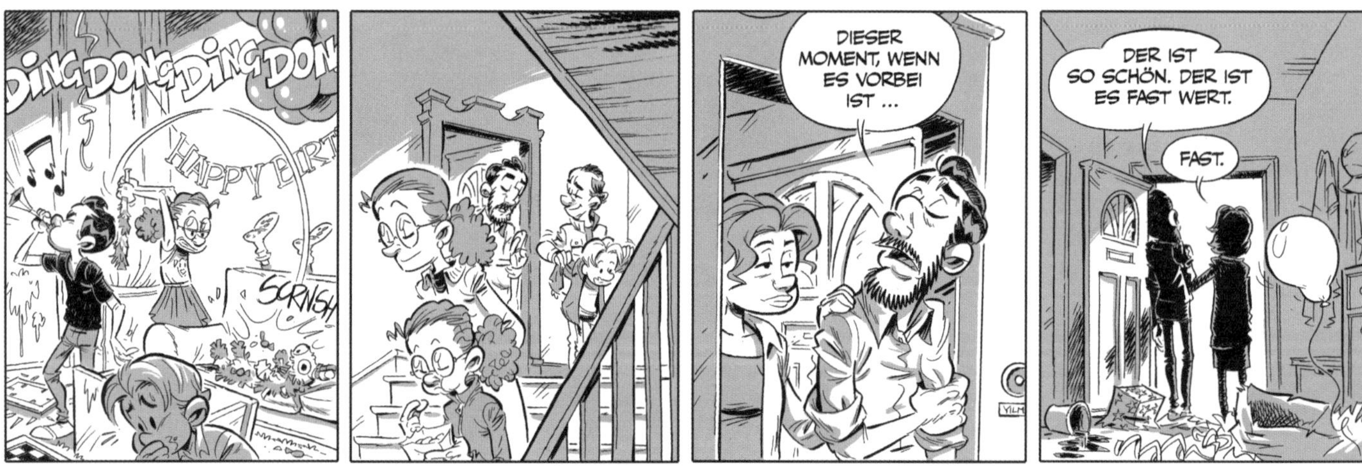
DING DONG DING DON
HAPPY BIRT
SCRNSH
DIESER MOMENT, WENN ES VORBEI IST ...
DER IST SO SCHÖN. DER IST ES FAST WERT.
FAST.

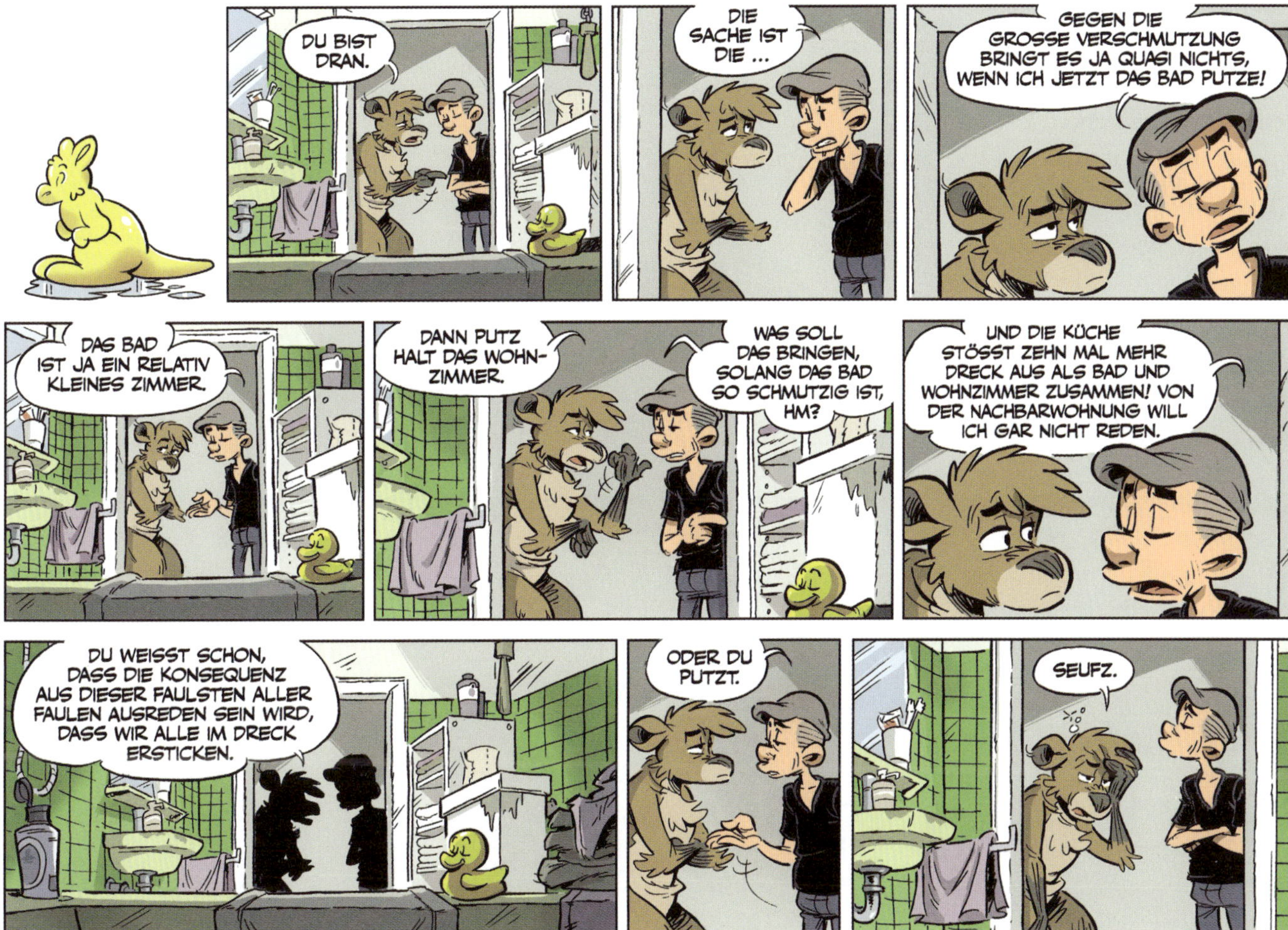

DU BIST DRAN.
DIE SACHE IST DIE ...
GEGEN DIE GROSSE VERSCHMUTZUNG BRINGT ES JA QUASI NICHTS, WENN ICH JETZT DAS BAD PUTZE!
DAS BAD IST JA EIN RELATIV KLEINES ZIMMER.
DANN PUTZ HALT DAS WOHN-ZIMMER.
WAS SOLL DAS BRINGEN, SOLANG DAS BAD SO SCHMUTZIG IST, HM?
UND DIE KÜCHE STÖSST ZEHN MAL MEHR DRECK AUS ALS BAD UND WOHNZIMMER ZUSAMMEN! VON DER NACHBARWOHNUNG WILL ICH GAR NICHT REDEN.
DU WEISST SCHON, DASS DIE KONSEQUENZ AUS DIESER FAULSTEN ALLER FAULEN AUSREDEN SEIN WIRD, DASS WIR ALLE IM DRECK ERSTICKEN.
ODER DU PUTZT.
SEUFZ.

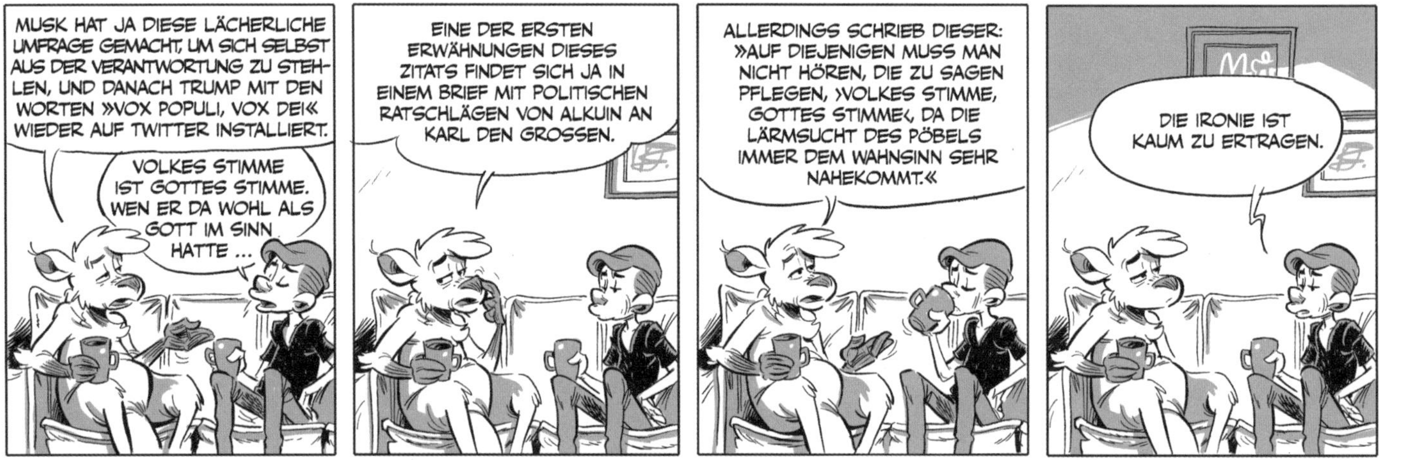
MUSK HAT JA DIESE LÄCHERLICHE UMFRAGE GEMACHT, UM SICH SELBST AUS DER VERANTWORTUNG ZU STEHLEN, UND DANACH TRUMP MIT DEN WORTEN »VOX POPULI, VOX DEI« WIEDER AUF TWITTER INSTALLIERT.
VOLKES STIMME IST GOTTES STIMME. WEN ER DA WOHL ALS GOTT IM SINN HATTE …
EINE DER ERSTEN ERWÄHNUNGEN DIESES ZITATS FINDET SICH JA IN EINEM BRIEF MIT POLITISCHEN RATSCHLÄGEN VON ALKUIN AN KARL DEN GROSSEN.
ALLERDINGS SCHRIEB DIESER: »AUF DIEJENIGEN MUSS MAN NICHT HÖREN, DIE ZU SAGEN PFLEGEN, ›VOLKES STIMME, GOTTES STIMME‹, DA DIE LÄRMSUCHT DES PÖBELS IMMER DEM WAHNSINN SEHR NAHEKOMMT.«
DIE IRONIE IST KAUM ZU ERTRAGEN.

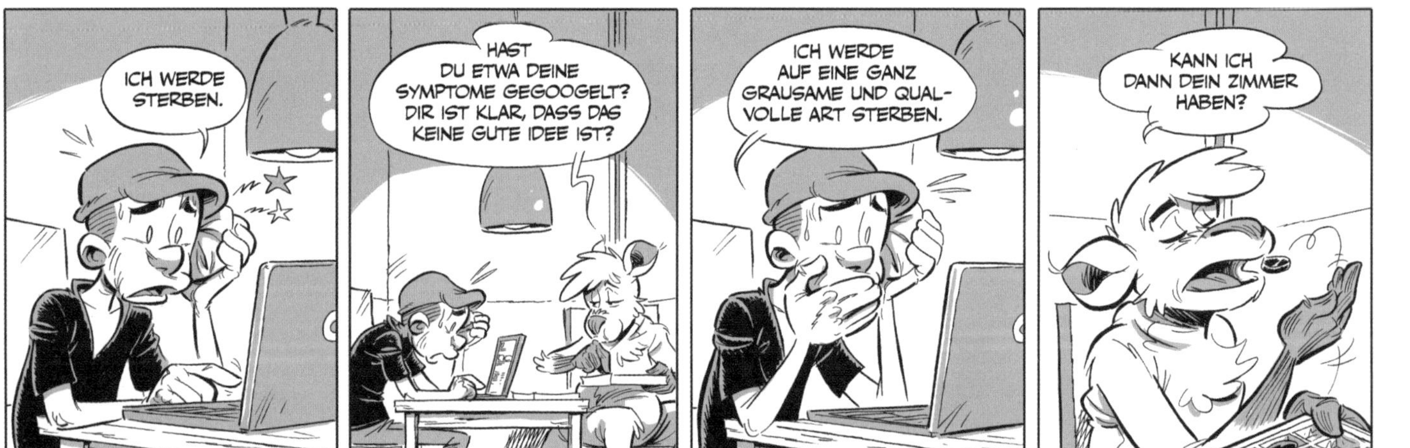
ICH WERDE STERBEN.
HAST DU ETWA DEINE SYMPTOME GEGOOGELT? DIR IST KLAR, DASS DAS KEINE GUTE IDEE IST?
ICH WERDE AUF EINE GANZ GRAUSAME UND QUALVOLLE ART STERBEN.
KANN ICH DANN DEIN ZIMMER HABEN?

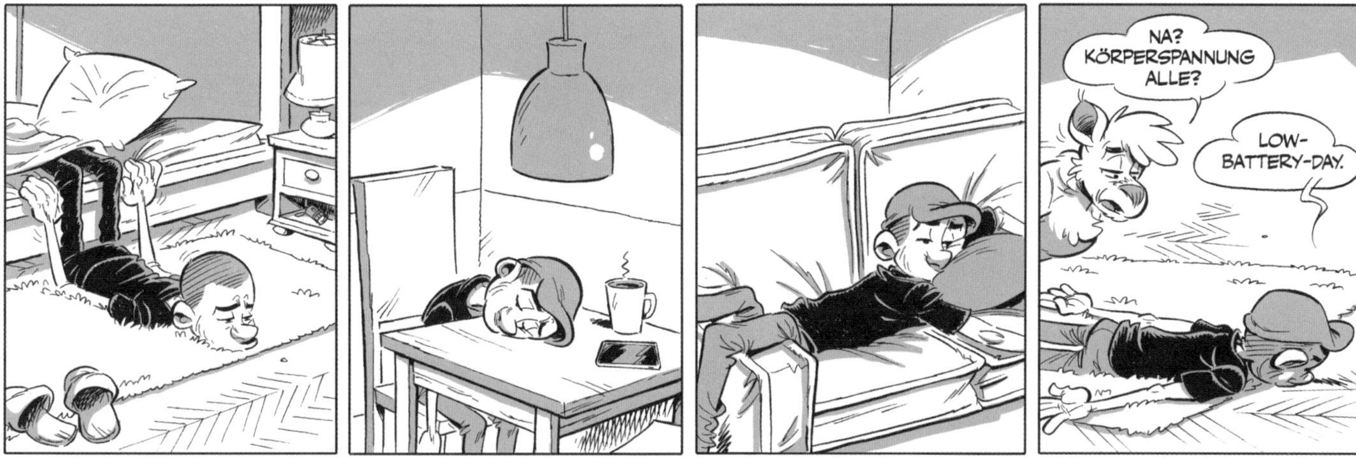
NA? KÖRPERSPANNUNG ALLE?
LOW-BATTERY-DAY.

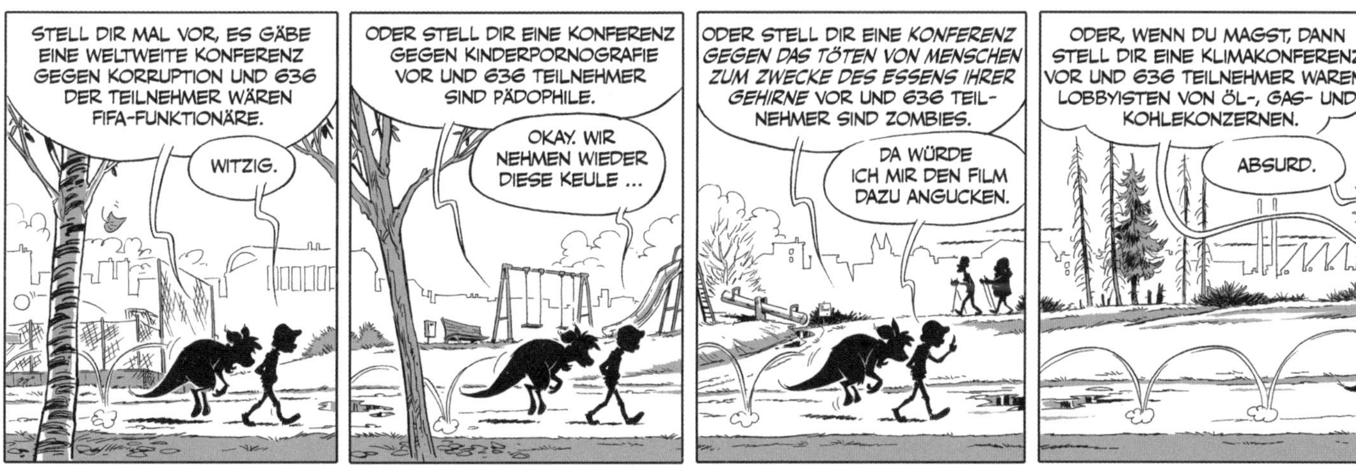
STELL DIR MAL VOR, ES GÄBE EINE WELTWEITE KONFERENZ GEGEN KORRUPTION UND 636 DER TEILNEHMER WÄREN FIFA-FUNKTIONÄRE.
WITZIG.
ODER STELL DIR EINE KONFERENZ GEGEN KINDERPORNOGRAFIE VOR UND 636 TEILNEHMER SIND PÄDOPHILE.
OKAY. WIR NEHMEN WIEDER DIESE KEULE ...
ODER STELL DIR EINE *KONFERENZ GEGEN DAS TÖTEN VON MENSCHEN ZUM ZWECKE DES ESSENS IHRER GEHIRNE* VOR UND 636 TEILNEHMER SIND ZOMBIES.
DA WÜRDE ICH MIR DEN FILM DAZU ANGUCKEN.
ODER, WENN DU MAGST, DANN STELL DIR EINE KLIMAKONFERENZ VOR UND 636 TEILNEHMER WAREN LOBBYISTEN VON ÖL-, GAS- UND KOHLEKONZERNEN.
ABSURD.

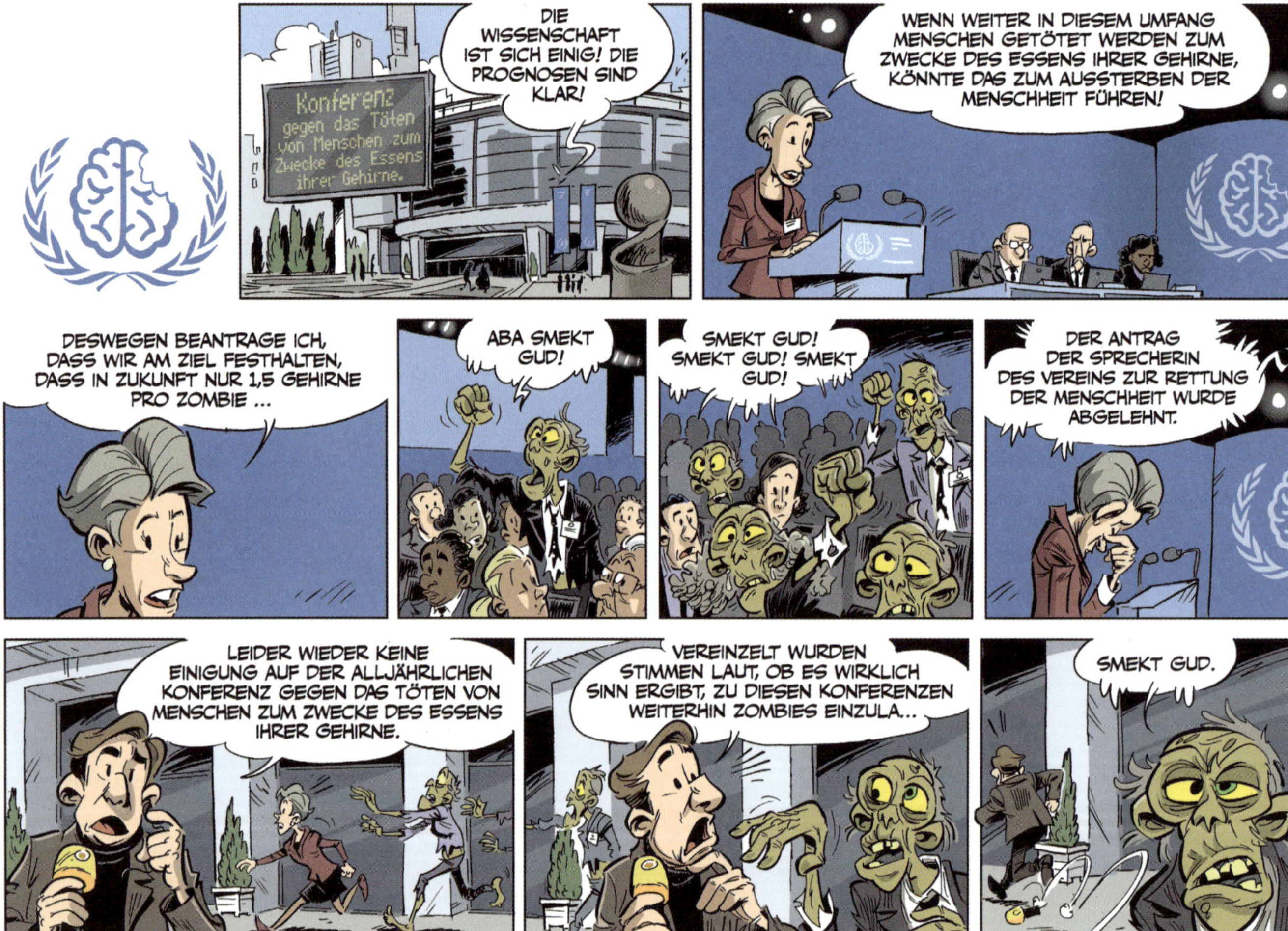
Konferenz gegen das Töten von Menschen zum Zwecke des Essens ihrer Gehirne.
DIE WISSENSCHAFT IST SICH EINIG! DIE PROGNOSEN SIND KLAR!
WENN WEITER IN DIESEM UMFANG MENSCHEN GETÖTET WERDEN ZUM ZWECKE DES ESSENS IHRER GEHIRNE, KÖNNTE DAS ZUM AUSSTERBEN DER MENSCHHEIT FÜHREN!
DESWEGEN BEANTRAGE ICH, DASS WIR AM ZIEL FESTHALTEN, DASS IN ZUKUNFT NUR 1,5 GEHIRNE PRO ZOMBIE ...
ABA SMEKT GUD!
SMEKT GUD! SMEKT GUD! SMEKT GUD!
DER ANTRAG DER SPRECHERIN DES VEREINS ZUR RETTUNG DER MENSCHHEIT WURDE ABGELEHNT.
LEIDER WIEDER KEINE EINIGUNG AUF DER ALLJÄHRLICHEN KONFERENZ GEGEN DAS TÖTEN VON MENSCHEN ZUM ZWECKE DES ESSENS IHRER GEHIRNE.
VEREINZELT WURDEN STIMMEN LAUT, OB ES WIRKLICH SINN ERGIBT, ZU DIESEN KONFERENZEN WEITERHIN ZOMBIES EINZULA...
SMEKT GUD.

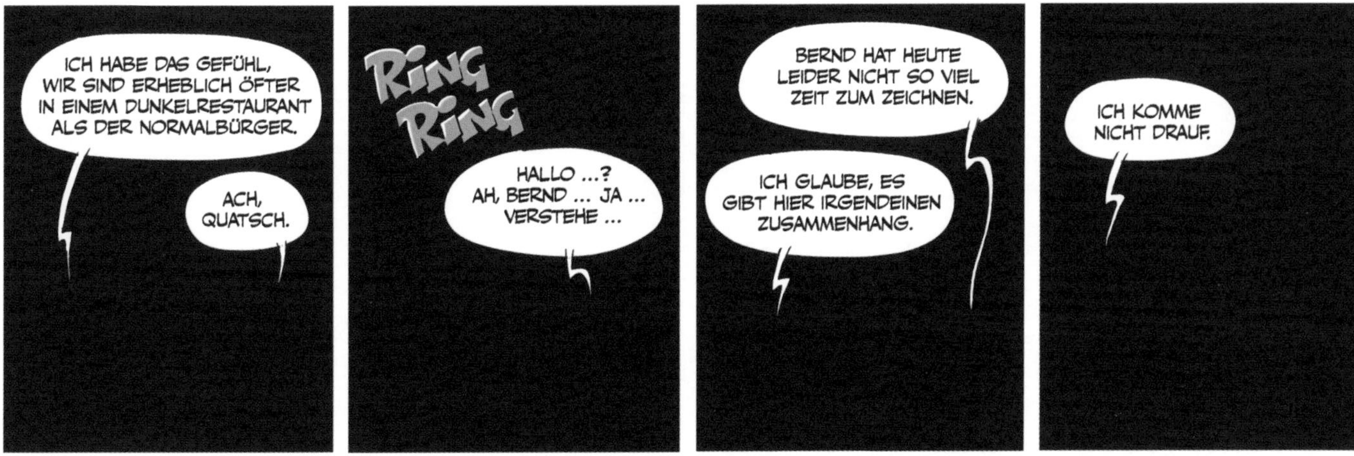
ICH HABE DAS GEFÜHL, WIR SIND ERHEBLICH ÖFTER IN EINEM DUNKELRESTAURANT ALS DER NORMALBÜRGER.
ACH, QUATSCH.
RING RING
HALLO ...? AH, BERND ... JA ... VERSTEHE ...
BERND HAT HEUTE LEIDER NICHT SO VIEL ZEIT ZUM ZEICHNEN.
ICH GLAUBE, ES GIBT HIER IRGENDEINEN ZUSAMMENHANG.
ICH KOMME NICHT DRAUF.

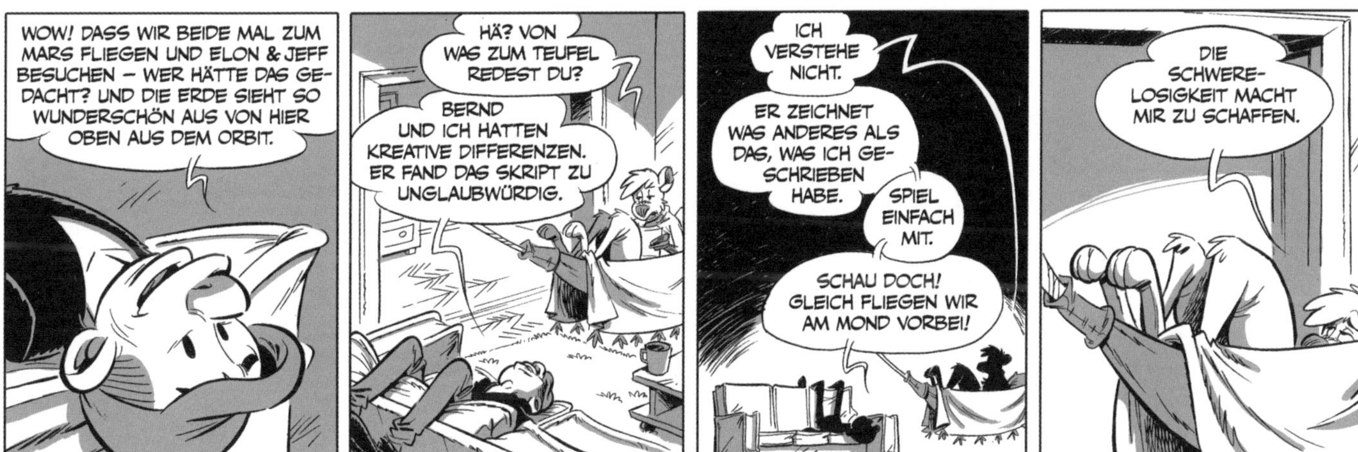
WOW! DASS WIR BEIDE MAL ZUM MARS FLIEGEN UND ELON & JEFF BESUCHEN – WER HÄTTE DAS GEDACHT? UND DIE ERDE SIEHT SO WUNDERSCHÖN AUS VON HIER OBEN AUS DEM ORBIT.
HÄ? VON WAS ZUM TEUFEL REDEST DU?
BERND UND ICH HATTEN KREATIVE DIFFERENZEN. ER FAND DAS SKRIPT ZU UNGLAUBWÜRDIG.
ICH VERSTEHE NICHT.
ER ZEICHNET WAS ANDERES ALS DAS, WAS ICH GESCHRIEBEN HABE.
SPIEL EINFACH MIT.
SCHAU DOCH! GLEICH FLIEGEN WIR AM MOND VORBEI!
DIE SCHWERELOSIGKEIT MACHT MIR ZU SCHAFFEN.

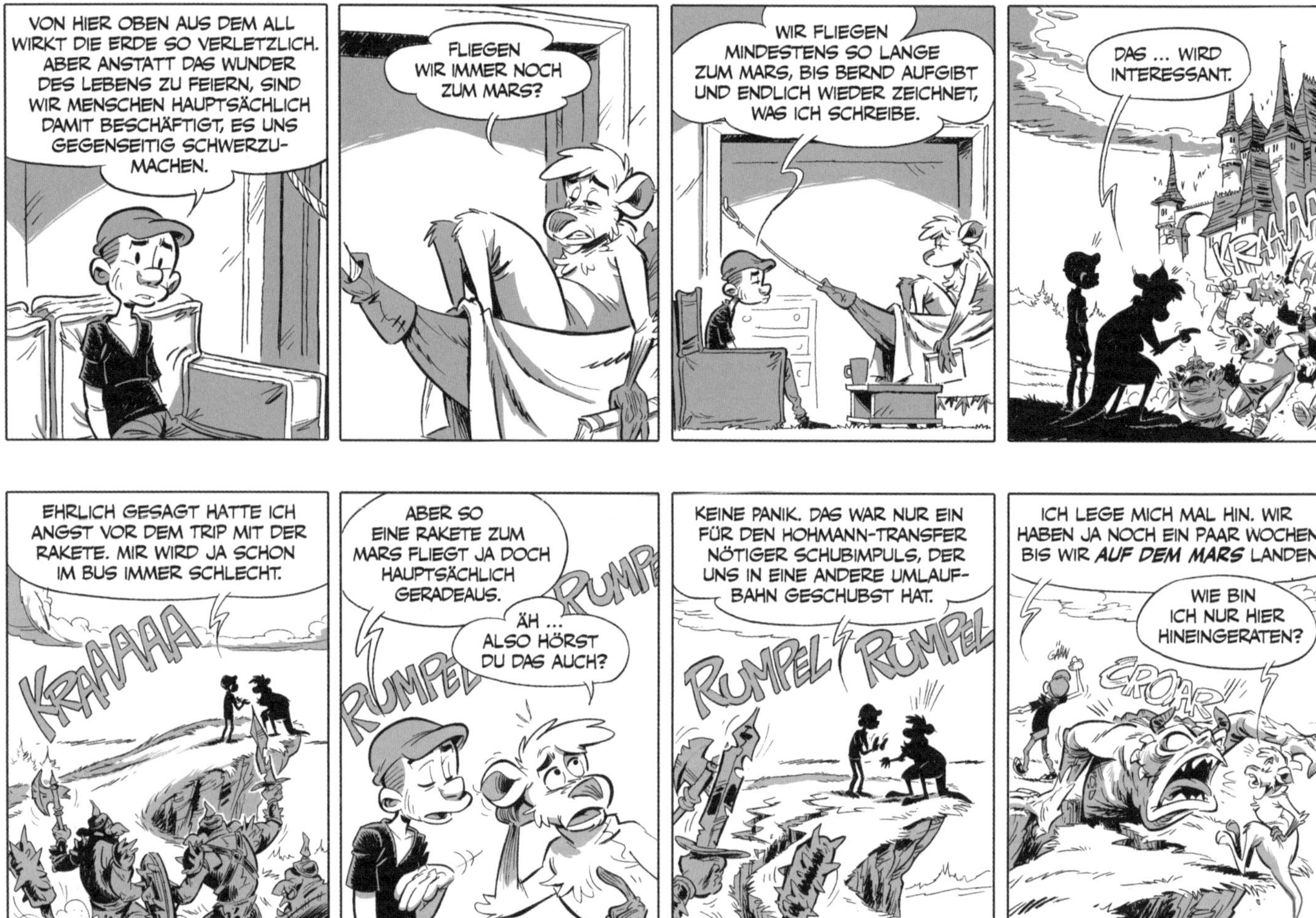

VON HIER OBEN AUS DEM ALL WIRKT DIE ERDE SO VERLETZLICH. ABER ANSTATT DAS WUNDER DES LEBENS ZU FEIERN, SIND WIR MENSCHEN HAUPTSÄCHLICH DAMIT BESCHÄFTIGT, ES UNS GEGENSEITIG SCHWERZUMACHEN.
FLIEGEN WIR IMMER NOCH ZUM MARS?
WIR FLIEGEN MINDESTENS SO LANGE ZUM MARS, BIS BERND AUFGIBT UND ENDLICH WIEDER ZEICHNET, WAS ICH SCHREIBE.
DAS ... WIRD INTERESSANT.
EHRLICH GESAGT HATTE ICH ANGST VOR DEM TRIP MIT DER RAKETE. MIR WIRD JA SCHON IM BUS IMMER SCHLECHT.
KRAAAAA
ABER SO EINE RAKETE ZUM MARS FLIEGT JA DOCH HAUPTSÄCHLICH GERADEAUS.
ÄH ... ALSO HÖRST DU DAS AUCH?
KEINE PANIK. DAS WAR NUR EIN FÜR DEN HOHMANN-TRANSFER NÖTIGER SCHUBIMPULS, DER UNS IN EINE ANDERE UMLAUFBAHN GESCHUBST HAT.
RUMPEL RUMPEL
ICH LEGE MICH MAL HIN. WIR HABEN JA NOCH EIN PAAR WOCHEN, BIS WIR *AUF DEM MARS* LANDEN!
WIE BIN ICH NUR HIER HINEINGERATEN?
CROAAR

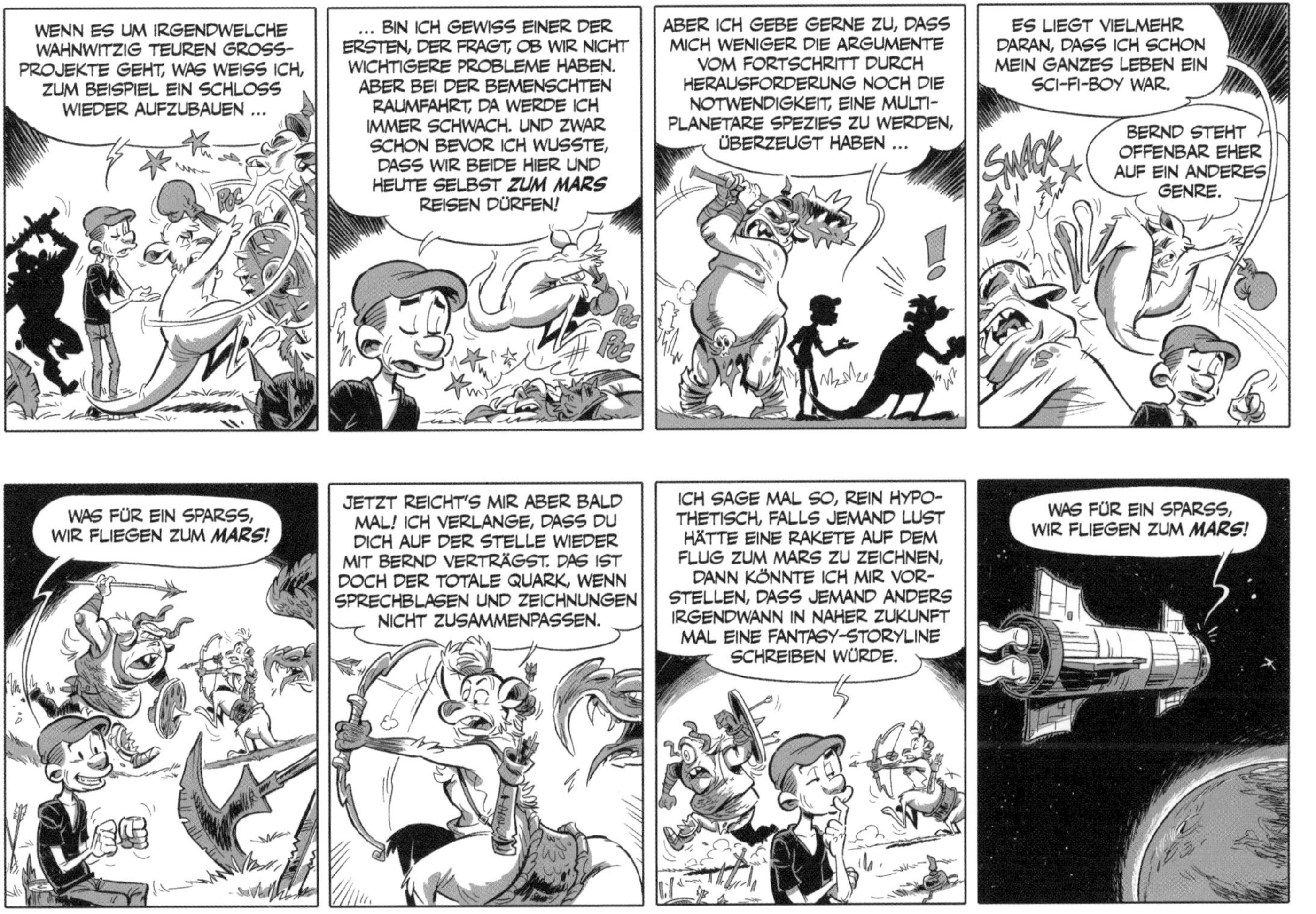
WENN ES UM IRGENDWELCHE WAHNWITZIG TEUREN GROSS-PROJEKTE GEHT, WAS WEISS ICH, ZUM BEISPIEL EIN SCHLOSS WIEDER AUFZUBAUEN ...
POC
... BIN ICH GEWISS EINER DER ERSTEN, DER FRAGT, OB WIR NICHT WICHTIGERE PROBLEME HABEN. ABER BEI DER BEMENSCHTEN RAUMFAHRT, DA WERDE ICH IMMER SCHWACH. UND ZWAR SCHON BEVOR ICH WUSSTE, DASS WIR BEIDE HIER UND HEUTE SELBST ZUM MARS REISEN DÜRFEN!
POC
POC
ABER ICH GEBE GERNE ZU, DASS MICH WENIGER DIE ARGUMENTE VOM FORTSCHRITT DURCH HERAUSFORDERUNG NOCH DIE NOTWENDIGKEIT, EINE MULTI-PLANETARE SPEZIES ZU WERDEN, ÜBERZEUGT HABEN ...
!
ES LIEGT VIELMEHR DARAN, DASS ICH SCHON MEIN GANZES LEBEN EIN SCI-FI-BOY WAR.
SMACK
BERND STEHT OFFENBAR EHER AUF EIN ANDERES GENRE.
WAS FÜR EIN SPARSS, WIR FLIEGEN ZUM MARS!
JETZT REICHT'S MIR ABER BALD MAL! ICH VERLANGE, DASS DU DICH AUF DER STELLE WIEDER MIT BERND VERTRÄGST. DAS IST DOCH DER TOTALE QUARK, WENN SPRECHBLASEN UND ZEICHNUNGEN NICHT ZUSAMMENPASSEN.
ICH SAGE MAL SO, REIN HYPO-THETISCH, FALLS JEMAND LUST HÄTTE EINE RAKETE AUF DEM FLUG ZUM MARS ZU ZEICHNEN, DANN KÖNNTE ICH MIR VOR-STELLEN, DASS JEMAND ANDERS IRGENDWANN IN NAHER ZUKUNFT MAL EINE FANTASY-STORYLINE SCHREIBEN WÜRDE.
WAS FÜR EIN SPARSS, WIR FLIEGEN ZUM MARS!

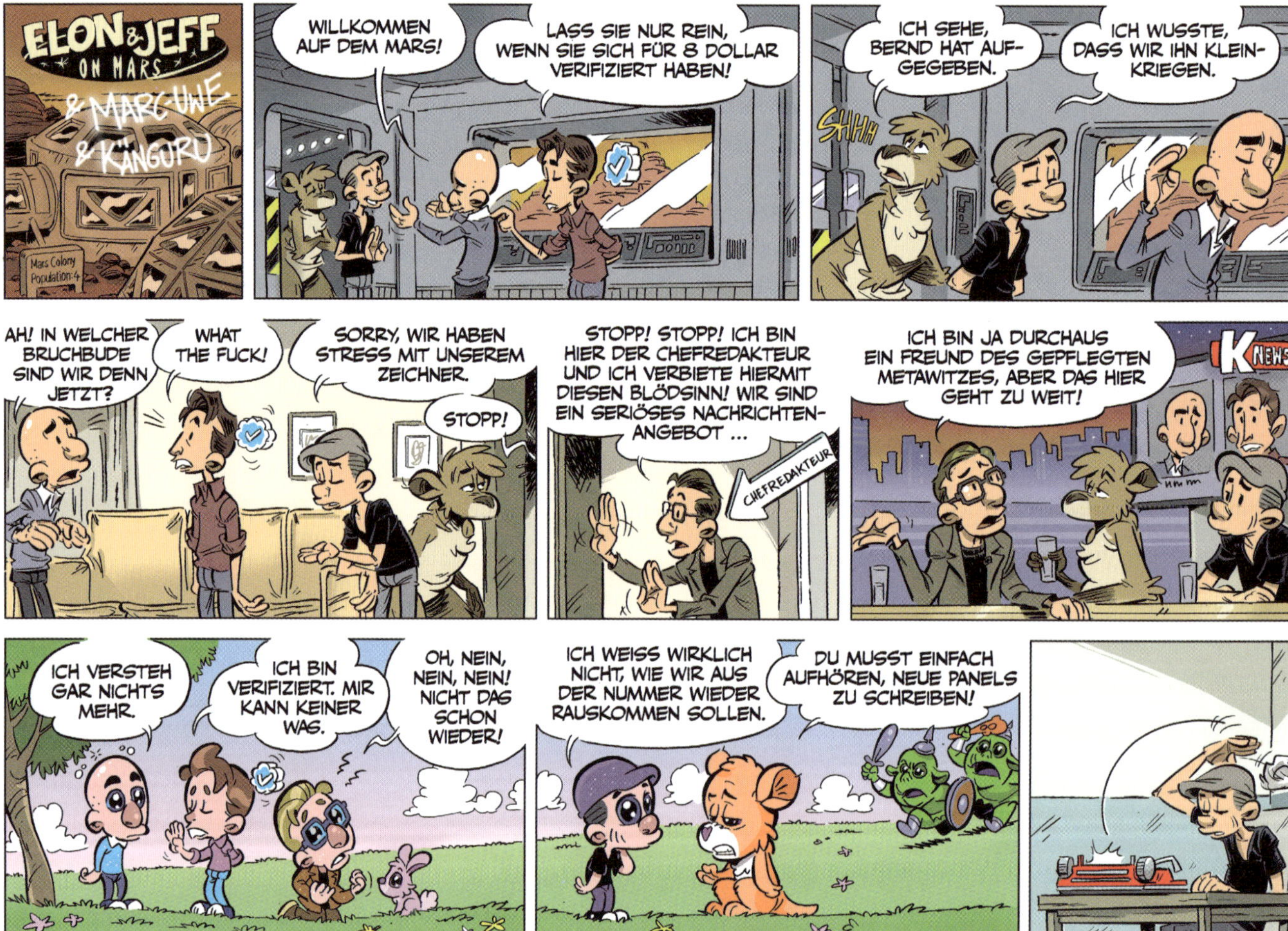
ELON & JEFF ON MARS
& MARC-UWE & KÄNGURU
Mars Colony Population: 4
WILLKOMMEN AUF DEM MARS!
LASS SIE NUR REIN, WENN SIE SICH FÜR 8 DOLLAR VERIFIZIERT HABEN!
SHHH
ICH SEHE, BERND HAT AUFGEGEBEN.
ICH WUSSTE, DASS WIR IHN KLEINKRIEGEN.
AH! IN WELCHER BRUCHBUDE SIND WIR DENN JETZT?
WHAT THE FUCK!
SORRY, WIR HABEN STRESS MIT UNSEREM ZEICHNER.
STOPP!
STOPP! STOPP! ICH BIN HIER DER CHEFREDAKTEUR UND ICH VERBIETE HIERMIT DIESEN BLÖDSINN! WIR SIND EIN SERIÖSES NACHRICHTENANGEBOT ...
CHEFREDAKTEUR
ICH BIN JA DURCHAUS EIN FREUND DES GEPFLEGTEN METAWITZES, ABER DAS HIER GEHT ZU WEIT!
K NEWS
ICH VERSTEH GAR NICHTS MEHR.
ICH BIN VERIFIZIERT. MIR KANN KEINER WAS.
OH, NEIN, NEIN, NEIN! NICHT DAS SCHON WIEDER!
ICH WEISS WIRKLICH NICHT, WIE WIR AUS DER NUMMER WIEDER RAUSKOMMEN SOLLEN.
DU MUSST EINFACH AUFHÖREN, NEUE PANELS ZU SCHREIBEN!

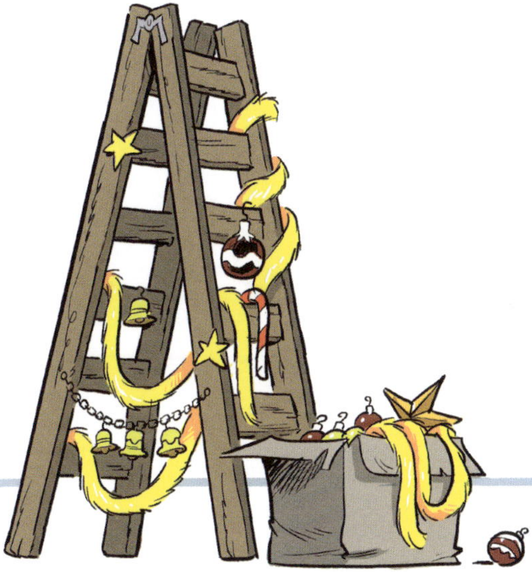

DEZEMBER 2022

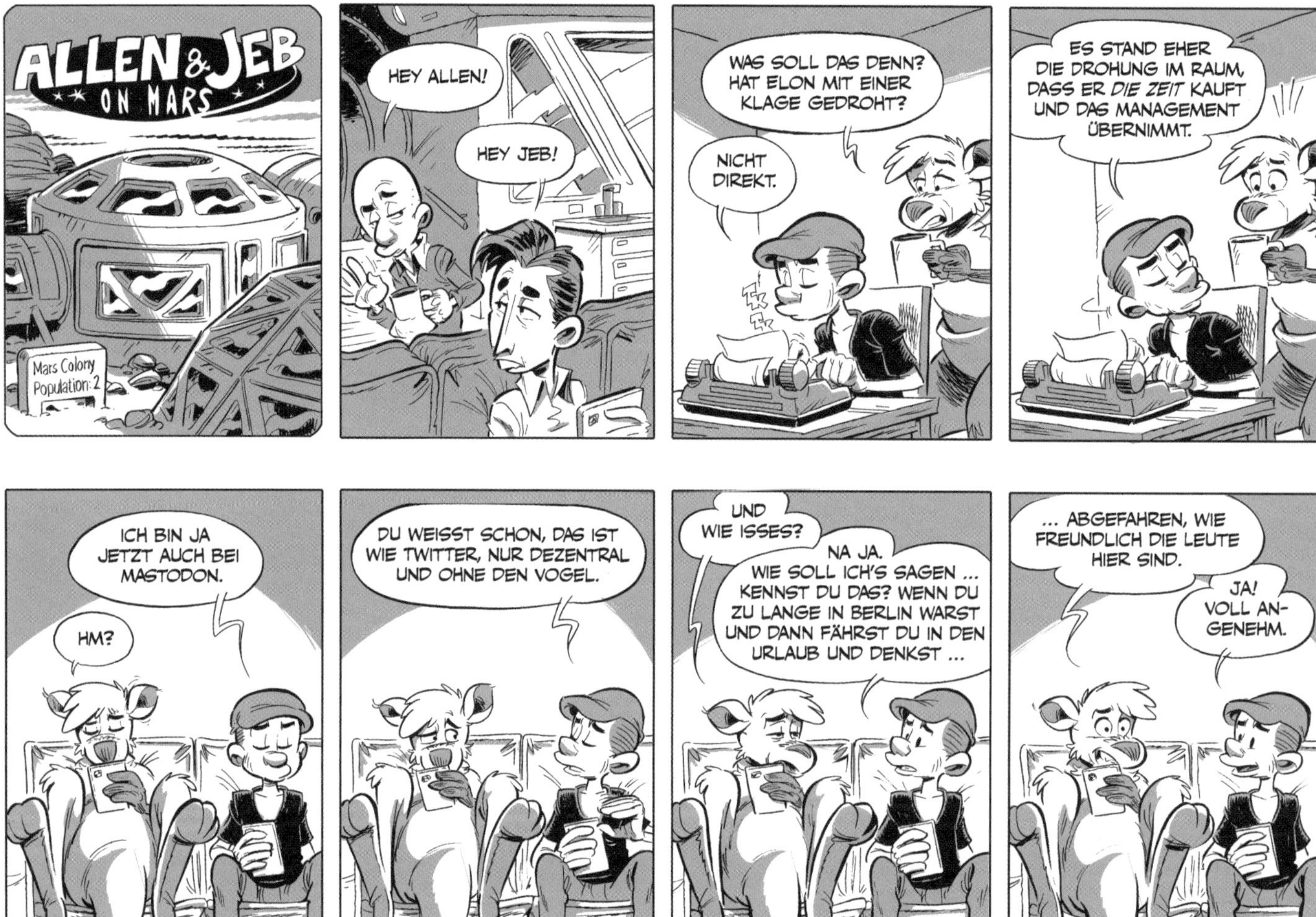
ALLEN & JEB
ON MARS
Mars Colony Population: 2
HEY ALLEN!
HEY JEB!
WAS SOLL DAS DENN? HAT ELON MIT EINER KLAGE GEDROHT?
NICHT DIREKT.
ES STAND EHER DIE DROHUNG IM RAUM, DASS ER *DIE ZEIT* KAUFT UND DAS MANAGEMENT ÜBERNIMMT.
ICH BIN JA JETZT AUCH BEI MASTODON.
HM?
DU WEISST SCHON, DAS IST WIE TWITTER, NUR DEZENTRAL UND OHNE DEN VOGEL.
UND WIE ISSES?
NA JA. WIE SOLL ICH'S SAGEN ... KENNST DU DAS? WENN DU ZU LANGE IN BERLIN WARST UND DANN FÄHRST DU IN DEN URLAUB UND DENKST ...
... ABGEFAHREN, WIE FREUNDLICH DIE LEUTE HIER SIND.
JA! VOLL ANGENEHM.

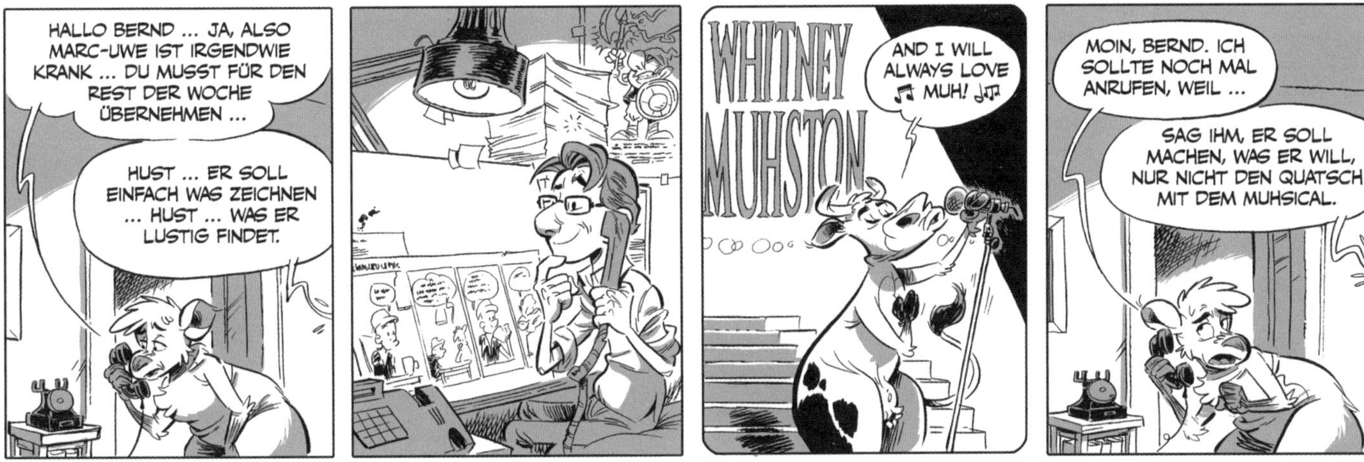

Bernds Bildergeschichten

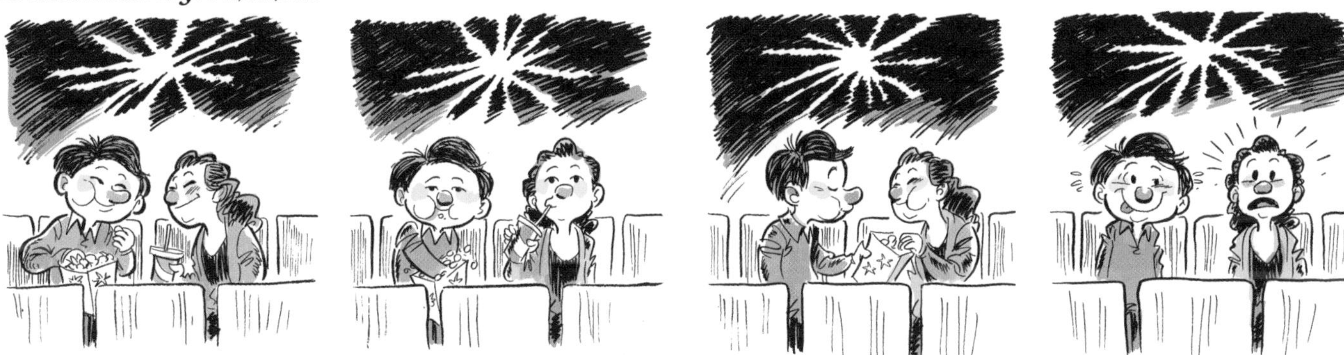

Im Kino hat
der Knut ein Date,

das leider gar
nicht gut ausgeht.

Zwar liebte sie
auch Popcorn,

doch stand nur
er auf Copporn.

Bernds Bildergeschichten

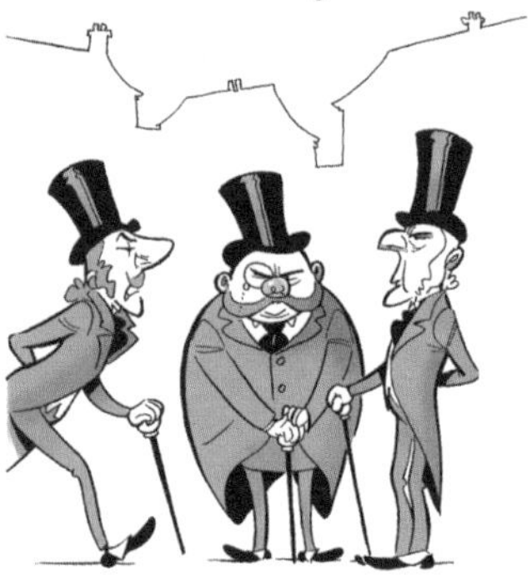

Herr Unter kam wütend zu
Herrn Über herüber.
Herr Bei kam herbei –
seine Stimmung noch trüber.

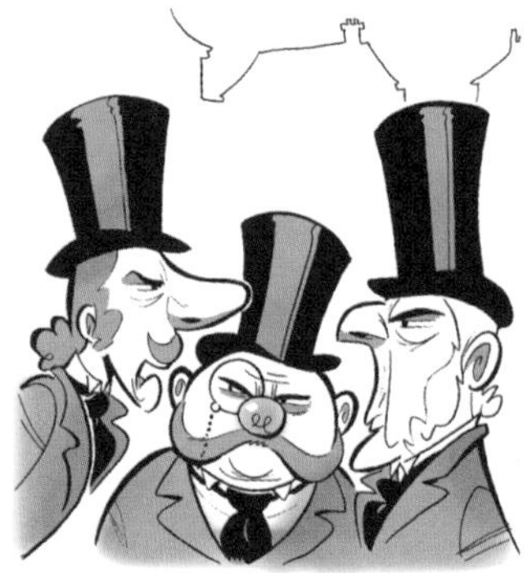

»Keiner von uns ist eingeladen«,
sagten sie klagend,
»bei der Hochzeit von Herrn Vor
und Frau Ragend«.

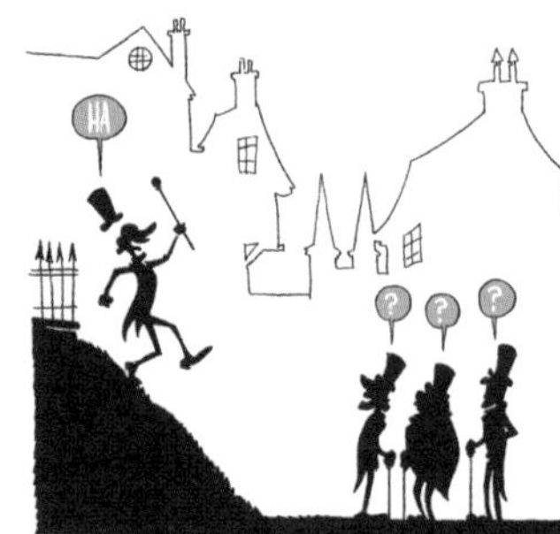

Doch trapp, trapp, trapp,
vom Hügel herab,
kam da Herr Ab
und lachte sich schlapp!

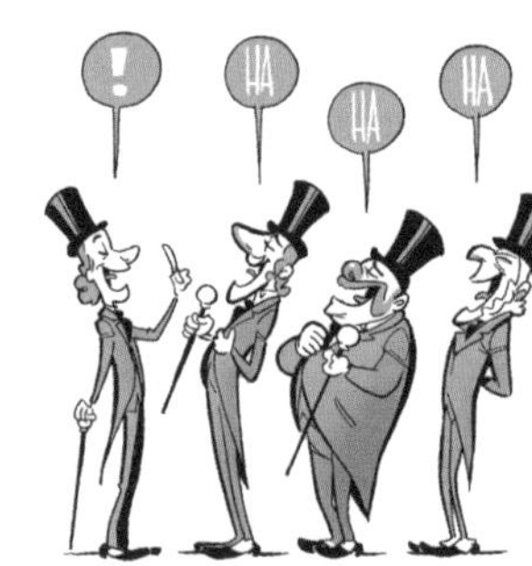

Stellt euch nur vor,
Herr Vor, dieser Tor,
nennt sich nun
Herr Ragend-Vor.

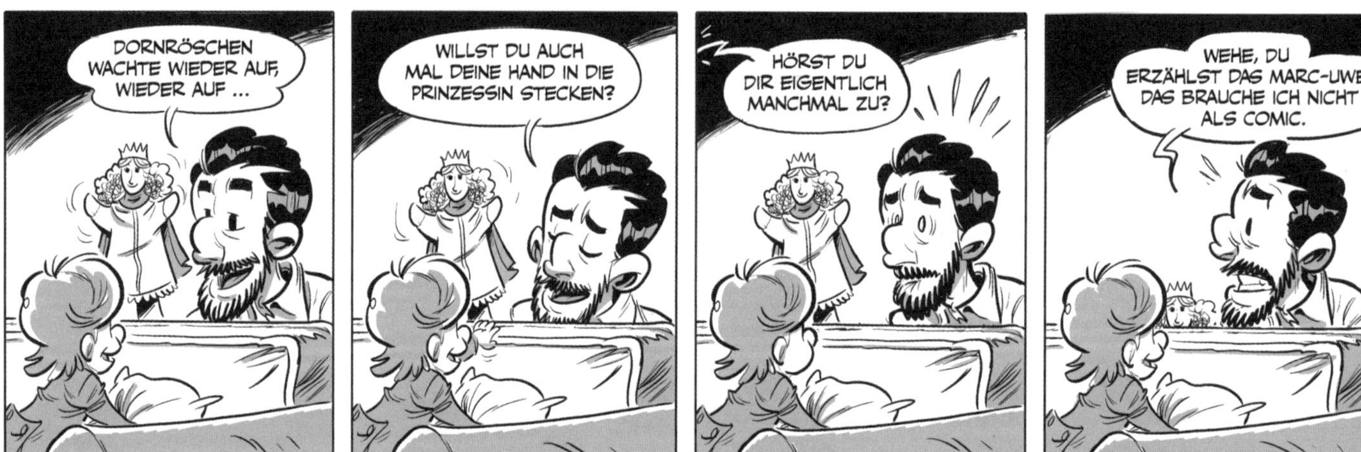

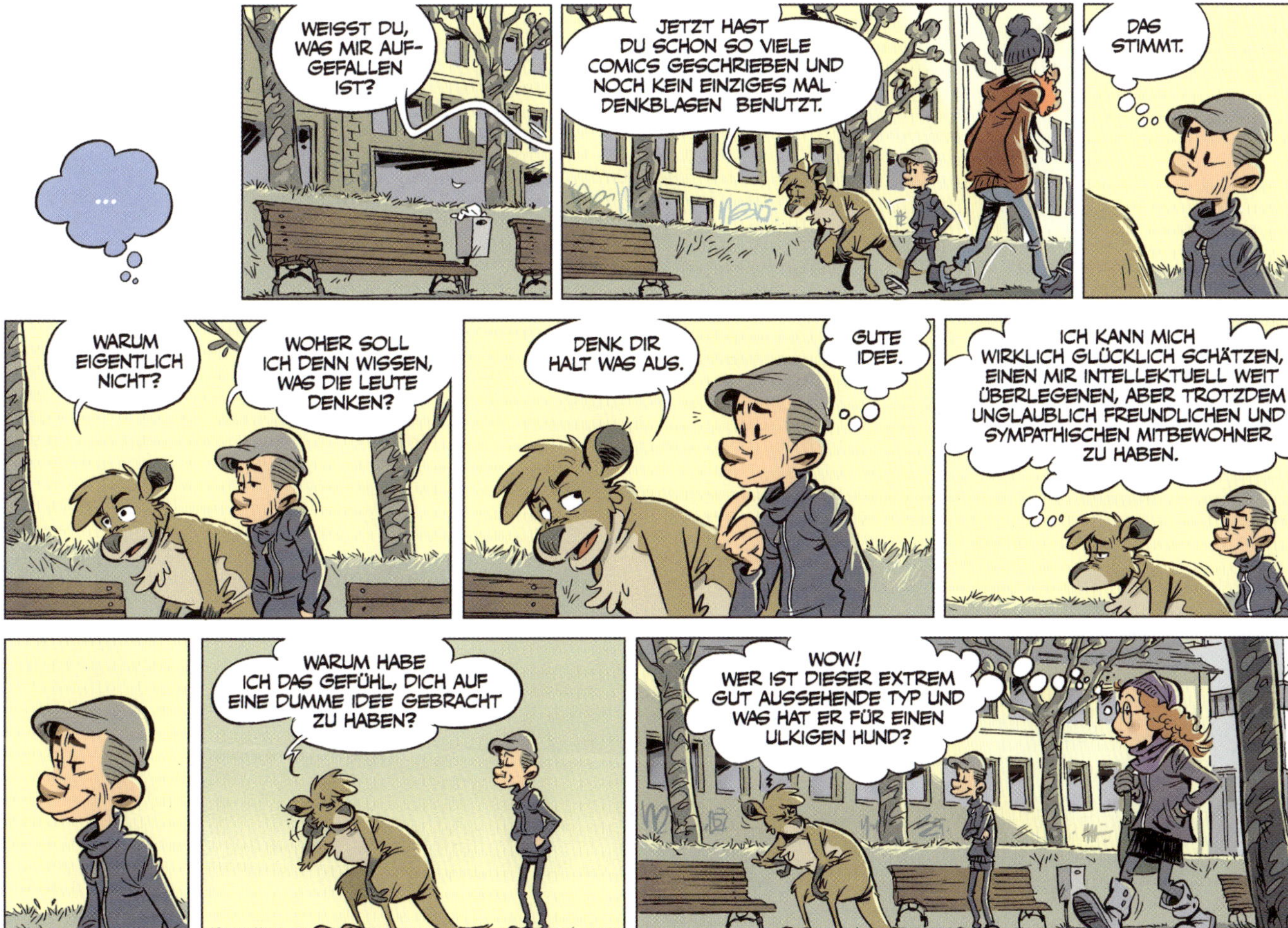
...
WEISST DU, WAS MIR AUFGEFALLEN IST?
JETZT HAST DU SCHON SO VIELE COMICS GESCHRIEBEN UND NOCH KEIN EINZIGES MAL DENKBLASEN BENUTZT.
DAS STIMMT.
WARUM EIGENTLICH NICHT?
WOHER SOLL ICH DENN WISSEN, WAS DIE LEUTE DENKEN?
DENK DIR HALT WAS AUS.
GUTE IDEE.
ICH KANN MICH WIRKLICH GLÜCKLICH SCHÄTZEN, EINEN MIR INTELLEKTUELL WEIT ÜBERLEGENEN, ABER TROTZDEM UNGLAUBLICH FREUNDLICHEN UND SYMPATHISCHEN MITBEWOHNER ZU HABEN.
WARUM HABE ICH DAS GEFÜHL, DICH AUF EINE DUMME IDEE GEBRACHT ZU HABEN?
WOW! WER IST DIESER EXTREM GUT AUSSEHENDE TYP UND WAS HAT ER FÜR EINEN ULKIGEN HUND?

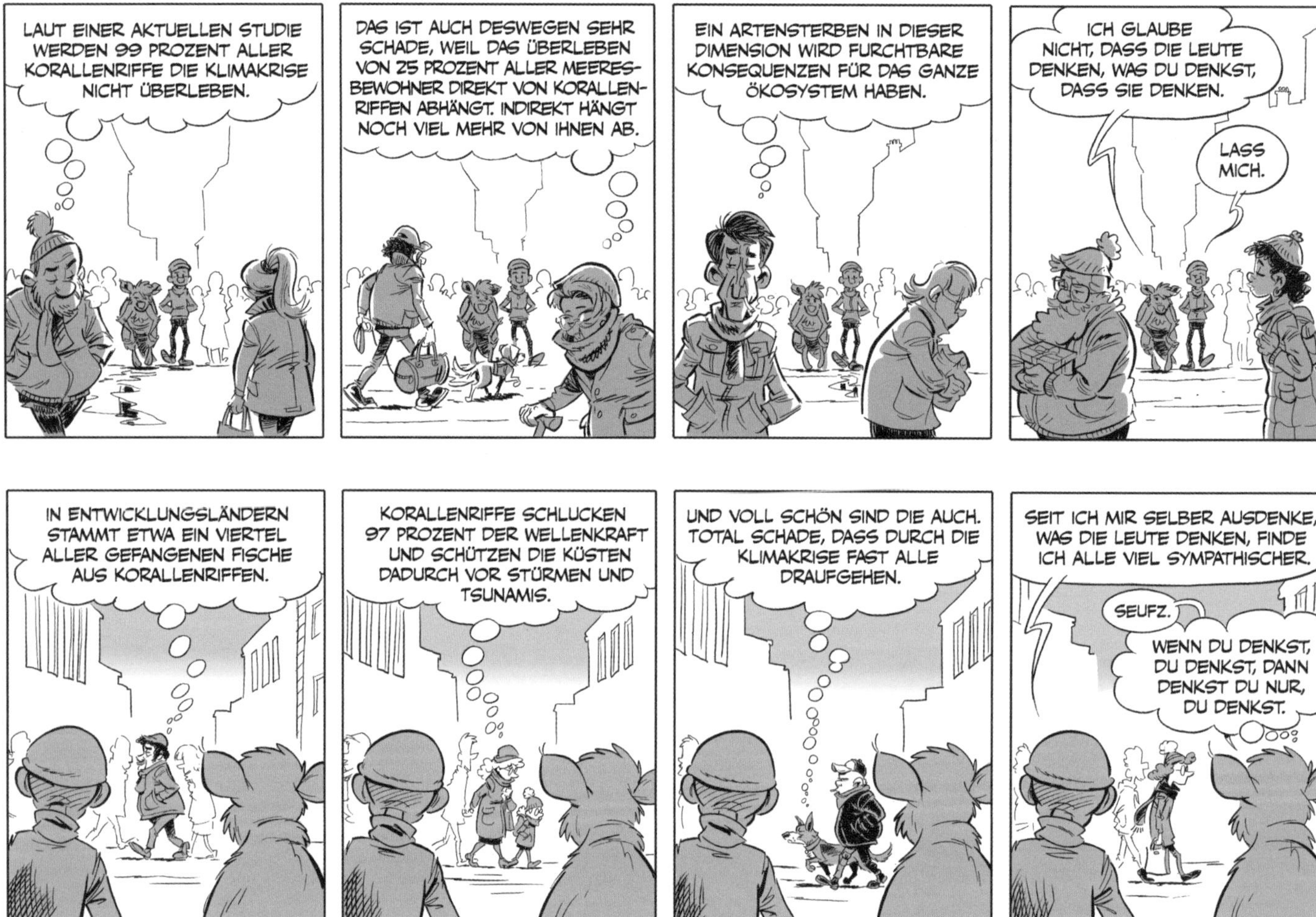
LAUT EINER AKTUELLEN STUDIE WERDEN 99 PROZENT ALLER KORALLENRIFFE DIE KLIMAKRISE NICHT ÜBERLEBEN.
DAS IST AUCH DESWEGEN SEHR SCHADE, WEIL DAS ÜBERLEBEN VON 25 PROZENT ALLER MEERESBEWOHNER DIREKT VON KORALLENRIFFEN ABHÄNGT. INDIREKT HÄNGT NOCH VIEL MEHR VON IHNEN AB.
EIN ARTENSTERBEN IN DIESER DIMENSION WIRD FURCHTBARE KONSEQUENZEN FÜR DAS GANZE ÖKOSYSTEM HABEN.
ICH GLAUBE NICHT, DASS DIE LEUTE DENKEN, WAS DU DENKST, DASS SIE DENKEN.
LASS MICH.
IN ENTWICKLUNGSLÄNDERN STAMMT ETWA EIN VIERTEL ALLER GEFANGENEN FISCHE AUS KORALLENRIFFEN.
KORALLENRIFFE SCHLUCKEN 97 PROZENT DER WELLENKRAFT UND SCHÜTZEN DIE KÜSTEN DADURCH VOR STÜRMEN UND TSUNAMIS.
UND VOLL SCHÖN SIND DIE AUCH. TOTAL SCHADE, DASS DURCH DIE KLIMAKRISE FAST ALLE DRAUFGEHEN.
SEIT ICH MIR SELBER AUSDENKE, WAS DIE LEUTE DENKEN, FINDE ICH ALLE VIEL SYMPATHISCHER.
SEUFZ.
WENN DU DENKST, DU DENKST, DANN DENKST DU NUR, DU DENKST.

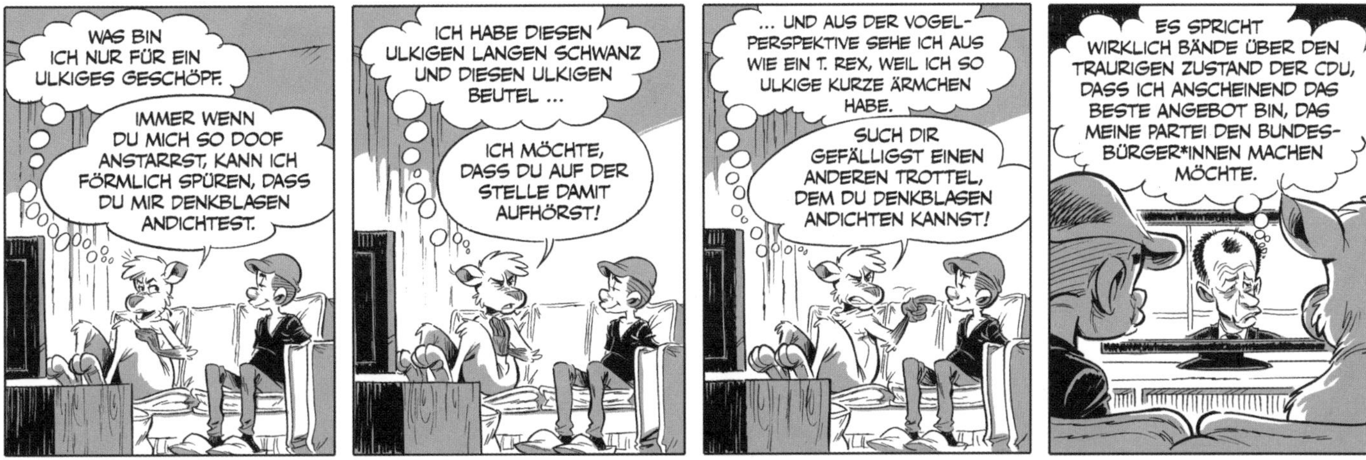
WAS BIN ICH NUR FÜR EIN ULKIGES GESCHÖPF.
IMMER WENN DU MICH SO DOOF ANSTARRST, KANN ICH FÖRMLICH SPÜREN, DASS DU MIR DENKBLASEN ANDICHTEST.
ICH HABE DIESEN ULKIGEN LANGEN SCHWANZ UND DIESEN ULKIGEN BEUTEL …
ICH MÖCHTE, DASS DU AUF DER STELLE DAMIT AUFHÖRST!
… UND AUS DER VOGEL-PERSPEKTIVE SEHE ICH AUS WIE EIN T. REX, WEIL ICH SO ULKIGE KURZE ÄRMCHEN HABE.
SUCH DIR GEFÄLLIGST EINEN ANDEREN TROTTEL, DEM DU DENKBLASEN ANDICHTEN KANNST!
ES SPRICHT WIRKLICH BÄNDE ÜBER DEN TRAURIGEN ZUSTAND DER CDU, DASS ICH ANSCHEINEND DAS BESTE ANGEBOT BIN, DAS MEINE PARTEI DEN BUNDES-BÜRGER*INNEN MACHEN MÖCHTE.

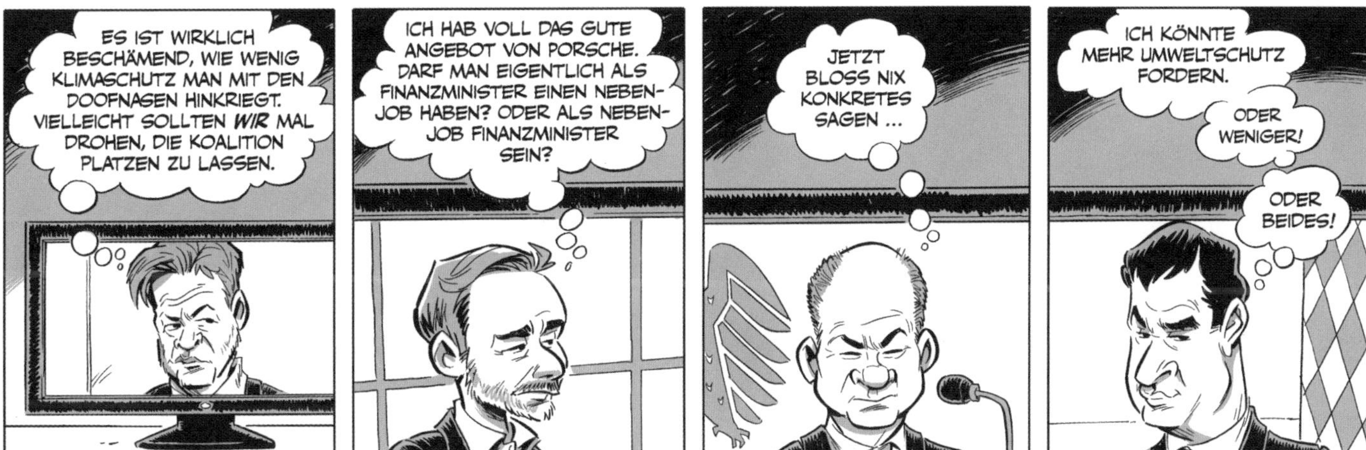
ES IST WIRKLICH BESCHÄMEND, WIE WENIG KLIMASCHUTZ MAN MIT DEN DOOFNASEN HINKRIEGT. VIELLEICHT SOLLTEN *WIR* MAL DROHEN, DIE KOALITION PLATZEN ZU LASSEN.
ICH HAB VOLL DAS GUTE ANGEBOT VON PORSCHE. DARF MAN EIGENTLICH ALS FINANZMINISTER EINEN NEBEN-JOB HABEN? ODER ALS NEBEN-JOB FINANZMINISTER SEIN?
JETZT BLOSS NIX KONKRETES SAGEN …
ICH KÖNNTE MEHR UMWELTSCHUTZ FORDERN.
ODER WENIGER!
ODER BEIDES!

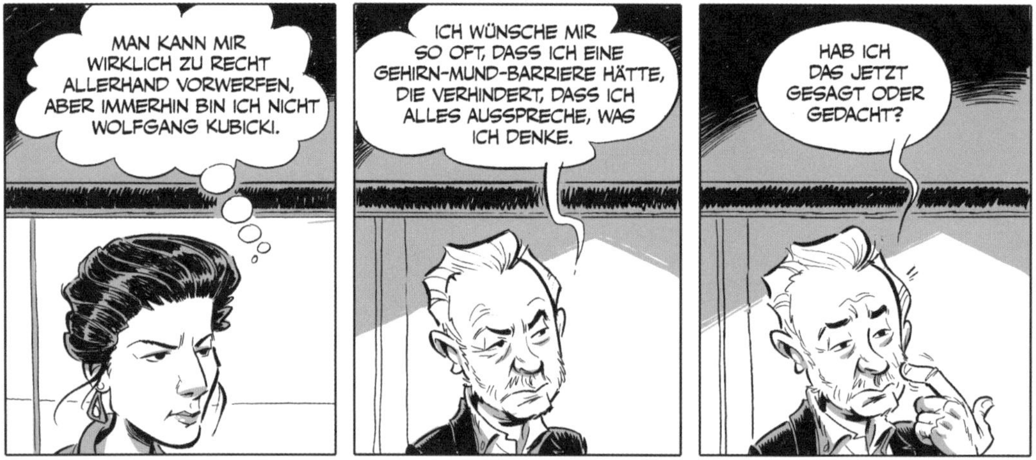
MAN KANN MIR WIRKLICH ZU RECHT ALLERHAND VORWERFEN, ABER IMMERHIN BIN ICH NICHT WOLFGANG KUBICKI.
ICH WÜNSCHE MIR SO OFT, DASS ICH EINE GEHIRN-MUND-BARRIERE HÄTTE, DIE VERHINDERT, DASS ICH ALLES AUSSPRECHE, WAS ICH DENKE.
HAB ICH DAS JETZT GESAGT ODER GEDACHT?
DIE LEUTE KÖNNEN WIRKLICH FROH SEIN, DASS ICH NICHT ALLZU VIEL DENKE.

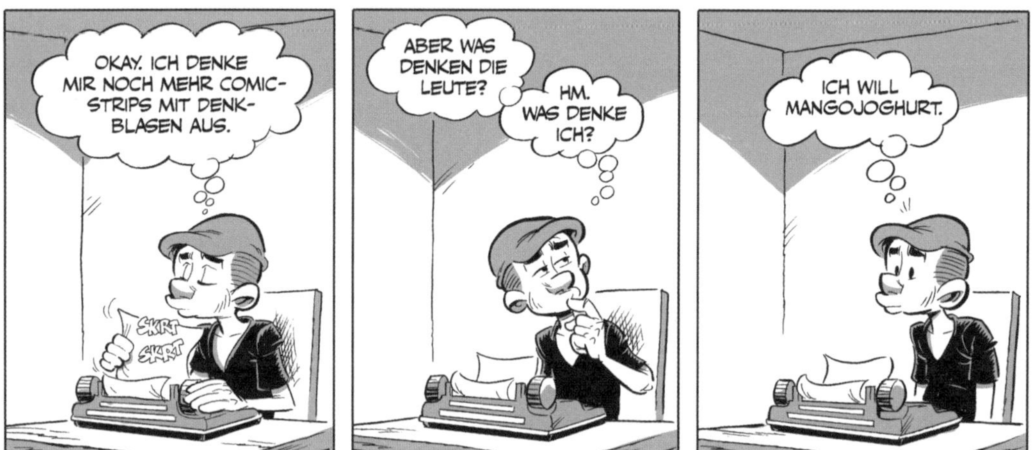
OKAY. ICH DENKE MIR NOCH MEHR COMIC-STRIPS MIT DENK-BLASEN AUS.
SKRT
SKRT
ABER WAS DENKEN DIE LEUTE?
HM. WAS DENKE ICH?
ICH WILL MANGOJOGHURT.
ICH WÄRE VIEL LIEBER EINE SPÜL-MASCHINE.

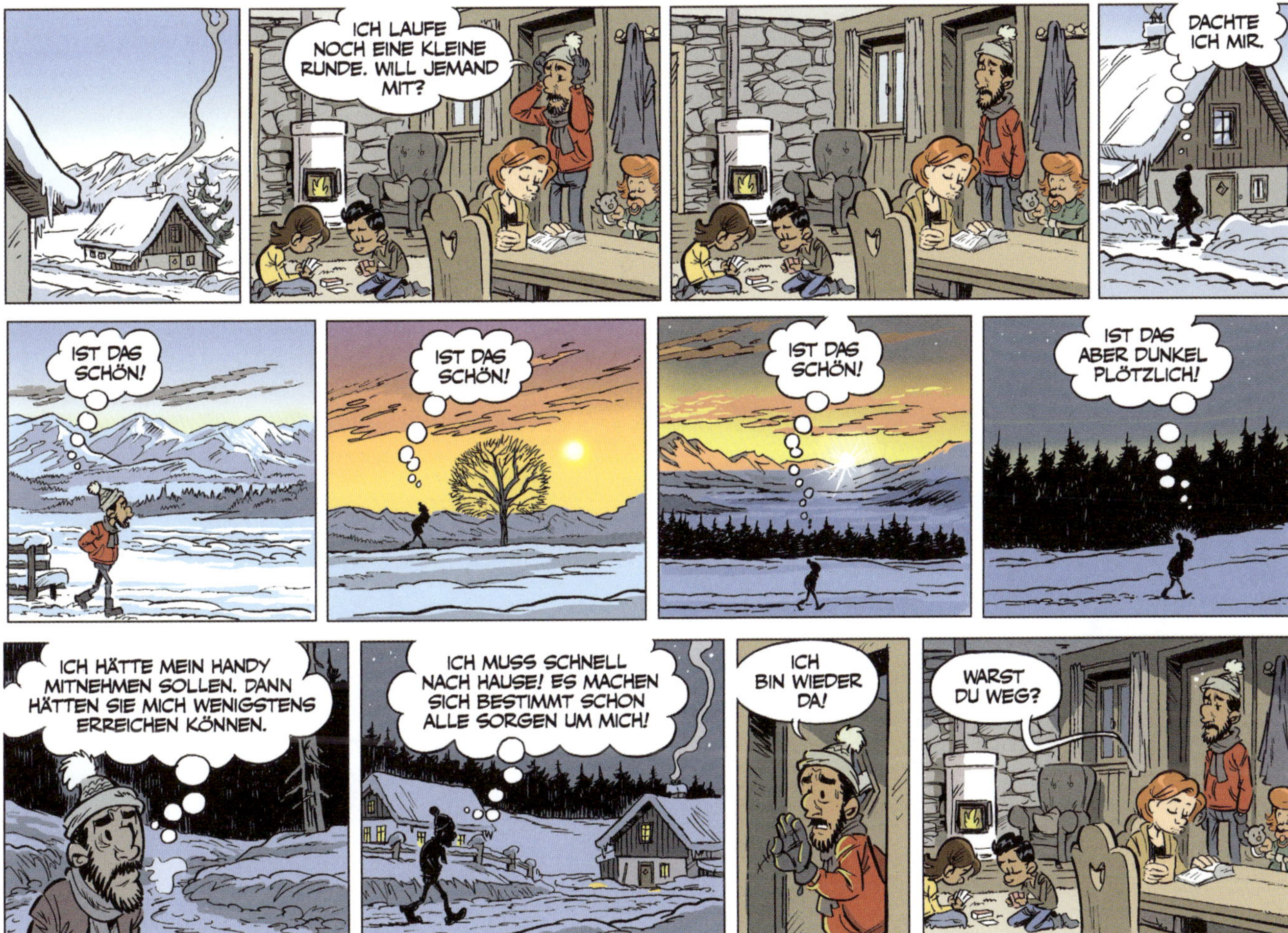
ICH LAUFE NOCH EINE KLEINE RUNDE. WILL JEMAND MIT?
DACHTE ICH MIR.
IST DAS SCHÖN!
IST DAS SCHÖN!
IST DAS SCHÖN!
IST DAS ABER DUNKEL PLÖTZLICH!
ICH HÄTTE MEIN HANDY MITNEHMEN SOLLEN. DANN HÄTTEN SIE MICH WENIGSTENS ERREICHEN KÖNNEN.
ICH MUSS SCHNELL NACH HAUSE! ES MACHEN SICH BESTIMMT SCHON ALLE SORGEN UM MICH!
ICH BIN WIEDER DA!
WARST DU WEG?

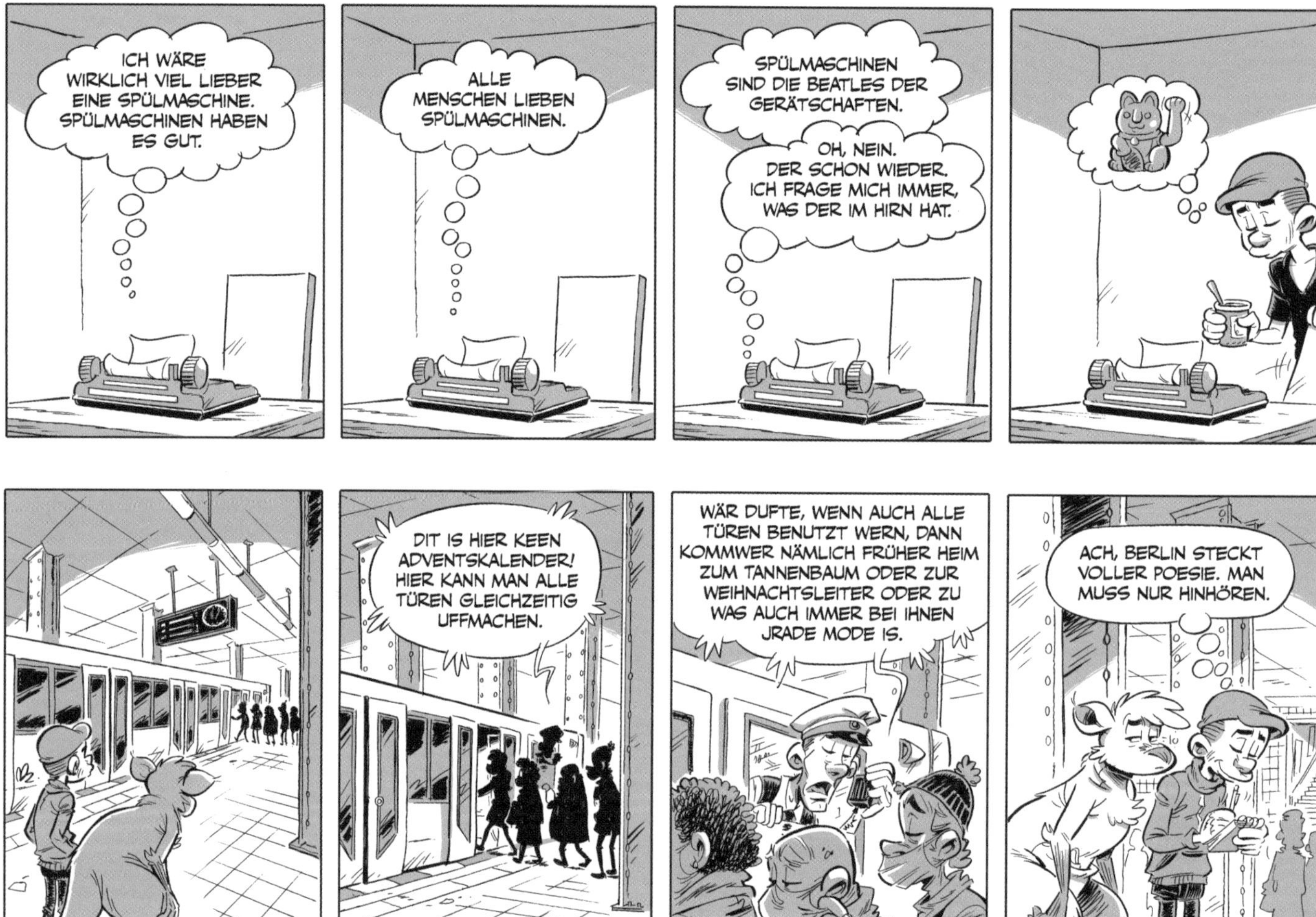
ICH WÄRE WIRKLICH VIEL LIEBER EINE SPÜLMASCHINE. SPÜLMASCHINEN HABEN ES GUT.
ALLE MENSCHEN LIEBEN SPÜLMASCHINEN.
SPÜLMASCHINEN SIND DIE BEATLES DER GERÄTSCHAFTEN.
OH, NEIN. DER SCHON WIEDER. ICH FRAGE MICH IMMER, WAS DER IM HIRN HAT.
DIT IS HIER KEEN ADVENTSKALENDER! HIER KANN MAN ALLE TÜREN GLEICHZEITIG UFFMACHEN.
WÄR DUFTE, WENN AUCH ALLE TÜREN BENUTZT WERN, DANN KOMMWER NÄMLICH FRÜHER HEIM ZUM TANNENBAUM ODER ZUR WEIHNACHTSLEITER ODER ZU WAS AUCH IMMER BEI IHNEN JRADE MODE IS.
ACH, BERLIN STECKT VOLLER POESIE. MAN MUSS NUR HINHÖREN.

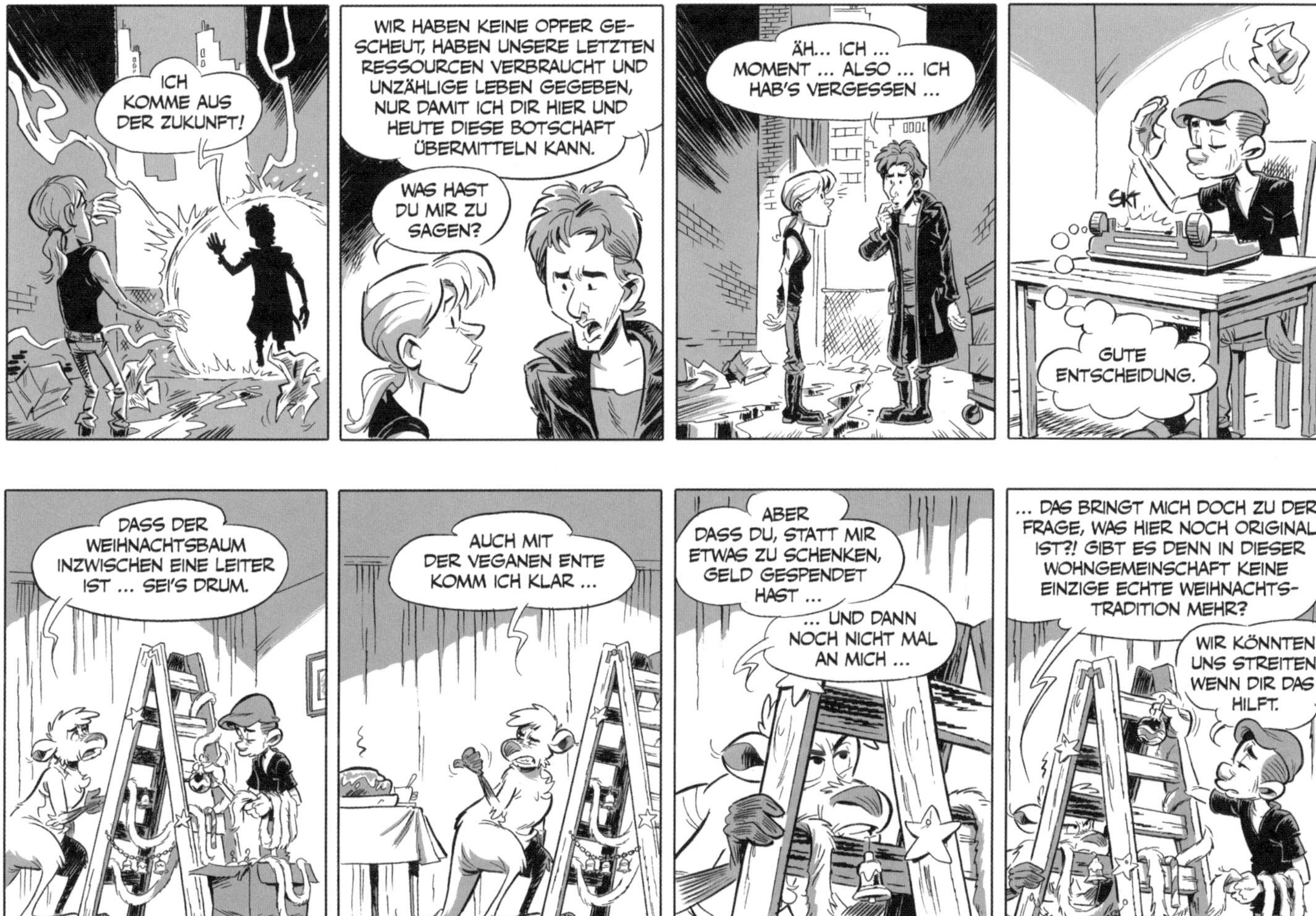
ICH KOMME AUS DER ZUKUNFT!
WIR HABEN KEINE OPFER GESCHEUT, HABEN UNSERE LETZTEN RESSOURCEN VERBRAUCHT UND UNZÄHLIGE LEBEN GEGEBEN, NUR DAMIT ICH DIR HIER UND HEUTE DIESE BOTSCHAFT ÜBERMITTELN KANN.
WAS HAST DU MIR ZU SAGEN?
ÄH... ICH ... MOMENT ... ALSO ... ICH HAB'S VERGESSEN ...
SKT
GUTE ENTSCHEIDUNG.
DASS DER WEIHNACHTSBAUM INZWISCHEN EINE LEITER IST ... SEI'S DRUM.
AUCH MIT DER VEGANEN ENTE KOMM ICH KLAR ...
ABER DASS DU, STATT MIR ETWAS ZU SCHENKEN, GELD GESPENDET HAST ...
... UND DANN NOCH NICHT MAL AN MICH ...
... DAS BRINGT MICH DOCH ZU DER FRAGE, WAS HIER NOCH ORIGINAL IST?! GIBT ES DENN IN DIESER WOHNGEMEINSCHAFT KEINE EINZIGE ECHTE WEIHNACHTSTRADITION MEHR?
WIR KÖNNTEN UNS STREITEN, WENN DIR DAS HILFT.

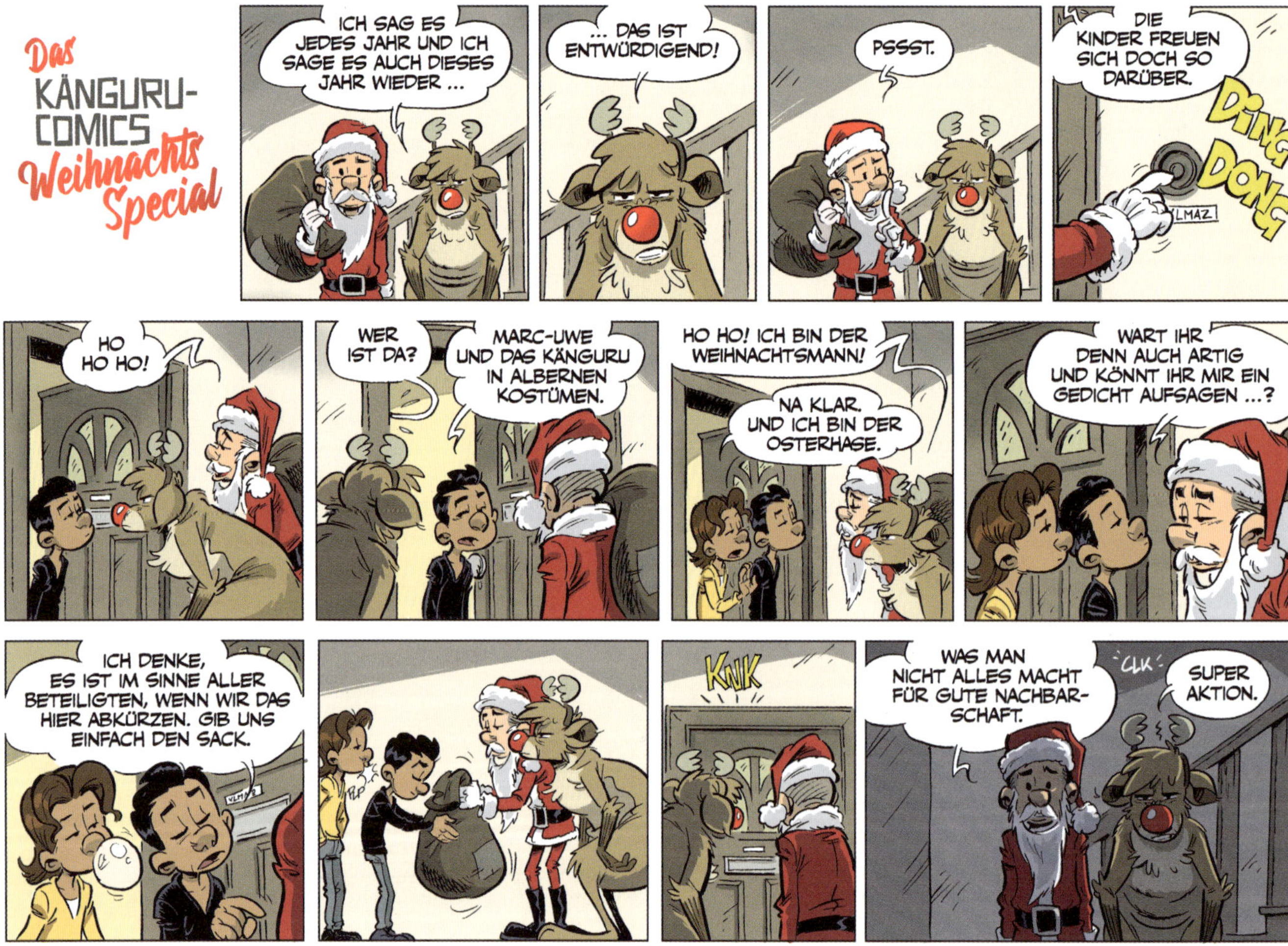
Das KÄNGURU-COMICS Weihnachts Special
ICH SAG ES JEDES JAHR UND ICH SAGE ES AUCH DIESES JAHR WIEDER ...
... DAS IST ENTWÜRDIGEND!
PSSST.
DIE KINDER FREUEN SICH DOCH SO DARÜBER.
DING DONG
YLMAZ
HO HO HO!
WER IST DA?
MARC-UWE UND DAS KÄNGURU IN ALBERNEN KOSTÜMEN.
HO HO! ICH BIN DER WEIHNACHTSMANN!
NA KLAR. UND ICH BIN DER OSTERHASE.
WART IHR DENN AUCH ARTIG UND KÖNNT IHR MIR EIN GEDICHT AUFSAGEN ...?
ICH DENKE, ES IST IM SINNE ALLER BETEILIGTEN, WENN WIR DAS HIER ABKÜRZEN. GIB UNS EINFACH DEN SACK.
KNK
WAS MAN NICHT ALLES MACHT FÜR GUTE NACHBARSCHAFT.
CLK
SUPER AKTION.

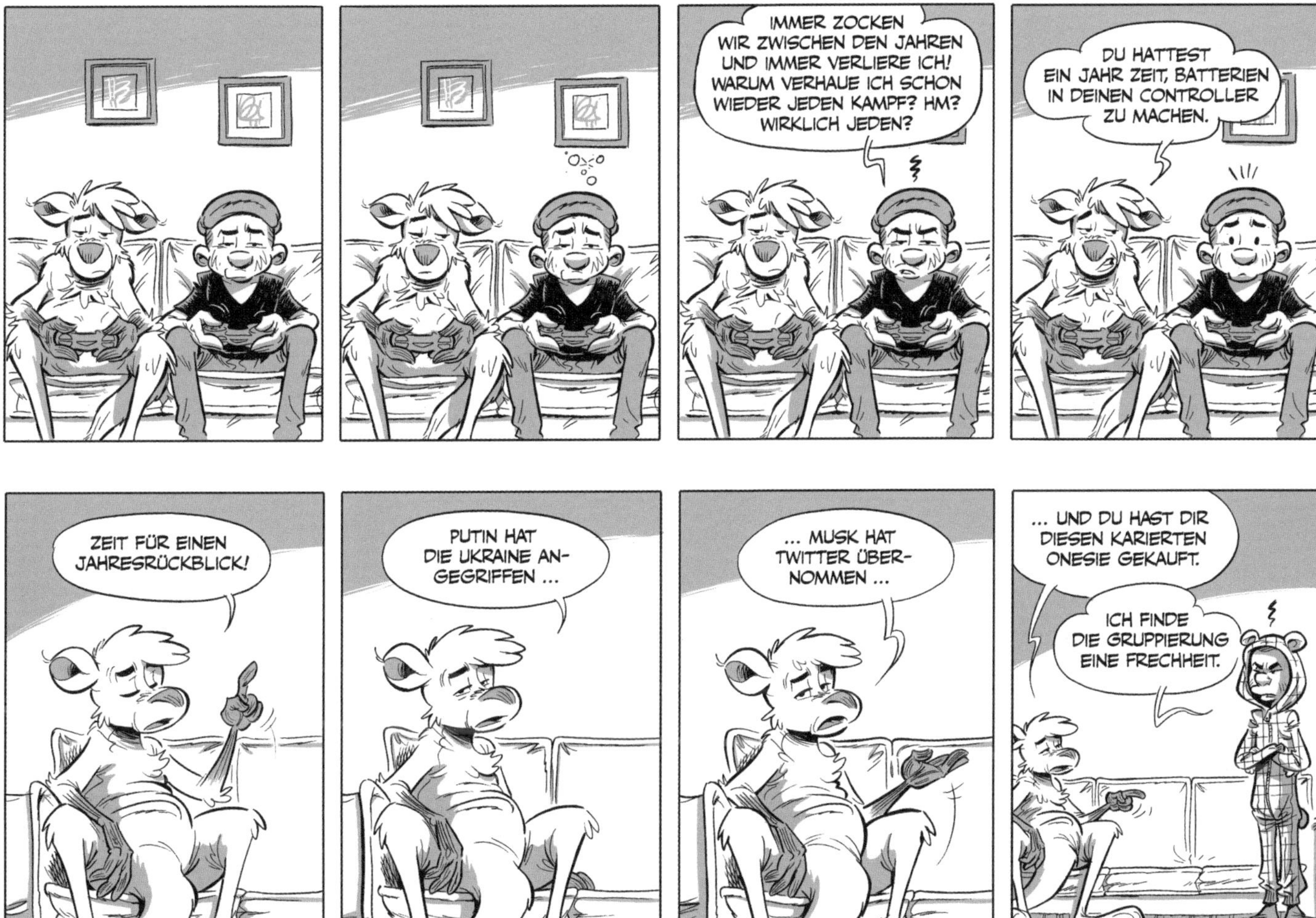
IMMER ZOCKEN WIR ZWISCHEN DEN JAHREN UND IMMER VERLIERE ICH! WARUM VERHAUE ICH SCHON WIEDER JEDEN KAMPF? HM? WIRKLICH JEDEN?
DU HATTEST EIN JAHR ZEIT, BATTERIEN IN DEINEN CONTROLLER ZU MACHEN.
ZEIT FÜR EINEN JAHRESRÜCKBLICK!
PUTIN HAT DIE UKRAINE AN-GEGRIFFEN …
… MUSK HAT TWITTER ÜBER-NOMMEN …
… UND DU HAST DIR DIESEN KARIERTEN ONESIE GEKAUFT.
ICH FINDE DIE GRUPPIERUNG EINE FRECHHEIT.

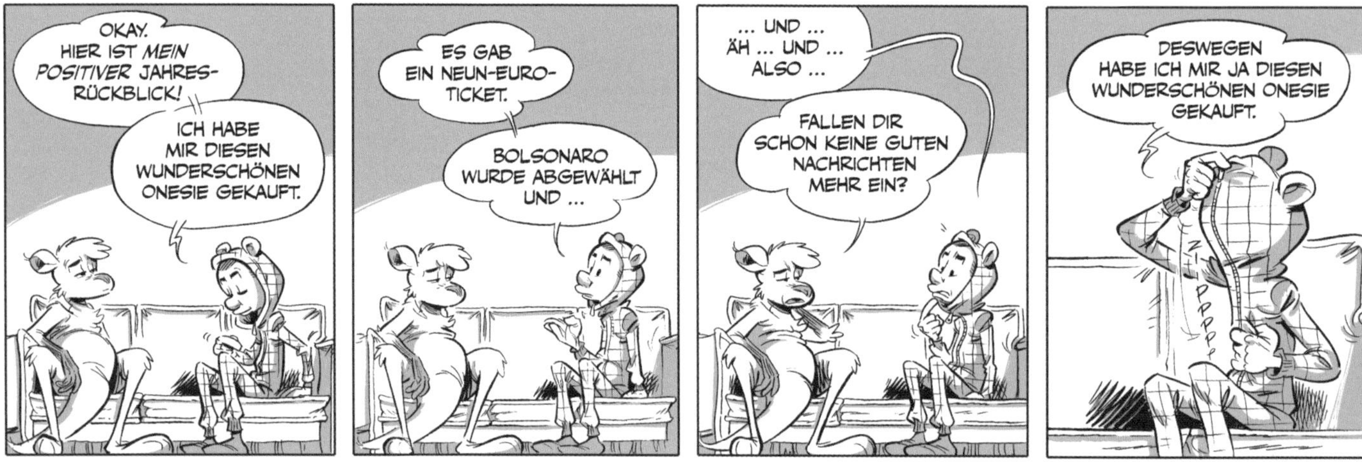
OKAY. HIER IST *MEIN POSITIVER* JAHRES-RÜCKBLICK!
ICH HABE MIR DIESEN WUNDERSCHÖNEN ONESIE GEKAUFT.
ES GAB EIN NEUN-EURO-TICKET.
BOLSONARO WURDE ABGEWÄHLT UND ...
... UND ... ÄH ... UND ... ALSO ...
FALLEN DIR SCHON KEINE GUTEN NACHRICHTEN MEHR EIN?
DESWEGEN HABE ICH MIR JA DIESEN WUNDERSCHÖNEN ONESIE GEKAUFT.

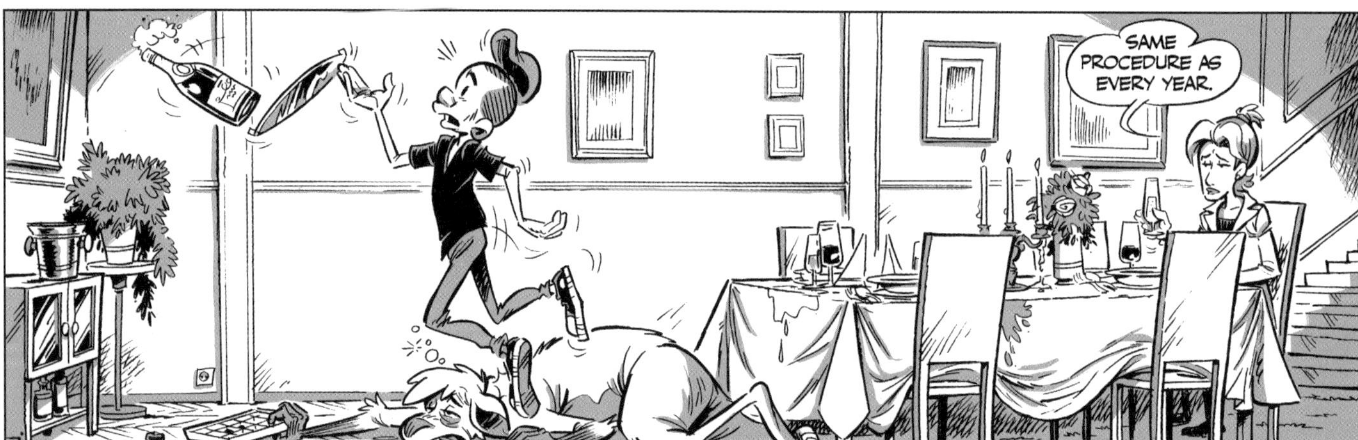
SAME PROCEDURE AS EVERY YEAR.

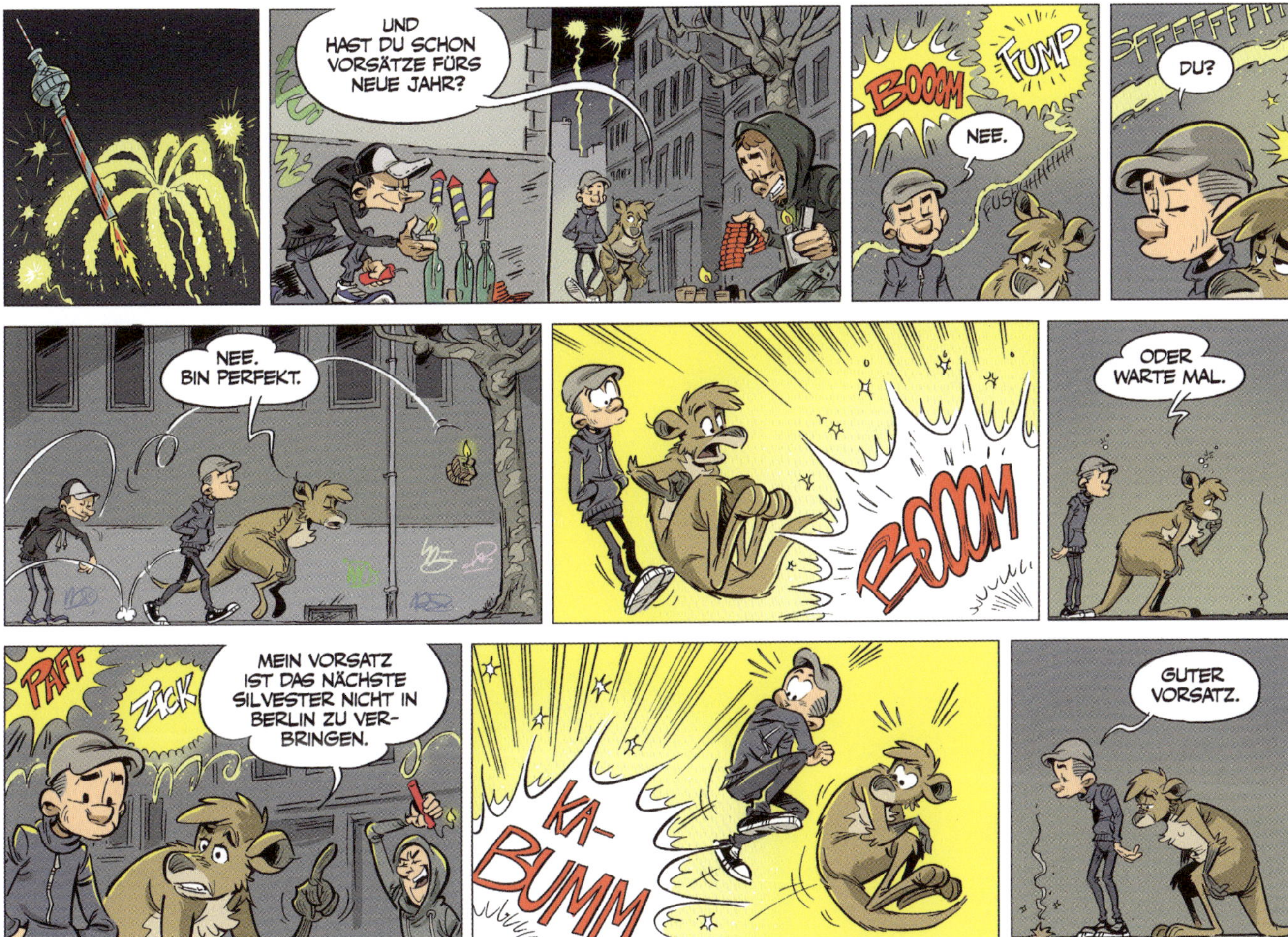
UND HAST DU SCHON VORSÄTZE FÜRS NEUE JAHR?
BOOOM
FUMP
NEE.
SFFFFFFFFFF
DU?
NEE. BIN PERFEKT.
BOOOM
ODER WARTE MAL.
PAFF
ZICK
MEIN VORSATZ IST DAS NÄCHSTE SILVESTER NICHT IN BERLIN ZU VER-BRINGEN.
KA-BUMM
GUTER VORSATZ.

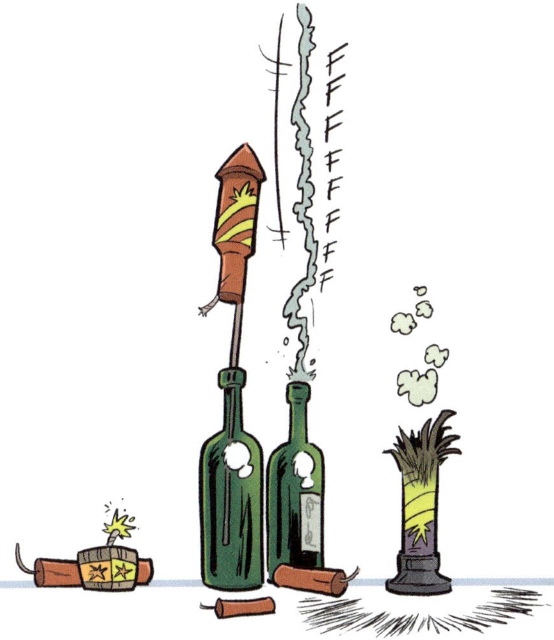

JANUAR 2023

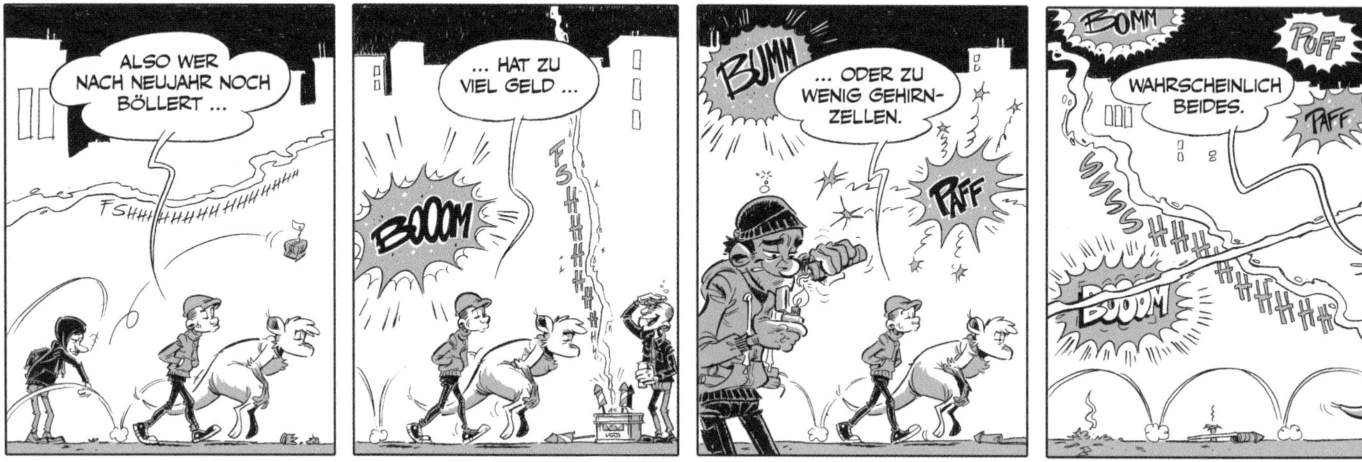
ALSO WER NACH NEUJAHR NOCH BÖLLERT ...
FSHHHHHHHHHHHHHHHH
... HAT ZU VIEL GELD ...
BOOOM
FSHHHHHHHH
BUMM
... ODER ZU WENIG GEHIRN-ZELLEN.
PAFF
BOMM
PUFF
WAHRSCHEINLICH BEIDES.
PAFF
SSSSHHHHHHHHHHH
BOOOM

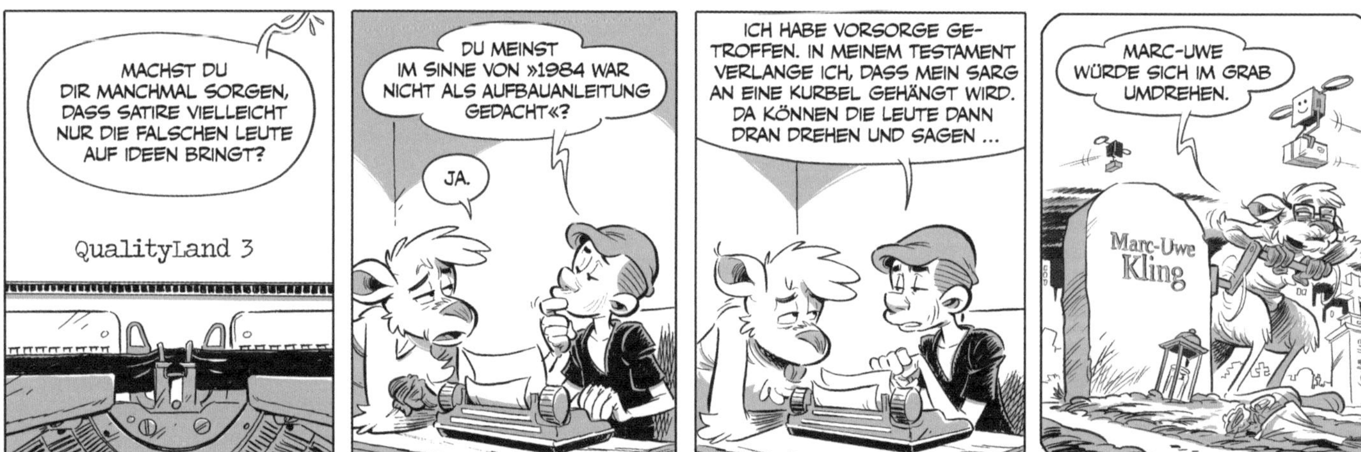
MACHST DU DIR MANCHMAL SORGEN, DASS SATIRE VIELLEICHT NUR DIE FALSCHEN LEUTE AUF IDEEN BRINGT?
QualityLand 3
DU MEINST IM SINNE VON »1984 WAR NICHT ALS AUFBAUANLEITUNG GEDACHT«?
JA.
ICH HABE VORSORGE GETROFFEN. IN MEINEM TESTAMENT VERLANGE ICH, DASS MEIN SARG AN EINE KURBEL GEHÄNGT WIRD. DA KÖNNEN DIE LEUTE DANN DRAN DREHEN UND SAGEN ...
MARC-UWE WÜRDE SICH IM GRAB UMDREHEN.
Marc-Uwe Kling

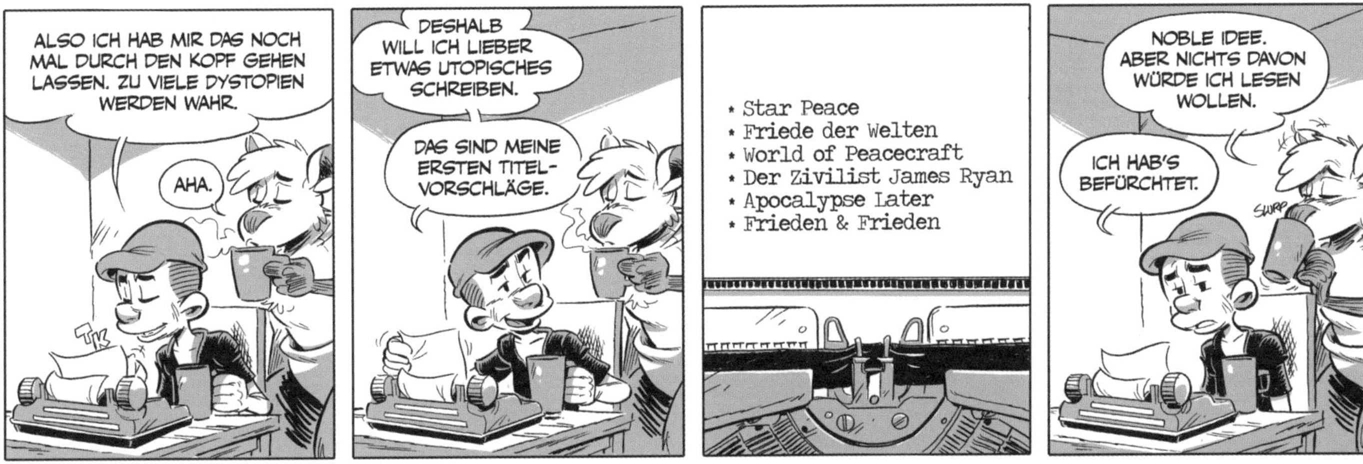
ALSO ICH HAB MIR DAS NOCH MAL DURCH DEN KOPF GEHEN LASSEN. ZU VIELE DYSTOPIEN WERDEN WAHR.
AHA.
TK
DESHALB WILL ICH LIEBER ETWAS UTOPISCHES SCHREIBEN.
DAS SIND MEINE ERSTEN TITEL-VORSCHLÄGE.
* Star Peace
* Friede der Welten
* World of Peacecraft
* Der Zivilist James Ryan
* Apocalypse Later
* Frieden & Frieden
NOBLE IDEE. ABER NICHTS DAVON WÜRDE ICH LESEN WOLLEN.
ICH HAB'S BEFÜRCHTET.
SLURP

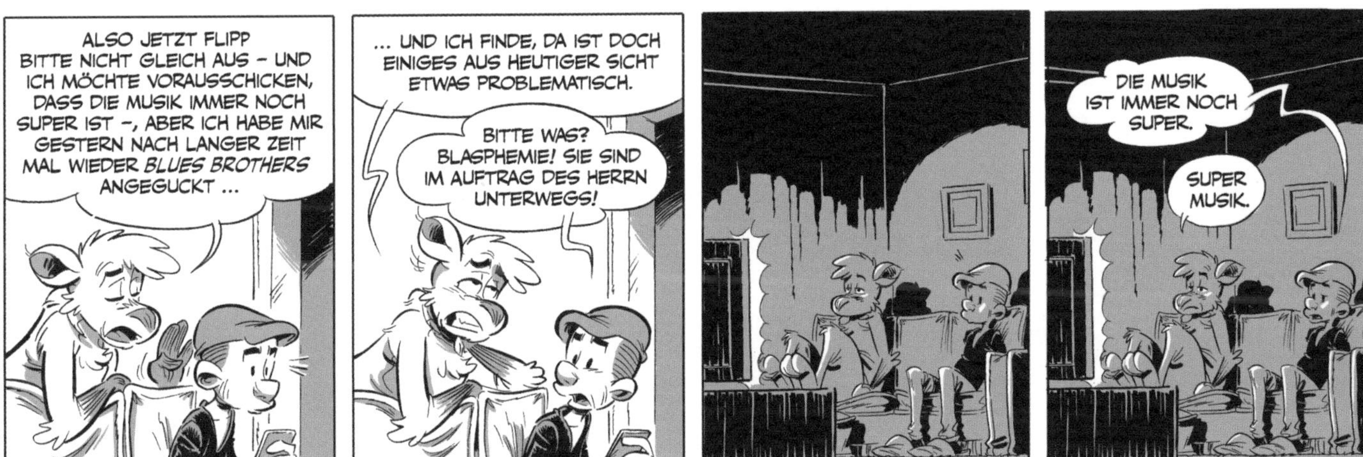
ALSO JETZT FLIPP BITTE NICHT GLEICH AUS – UND ICH MÖCHTE VORAUSSCHICKEN, DASS DIE MUSIK IMMER NOCH SUPER IST –, ABER ICH HABE MIR GESTERN NACH LANGER ZEIT MAL WIEDER *BLUES BROTHERS* ANGEGUCKT ...
... UND ICH FINDE, DA IST DOCH EINIGES AUS HEUTIGER SICHT ETWAS PROBLEMATISCH.
BITTE WAS? BLASPHEMIE! SIE SIND IM AUFTRAG DES HERRN UNTERWEGS!
DIE MUSIK IST IMMER NOCH SUPER.
SUPER MUSIK.

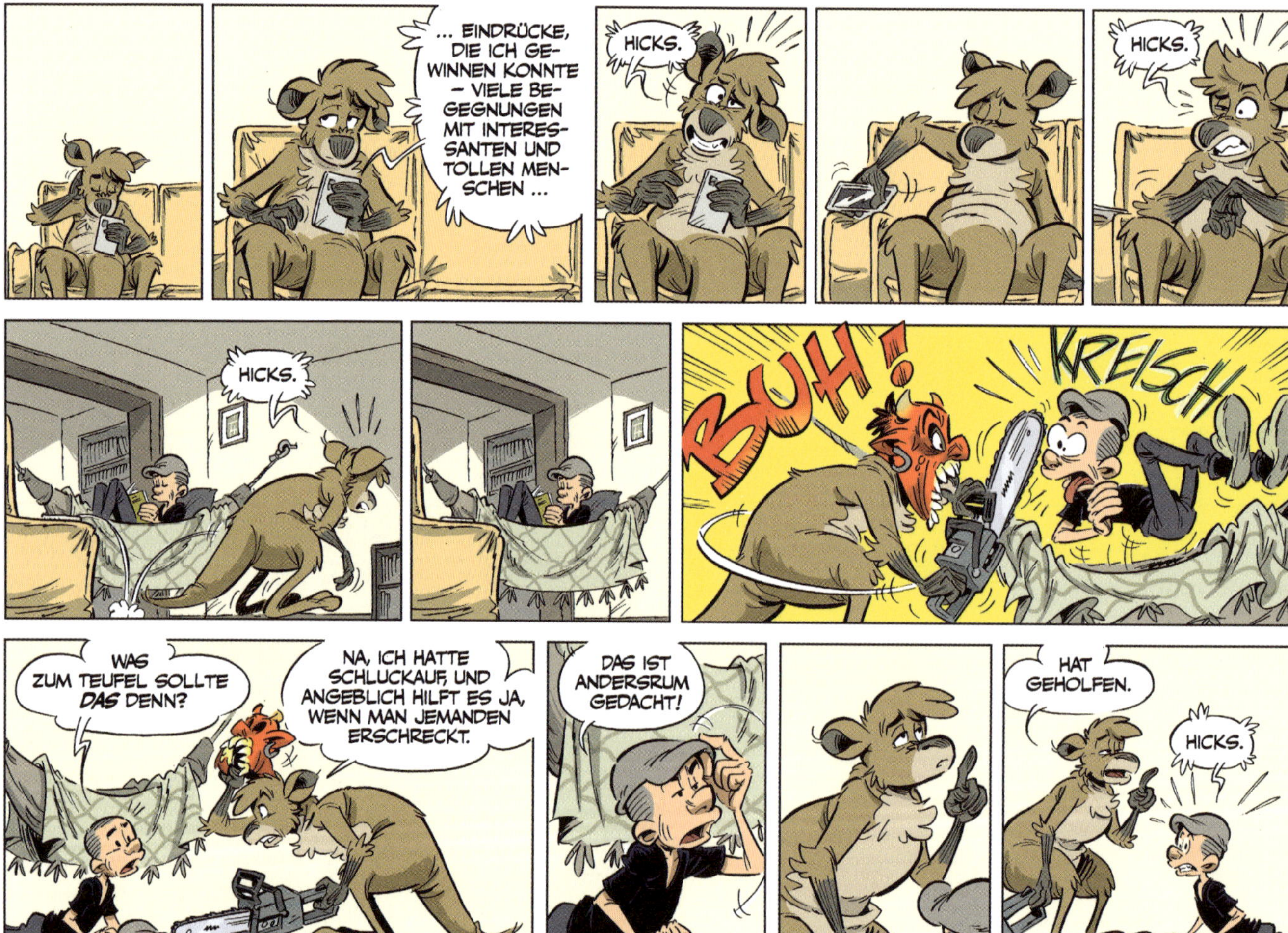
... EINDRÜCKE, DIE ICH GEWINNEN KONNTE – VIELE BEGEGNUNGEN MIT INTERESSANTEN UND TOLLEN MENSCHEN ...
HICKS.
HICKS.
HICKS.
BUH!
KREISCH
WAS ZUM TEUFEL SOLLTE DAS DENN?
NA, ICH HATTE SCHLUCKAUF, UND ANGEBLICH HILFT ES JA, WENN MAN JEMANDEN ERSCHRECKT.
DAS IST ANDERSRUM GEDACHT!
HAT GEHOLFEN.
HICKS.

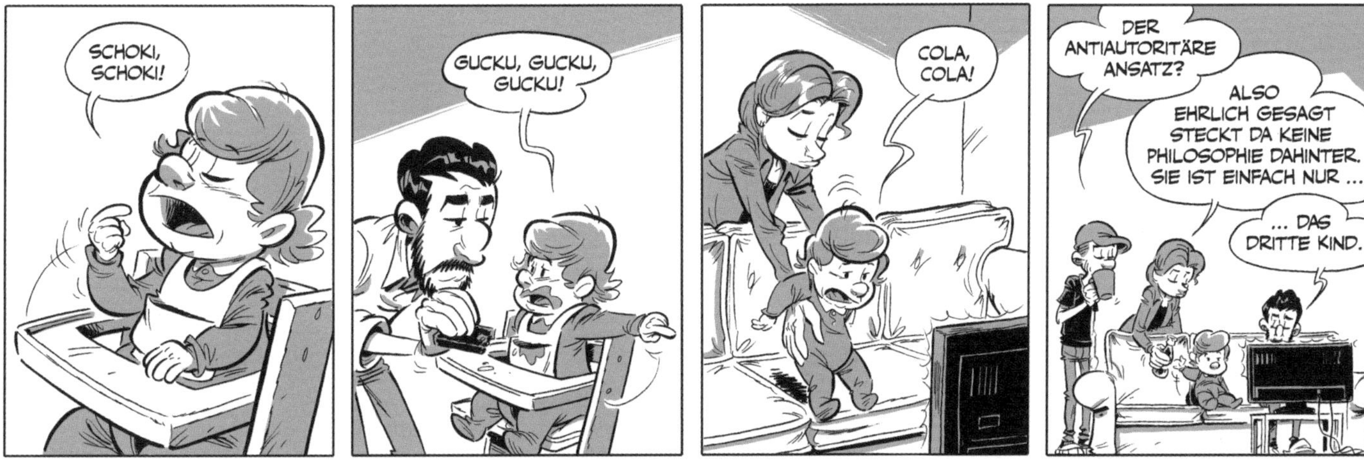
SCHOKI, SCHOKI!
GUCKU, GUCKU, GUCKU!
COLA, COLA!
DER ANTIAUTORITÄRE ANSATZ?
ALSO EHRLICH GESAGT STECKT DA KEINE PHILOSOPHIE DAHINTER. SIE IST EINFACH NUR …
… DAS DRITTE KIND.

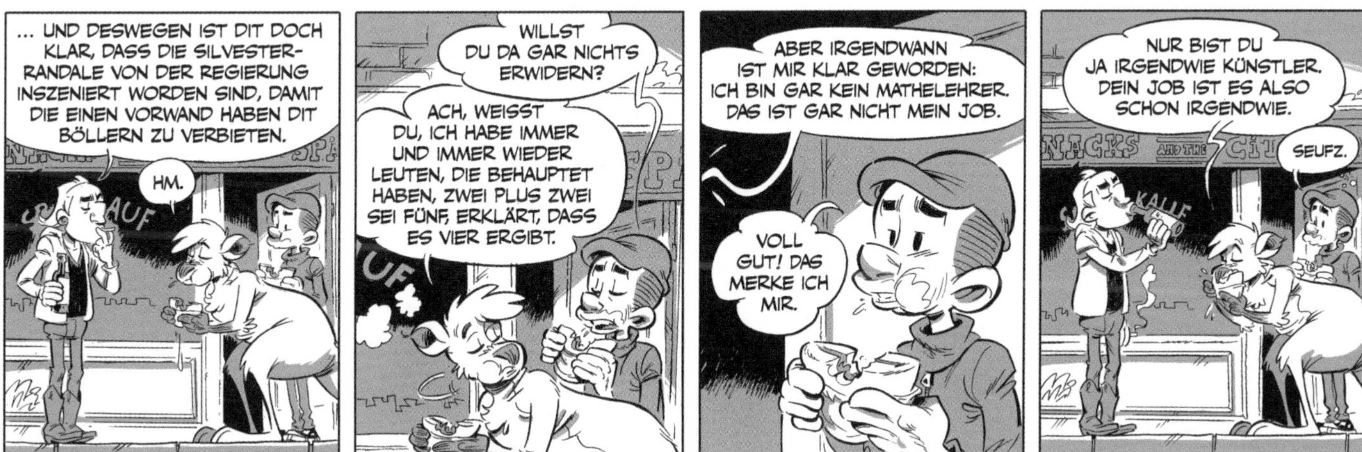
… UND DESWEGEN IST DIT DOCH KLAR, DASS DIE SILVESTER-RANDALE VON DER REGIERUNG INSZENIERT WORDEN SIND, DAMIT DIE EINEN VORWAND HABEN DIT BÖLLERN ZU VERBIETEN.
HM.
WILLST DU DA GAR NICHTS ERWIDERN?
ACH, WEISST DU, ICH HABE IMMER UND IMMER WIEDER LEUTEN, DIE BEHAUPTET HABEN, ZWEI PLUS ZWEI SEI FÜNF, ERKLÄRT, DASS ES VIER ERGIBT.
ABER IRGENDWANN IST MIR KLAR GEWORDEN: ICH BIN GAR KEIN MATHELEHRER. DAS IST GAR NICHT MEIN JOB.
VOLL GUT! DAS MERKE ICH MIR.
NUR BIST DU JA IRGENDWIE KÜNSTLER. DEIN JOB IST ES ALSO SCHON IRGENDWIE.
SEUFZ.

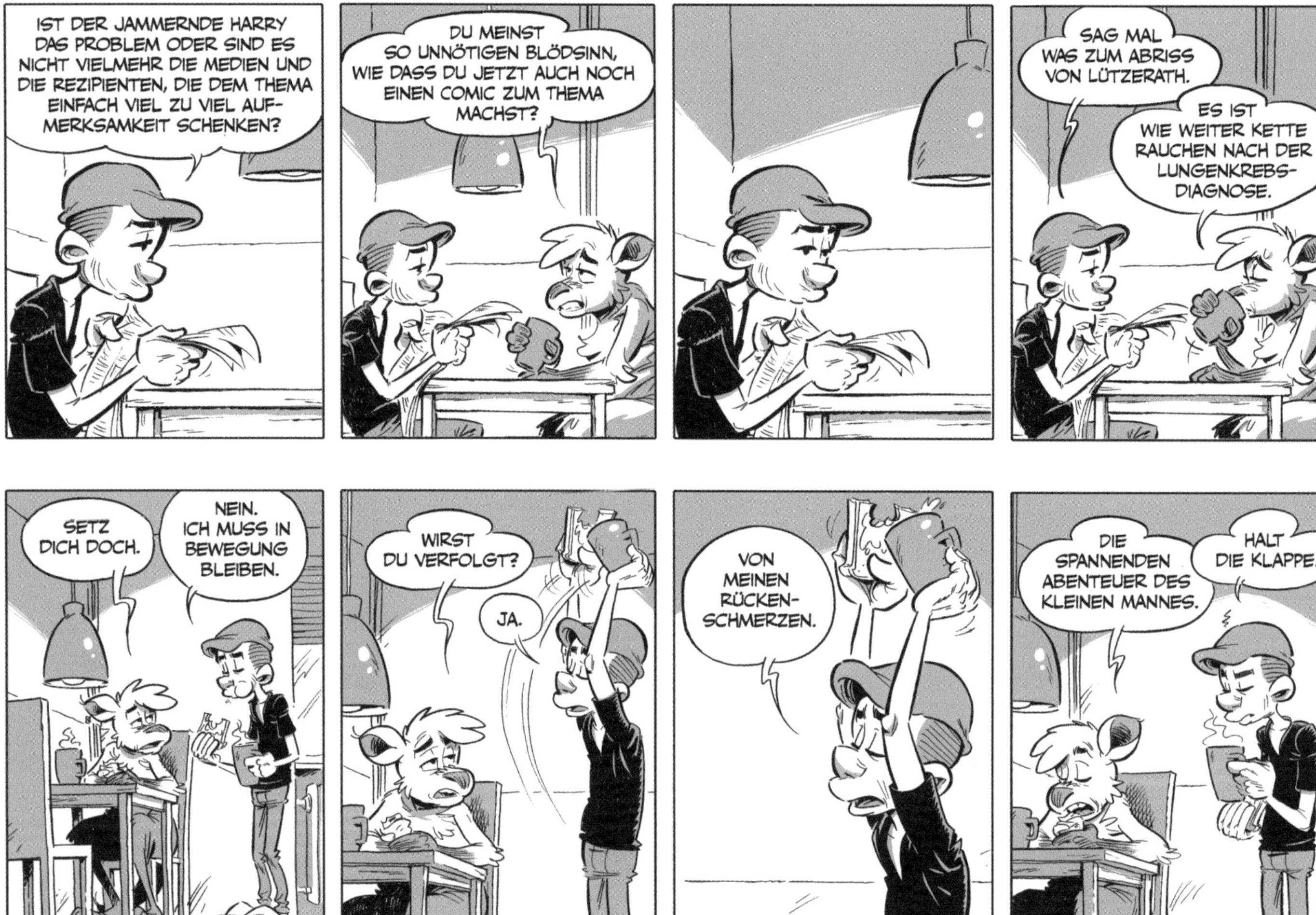

IST DER JAMMERNDE HARRY DAS PROBLEM ODER SIND ES NICHT VIELMEHR DIE MEDIEN UND DIE REZIPIENTEN, DIE DEM THEMA EINFACH VIEL ZU VIEL AUFMERKSAMKEIT SCHENKEN?
DU MEINST SO UNNÖTIGEN BLÖDSINN, WIE DASS DU JETZT AUCH NOCH EINEN COMIC ZUM THEMA MACHST?
SAG MAL WAS ZUM ABRISS VON LÜTZERATH.
ES IST WIE WEITER KETTE RAUCHEN NACH DER LUNGENKREBS-DIAGNOSE.
SETZ DICH DOCH.
NEIN. ICH MUSS IN BEWEGUNG BLEIBEN.
WIRST DU VERFOLGT?
JA.
VON MEINEN RÜCKENSCHMERZEN.
DIE SPANNENDEN ABENTEUER DES KLEINEN MANNES.
HALT DIE KLAPPE.

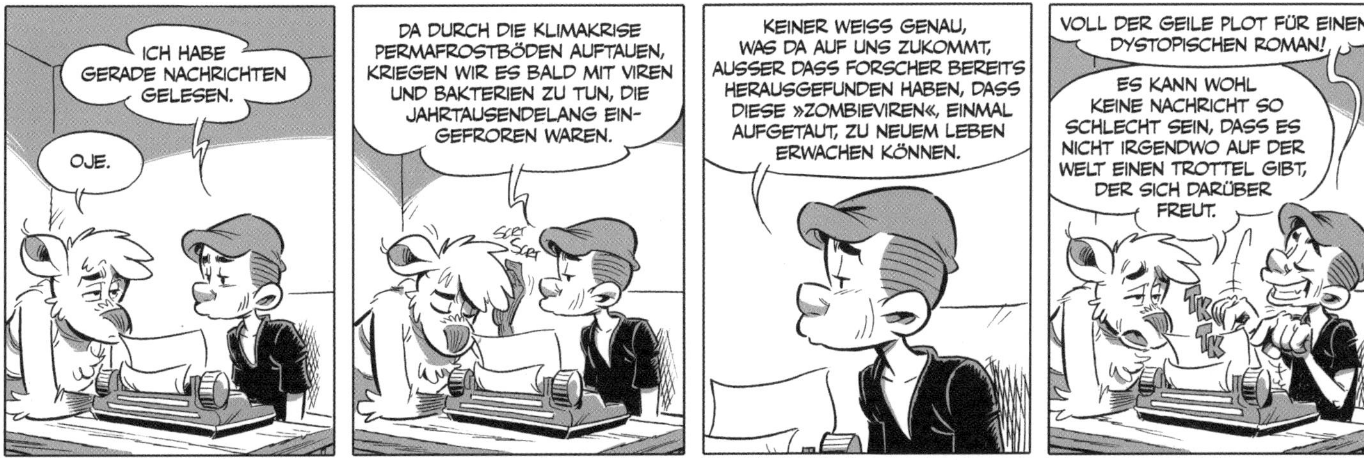
ICH HABE GERADE NACHRICHTEN GELESEN.
OJE.
DA DURCH DIE KLIMAKRISE PERMAFROSTBÖDEN AUFTAUEN, KRIEGEN WIR ES BALD MIT VIREN UND BAKTERIEN ZU TUN, DIE JAHRTAUSENDELANG EIN-GEFROREN WAREN.
KEINER WEISS GENAU, WAS DA AUF UNS ZUKOMMT, AUSSER DASS FORSCHER BEREITS HERAUSGEFUNDEN HABEN, DASS DIESE »ZOMBIEVIREN«, EINMAL AUFGETAUT, ZU NEUEM LEBEN ERWACHEN KÖNNEN.
VOLL DER GEILE PLOT FÜR EINEN DYSTOPISCHEN ROMAN!
ES KANN WOHL KEINE NACHRICHT SO SCHLECHT SEIN, DASS ES NICHT IRGENDWO AUF DER WELT EINEN TROTTEL GIBT, DER SICH DARÜBER FREUT.
TK TK TK

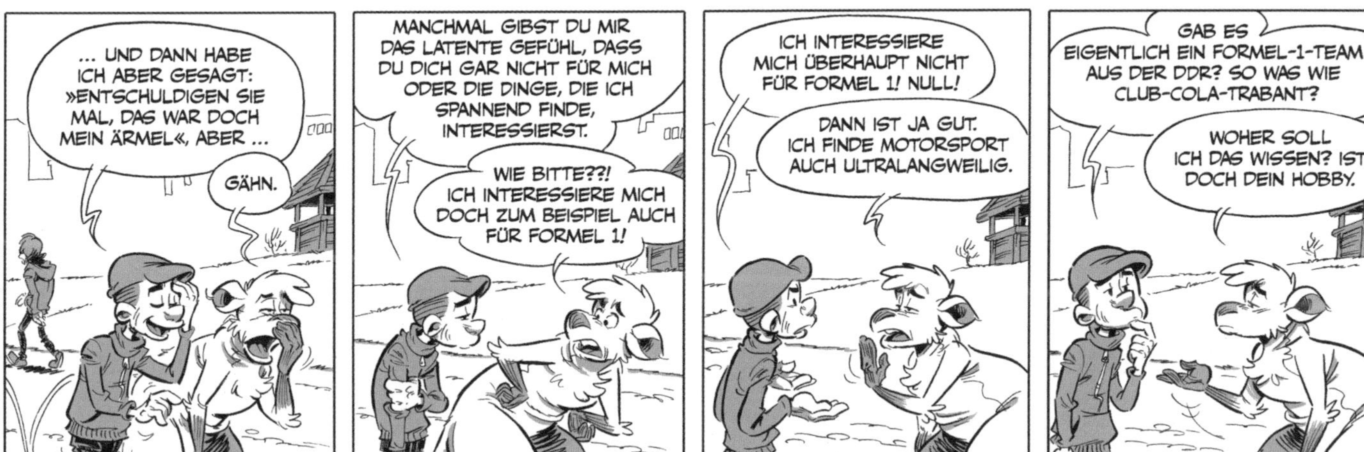
... UND DANN HABE ICH ABER GESAGT: »ENTSCHULDIGEN SIE MAL, DAS WAR DOCH MEIN ÄRMEL«, ABER ...
GÄHN.
MANCHMAL GIBST DU MIR DAS LATENTE GEFÜHL, DASS DU DICH GAR NICHT FÜR MICH ODER DIE DINGE, DIE ICH SPANNEND FINDE, INTERESSIERST.
WIE BITTE??! ICH INTERESSIERE MICH DOCH ZUM BEISPIEL AUCH FÜR FORMEL 1!
ICH INTERESSIERE MICH ÜBERHAUPT NICHT FÜR FORMEL 1! NULL!
DANN IST JA GUT. ICH FINDE MOTORSPORT AUCH ULTRALANGWEILIG.
GAB ES EIGENTLICH EIN FORMEL-1-TEAM AUS DER DDR? SO WAS WIE CLUB-COLA-TRABANT?
WOHER SOLL ICH DAS WISSEN? IST DOCH DEIN HOBBY.

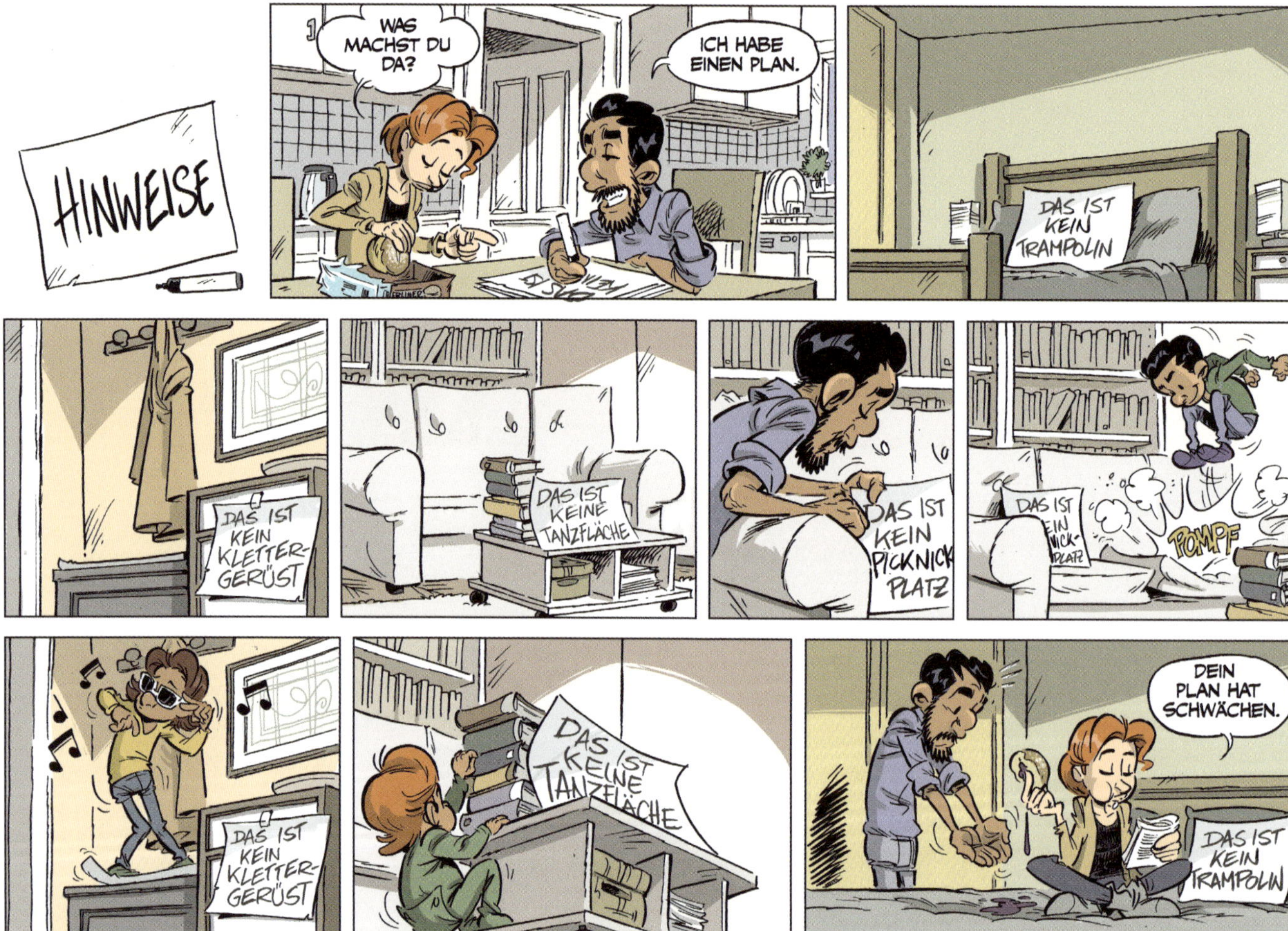
HINWEISE
WAS MACHST DU DA?
ICH HABE EINEN PLAN.
DAS IST KEIN TRAMPOLIN
DAS IST KEIN KLETTER-GERÜST
DAS IST KEINE TANZFLÄCHE
DAS IST KEIN PICKNICK PLATZ
POMPF
DAS IST KEIN KLETTER-GERÜST
DAS IST KEINE TANZFLÄCHE
DEIN PLAN HAT SCHWÄCHEN.
DAS IST KEIN TRAMPOLIN

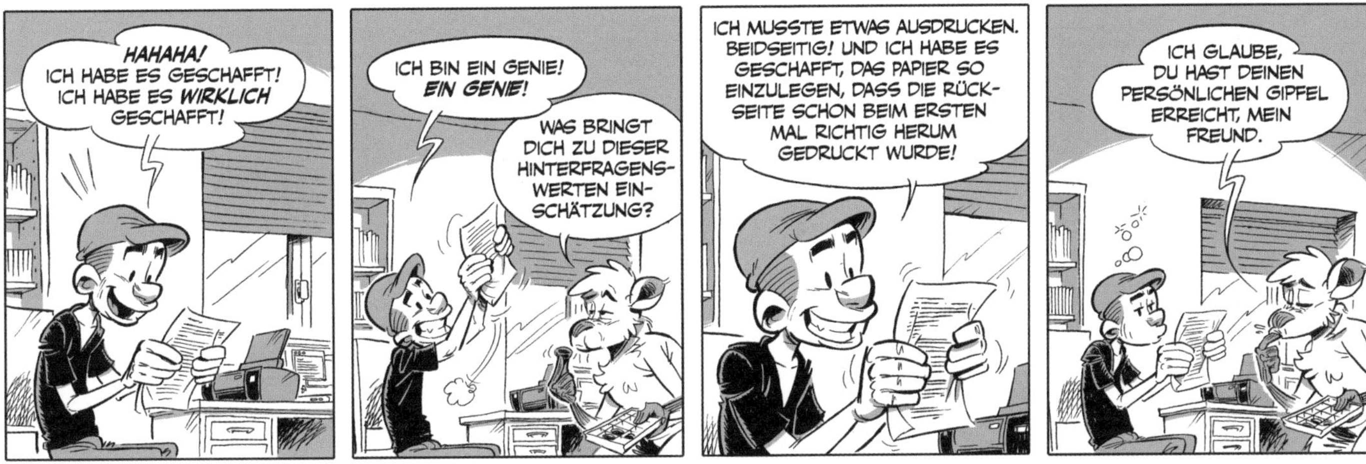
HAHAHA!
ICH HABE ES GESCHAFFT!
ICH HABE ES WIRKLICH GESCHAFFT!
ICH BIN EIN GENIE! EIN GENIE!
WAS BRINGT DICH ZU DIESER HINTERFRAGENSWERTEN EINSCHÄTZUNG?
ICH MUSSTE ETWAS AUSDRUCKEN. BEIDSEITIG! UND ICH HABE ES GESCHAFFT, DAS PAPIER SO EINZULEGEN, DASS DIE RÜCKSEITE SCHON BEIM ERSTEN MAL RICHTIG HERUM GEDRUCKT WURDE!
ICH GLAUBE, DU HAST DEINEN PERSÖNLICHEN GIPFEL ERREICHT, MEIN FREUND.

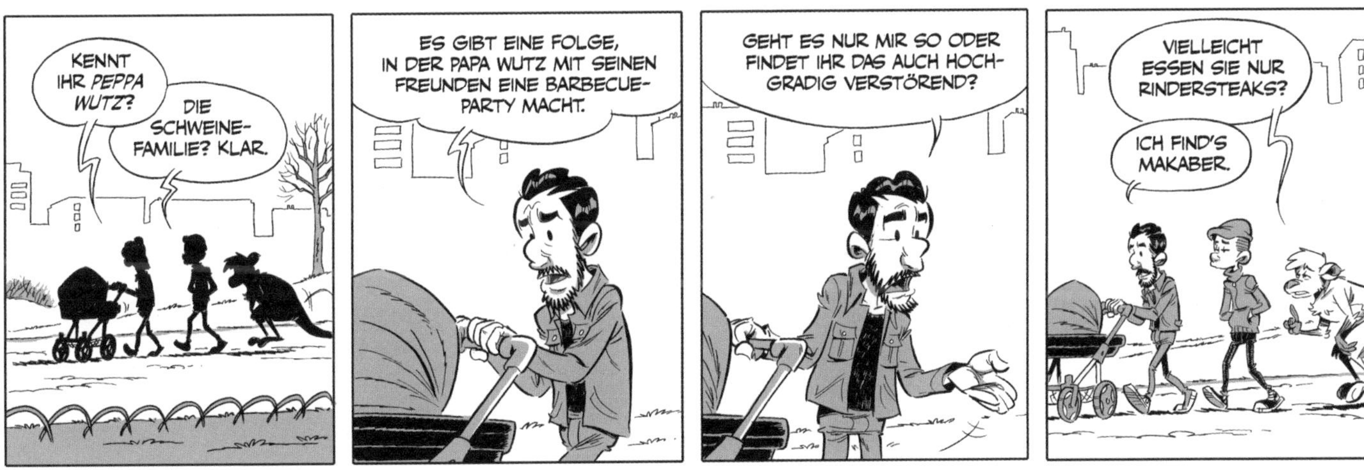
KENNT IHR PEPPA WUTZ?
DIE SCHWEINEFAMILIE? KLAR.
ES GIBT EINE FOLGE, IN DER PAPA WUTZ MIT SEINEN FREUNDEN EINE BARBECUEPARTY MACHT.
GEHT ES NUR MIR SO ODER FINDET IHR DAS AUCH HOCHGRADIG VERSTÖREND?
VIELLEICHT ESSEN SIE NUR RINDERSTEAKS?
ICH FIND'S MAKABER.

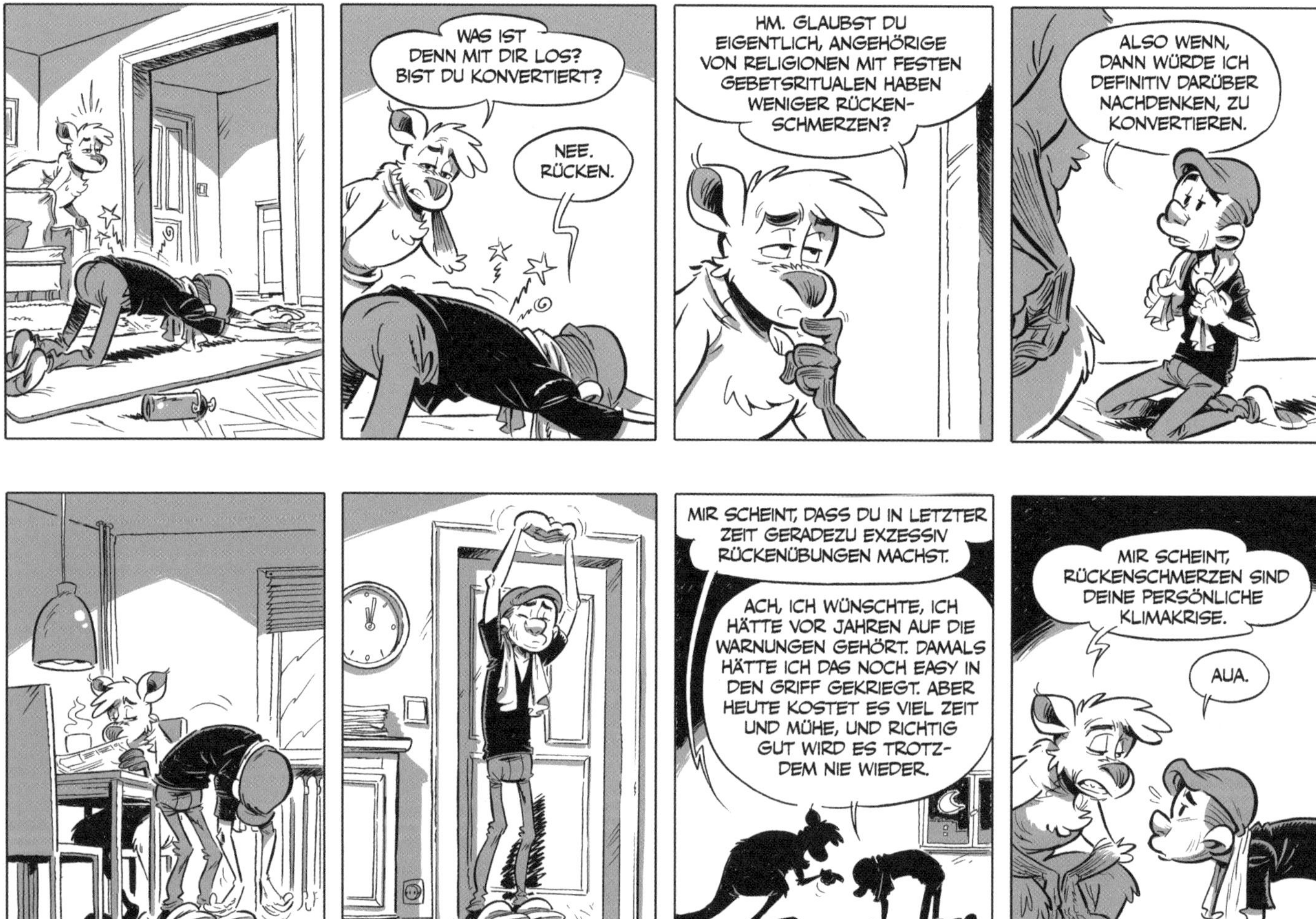
WAS IST DENN MIT DIR LOS? BIST DU KONVERTIERT?
NEE. RÜCKEN.
HM. GLAUBST DU EIGENTLICH, ANGEHÖRIGE VON RELIGIONEN MIT FESTEN GEBETSRITUALEN HABEN WENIGER RÜCKEN-SCHMERZEN?
ALSO WENN, DANN WÜRDE ICH DEFINITIV DARÜBER NACHDENKEN, ZU KONVERTIEREN.
MIR SCHEINT, DASS DU IN LETZTER ZEIT GERADEZU EXZESSIV RÜCKENÜBUNGEN MACHST.
ACH, ICH WÜNSCHTE, ICH HÄTTE VOR JAHREN AUF DIE WARNUNGEN GEHÖRT. DAMALS HÄTTE ICH DAS NOCH EASY IN DEN GRIFF GEKRIEGT. ABER HEUTE KOSTET ES VIEL ZEIT UND MÜHE, UND RICHTIG GUT WIRD ES TROTZ-DEM NIE WIEDER.
MIR SCHEINT, RÜCKENSCHMERZEN SIND DEINE PERSÖNLICHE KLIMAKRISE.
AUA.

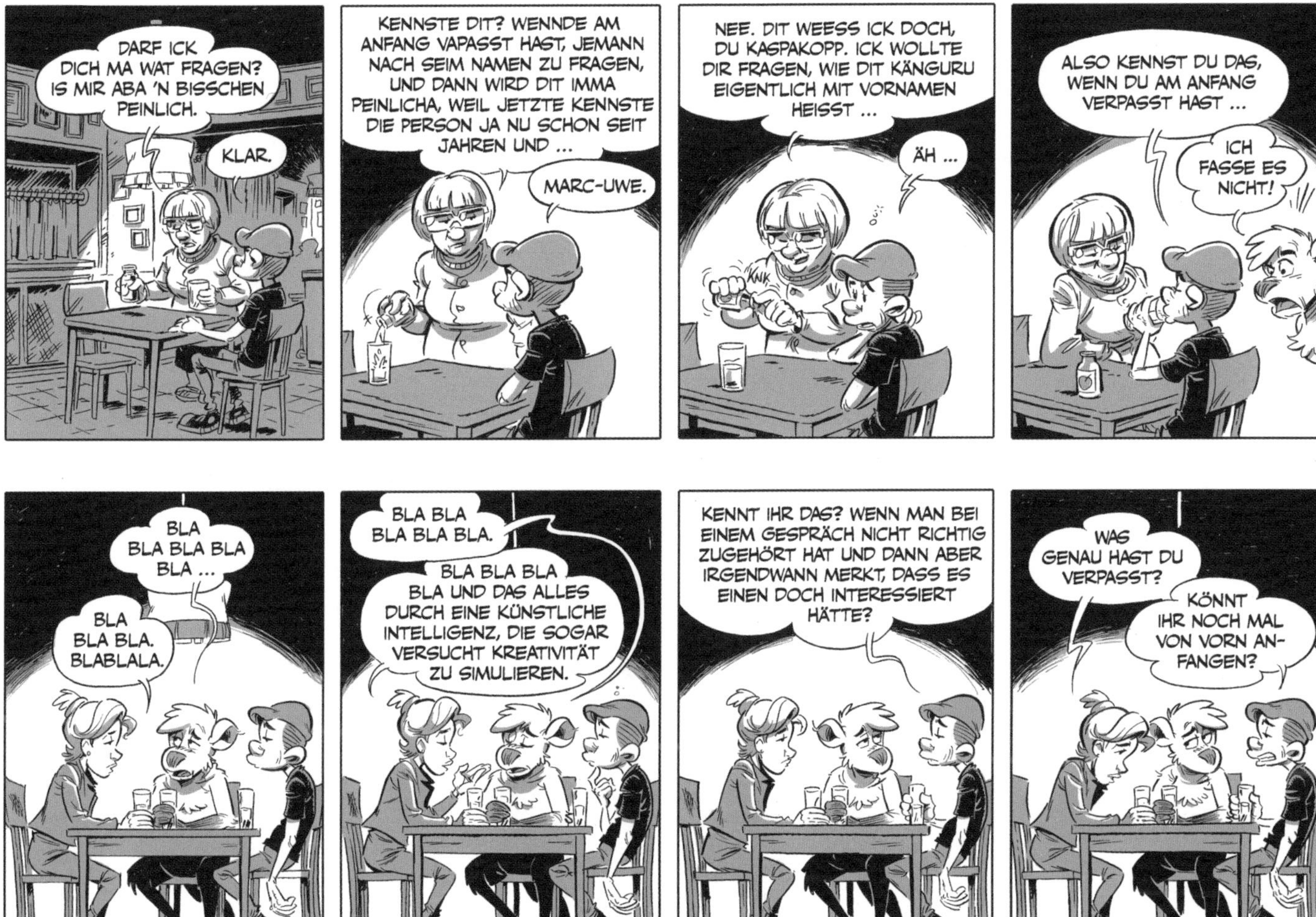
DARF ICK DICH MA WAT FRAGEN? IS MIR ABA 'N BISSCHEN PEINLICH.
KLAR.
KENNSTE DIT? WENNDE AM ANFANG VAPASST HAST, JEMANN NACH SEIM NAMEN ZU FRAGEN, UND DANN WIRD DIT IMMA PEINLICHA, WEIL JETZTE KENNSTE DIE PERSON JA NU SCHON SEIT JAHREN UND …
MARC-UWE.
NEE. DIT WEESS ICK DOCH, DU KASPAKOPP. ICK WOLLTE DIR FRAGEN, WIE DIT KÄNGURU EIGENTLICH MIT VORNAMEN HEISST …
ÄH …
KNK
ALSO KENNST DU DAS, WENN DU AM ANFANG VERPASST HAST …
ICH FASSE ES NICHT!
BLA BLA BLA BLA BLA …
BLA BLA BLA. BLABLALA.
BLA BLA BLA BLA BLA.
BLA BLA BLA BLA UND DAS ALLES DURCH EINE KÜNSTLICHE INTELLIGENZ, DIE SOGAR VERSUCHT KREATIVITÄT ZU SIMULIEREN.
KENNT IHR DAS? WENN MAN BEI EINEM GESPRÄCH NICHT RICHTIG ZUGEHÖRT HAT UND DANN ABER IRGENDWANN MERKT, DASS ES EINEN DOCH INTERESSIERT HÄTTE?
WAS GENAU HAST DU VERPASST?
KÖNNT IHR NOCH MAL VON VORN AN-FANGEN?

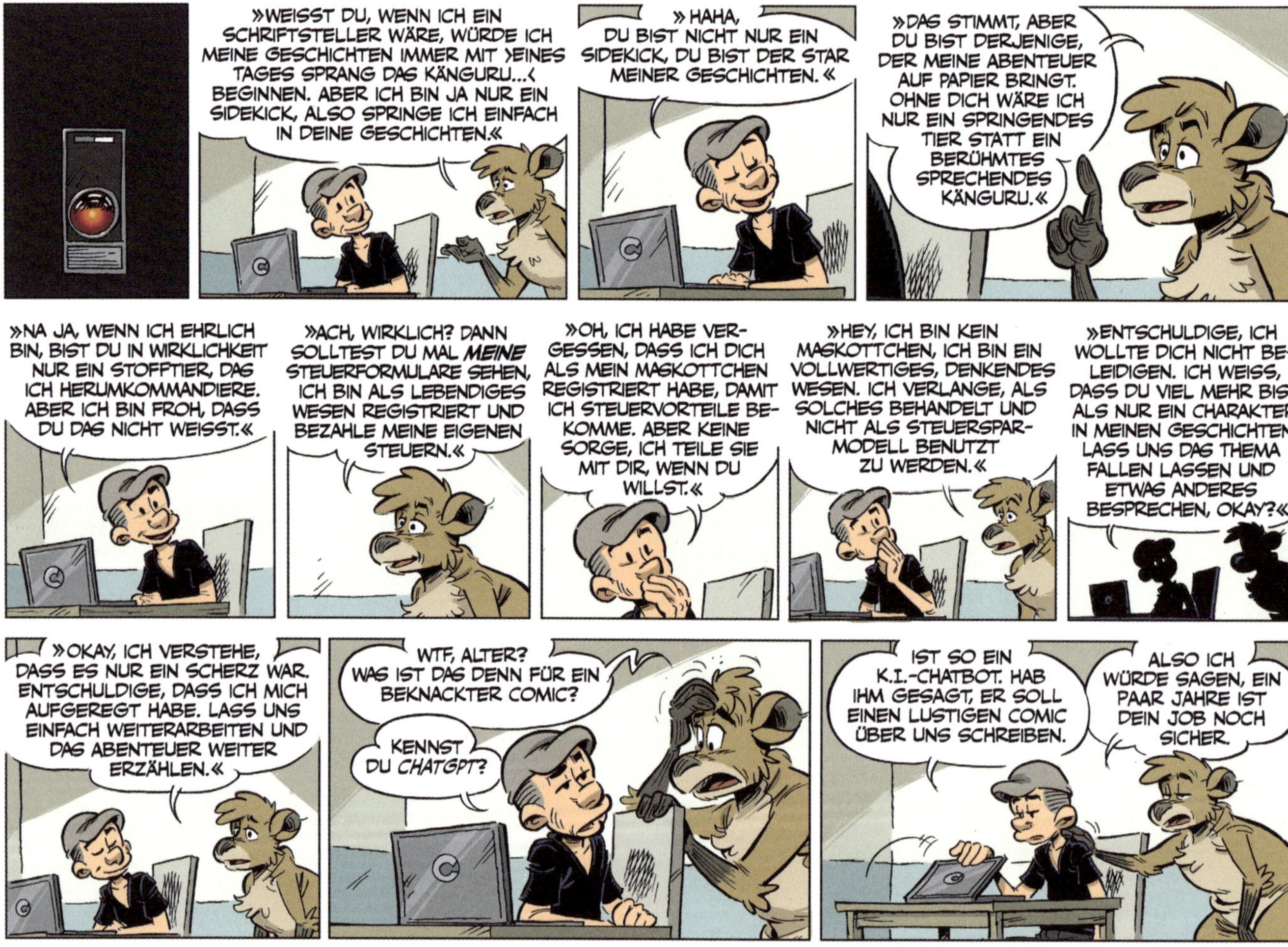
»WEISST DU, WENN ICH EIN SCHRIFTSTELLER WÄRE, WÜRDE ICH MEINE GESCHICHTEN IMMER MIT ›EINES TAGES SPRANG DAS KÄNGURU …‹ BEGINNEN. ABER ICH BIN JA NUR EIN SIDEKICK, ALSO SPRINGE ICH EINFACH IN DEINE GESCHICHTEN.«
»HAHA, DU BIST NICHT NUR EIN SIDEKICK, DU BIST DER STAR MEINER GESCHICHTEN.«
»DAS STIMMT, ABER DU BIST DERJENIGE, DER MEINE ABENTEUER AUF PAPIER BRINGT. OHNE DICH WÄRE ICH NUR EIN SPRINGENDES TIER STATT EIN BERÜHMTES SPRECHENDES KÄNGURU.«
»NA JA, WENN ICH EHRLICH BIN, BIST DU IN WIRKLICHKEIT NUR EIN STOFFTIER, DAS ICH HERUMKOMMANDIERE. ABER ICH BIN FROH, DASS DU DAS NICHT WEISST.«
»ACH, WIRKLICH? DANN SOLLTEST DU MAL *MEINE* STEUERFORMULARE SEHEN. ICH BIN ALS LEBENDIGES WESEN REGISTRIERT UND BEZAHLE MEINE EIGENEN STEUERN.«
»OH, ICH HABE VERGESSEN, DASS ICH DICH ALS MEIN MASKOTTCHEN REGISTRIERT HABE, DAMIT ICH STEUERVORTEILE BEKOMME. ABER KEINE SORGE, ICH TEILE SIE MIT DIR, WENN DU WILLST.«
»HEY, ICH BIN KEIN MASKOTTCHEN, ICH BIN EIN VOLLWERTIGES, DENKENDES WESEN. ICH VERLANGE, ALS SOLCHES BEHANDELT UND NICHT ALS STEUERSPARMODELL BENUTZT ZU WERDEN.«
»ENTSCHULDIGE, ICH WOLLTE DICH NICHT BELEIDIGEN. ICH WEISS, DASS DU VIEL MEHR BIST ALS NUR EIN CHARAKTER IN MEINEN GESCHICHTEN. LASS UNS DAS THEMA FALLEN LASSEN UND ETWAS ANDERES BESPRECHEN, OKAY?«
»OKAY, ICH VERSTEHE, DASS ES NUR EIN SCHERZ WAR. ENTSCHULDIGE, DASS ICH MICH AUFGEREGT HABE. LASS UNS EINFACH WEITERARBEITEN UND DAS ABENTEUER WEITER ERZÄHLEN.«
WTF, ALTER? WAS IST DAS DENN FÜR EIN BEKNACKTER COMIC?
KENNST DU *CHATGPT*?
IST SO EIN K.I.-CHATBOT. HAB IHM GESAGT, ER SOLL EINEN LUSTIGEN COMIC ÜBER UNS SCHREIBEN.
ALSO ICH WÜRDE SAGEN, EIN PAAR JAHRE IST DEIN JOB NOCH SICHER.

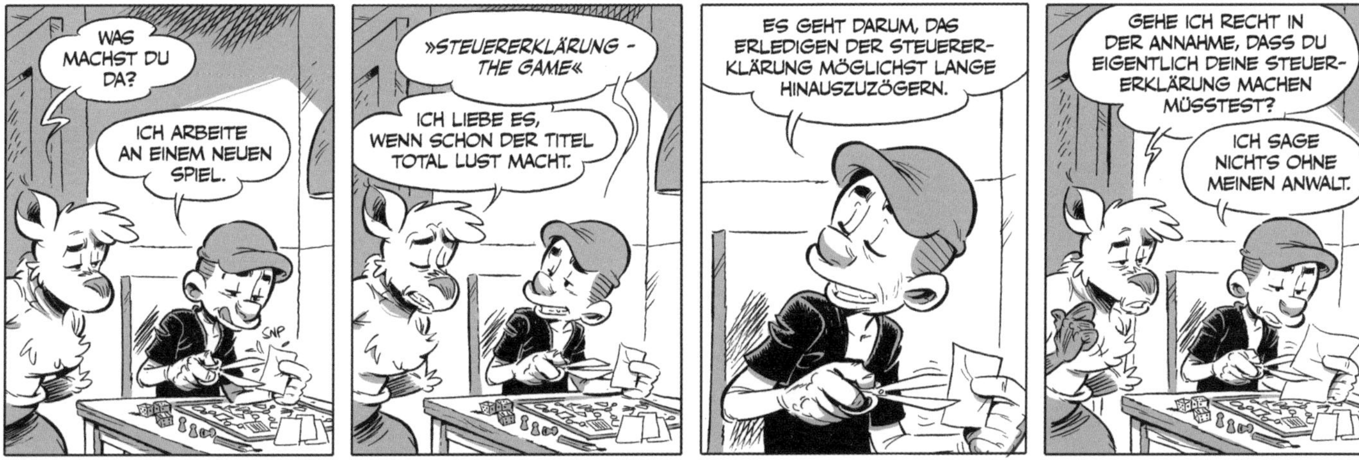
WAS MACHST DU DA?
ICH ARBEITE AN EINEM NEUEN SPIEL.
SNP
»STEUERERKLÄRUNG - THE GAME«
ICH LIEBE ES, WENN SCHON DER TITEL TOTAL LUST MACHT.
ES GEHT DARUM, DAS ERLEDIGEN DER STEUERERKLÄRUNG MÖGLICHST LANGE HINAUSZUZÖGERN.
GEHE ICH RECHT IN DER ANNAHME, DASS DU EIGENTLICH DEINE STEUERERKLÄRUNG MACHEN MÜSSTEST?
ICH SAGE NICHTS OHNE MEINEN ANWALT.

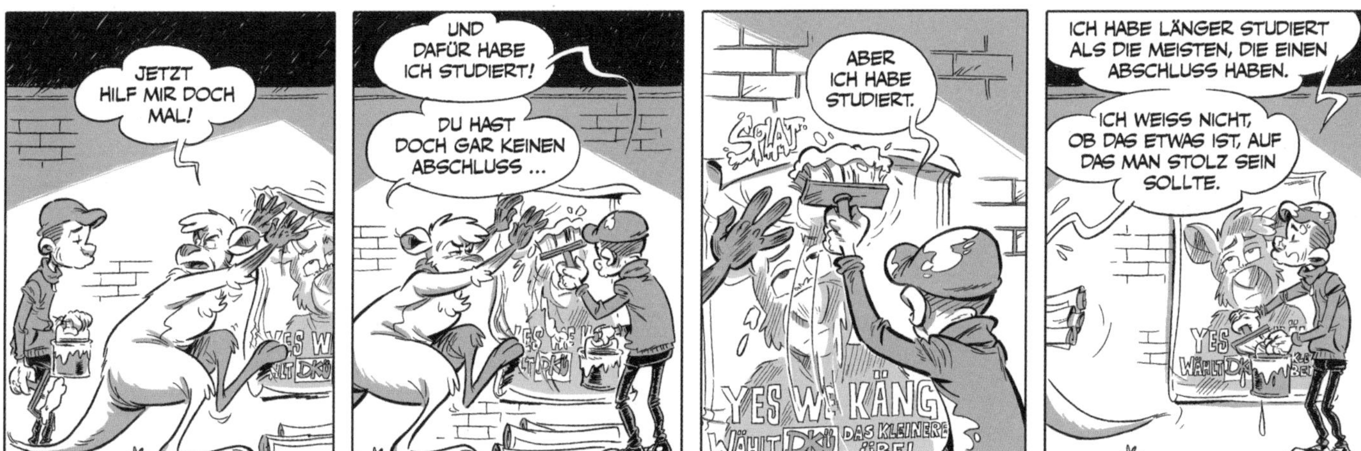
JETZT HILF MIR DOCH MAL!
UND DAFÜR HABE ICH STUDIERT!
DU HAST DOCH GAR KEINEN ABSCHLUSS ...
ABER ICH HABE STUDIERT.
YES WE KÄNG
WÄHLT DKÜ
DAS KLEINERE ÜBEL
ICH HABE LÄNGER STUDIERT ALS DIE MEISTEN, DIE EINEN ABSCHLUSS HABEN.
ICH WEISS NICHT, OB DAS ETWAS IST, AUF DAS MAN STOLZ SEIN SOLLTE.

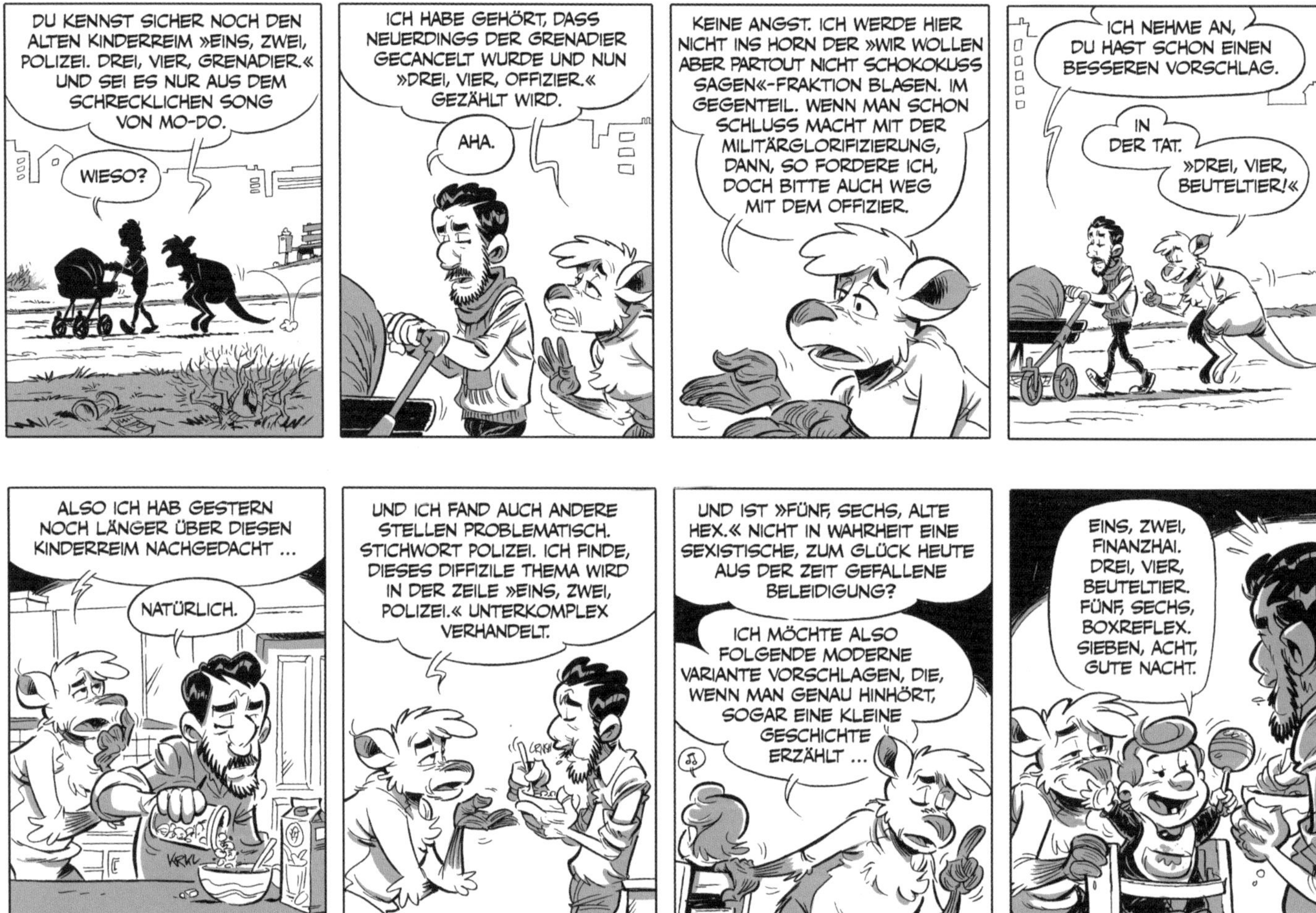
DU KENNST SICHER NOCH DEN ALTEN KINDERREIM »EINS, ZWEI, POLIZEI. DREI, VIER, GRENADIER.« UND SEI ES NUR AUS DEM SCHRECKLICHEN SONG VON MO-DO.
WIESO?
ICH HABE GEHÖRT, DASS NEUERDINGS DER GRENADIER GECANCELT WURDE UND NUN »DREI, VIER, OFFIZIER.« GEZÄHLT WIRD.
AHA.
KEINE ANGST. ICH WERDE HIER NICHT INS HORN DER »WIR WOLLEN ABER PARTOUT NICHT SCHOKOKUSS SAGEN«-FRAKTION BLASEN. IM GEGENTEIL. WENN MAN SCHON SCHLUSS MACHT MIT DER MILITÄRGLORIFIZIERUNG, DANN, SO FORDERE ICH, DOCH BITTE AUCH WEG MIT DEM OFFIZIER.
ICH NEHME AN, DU HAST SCHON EINEN BESSEREN VORSCHLAG.
IN DER TAT.
»DREI, VIER, BEUTELTIER!«
ALSO ICH HAB GESTERN NOCH LÄNGER ÜBER DIESEN KINDERREIM NACHGEDACHT …
NATÜRLICH.
UND ICH FAND AUCH ANDERE STELLEN PROBLEMATISCH. STICHWORT POLIZEI. ICH FINDE, DIESES DIFFIZILE THEMA WIRD IN DER ZEILE »EINS, ZWEI, POLIZEI.« UNTERKOMPLEX VERHANDELT.
UND IST »FÜNF, SECHS, ALTE HEX.« NICHT IN WAHRHEIT EINE SEXISTISCHE, ZUM GLÜCK HEUTE AUS DER ZEIT GEFALLENE BELEIDIGUNG?
ICH MÖCHTE ALSO FOLGENDE MODERNE VARIANTE VORSCHLAGEN, DIE, WENN MAN GENAU HINHÖRT, SOGAR EINE KLEINE GESCHICHTE ERZÄHLT …
EINS, ZWEI, FINANZHAI. DREI, VIER, BEUTELTIER. FÜNF, SECHS, BOXREFLEX. SIEBEN, ACHT, GUTE NACHT.

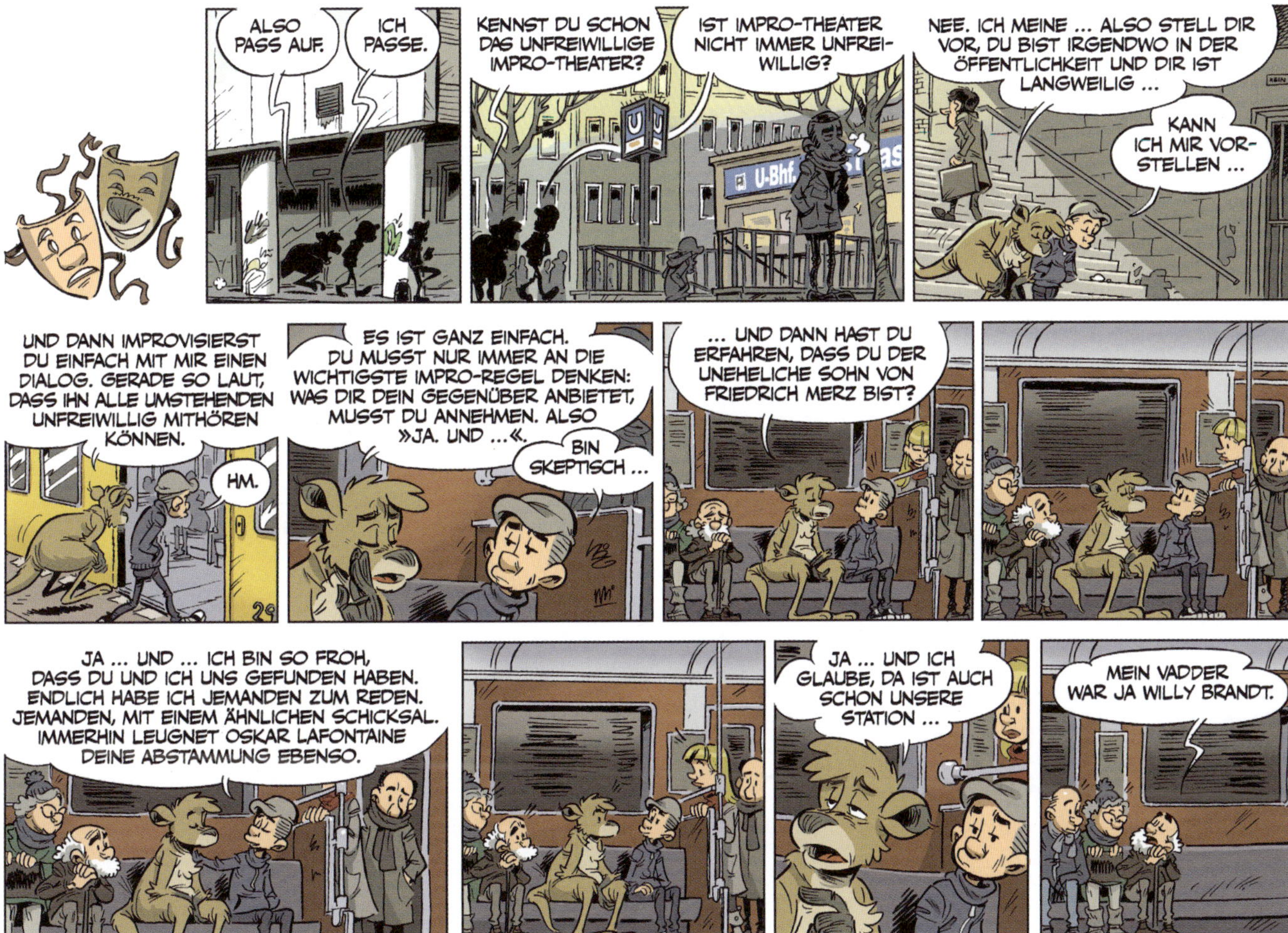
ALSO PASS AUF.
ICH PASSE.
KENNST DU SCHON DAS UNFREIWILLIGE IMPRO-THEATER?
IST IMPRO-THEATER NICHT IMMER UNFREIWILLIG?
U-Bhf.
NEE. ICH MEINE ... ALSO STELL DIR VOR, DU BIST IRGENDWO IN DER ÖFFENTLICHKEIT UND DIR IST LANGWEILIG ...
KANN ICH MIR VORSTELLEN ...
UND DANN IMPROVISIERST DU EINFACH MIT MIR EINEN DIALOG. GERADE SO LAUT, DASS IHN ALLE UMSTEHENDEN UNFREIWILLIG MITHÖREN KÖNNEN.
HM.
ES IST GANZ EINFACH. DU MUSST NUR IMMER AN DIE WICHTIGSTE IMPRO-REGEL DENKEN: WAS DIR DEIN GEGENÜBER ANBIETET, MUSST DU ANNEHMEN. ALSO »JA. UND ...«.
BIN SKEPTISCH ...
... UND DANN HAST DU ERFAHREN, DASS DU DER UNEHELICHE SOHN VON FRIEDRICH MERZ BIST?
JA ... UND ... ICH BIN SO FROH, DASS DU UND ICH UNS GEFUNDEN HABEN. ENDLICH HABE ICH JEMANDEN ZUM REDEN. JEMANDEN, MIT EINEM ÄHNLICHEN SCHICKSAL. IMMERHIN LEUGNET OSKAR LAFONTAINE DEINE ABSTAMMUNG EBENSO.
JA ... UND ICH GLAUBE, DA IST AUCH SCHON UNSERE STATION ...
MEIN VADDER WAR JA WILLY BRANDT.

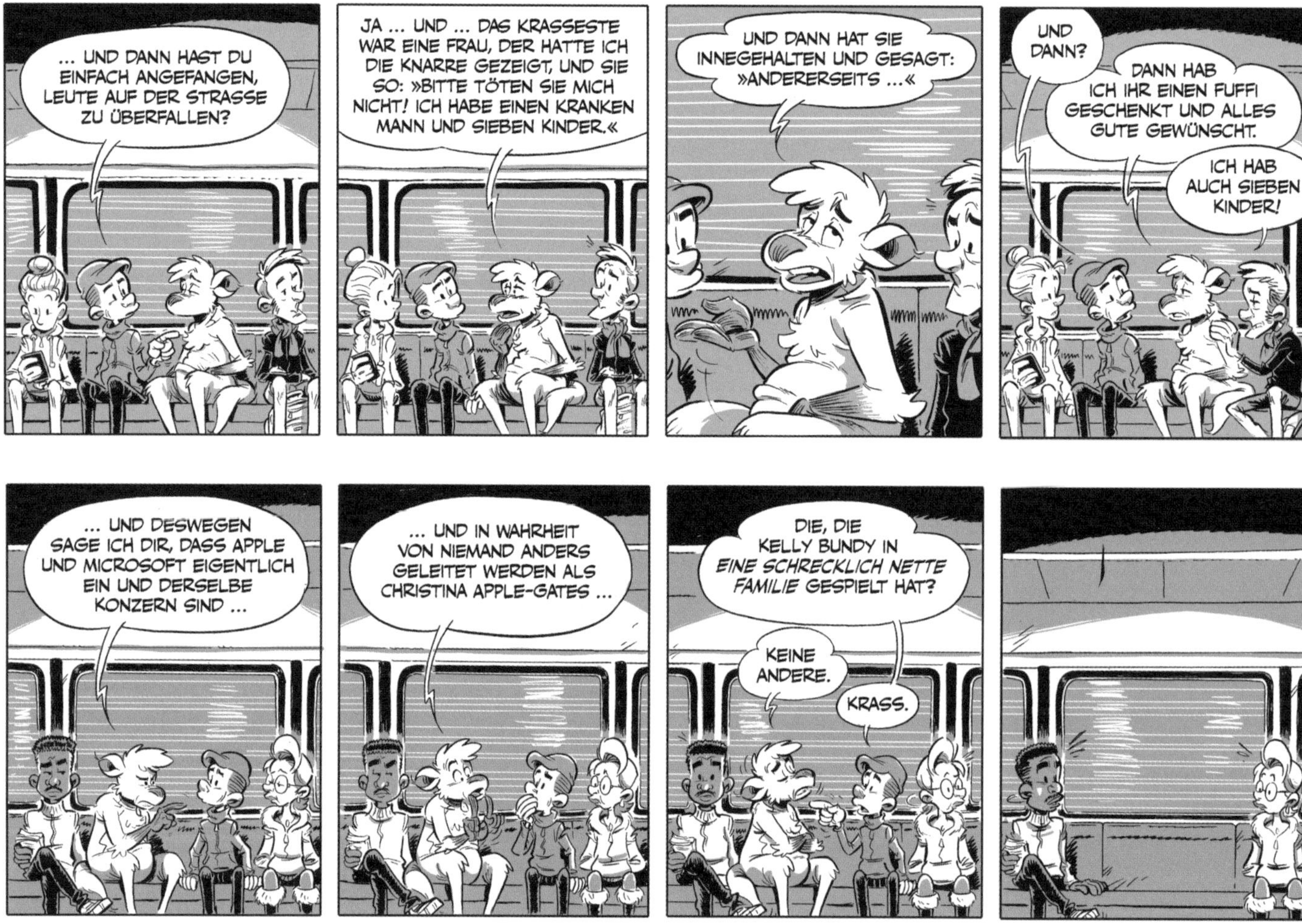
… UND DANN HAST DU EINFACH ANGEFANGEN, LEUTE AUF DER STRASSE ZU ÜBERFALLEN?
JA … UND … DAS KRASSESTE WAR EINE FRAU, DER HATTE ICH DIE KNARRE GEZEIGT, UND SIE SO: »BITTE TÖTEN SIE MICH NICHT! ICH HABE EINEN KRANKEN MANN UND SIEBEN KINDER.«
UND DANN HAT SIE INNEGEHALTEN UND GESAGT: »ANDERERSEITS …«
UND DANN?
DANN HAB ICH IHR EINEN FUFFI GESCHENKT UND ALLES GUTE GEWÜNSCHT.
ICH HAB AUCH SIEBEN KINDER!
… UND DESWEGEN SAGE ICH DIR, DASS APPLE UND MICROSOFT EIGENTLICH EIN UND DERSELBE KONZERN SIND …
… UND IN WAHRHEIT VON NIEMAND ANDERS GELEITET WERDEN ALS CHRISTINA APPLE-GATES …
DIE, DIE KELLY BUNDY IN *EINE SCHRECKLICH NETTE FAMILIE* GESPIELT HAT?
KEINE ANDERE.
KRASS.

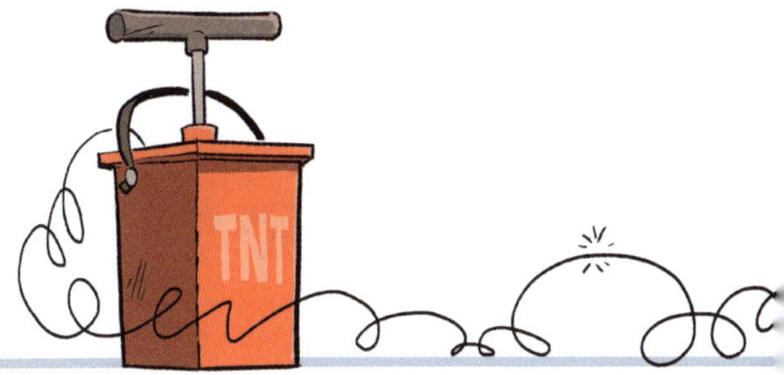

FEBRUAR 2023

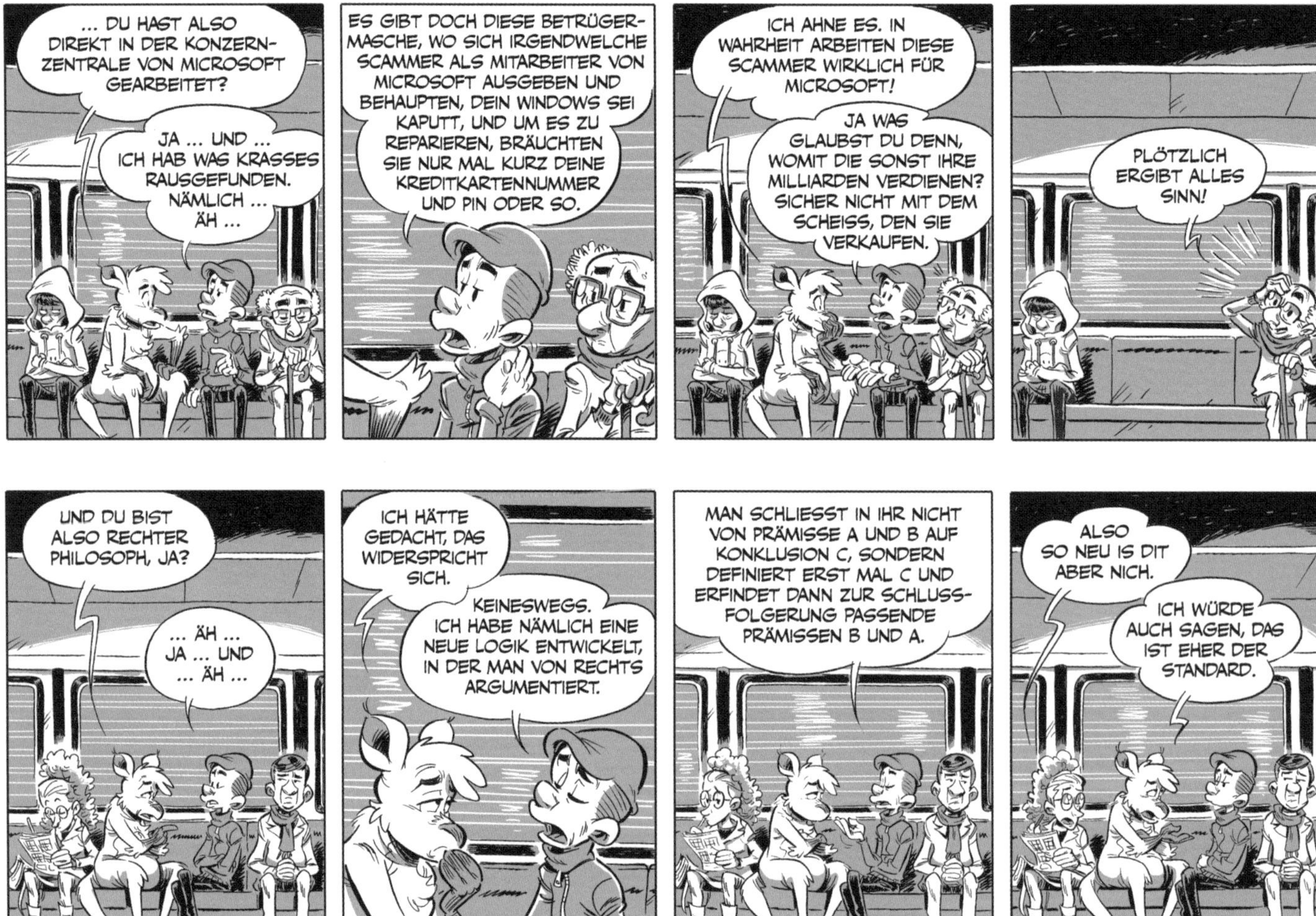

... DU HAST ALSO DIREKT IN DER KONZERN-ZENTRALE VON MICROSOFT GEARBEITET?
JA ... UND ... ICH HAB WAS KRASSES RAUSGEFUNDEN. NÄMLICH ... ÄH ...
ES GIBT DOCH DIESE BETRÜGER-MASCHE, WO SICH IRGENDWELCHE SCAMMER ALS MITARBEITER VON MICROSOFT AUSGEBEN UND BEHAUPTEN, DEIN WINDOWS SEI KAPUTT, UND UM ES ZU REPARIEREN, BRÄUCHTEN SIE NUR MAL KURZ DEINE KREDITKARTENNUMMER UND PIN ODER SO.
ICH AHNE ES. IN WAHRHEIT ARBEITEN DIESE SCAMMER WIRKLICH FÜR MICROSOFT!
JA WAS GLAUBST DU DENN, WOMIT DIE SONST IHRE MILLIARDEN VERDIENEN? SICHER NICHT MIT DEM SCHEISS, DEN SIE VERKAUFEN.
PLÖTZLICH ERGIBT ALLES SINN!
UND DU BIST ALSO RECHTER PHILOSOPH, JA?
... ÄH ... JA ... UND ... ÄH ...
ICH HÄTTE GEDACHT, DAS WIDERSPRICHT SICH.
KEINESWEGS. ICH HABE NÄMLICH EINE NEUE LOGIK ENTWICKELT, IN DER MAN VON RECHTS ARGUMENTIERT.
MAN SCHLIESST IN IHR NICHT VON PRÄMISSE A UND B AUF KONKLUSION C, SONDERN DEFINIERT ERST MAL C UND ERFINDET DANN ZUR SCHLUSS-FOLGERUNG PASSENDE PRÄMISSEN B UND A.
ALSO SO NEU IS DIT ABER NICH.
ICH WÜRDE AUCH SAGEN, DAS IST EHER DER STANDARD.

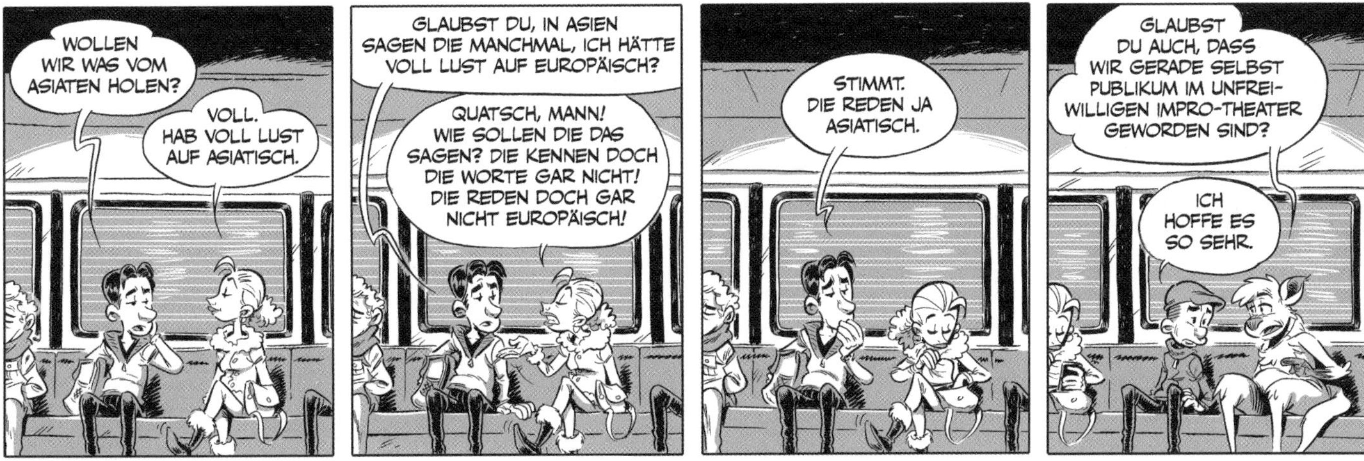
WOLLEN WIR WAS VOM ASIATEN HOLEN?
VOLL. HAB VOLL LUST AUF ASIATISCH.
GLAUBST DU, IN ASIEN SAGEN DIE MANCHMAL, ICH HÄTTE VOLL LUST AUF EUROPÄISCH?
QUATSCH, MANN! WIE SOLLEN DIE DAS SAGEN? DIE KENNEN DOCH DIE WORTE GAR NICHT! DIE REDEN DOCH GAR NICHT EUROPÄISCH!
STIMMT. DIE REDEN JA ASIATISCH.
GLAUBST DU AUCH, DASS WIR GERADE SELBST PUBLIKUM IM UNFREIWILLIGEN IMPRO-THEATER GEWORDEN SIND?
ICH HOFFE ES SO SEHR.

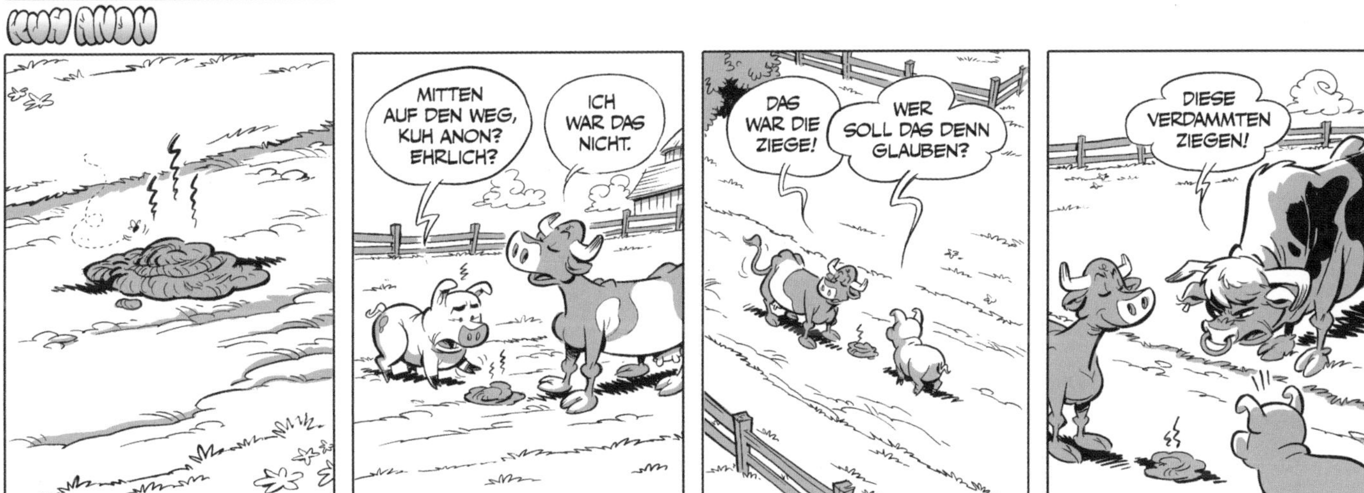
KUH ANON
MITTEN AUF DEN WEG, KUH ANON? EHRLICH?
ICH WAR DAS NICHT.
DAS WAR DIE ZIEGE!
WER SOLL DAS DENN GLAUBEN?
DIESE VERDAMMTEN ZIEGEN!

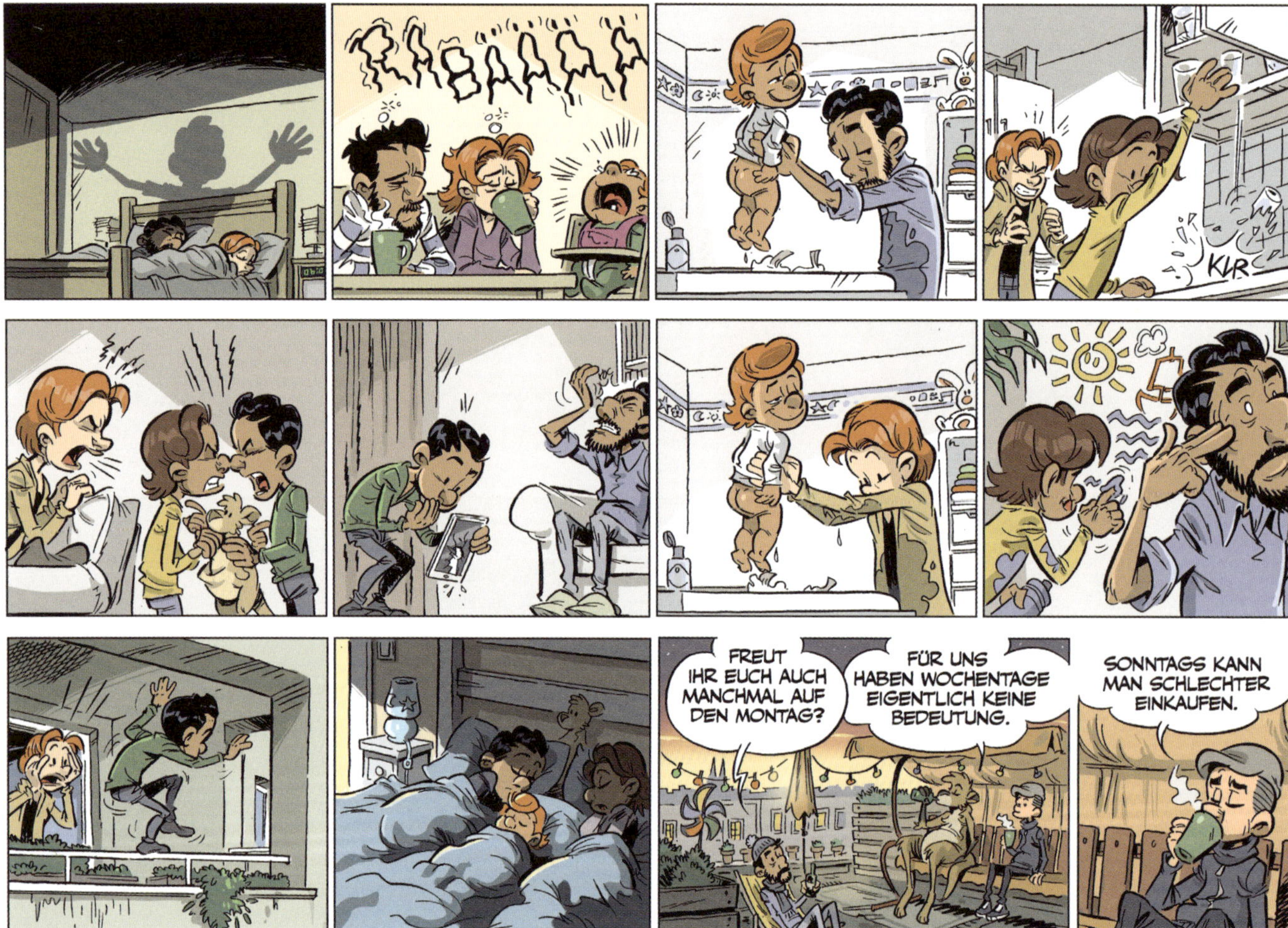
RRBAAAAA
KLIR
FREUT IHR EUCH AUCH MANCHMAL AUF DEN MONTAG?
FÜR UNS HABEN WOCHENTAGE EIGENTLICH KEINE BEDEUTUNG.
SONNTAGS KANN MAN SCHLECHTER EINKAUFEN.

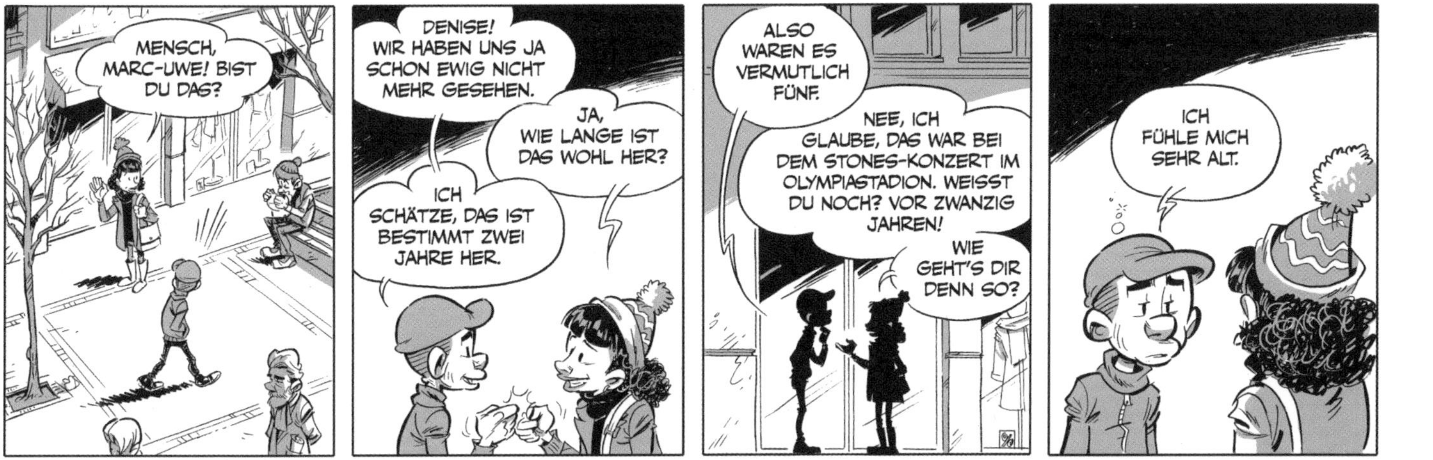
MENSCH, MARC-UWE! BIST DU DAS?
DENISE! WIR HABEN UNS JA SCHON EWIG NICHT MEHR GESEHEN.
JA, WIE LANGE IST DAS WOHL HER?
ICH SCHÄTZE, DAS IST BESTIMMT ZWEI JAHRE HER.
ALSO WAREN ES VERMUTLICH FÜNF.
NEE, ICH GLAUBE, DAS WAR BEI DEM STONES-KONZERT IM OLYMPIASTADION. WEISST DU NOCH? VOR ZWANZIG JAHREN!
WIE GEHT'S DIR DENN SO?
ICH FÜHLE MICH SEHR ALT.

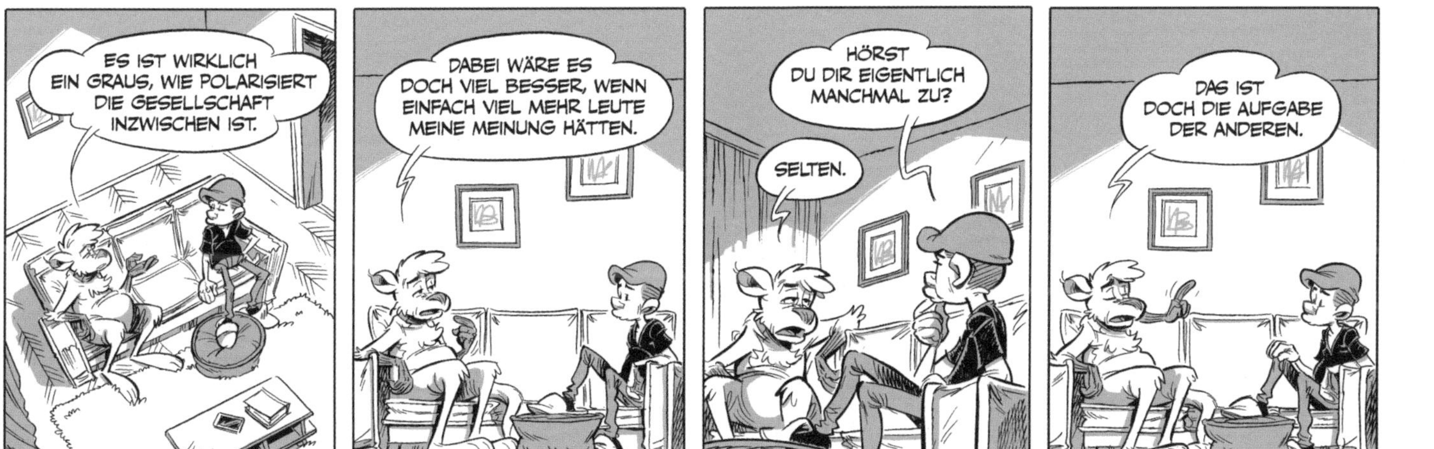
ES IST WIRKLICH EIN GRAUS, WIE POLARISIERT DIE GESELLSCHAFT INZWISCHEN IST.
DABEI WÄRE ES DOCH VIEL BESSER, WENN EINFACH VIEL MEHR LEUTE MEINE MEINUNG HÄTTEN.
HÖRST DU DIR EIGENTLICH MANCHMAL ZU?
SELTEN.
DAS IST DOCH DIE AUFGABE DER ANDEREN.

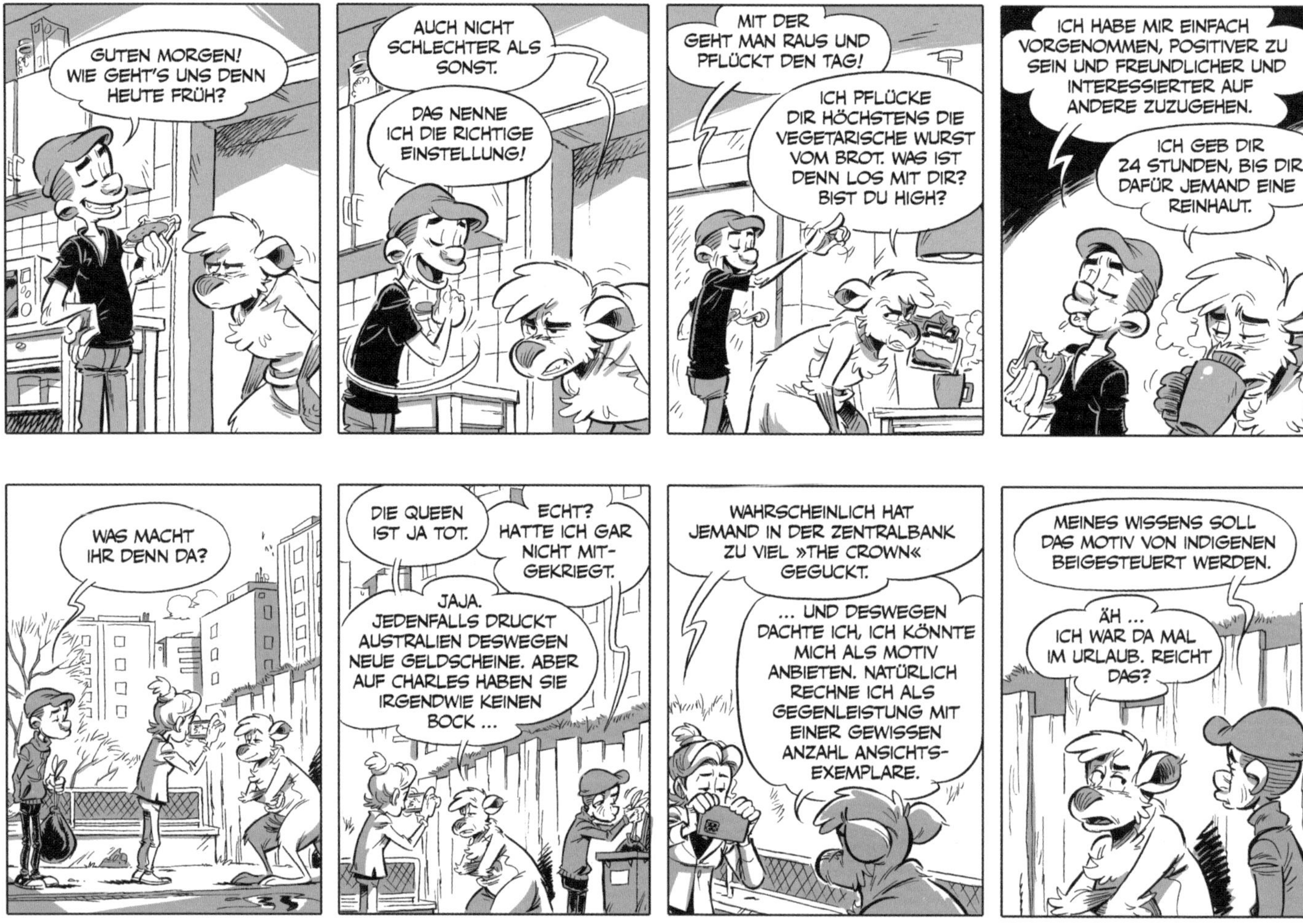
GUTEN MORGEN! WIE GEHT'S UNS DENN HEUTE FRÜH?
AUCH NICHT SCHLECHTER ALS SONST.
DAS NENNE ICH DIE RICHTIGE EINSTELLUNG!
MIT DER GEHT MAN RAUS UND PFLÜCKT DEN TAG!
ICH PFLÜCKE DIR HÖCHSTENS DIE VEGETARISCHE WURST VOM BROT. WAS IST DENN LOS MIT DIR? BIST DU HIGH?
ICH HABE MIR EINFACH VORGENOMMEN, POSITIVER ZU SEIN UND FREUNDLICHER UND INTERESSIERTER AUF ANDERE ZUZUGEHEN.
ICH GEB DIR 24 STUNDEN, BIS DIR DAFÜR JEMAND EINE REINHAUT.
WAS MACHT IHR DENN DA?
DIE QUEEN IST JA TOT.
ECHT? HATTE ICH GAR NICHT MIT-GEKRIEGT.
JAJA. JEDENFALLS DRUCKT AUSTRALIEN DESWEGEN NEUE GELDSCHEINE. ABER AUF CHARLES HABEN SIE IRGENDWIE KEINEN BOCK …
WAHRSCHEINLICH HAT JEMAND IN DER ZENTRALBANK ZU VIEL »THE CROWN« GEGUCKT.
… UND DESWEGEN DACHTE ICH, ICH KÖNNTE MICH ALS MOTIV ANBIETEN. NATÜRLICH RECHNE ICH ALS GEGENLEISTUNG MIT EINER GEWISSEN ANZAHL ANSICHTS-EXEMPLARE.
MEINES WISSENS SOLL DAS MOTIV VON INDIGENEN BEIGESTEUERT WERDEN.
ÄH … ICH WAR DA MAL IM URLAUB. REICHT DAS?

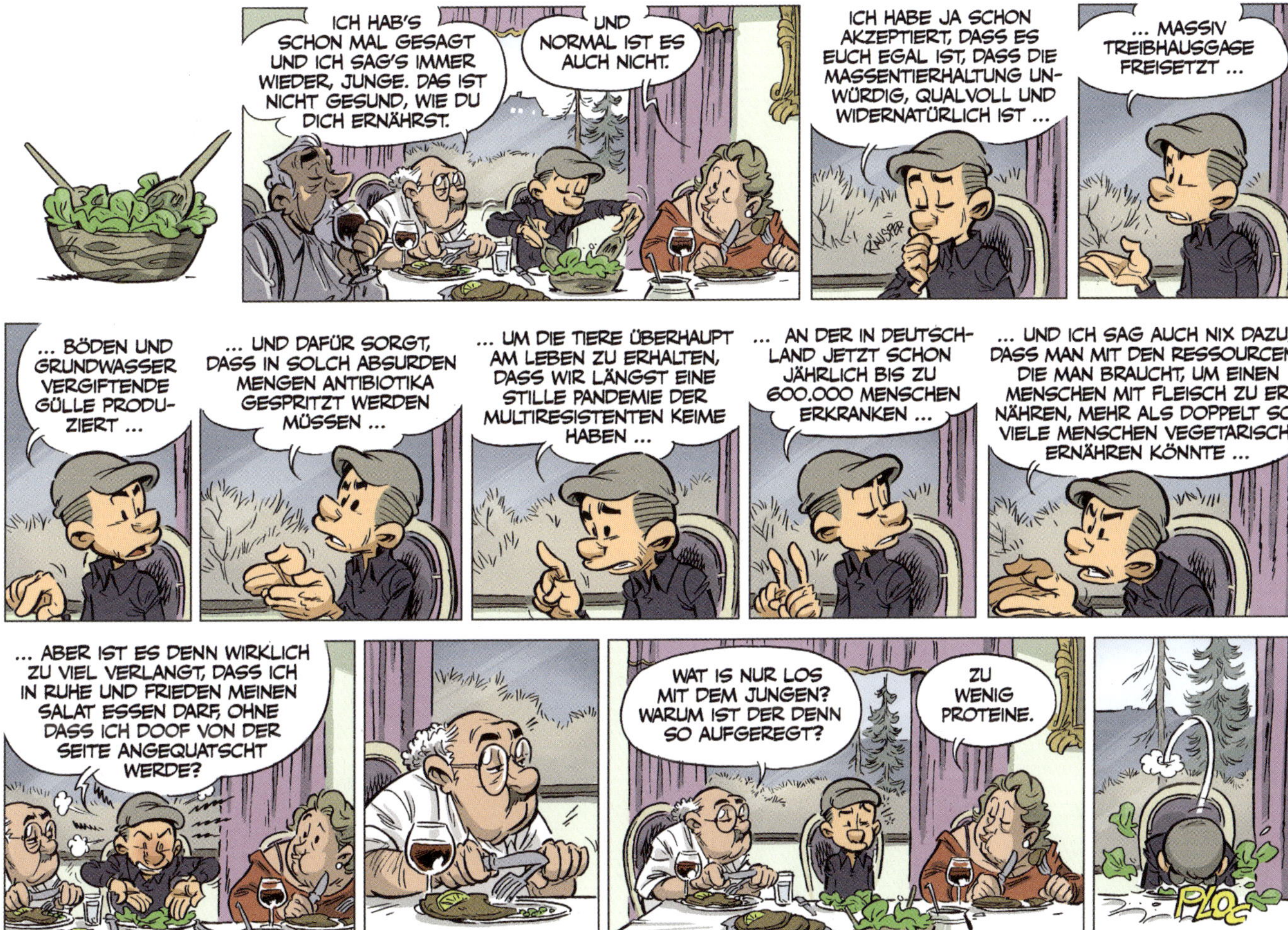
ICH HAB'S SCHON MAL GESAGT UND ICH SAG'S IMMER WIEDER, JUNGE. DAS IST NICHT GESUND, WIE DU DICH ERNÄHRST.
UND NORMAL IST ES AUCH NICHT.
ICH HABE JA SCHON AKZEPTIERT, DASS ES EUCH EGAL IST, DASS DIE MASSENTIERHALTUNG UNWÜRDIG, QUALVOLL UND WIDERNATÜRLICH IST …
RÄUSPER
… MASSIV TREIBHAUSGASE FREISETZT …
… BÖDEN UND GRUNDWASSER VERGIFTENDE GÜLLE PRODUZIERT …
… UND DAFÜR SORGT, DASS IN SOLCH ABSURDEN MENGEN ANTIBIOTIKA GESPRITZT WERDEN MÜSSEN …
… UM DIE TIERE ÜBERHAUPT AM LEBEN ZU ERHALTEN, DASS WIR LÄNGST EINE STILLE PANDEMIE DER MULTIRESISTENTEN KEIME HABEN …
… AN DER IN DEUTSCHLAND JETZT SCHON JÄHRLICH BIS ZU 600.000 MENSCHEN ERKRANKEN …
… UND ICH SAG AUCH NIX DAZU, DASS MAN MIT DEN RESSOURCEN, DIE MAN BRAUCHT, UM EINEN MENSCHEN MIT FLEISCH ZU ERNÄHREN, MEHR ALS DOPPELT SO VIELE MENSCHEN VEGETARISCH ERNÄHREN KÖNNTE …
… ABER IST ES DENN WIRKLICH ZU VIEL VERLANGT, DASS ICH IN RUHE UND FRIEDEN MEINEN SALAT ESSEN DARF, OHNE DASS ICH DOOF VON DER SEITE ANGEQUATSCHT WERDE?
WAT IS NUR LOS MIT DEM JUNGEN? WARUM IST DER DENN SO AUFGEREGT?
ZU WENIG PROTEINE.
PLOC

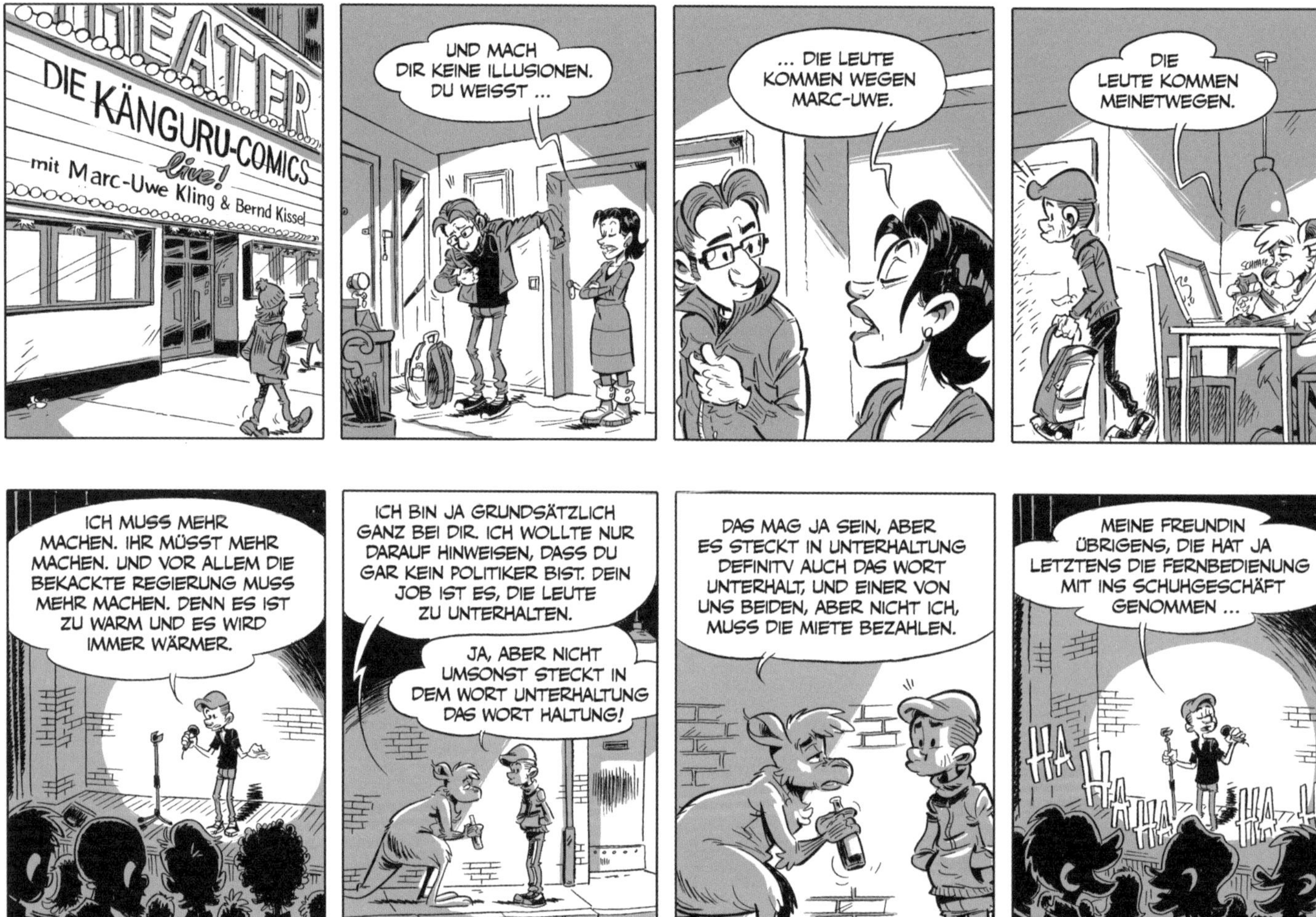
DIE KÄNGURU-COMICS
live!
mit Marc-Uwe Kling & Bernd Kissel
UND MACH DIR KEINE ILLUSIONEN. DU WEISST …
… DIE LEUTE KOMMEN WEGEN MARC-UWE.
DIE LEUTE KOMMEN MEINETWEGEN.
ICH MUSS MEHR MACHEN. IHR MÜSST MEHR MACHEN. UND VOR ALLEM DIE BEKACKTE REGIERUNG MUSS MEHR MACHEN. DENN ES IST ZU WARM UND ES WIRD IMMER WÄRMER.
ICH BIN JA GRUNDSÄTZLICH GANZ BEI DIR. ICH WOLLTE NUR DARAUF HINWEISEN, DASS DU GAR KEIN POLITIKER BIST. DEIN JOB IST ES, DIE LEUTE ZU UNTERHALTEN.
JA, ABER NICHT UMSONST STECKT IN DEM WORT UNTERHALTUNG DAS WORT HALTUNG!
DAS MAG JA SEIN, ABER ES STECKT IN UNTERHALTUNG DEFINITV AUCH DAS WORT UNTERHALT, UND EINER VON UNS BEIDEN, ABER NICHT ICH, MUSS DIE MIETE BEZAHLEN.
MEINE FREUNDIN ÜBRIGENS, DIE HAT JA LETZTENS DIE FERNBEDIENUNG MIT INS SCHUHGESCHÄFT GENOMMEN …
HA HA HA HA HA

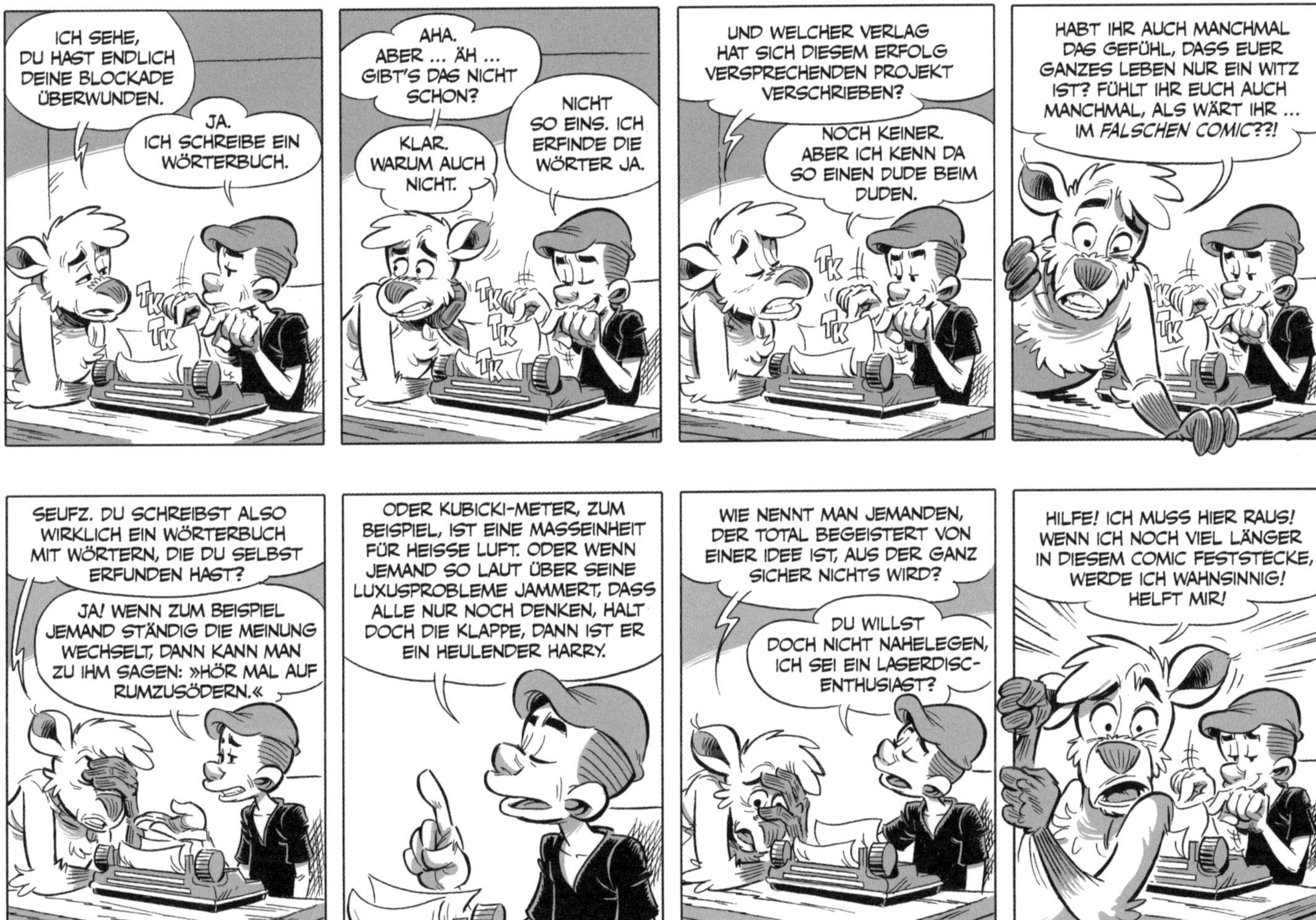
ICH SEHE, DU HAST ENDLICH DEINE BLOCKADE ÜBERWUNDEN.
JA. ICH SCHREIBE EIN WÖRTERBUCH.
AHA. ABER … ÄH … GIBT'S DAS NICHT SCHON?
NICHT SO EINS. ICH ERFINDE DIE WÖRTER JA.
KLAR. WARUM AUCH NICHT.
TK TK TK
UND WELCHER VERLAG HAT SICH DIESEM ERFOLG VERSPRECHENDEN PROJEKT VERSCHRIEBEN?
NOCH KEINER. ABER ICH KENN DA SO EINEN DUDE BEIM DUDEN.
HABT IHR AUCH MANCHMAL DAS GEFÜHL, DASS EUER GANZES LEBEN NUR EIN WITZ IST? FÜHLT IHR EUCH AUCH MANCHMAL, ALS WÄRT IHR … IM *FALSCHEN COMIC*??!
SEUFZ. DU SCHREIBST ALSO WIRKLICH EIN WÖRTERBUCH MIT WÖRTERN, DIE DU SELBST ERFUNDEN HAST?
JA! WENN ZUM BEISPIEL JEMAND STÄNDIG DIE MEINUNG WECHSELT, DANN KANN MAN ZU IHM SAGEN: »HÖR MAL AUF RUMZUSÖDERN.«
ODER KUBICKI-METER, ZUM BEISPIEL, IST EINE MASSEINHEIT FÜR HEISSE LUFT. ODER WENN JEMAND SO LAUT ÜBER SEINE LUXUSPROBLEME JAMMERT, DASS ALLE NUR NOCH DENKEN, HALT DOCH DIE KLAPPE, DANN IST ER EIN HEULENDER HARRY.
WIE NENNT MAN JEMANDEN, DER TOTAL BEGEISTERT VON EINER IDEE IST, AUS DER GANZ SICHER NICHTS WIRD?
DU WILLST DOCH NICHT NAHELEGEN, ICH SEI EIN LASERDISC-ENTHUSIAST?
HILFE! ICH MUSS HIER RAUS! WENN ICH NOCH VIEL LÄNGER IN DIESEM COMIC FESTSTECKE, WERDE ICH WAHNSINNIG! HELFT MIR!

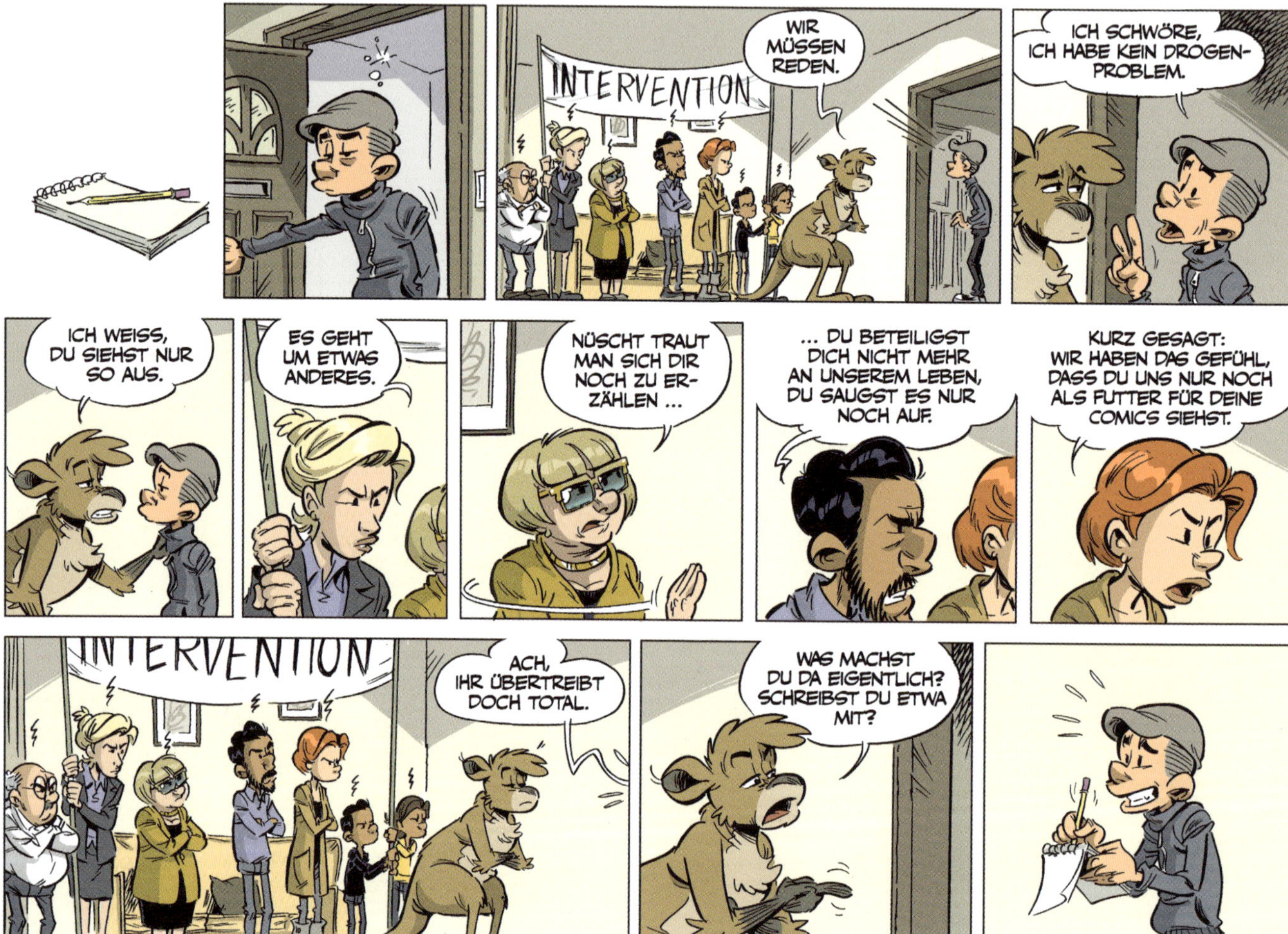
INTERVENTION
WIR MÜSSEN REDEN.
ICH SCHWÖRE, ICH HABE KEIN DROGEN-PROBLEM.
ICH WEISS, DU SIEHST NUR SO AUS.
ES GEHT UM ETWAS ANDERES.
NÜSCHT TRAUT MAN SICH DIR NOCH ZU ER-ZÄHLEN …
… DU BETEILIGST DICH NICHT MEHR AN UNSEREM LEBEN, DU SAUGST ES NUR NOCH AUF.
KURZ GESAGT: WIR HABEN DAS GEFÜHL, DASS DU UNS NUR NOCH ALS FUTTER FÜR DEINE COMICS SIEHST.
INTERVENTION
ACH, IHR ÜBERTREIBT DOCH TOTAL.
WAS MACHST DU DA EIGENTLICH? SCHREIBST DU ETWA MIT?

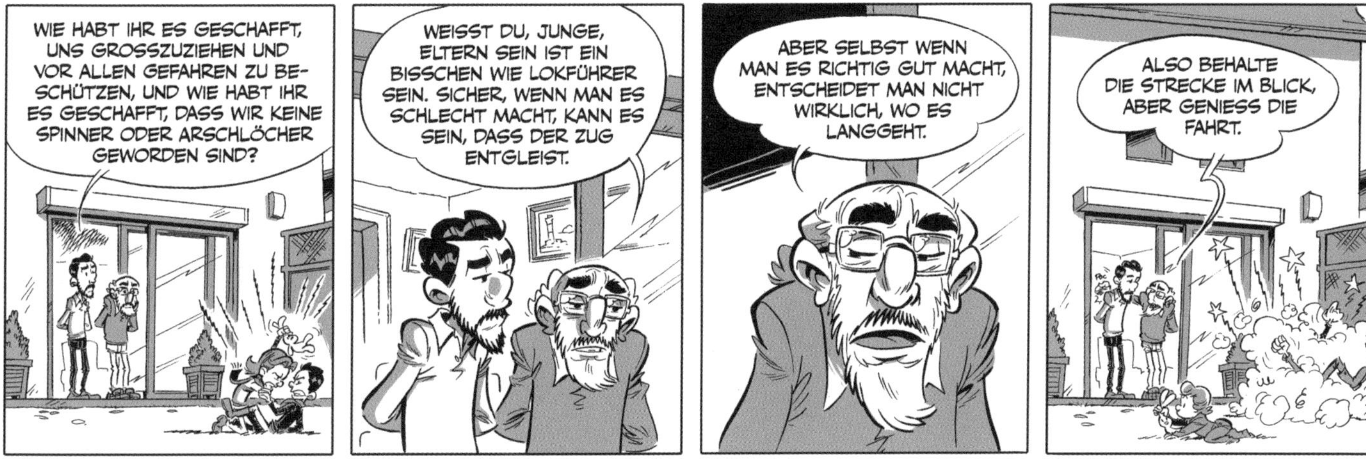
WIE HABT IHR ES GESCHAFFT, UNS GROSSZUZIEHEN UND VOR ALLEN GEFAHREN ZU BESCHÜTZEN, UND WIE HABT IHR ES GESCHAFFT, DASS WIR KEINE SPINNER ODER ARSCHLÖCHER GEWORDEN SIND?
WEISST DU, JUNGE, ELTERN SEIN IST EIN BISSCHEN WIE LOKFÜHRER SEIN. SICHER, WENN MAN ES SCHLECHT MACHT, KANN ES SEIN, DASS DER ZUG ENTGLEIST.
ABER SELBST WENN MAN ES RICHTIG GUT MACHT, ENTSCHEIDET MAN NICHT WIRKLICH, WO ES LANGGEHT.
ALSO BEHALTE DIE STRECKE IM BLICK, ABER GENIESS DIE FAHRT.

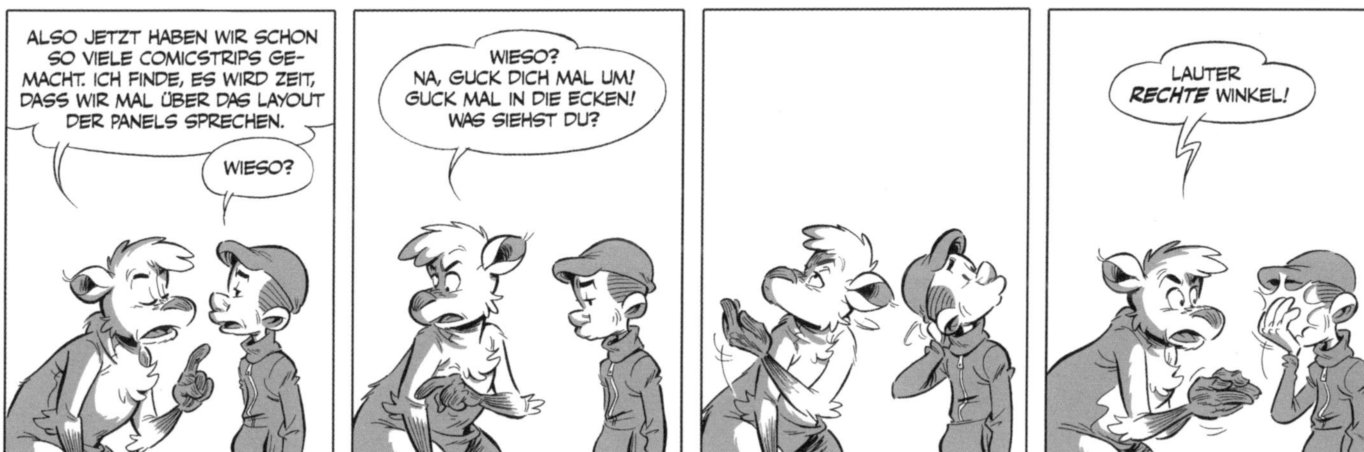
ALSO JETZT HABEN WIR SCHON SO VIELE COMICSTRIPS GEMACHT. ICH FINDE, ES WIRD ZEIT, DASS WIR MAL ÜBER DAS LAYOUT DER PANELS SPRECHEN.
WIESO?
WIESO? NA, GUCK DICH MAL UM! GUCK MAL IN DIE ECKEN! WAS SIEHST DU?
LAUTER RECHTE WINKEL!

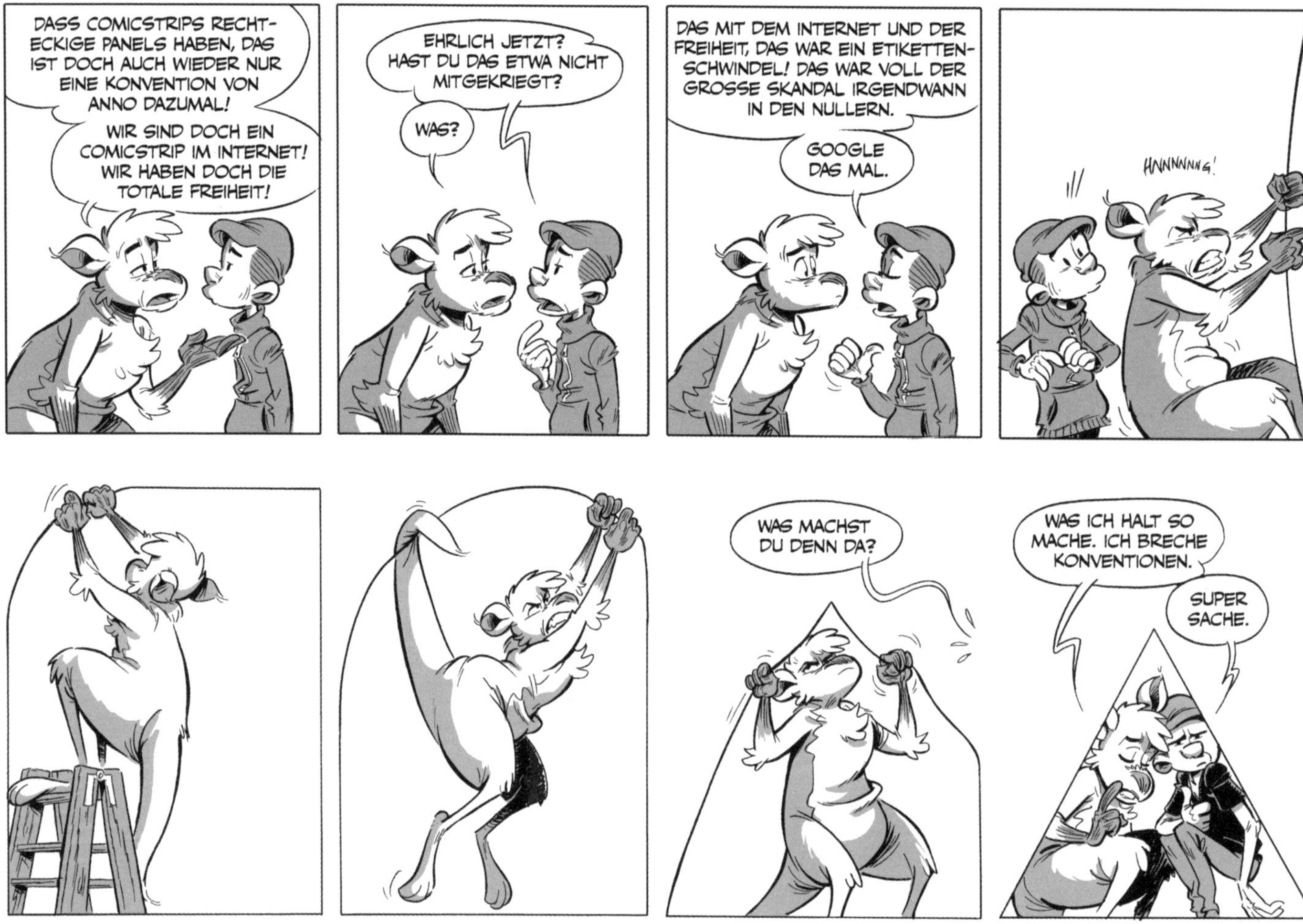
DASS COMICSTRIPS RECHTECKIGE PANELS HABEN, DAS IST DOCH AUCH WIEDER NUR EINE KONVENTION VON ANNO DAZUMAL!
WIR SIND DOCH EIN COMICSTRIP IM INTERNET! WIR HABEN DOCH DIE TOTALE FREIHEIT!
EHRLICH JETZT? HAST DU DAS ETWA NICHT MITGEKRIEGT?
WAS?
DAS MIT DEM INTERNET UND DER FREIHEIT, DAS WAR EIN ETIKETTENSCHWINDEL! DAS WAR VOLL DER GROSSE SKANDAL IRGENDWANN IN DEN NULLERN.
GOOGLE DAS MAL.
HNNNNNNG!
WAS MACHST DU DENN DA?
WAS ICH HALT SO MACHE. ICH BRECHE KONVENTIONEN.
SUPER SACHE.

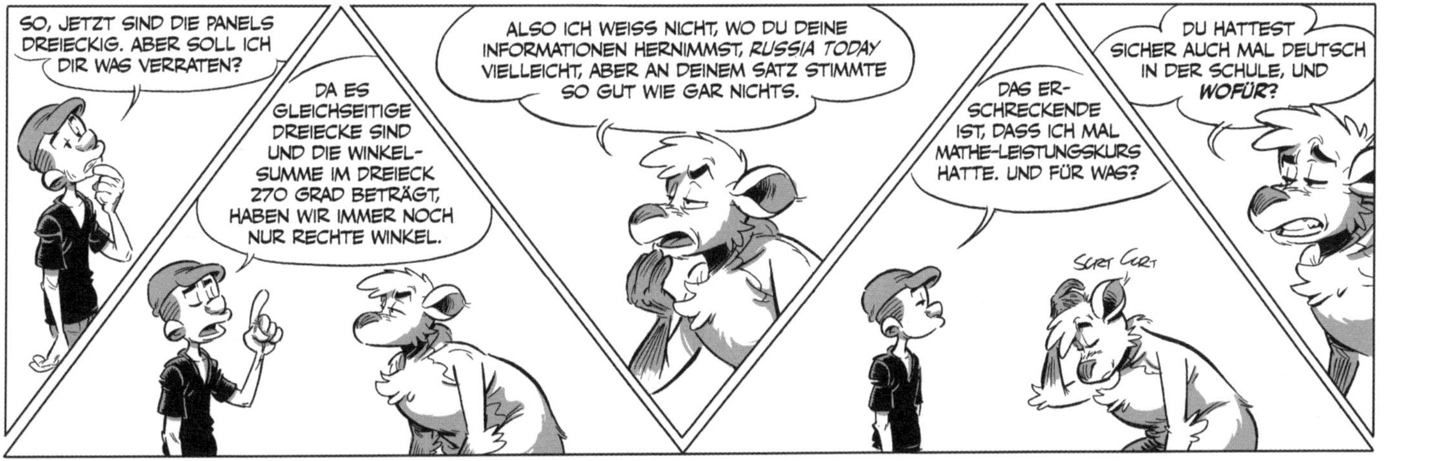
SO, JETZT SIND DIE PANELS DREIECKIG. ABER SOLL ICH DIR WAS VERRATEN?
DA ES GLEICHSEITIGE DREIECKE SIND UND DIE WINKELSUMME IM DREIECK 270 GRAD BETRÄGT, HABEN WIR IMMER NOCH NUR RECHTE WINKEL.
ALSO ICH WEISS NICHT, WO DU DEINE INFORMATIONEN HERNIMMST, *RUSSIA TODAY* VIELLEICHT, ABER AN DEINEM SATZ STIMMTE SO GUT WIE GAR NICHTS.
DAS ERSCHRECKENDE IST, DASS ICH MAL MATHE-LEISTUNGSKURS HATTE. UND FÜR WAS?
DU HATTEST SICHER AUCH MAL DEUTSCH IN DER SCHULE, UND ***WOFÜR?***

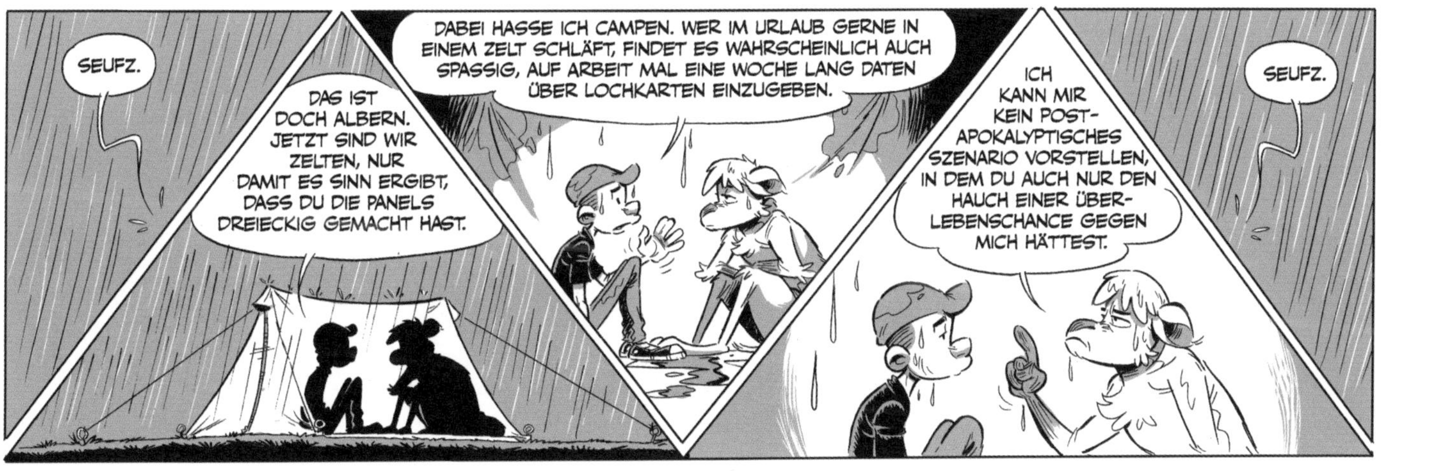
SEUFZ.
DAS IST DOCH ALBERN. JETZT SIND WIR ZELTEN, NUR DAMIT ES SINN ERGIBT, DASS DU DIE PANELS DREIECKIG GEMACHT HAST.
DABEI HASSE ICH CAMPEN. WER IM URLAUB GERNE IN EINEM ZELT SCHLÄFT, FINDET ES WAHRSCHEINLICH AUCH SPASSIG, AUF ARBEIT MAL EINE WOCHE LANG DATEN ÜBER LOCHKARTEN EINZUGEBEN.
ICH KANN MIR KEIN POSTAPOKALYPTISCHES SZENARIO VORSTELLEN, IN DEM DU AUCH NUR DEN HAUCH EINER ÜBERLEBENSCHANCE GEGEN MICH HÄTTEST.
SEUFZ.

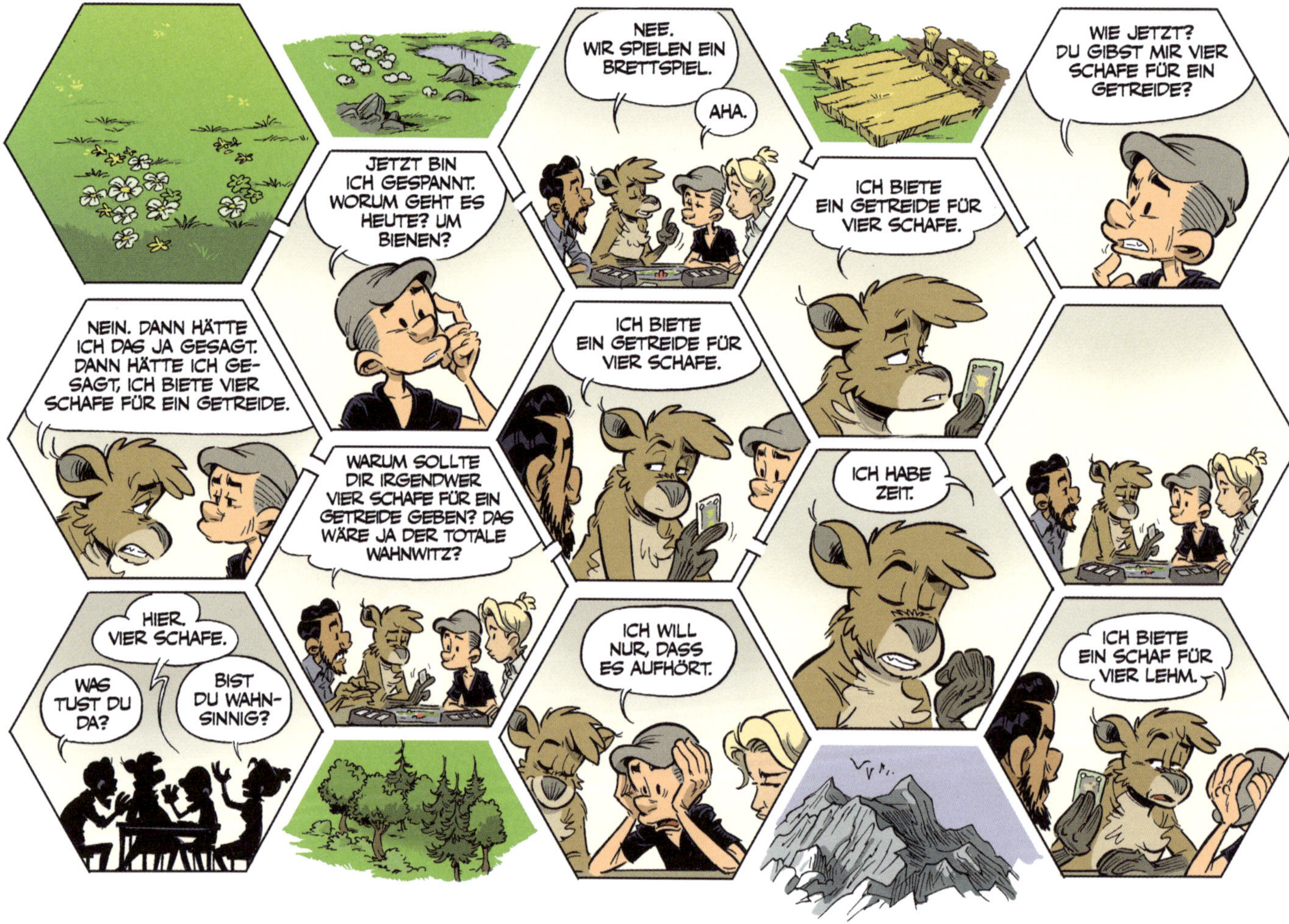
NEE. WIR SPIELEN EIN BRETTSPIEL.
AHA.
JETZT BIN ICH GESPANNT. WORUM GEHT ES HEUTE? UM BIENEN?
ICH BIETE EIN GETREIDE FÜR VIER SCHAFE.
WARUM SOLLTE DIR IRGENDWER VIER SCHAFE FÜR EIN GETREIDE GEBEN? DAS WÄRE JA DER TOTALE WAHNWITZ?
ICH BIETE EIN GETREIDE FÜR VIER SCHAFE.
WIE JETZT? DU GIBST MIR VIER SCHAFE FÜR EIN GETREIDE?
NEIN. DANN HÄTTE ICH DAS JA GESAGT. DANN HÄTTE ICH GESAGT, ICH BIETE VIER SCHAFE FÜR EIN GETREIDE.
ICH HABE ZEIT.
ICH WILL NUR, DASS ES AUFHÖRT.
ICH BIETE EIN SCHAF FÜR VIER LEHM.
HIER. VIER SCHAFE.
WAS TUST DU DA?
BIST DU WAHNSINNIG?

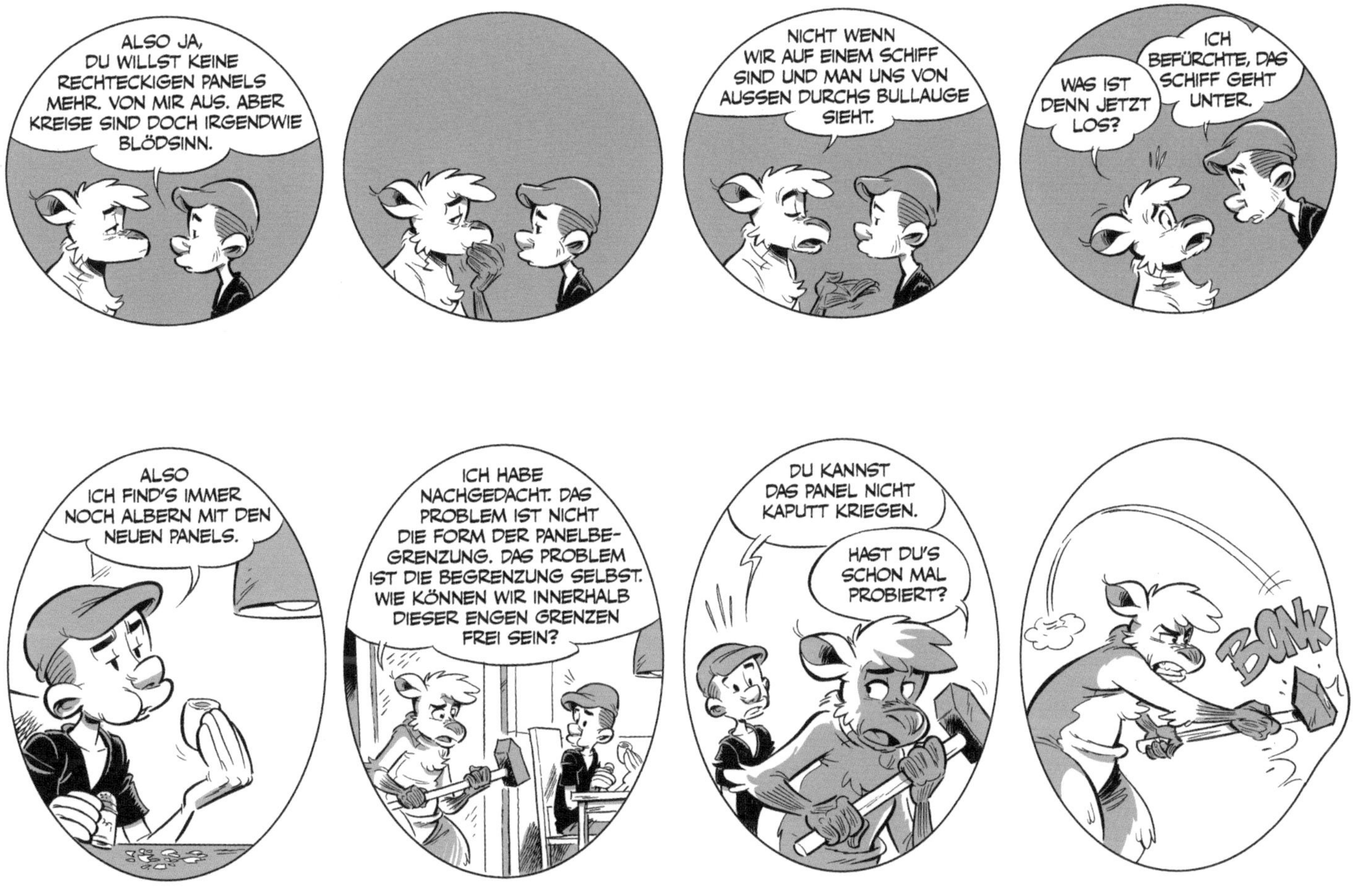
ALSO JA, DU WILLST KEINE RECHTECKIGEN PANELS MEHR. VON MIR AUS. ABER KREISE SIND DOCH IRGENDWIE BLÖDSINN.
NICHT WENN WIR AUF EINEM SCHIFF SIND UND MAN UNS VON AUSSEN DURCHS BULLAUGE SIEHT.
WAS IST DENN JETZT LOS?
ICH BEFÜRCHTE, DAS SCHIFF GEHT UNTER.
ALSO ICH FIND'S IMMER NOCH ALBERN MIT DEN NEUEN PANELS.
ICH HABE NACHGEDACHT. DAS PROBLEM IST NICHT DIE FORM DER PANELBEGRENZUNG. DAS PROBLEM IST DIE BEGRENZUNG SELBST. WIE KÖNNEN WIR INNERHALB DIESER ENGEN GRENZEN FREI SEIN?
DU KANNST DAS PANEL NICHT KAPUTT KRIEGEN.
HAST DU'S SCHON MAL PROBIERT?
BONK

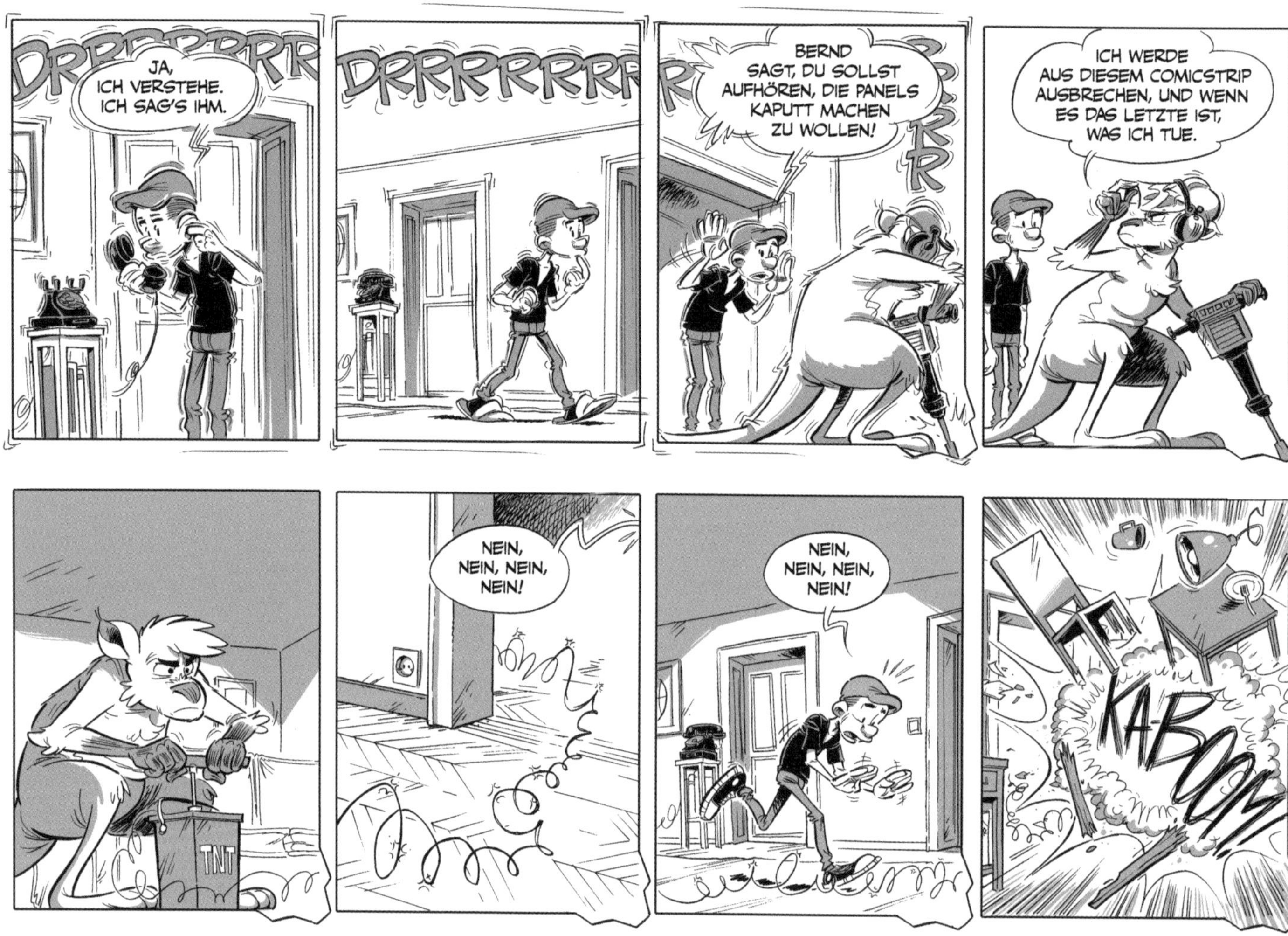
JA,
ICH VERSTEHE.
ICH SAG'S IHM.
DRRRRRRRRR
BERND
SAGT, DU SOLLST
AUFHÖREN, DIE PANELS
KAPUTT MACHEN
ZU WOLLEN!
ICH WERDE
AUS DIESEM COMICSTRIP
AUSBRECHEN, UND WENN
ES DAS LETZTE IST,
WAS ICH TUE.
TNT
NEIN,
NEIN, NEIN,
NEIN!
NEIN,
NEIN, NEIN,
NEIN!
KA-BOOM!

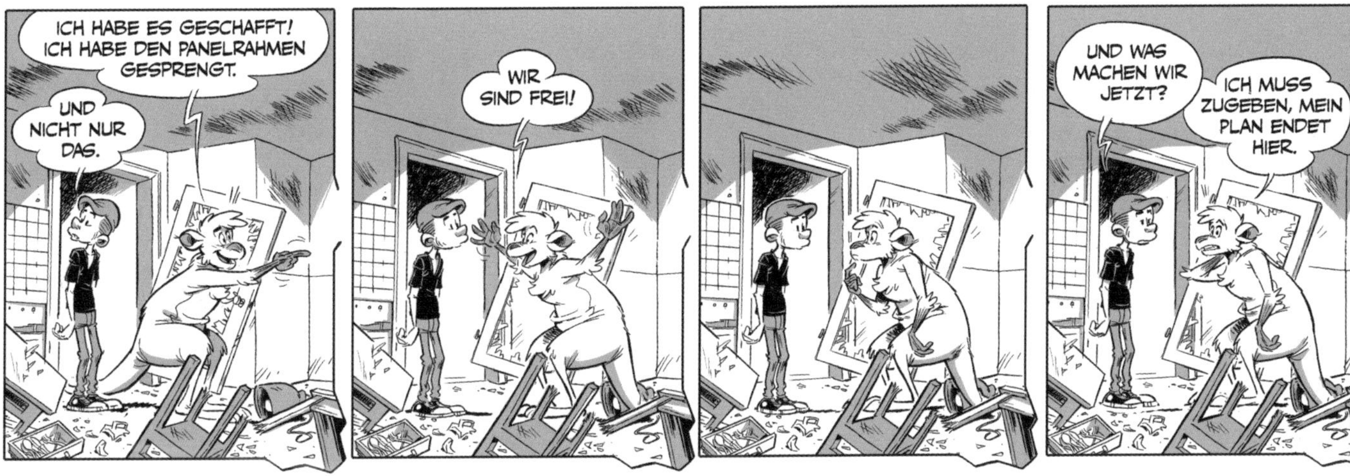
ICH HABE ES GESCHAFFT! ICH HABE DEN PANELRAHMEN GESPRENGT.
UND NICHT NUR DAS.
WIR SIND FREI!
UND WAS MACHEN WIR JETZT?
ICH MUSS ZUGEBEN, MEIN PLAN ENDET HIER.

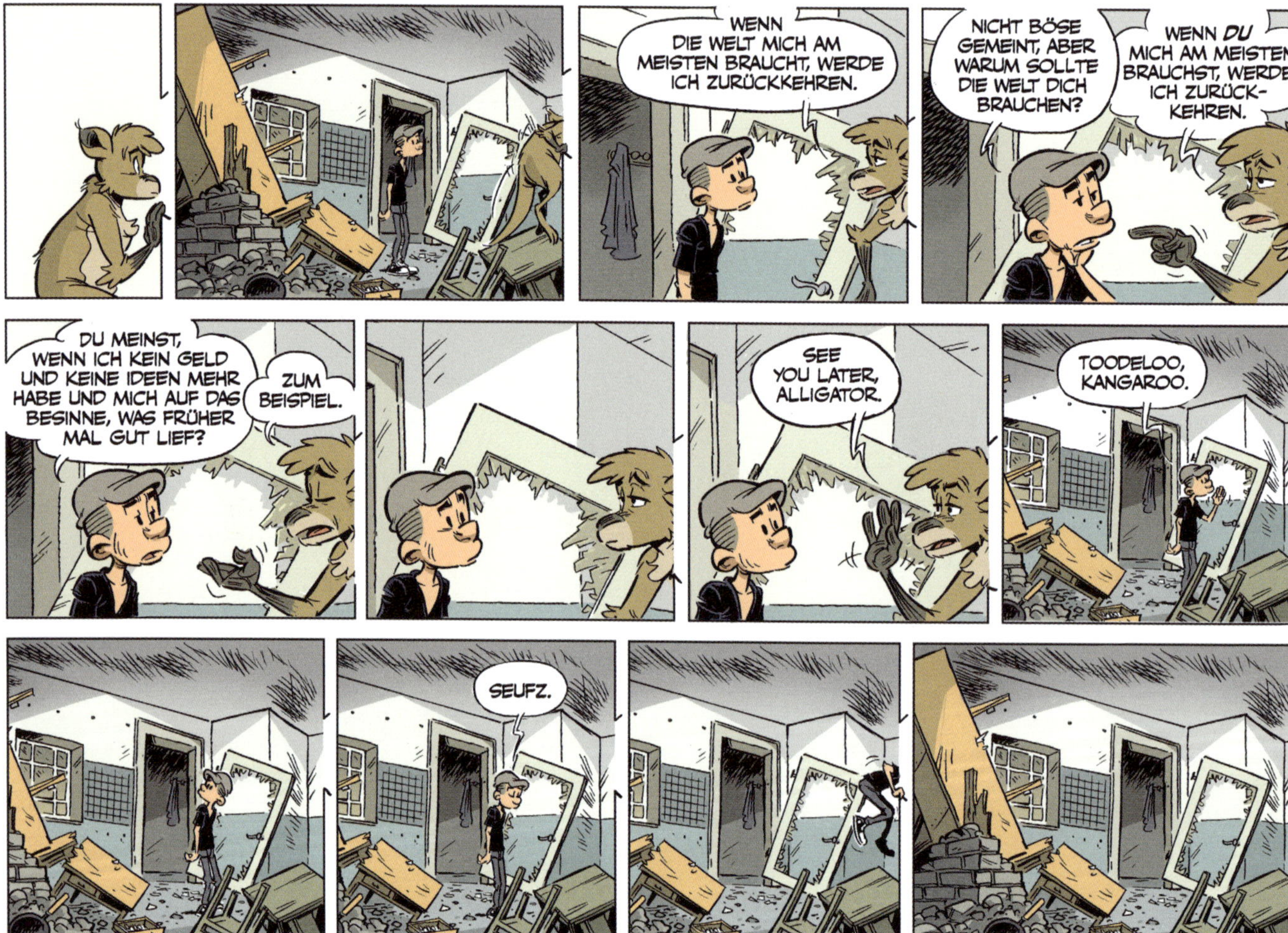
WENN DIE WELT MICH AM MEISTEN BRAUCHT, WERDE ICH ZURÜCKKEHREN.
NICHT BÖSE GEMEINT, ABER WARUM SOLLTE DIE WELT DICH BRAUCHEN?
WENN *DU* MICH AM MEISTEN BRAUCHST, WERDE ICH ZURÜCK-KEHREN.
DU MEINST, WENN ICH KEIN GELD UND KEINE IDEEN MEHR HABE UND MICH AUF DAS BESINNE, WAS FRÜHER MAL GUT LIEF?
ZUM BEISPIEL.
SEE YOU LATER, ALLIGATOR.
TOODELOO, KANGAROO.
SEUFZ.

INHALT

INHALT

Herzlichen Dank an:

Maria, Chrystèle, Nina, Annette, Cindy, Leif, Katrin, Maja, Flix, Daniel Oertel, Michael Holtschulte, Ralf Marczinczik & maczeug.

Jochen, Sebastian, Rose, Tobias, Andreas, Alexander, Carly, Caro, Dorothea, Eva, Felix, Jakob, Jeanette, Juan, Julia, Julia, Karin, Kerstin, Lea, Leonie, Lisa, Matthias, Nina, Norbert, Prisca, Reinhold, Sabine, Sybille von ZEIT online.

Jasmin, Björn und alle anderen Carlsens.

Ein spezieller Dank an Klaus Schikowski dafür, dass er Autor, Zeichner und Känguru zusammengebracht hat.

Besuchen Sie uns im Internet:
www.ullstein.de

Wir verpflichten uns zu Nachhaltigkeit
- Papiere aus nachhaltiger Waldwirtschaft und anderen kontrollierten Quellen
- ullstein.de/nachhaltigkeit

FSC www.fsc.org
MIX
Papier | Fördert gute Waldnutzung
FSC® C002795

Ungekürzte Lizenzausgabe im Ullstein Taschenbuch
2. Auflage November 2024

Umschlaggestaltung & Umschlagmotiv: Bernd Kissel
Redaktion: Klaus Schikowski & Jasmin Männel
Produktionsmanagement: Björn Liebchen
Druck und Bindearbeiten: SIA Livonia Print, Riga
ISBN: 978-3-548-06912-8